学前教育专业（新标准）“十二五”系列规划教材

依据《幼儿园教师专业标准（试行）》《中小学和幼儿园教师资格考试标准（试行）》编写

学前儿童数学教育

主编 林泳海 徐宝良

京师学前
学前教育专业 专业基础类

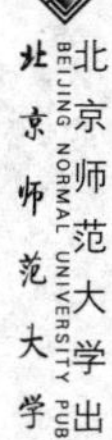

北京师范大学出版集团
BEIJING NORMAL UNIVERSITY PUBLISHING GROUP
北京师范大学出版社

图书在版编目(CIP)数据

学前儿童数学教育 / 林泳海，徐宝良主编. —北京：北京师范大学出版社，2015.9(2019.2重印)

(学前教育专业(新标准)“十二五”系列规划教材)

ISBN 978-7-303-19482-7

Ⅰ. ①学… Ⅱ. ①林… ②徐… Ⅲ. ①学前儿童－数学教学－幼儿师范学校－教材 Ⅳ. ①G613.4

中国版本图书馆CIP数据核字(2015)第207396号

营销中心电话 010-58802755 58800035
北师大出版社职业教育分社网 http://zjfs.bnup.com
电子信箱 zhijiao@bnupg.com

出版发行：北京师范大学出版社 www.bnup.com
北京市海淀区新街口外大街19号
邮政编码：100875

印　　刷：北京溢漾印刷有限公司
经　　销：全国新华书店
开　　本：787 mm×1092 mm　1/16
印　　张：22.5
字　　数：492千字
版　　次：2015年9月第1版
印　　次：2019年2月第3次印刷
定　　价：39.80元

策划编辑：于晓晴　　责任编辑：齐　琳　王玲玲
美术编辑：高　霞　　装帧设计：高　霞
责任校对：陈　民　　责任印制：陈　涛

编写委员会名单

主任委员

冯晓霞　朱家雄　秦金亮　杨　文

副主任委员（按姓氏笔画排序）

于德水　文　颐　王玉兰　卢新予　朱宗顺　庄建东

刘　洋　刘迎接　杨四清　李红军　李河江　吴　林

宋占美　张兰香　张根健　张家森　张祥华　陈文华

陈伟军　陈志超　杭　梅　罗长国　郑健成　赵汝亮

郦燕君　原淑慧　栾　敏　唐志华　唐学军　黄淑敏

梁周全　喻小平

委　　员（按姓氏笔画排序）

王　刚　邓大河　石生莉　安春芳　孙华庚　张锋利

陈　华　武建芬　周玲玲　胡玉智　蒋荣辉　戴猛强

前 言

数学与数学教育

数学，是一门激动人心的学科。学得轻松，令人惊喜；学得吃力，让人焦虑，可谓一边欢喜一边愁。数学这门学科似乎与认知联系更密切，当然数学学习也带有很高的情绪性。近些年研究者多关心数学教育的文化性，从人类学、社会学、语言学、心理学、艺术学等角度来考察数学，这是很有道理的。

现代学前儿童数学教育的新观念，在广度和深度上相对传统有了很大的超越。这些新观念包括：摒弃将数学知识机械填入幼儿脑中的观念，提倡学前儿童主动探索、主动发现，对所学知识进行有意义地建构；通过数学活动、动手操作，为学前儿童建立主观世界和客观世界之间的紧密联系；学前儿童的数学学习不应该是枯燥机械的，而应该是充满欢声笑语的。

多年的工作经历使编者体会出，学前儿童数学教育不仅要走认知和知识建构之路，还要走数学的人文化、思维训练之路，应树立大数学教育观。近些年双语认知、语言与数学认知关系方面的心理学研究和数学与语言联系脑神经基础的证据越来越多。我们应将儿童的数学学习置于更广阔的领域中进行理解。学前儿童数学学习与大脑发育联系紧密，早期数学启蒙教育对学前儿童的智慧发展有着不可替代的作用。

学前儿童数学教育现状

在幼儿园课程取消分科、推行五大领域教育以后，不知何故，学前儿童数学教育在一线受到了前所未有的忽略。十几年来，学前儿童数学教育存在诸多问题，如课程内容缺少体系和脉络，年轻教师不会教数学，数学教学质量不高，很多学前儿童的数学发展潜质未得到很好的挖掘。像上海一些有数学教育基础的幼儿园，针对数学教育现状采取了一些补救措施。例如，老教师坚持传统数学教学的做法，发放作业纸让学前儿童练习；在课程安排中，坚持保留幼儿单独的数学活动；突出主题特色，渗透数学知识，尽可能做到数学知识点与主题完美结合。蒙氏数学、智趣数学、阶梯数学等课程模式在这些幼儿园盛行，尽管不同模式存在不同的问题，但也显示出了数学课程在现实幼儿园中有着高度需求。

分析幼儿数学教育现状可以发现：一是对数学重要性认识的增强，源于社会对儿童学业和未来职业的重视，源于对当今儿童智力发展程度和信息资源获得的认识；二是数学学科的独特性和数学教育的专业化以及学习心理、数学头脑的研究，为学前儿童数学教育提供了强大的理论支持，也使人们看到了学前儿童数学教育的广阔前景和深远意义；三是这些年的教育改革，从苏联分科制到我国的综合教育，再到西方的开放式教育、人文教育，在坚持传统教育的同时，吸收了西方的人文精神，使课程更适应于学前儿童年龄阶段的学习特点。但针对目前学前儿童数学教育的课程改革来说，近十几年成效不大。像美国国家数学教师协会(NCTM)出版的《数学教学的专业标准》(1991)和《学校数学的评价标准》(1995)，把幼儿园纳入包括小学、中学在内的整个学校课程体系中，是有其一定道理的。我们国家借鉴美国也制定了类似的数学教学的标准，包括学前阶段。但是由于我国的幼儿园和小学、中学教育在体制上是分开的，学前教育课程的改革强调综合性，忽略了数学教育作为一门独立学科在学前阶段的重要性。因此鉴于师资等方面的原因，在实际层面的数学教育工作就大大被削弱了。

数学教育具有特殊性，在主题综合教育中如何把数学教育做好，对一线教师来说，要求很高，难度很大，因此需要强化、提升一线幼儿教师的数学专业化水平。着眼于目前学前儿童数学教育的现状及其存在的问题，需要一本具有坚实心理学基础的好教材。本教材在这方面做了尝试。

本教材的特点

第一，结构完整、线路清晰。本书主要分为四个部分，第一部分，讲数学教育的基本问题，包括概念、理论、历史和趋势，后面的第四部分，介绍了数学教学模式及学前数学教师的专业发展和师资培训，这两部分旨在强化学生的理论素养。第二部分，从8个教学模块入手，探讨了学前儿童对基础数学知识的认知、学习与教育等问题。第三部分为教学实践，从数学教育的目标分析，内容、实施途径和技术，环境创设，设计与组织，教育评价等问题入手，进行了详细论述。

第二，强调理论的广泛基础。重视吸收数学认知研究成果和现代学前数学的教育观念，依据《3—6岁儿童学习与发展指南》，以8个教学模块等为核心，借鉴国内外数学教育方面的成功经验和做法，强调数学知识的系统性和逻辑性，强化学前儿童在自然、现实的语言文化背景下的数学知识学习。

第三，资源丰富、适宜学习。提供了案例、图片、拓展阅读、名言点睛等丰富资源，设有思考与练习、拓展训练等，有助于学生获得各方面的数学信息，感受数学的艺术性、趣味性，又能引起学生对现实问题的思考，使其体会到作为一名数学教师的挑战性和数学教师职业的魅力，以良好的心态走进婴儿和学前儿童数学的美丽世界。

对职前学生和职后一线教师的期望

通过本教材的学习，希望帮助学生和职后教师走上学前儿童数学教育专业化的道路，具备以下新的理念。

一是重新认识数学的本质。教师的作用不仅是讲授数学事实，还要帮助和指导学前儿童在特定领域中建构自己的数学经验。数学可以从四个方面来理解：第一，学前儿童的数学，即每个儿童自己的运算图式；第二，教师给予学前儿童的数学，即儿童利用自己的经验能够学习到的数学，这需要在师幼互动中确定，不能预先给出；第三，教师的数学，教师对数学的理解具有个性化的特点，这是教学设计的关键因素；第四，教材编写者的数学和数学家讨论的数学，这需要借助教师的教和儿童的学，把教材里的数学知识转化为学前儿童个人的知识。总之，作为教学的内容，数学是多层次的复杂领域，教师在教学中必须考虑到这一点。

二是对教学任务赋予新的内涵。教学前儿童学习数学，不仅要教他们具体事物的数学知识结构，还要教幼儿对自己数学的认知，即如何用数学透视镜来看世界、理解世界。教师要始终站在学前儿童一旁，维护他们对问题解答的好奇心，并及时给予反馈；同时，也要引导学前儿童产生对数学学习的兴趣，培养其发现和自我反省的意识。

三是教师要从一个单纯的教育者向数学研究者迈进。通过教学试验，使教师认识到，数学教育的探索不仅仅属于大学学术研究的领域，教师在实践教学中可在一定程度上承担起研究者的角色。一线教师积极参与课程和教学研究，会发现很多探索、调查、创造、反省和解决数学教育问题的机会，并可自行研究解决方案。在探索研究的背景下，数学教学会有更大的主动性和反思性。教师的专业化成长，是数学教育成功的起点和保证。

本书编写团队

本书是心理学、教育学研究者和一线优秀教师教育实践智慧的结晶。具体编写分工如下：第一单元由徐宝良(岭南师范学院)编写；第二单元由王孝龙(新疆喀什师范学院)、刘雍江(贵州兴义民族师范学院)、李灿灿(鲁东大学)编写；第三至十单元由林泳海(岭南师范学院)编写；第十一单元由程晓燕(吕梁学院)、邱静静(上海松江区文翔幼儿园)编写；第十二单元由王勇(广西百色学院)、周燕云(上海闸北区万荣幼儿园)、魏雪峰(鲁东大学)编写；第十三单元由王玉荣(烟台芝罘区幸福小学)、杨玉芬(上海宝山区小主人幼儿园)编写；第十四单元由单光耘(山东泰安市泰山幼儿园)、孙敏(鲁东大学)编写；第十五单元由李艳菊(太原幼儿师范学校)编写；十六单元由赵志远(四川省攀枝花市建筑工程学校)编写；十七单元由秦春婷(鲁东大学)编写。

致谢

感谢学术经历中各个时段的前辈，林嘉绥、何纪全、朱家雄、张奠宙等；感谢一起探讨数学的同事和友人，金浩、黄瑾、钟小锋等；感谢多年来一起合作研究的园长和教师，钱莹珍、贺蓉、周燕云、戴慧丽、杨玉芬、崔同花、沈毅敏、董琼、章晓霞、李庆南、王娴婷、钱玲华、单元云、冯艳宏、王展芹、管桂萍、李俊梅等。还要感谢职业生涯中数十年来的学子们，与他们一道讨论、交流、碰撞的火花，与年青一代的思想交流，皆是学术问题产生的源泉。长江后浪推前浪，人类文明不断向前。

感谢北京师范大学出版社编辑为本书的内容构思和撰写等提出的宝贵建议。

在教材编写中参阅了大量相关研究著述、课程资源，在此向众多原作者表示感谢，并欢迎随时与我们联系(linyonghai66@126.com)。书中有不妥之处，谨请批评指正。

编者
2015 年 6 月

目 录

第一部分
走进学前儿童数学教育

学前儿童数学教育作为一门学科，有其自己的研究历史、基本问题和理论基础，总体上了解这些方面的知识，有助于把握学科的发展趋势。数学世界是多彩的，学前儿童对于数学的理解更是妙不可言。作为一线的学前儿童数学教师，既要体会学前儿童数学教育的学术部分，也要感知学前儿童数学世界的美丽而有趣的一面。本部分将提供这方面的相关资源。

单元一
学前儿童数学教育的基本问题

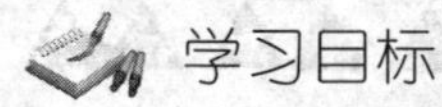

学习目标

- 了解学前儿童数学和学前儿童数学教育的含义
- 理解学前儿童数学教育的经典理论
- 了解学前儿童数学教育的研究历史
- 掌握学前儿童数学教育的发展趋势
- 学会用研究的角度看待学前儿童数学教育的问题与价值

情境导入

5岁的菲菲去爬沪西真如古塔，爸爸要求她数台阶数。她能很顺利地数到100，过100后，她就说："101，102，…"爸爸说："这样说很麻烦，记住100，再从1数起，1，2，3，…"她仍坚持数："103，104，…"说明孩子对计数的理解缺乏灵活性。当数过200时，就开始出现较多的错误，会跳十数，她这样数："209，210，220，230，…"爸爸说错了，她就改过来。当她往后数"227，228，229"时，一下子跳到了"300"。这让爸爸吃了一惊。可见，当数目较大时，孩子就不能较完整地把握数的精确意义，出现的错误也有可能是孩子数累了的一种情绪表现——"快快数完吧。"

问题： 学前儿童的数概念是如何在生活经验中一步一步形成的？

案例点评： 计数活动是数概念形成的十分有用的经验，包含了数概念形成的很多道理。生活的经验及经验的总结可以提升儿童对数的感知和认识，提升对数概念的理解和掌握。日常生活中可以多提供给儿童计数的机会，让儿童体会有趣味的和有意义的数学。

第一课　数学与数学教育

一、关于学前儿童数学的一般论述

(一)数学与学前儿童数学

1. 数学与数学的发展

字典上把数学定义为数字的科学、操作，数字间的相互关系(组合、概括、抽象)以及空间的结构、测量、转化和概括。

数学的发展促进了其他科学的发展。例如，古巴比伦的天文学就受到了数学的影响。近代伽利略、牛顿和拉瓦锡把物理、化学和机械学数学化。从 20 世纪初起，科学数学化的趋势变得日益强大。从 20 世纪 50 年代开始，数学化的规模不断扩大。数量经济学、数学语言学、数学生物学和数理逻辑等科学就是数学化的结果。各门科学力图以数学形式来表达。信息科学的产生，使得信息以数量指标来体现，其意义在于：保证了人思维的极大合理化，使人们可以更准确地设计“会思维的机器”，使“会思维的机器”的活动合理化。

图 1-1　无限变小的三角形图

(说明：每个三角形中内接一个三角形，依次内接，可以无限地扩展下去)

经济和文化的发展促进了人们对解决庞大计算问题的需求。在解决许多科学问题和经济任务时，计算就成为一种繁重的劳动。人类想象能像鱼一样在水中游，像鸟一样在天空中高飞，想要有能看得更高和更远的眼睛，想要认识宇宙中的其他世界，为了实现这些愿望人们很早就设计出了各种计算工具和机器，如中国古代发明的算盘，至今仍在使用。由于社会发展的需要，计算用的机器逐渐变得准确和复杂，计算机的出现使得人们在计算上获得了意想不到的发展，这是人类双手和大脑在长期活动中创造的产物。社会的发展是人类知识不断发展的结果，可以说数学在其中起着重要的主导作用。

科学的数学化是时代赋予我们的任务，为此我们必须掌握一些必备的数学知识。数学在整个国民教育体系中也受到了人们普遍地重视。

名言点睛

算术是人类知识最古老，也许是最最古老的一个分支；然而它的一些最深奥的秘密与其最平凡的真理是密切相连的。

——史密斯

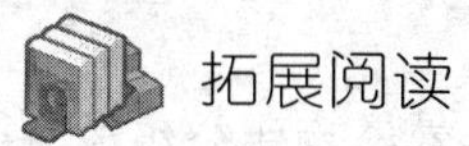

拓展阅读

数学历史的回顾——从数觉、计数到数学的产生

数觉是人类在进化的蒙昧时期就已经具有的一种才能，婴儿也具有这种能力，即在一个小的数的集合里，增加或减去一样东西的时候，尽管他还未直接知道增减，也能辨认出其中有所变化。

诸多鸟类也具有这种数觉。鸟巢里若有四个蛋，你可以安然地拿去一个；但是如果拿掉两个，这鸟通常就要逃走了。鸟会用某种奇怪的方式来辨别二和三。当然，具有数觉的动物仅限于几种昆虫、几种鸟类和整个人类，在对于狗、马和其他家畜所做的实验和观察中，都不曾发现它们有什么数觉，况且普通文明人的直接视觉数觉，很少能超出四。

究竟数概念是从经验里产生的，还是早已隐藏在原始人心中只是逐步加以呈现的呢？可以说，一种比鸟类高级一些的原始数觉是产生我们数概念的核心。毫无疑问，如果人类单凭这种直接的数的知觉，在计算技术上就不会比鸟类有明显进步。人类因经过一系列的特殊环境，才学会了一种对未来生活有巨大影响的数学技巧，即计数。正是由于有了计数，我们才获得了用数来诠释宇宙信息的惊人成就。

数学产生于实践，与人类文明同时开始，又随着生产实践、科学技术的发展而发展。人类的全部生活实践——衣食住行几乎都离不开数学。像小朋友有几只手、班上有几位小朋友等，均是用数来表示。自然界的一切生物，像花朵、蜗牛皆是一种几何形体。可以说，数学是打开未来世界大门的钥匙。伽利略曾说过，数学是上帝用来书写宇宙的文字。

对于几何学来说，其产生也主要来源于生产实践：在古埃及，尼罗河每年夏天均会泛滥，造成田园流失、地界不清，为了消除纠纷、重新丈量划界，几何学就产生了。几何学——Geometry，是由希腊文化而来，“Geo”表示“地”，“metry”表示“量”，合起来就是量土地的意思。

学前儿童数学认知的发生与最初发展，可类比人类早期数学的产生，其根源都是人类的实践和个人的活动。

2. 学前儿童的数学

美国国家数学教师协会(NCTM，1989)提倡一种课程，此课程可以提供给儿童越过年级水平建构数学概念的机会。“数学应该被看作是一门有帮助的学科，而不是根据儿童是否具有完成(作业)的能力来挑选和抛弃他们的一门课程。”

联合国教科文组织《里约热内卢宣言》有这样一句话：纯粹数学和应用数学是理解世界及其发展的一把主要钥匙。数学教育与其他学科有密切的联系，这些联系表现出各学科知识之间的广泛渗透。

对学前儿童来说，数学是看世界的一种方法，他们的经验正来自于此。它是真正解决问题的一种方法。它是对数字，数字的操作、功能、关系，概率、测量的理解。它远不只是儿时记忆中做过的那一页页简单的等式。

随着儿童成长，数学活动也随之改变。最小的学前儿童会开始探索给物体分组或分类、做比较。进入学校后，他们可能有了数学思维，能用数学符号记录他们的发现并做标签。在儿童早期教育中，数学应继续是一种操作性的活动(McCracken，1987)。

拓展阅读

远古人类的数学能力

从人类数学的起源来看，人类的数学能力与儿童的数学能力一样，都是为解决现实问题而产生的。远古渔猎穴居时代，人们为了记录时间与财产，使用一对一的堆石法、结绳法或在树枝、骨头、石板上刻画记号。例如，从这个月的月圆开始，每晚放一个小石头，到下个月圆为止，数一下这堆小石头就知道过了几天；猎人为了计算有多少张兽皮，每割下一张兽皮，就在树枝上做一个记号保存。到了农业、商业社会，生活越来越进步和复杂，因此在随手可用的十指计算过程中，就发明了 1，2，3 等自然数的计数系统。可以说，计数系统是人类文明发展形成的抽象数目概念并使数学成为科学产生的重要工具。

为了更精确地计算与记录，且在计算需求的压力越来越大的背景下，十进位制产生了。当计数大量数目时，一对一刻画太烦琐，从而促使了数组的产生，而 10 个手指正好是归组的最自然的基础。以 69 为例，6 这个数是在 10 的位置上，代表的是 6 个 10。这样设计就不需要特殊的符号来代表十、百、千等。

二、学前儿童数学教育的内涵

(一)数学教育的含义

数学教育是帮助儿童了解大千世界中数量关系、逻辑关系，开拓儿童数学时空视野的一门学科。学前数学教育，是一门关于学前儿童数学学习与教学的课程。这门学科既包括对儿童数学学习的理论、数学概念的认知特点等的研究，又包括对实际教学内容的指导，具有较强的理论性和实践性。

(二)学前儿童数学教育的含义

学前儿童数学教育学科在性质上涉及学前儿童数学、教育学和心理学，是一门文理交叉的综合课程。

拓展阅读

学前儿童与小学生数学学习的不同

学前儿童数学学习，具有生活性、操作性、直观性和探究性等特点，与小学生数学学习相比，具有以下三点不同：

第一，与小学数学教育有着本质的区别，尽管学前儿童数学学习的有些内容与小学低年级有些类似，但小学生学习是为了掌握，要测验和考试；而学前儿童只是对数学知识的“认识”，并不要求一定要“掌握”，重视的是一种学习过程和数学的经验。

第二，学前儿童通过数学学习能够接触到现实世界经验中很高的数学理念，如拓扑的理念、极限的理念等。这些理念可以让儿童在数学操作活动中去体会。可以说，学前儿童学习的数学知识，虽然是表面的、粗浅的知识，但数学思想却是高深的、儿童可以体验和理解的。

第三，学前儿童数学教育，强调具体的操作活动，强调的是在具体活动中对数学的认知和数学思想的建构，这与学前儿童的具体形象思维是分不开的。

根据《3－6 岁儿童学习与发展指南》，学前儿童的数学教育要促进学前儿童的数学认知，其目标包括：初步感知生活中数学的有用和有趣；感知和理解数、量及数量关系；感知形状与空间关系。

第二课　学前儿童数学教育的经典理论

数学不可比拟的永久性和万能性及它对时间和文化背景的独立性是其本质的直接后果。

——埃博

一、学前儿童数学教育的理论演变——从行为主义到建构主义

(一)行为主义学习理论

联结理论基本上属于行为主义，强调将数学知识经过任务分析，有组织、有顺序地呈现或传授给儿童，并运用外在的强化方式来控制学习进度与行为，因此对于课程的设计，有非常清晰的行为目标加以实施。加涅曾指出，事先安排必要的顺序是授课计划的重点工作。这种情况下，学习者通常被视为一个空白的接收器，被动地吸收或复制知识，这种学习也被称为吸收式学习(absorption)。

行为主义学习理论认为，学习数学内容与技能必须不断地通过记忆与练习，以强化联结关系的建立。例如，两数之和，“4＋2”与“6”这三个数字间的联结关系，儿童必须要经过重复性练习——运用显示卡、纸笔作业和背诵等才能在脑中对“4＋2”与“6”加以联结。在形成联结关系时，“理解”并不认为是十分必要的，重要的是练习与记忆。练习与记忆得越多，技能与概念就越熟练和稳固。新的技能与概念只是个别孤立地堆积存放于

已有的知识库中，而不是与已有的知识结构串联、整合。当训练“4＋2”等于多少时，儿童在他的记忆库里找到与这个问题联结的一个答案“6”。在这种情况下，“4＋2”的意义无关紧要，重要的是儿童能够正确地联结，产生正确答案“6”。在这样的学习模式中，学习动机是受外在因素控制的，学习的本身没有太多的内在奖赏，学习者扮演被动的角色，集中于刺激与反应的联结活动中。

(二)建构主义学习理论

建构主义是自19世纪末迄今一个非常重要的理论思潮，跨越哲学、心理学、社会学等多个学术领域，其根源可以远溯至康德的批判主义。康德认为，知识要素不在于主客体之上，而在于所谓的现象界，它是一种心理结构，是可以组织的经验，并促成主客体之间的互动。认知是一种世界的存活概念(viable notion)的建构，而非外在实体的真实镜面(Thomas，1994)。

建构主义继承了康德的理念，对形而上学的信念与科学或理性知识进行了严格区分。前者旨在反映本体中的事实，后者则被认为是主体赋予工具的功能。知识并非是真实世界中的复制，科学知识也不例外。科学及其计算应视为应用经验进行预测的工具，并不足以宣称是掌握实体世界的真理(von Glasersfeld，1989)。皮亚杰是建构主义的先锋。他认为，知识概念是经过仔细思考之后重新定义的，是一种调适的功能。这个看法与20世纪初进步主义学者杜威的看法不谋而合。

建构主义是对传统教学理论的挑战，也是对传统教学思想的反思，其主张是：

第一，学习是以学习者已有知识和经验为基础的社会建构过程，也是学习者内在思维活动与外部学习环境共同作用的结果。教师的主要职责，不是去控制幼儿学习，而是为幼儿学习创造良好的学习环境。

第二，反对知识的纯客观主义，知识的学习必须经历一个由主观建构向客观知识的转化过程。教学不应看成纯客观存在的知识的传递过程，而应依赖于学习者的再创造。

第三，基于个体的特殊性和学习活动的动态性质，教学不应看成是一种完全按照事先确定的步骤去进行的固定程序，而应是一种创造性的工作，应当明确反对机械的教学观。

第四，反对还原主义的教学方法，尽管还原主义的教学方法对于机械技能的学习具有一定的功效。

第五，鼓励每个幼儿在学习过程中根据自己的体验，用自己的思维方式，重新创造相关知识。在教学中应调动幼儿和教师的积极性，肯定学习活动的主动性与教学工作的创造性。

图 1-2　烧饼图

(说明：生活里的圆形)

二、列乌申娜的学前儿童数学教育的理论

列乌申娜是苏联著名幼教专家、教育学博士，她的学前儿童数学教育思想反映在《学前儿童初步数概念的形成》一书中。这本书经 1974 年苏联教育部批准作为高等师范院校学前专业和心理学专业的教材。

(一)关于学前儿童数学学习与教学的一般观点

1. 数学基础知识来自于现实生活

儿童从婴儿时期就认识到客体、声音和运动，并能用不同的“分析器”(视觉的、听觉的等)感知它们，比较它们，从数量上区分它们。儿童很早就开始按大小、颜色、形状、空间位置和其他特征来区分物体。他们模仿着成年人，试图大致地测量物体，把一个物品放在另一些物品上面，然后用眼睛或通用的标准来度量。

儿童依靠运动知觉，不但能学会判断不同的大小，而且也能运用相应的词汇正确地用语言表述自己的知觉和物体表象。例如，多少、宽窄、高矮、厚薄等，能把线性变化和总体积变化区分开来。

儿童和成年人共同生活的全部过程是形成儿童时间感觉和学会使用相应词汇(很早、现在、以后)的前提。整个学前时期在儿童交往和活动过程中这些表示时间意义的词汇急剧地增加。儿童开始对这些词汇感兴趣，这就使成年人能帮助儿童认识时间的流动性、延续性和周期性，也就是时间知觉。

基础数学概念的源泉是周围的客观现实，儿童在自己的多样化活动过程中、在和成年人的交往中以及在成年人领导下的教学活动中认识着这些客观现实。

2. 感知觉发展是数学概念形成的基础

感觉过程是儿童认识事物和现象质量特征的基础，而建立一一对应关系又是数学比较的基础。因而，感知觉活动是最初的数学概念形成的基础。在知觉活动中，让儿童对物体的形状、大小和数量进行比较，并把这些活动的经验与儿童过去的经验进行对比。因此，组织儿童积累经验、教会他们使用公认的标准和最合理的做法进行比较是非常重要的。

传授儿童经验时，一方面要建议儿童从自己熟悉的图形中找出和叫出有相同特征的图形，并且把它们列入某一类，另一方面要建议儿童寻找含有此类图形的物体。这一类具体化的工作将加深儿童对此类图形的认识。

3. 重视通过数学教育发展儿童初步的逻辑思维能力

可以说，学习数学可以最大限度地适应儿童逻辑思维的发展。数学思维的特征是简洁性、推理过程的顺序性、逻辑的连贯性、思维的准确性以及会利用符号。在这样的背景下，增加数学方面丰富的知识并传授给儿童就显得十分重要。例如，在学前数学中增

加了认识空间和时间关系的内容；增加了测量连续的和不连续的量的大小，测量各种类型物品的长度、重量等的方法内容；增加了认识部分和整体关系的内容。这些都有助于儿童逻辑思维的发展。

教师还应该注意到一系列最简单的数学概念(集合、数、自然数列)，知道主要的数学法则，了解数、计数制等产生的历史。这些对于更好地理解学前儿童数学学习、发展其初步的逻辑思维能力是十分必要的。

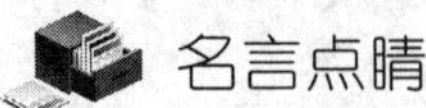

名言点睛

数学，科学的皇后；算术，数学的皇后。

——高斯

(二)学前儿童数学教育应建立在科学的心理学基础之上

学前儿童数学教育应该建立在科学的心理学基础之上。例如，儿童对物体大小的感知，是有其生理机制的。认识物体大小、形状和重量等属性是不同的“分析器”(视觉的、触觉的、运动觉的)在起作用。谢切诺夫曾说过，客体的属性(空间、时间、位移)是在感受器官的运动过程中再现的。成年人与儿童感知物体大小的知觉机制是共同的，但是儿童的这个机制还没有成熟。

儿童在感知形式更复杂的物体时，常常只抓住它的相对性质——长度、角、凹处、圆等，而作为整体的图形却没有辨认出来。儿童这样一些心理特点是从事儿童数学教育的出发点。

(三)重视学前儿童的数学教学以促进其发展

教学应该走在发展的前面。教学引导着发展，教学是发展的源泉。在教学条件下，学前儿童对于区分颜色、形状、大小等客体特征能达到比平常更高的水平。儿童在掌握序列中每一个元素大小的相对性时，能顺利地掌握排序。在教学条件下，5 岁、6 岁儿童能顺利地形成数的概念；从客体的空间特征中把数量抽象出来。儿童观察和确定子集、集、类的从属关系的能力在发展，证明自己判断和推理的正确性的能力也在发展。

确定了教学内容，就要寻找更有效的教学方法。方法如下：一是激发儿童认识活动和形成学习活动动机的方法。根据学前儿童认识活动和形成学习活动动机的方法，应把调动儿童学习的兴趣放在首要地位，如运用问题情境、小实验等来激发儿童内在的学习积极性。二是组织和实现学习活动的方法。可分为四个小组，首先是对客体进行组织观察；其次是组织和实现儿童思维活动的方法，如重视模型、图表和表格的运用，借助模型，儿童可以在一种直观的形式中认识事物内在的、隐蔽的属性，就像温格尔所认为的，“模型的运用是学前儿童由直观形象过渡到概念思维的最好桥梁，是发展儿童智力的有效武器”；再次是组织和控制儿童实际活动的方法，这些方法是有利于发展儿童创造性思维的问题教学法；最后是检查自我学习活动效果的方法。

三、皮亚杰关于儿童数学认知的理论

皮亚杰关于儿童数学认知的系统研究，对于儿童数学教育实践具有深刻的指导意义。

皮亚杰上大学时学的是生物学专业，并对哲学和心理学问题很感兴趣。关于儿童学习数学的研究主要体现在他的五部著作中，《儿童的数学概念》(1952)、《儿童的几何概念》(1960)、《儿童的空间概念》(1967)、《儿童的时间概念》(1969)和《儿童的机遇观念的起源》(1975)。关于儿童数学概念的观点阐述如下。

(一)数学的结构与心理学的结构是对应的

发生认识论的基本假设是，逻辑的或知识的理性组织的发展与相应的心理形成过程之间存在着一种平行关系。最基本的心理学观察到一一对应是一组最原始的运算。

皮亚杰在《逻辑和心理学》一书中，考察了人类思维的数学和逻辑的基础或模型。从理论上说，了解逻辑所描述的结构和心理学所研究的实际思维过程之间存在对应关系，这是极为重要的。

在儿童思维中，基本的代数最容易在类的逻辑或逻辑分类中找到。对物体进行适当分类所必需的心理学的结构是“类包含”的数学或逻辑的关系，这是第一种心理学的结构。一个 6～7 岁的儿童会同意，所有的鸭子是家禽，而不是所有的家禽都是鸭子。但是，倘若问他：“家禽多还是鸭子多?”他就不知道了。他还没有获得心理上必要的代数结构：

鸭子＋别的家禽＝全部家禽

家禽＋别的动物＝全部动物

这样一种构造起来的分类层次就是建立在包含关系的逻辑基础之上。

学前儿童没有否定的可逆性。例如，“假设全部家禽死了，还会有任何鸭子剩下吗?”或者说，“所有的鸭子死了，还会有任何家禽剩下吗?”学前儿童对这样的问题不能完全回答正确。

第二种心理学的结构为“序的结构”。这种心理学的结构直到儿童 7 岁时才会产生，它是数学上“序的结构”的必要前提。年幼的儿童，当要求把 10 根木棒按长度或高度排列时，儿童会把它们分成一对一对的。例如，把两根短的放在一起，两根长的放在一起，或者三根一组地加以排列。随后，儿童会运用“尝试—错误”的方法——拿一根试试，然后再拿另一根，看看哪一根合适。这时还没有一个完全协调的方法。

要使次序化活动获得成功，儿童必须具有理解数学或逻辑的“传递”关系所必需的心理学的结构。也就是说，如果 B 比 A 长，C 比 B 长，那么在逻辑上 C 就比 A 长。但当问儿童 A 与 C 相比结果怎样时，他会说必须让他再看一次，然后把 C 放在 A 的旁边看出 C 比较长。

根据布尔巴基数学派的观点，第三种类型的基本数学结构是拓扑性质的结构。皮亚杰发现，儿童在能解决欧几里得几何问题之前就能解决拓扑问题了。比如，儿童能够分清内和外，在能区别诸如圆形和方形等欧几里得几何图形之前，就能区分封闭图形与开放图形了。

(二)从心理的运算和数学的运算到数理逻辑知识的学习

1. 运算的含义

运算是知识的本质，它是一种内化了的改变外物的动作。这种动作就是心理的运算。在数学上运算有其特殊的意义。算术的基本过程也是运算。在 3＋4＝7 这个算式中，“＋”号就表示对 3＋4 所做的一个运算，这个运算就产生了 7 这个数。

在数学中，加和减是一个可逆的运算。运算的含义是什么？

第一，运算是一种可以内化的动作。也就是说，它可以在外部物质上进行也可以在思维上进行。

第二，运算是可逆的。例如，加法是可逆的，1 和 1 相加是 2，从 2 中减去 1 等于 1。有两种类型的可逆性，一种是反演的或否定的，如＋1－1＝0，另一种是互反的，如果 $A=B$，则 $B=A$。

第三，一个运算总假定某些守恒性不变的存在，如在加法中，改变组合加数的方式，如 4＋3 或 5＋2，但总数不变。

第四，一个运算不能单独存在，它只是一个大的结构或运算系统的一部分。例如，整数运算，它包括许多数学结构，如加法群以及结合性、交换性、传递性和封闭性等法则。这些运算的结构成为自然的心理实体，是人类知识发展的基础。

2. 数理逻辑知识的学习

人认识机能的运行结果形成了三种形态的知识。第一种是本能的知识。它在人身上是有限的，而在动物身上却是非常普遍的，如鸟的迁徙。第二种更广泛的知识形态为物理的经验。它是空间存在的物理客体的经验，如木块浮在水里，水结成冰之类的事实。第三种形态是逻辑—数学经验。这些知识可以说是从对客体所施加的动作中而不是从客体本身中涌现出来的。当然，这种逻辑—数学经验不是建立在个别动作的基础之上的，而是建立在协调的动作基础之上。

协调的动作有以下几种类型：一是它们可能被合并在一起(加法性的协调)；二是它们可能连续产生(序列的协调)；三是两个动作之间的交叉。所有这些协调的动作，在逻辑结构方面均有与之相平行的内容。当它们在思维中发展时，就构成了逻辑结构的基础。可以说，逻辑—数学结构包含的大多是内部的条件反射，并不是一个表面的。

对于数理逻辑知识的学习，皮亚杰认为，儿童学习必须有一个准备阶段，即能够得到儿童已经具有的较简单的初步的逻辑数学结构的支持。他反对联结主义的加速学习。当然，教师可以组织一个让儿童在其中尽其所能、发展其思维的合适的环境，这是可行的。

(三)动作操作活动对于数学理解的意义

皮亚杰在《意识的把握——年幼儿童的动作和概念》一书中主张，年幼儿童可以正确地完成一种活动，如做加法或乘法，但可能并未真正意识到其中的过程。对逻辑—数学过程的意识可能落后于正确的动作操作 6 年之久。儿童可能会计算出 6+2 等于 8，但他们可能并不理解其中所涉及的包含与可逆关系。

"会做"与"理解"不是一回事，因为理解包含着一种概念化、抽象性或对情境的认识。根据心理学的观点，"会做"包含的是感知运动水平的动作。以斯金纳或加涅的联结或刺激—反应(S-R)的模式为基础，为学习者制订某种学习任务的方法，体现的是一种"会做"而不是"理解"的教育哲学。

"理解"含有对正在进行的过程的意识。它包含概念化，而概念化则含有某种必然的心理上的组织或协调。这种组织和协调是以表象或对以前在物质或动作水平上进行的内容在抽象水平上加以重建为基础的。

许多逻辑—数学推论所需要的运算结构，在 11 岁、12 岁达到反省抽象或形式思维之前，实际上仍处于非自觉状态。下面介绍几个"活动"的例子，这些例子正说明了儿童对某些逻辑—数学活动尽管早就会做了，但那时他们是不自觉的。

例子：用四肢走路。

一个儿童在地上爬行或用四肢走路时，也许他并没有意识到自己所做的动作。对于完成动作来说这也许是不重要的，但对于解决数学问题来说也许有着极为重要的潜在意义。皮亚杰在研究中要求儿童爬行 10 米远，然后要求他口头说明"你刚才是怎样走的?"

阶段 1A 中的 4 岁儿童还不能意识到怎样用四肢走路。他回答说，用四肢同时走或者先用手然后再用脚(Z 型解答)。

阶段 1B 中的 5 岁儿童回答说，先移动一边的手和脚，然后再移动另一边的手和脚(N 型解答)。

阶段 2 中有半数 7～8 岁的儿童和三分之二 9～10 岁的儿童，能做出正确的回答，即两边手脚交替进行，如左脚右手右脚左手(X 型解答)。这个阶段的儿童对个体运动有了清晰地把握和认识。

皮亚杰认为，儿童能够思考自己的动作——按照正确的顺序把一个自动的运动系列分解开来，这包含有某种程度的概念化，标志着可逆性动作的开端。而这种可逆性动作对于数学学习来说是很重要的。

从以上可知，儿童会做某件事情与理解、意识到或认识到其中的过程之间差别是很大的，它们之间的时间间隔是数年而不是数月或数天。因此，如果在教育过程中能够考虑到儿童是否懂得或意识到他正在做的事情，或者说儿童不只是在感知运动水平上进行、得到结果，而是能意识到其中包含的过程，是非常重要的。

物理世界或空间中的所有动作均可认为其中包含着几何的概念。这是学前儿童数学教育强调儿童操作活动的原因，因为这些操作活动蕴含并渗透了大量的数学思想。

关于儿童几何概念、空间概念、时间概念和机遇概念的研究，将在第二部分相关单元中阐述。

四、迪恩斯(Dienes)数学教育的理论

数学应对学习者具有内在价值。学生只有能从学习中获得满足，才能享受数学带来的乐趣。数学学习和学习者的个性相结合，才能达到个人的真正满足(Dienes & Golding，1971)。Dienes数学学习理论有四个基本原则。

(一)动力原则

第一个是动力原则，这是其他三个原则的基础。

学习是从实际分类活动的体验中发展的(Dienes，1968)，思考始于玩和试验，当儿童玩时，自然的分类次序或排列就会出现。儿童可能会玩积木、数数、堆积、排列或配比。起先他可能随意地玩，并探索新的排列方式。一次次试验后，自然的组织思维过程就会出现。不久，儿童会按照自由探索中形成的个人标准进行分类、排序。这表明参与是概念理解的必要活动。概念的真正理解是里程碑式的过程。

Dienes设想概念理解有三个阶段。

一是学习者亲历游戏的初始阶段。概念形成于自由氛围中对物体的探索。此时的探索表现为无结构的活动，然而，儿童的活动并不是无组织的，因为教师为他们提供玩具并制订活动计划以使其有机会操作玩具。教师设计一两个游戏目标，描述出物体的形状以引导儿童更好地理解。

二是教师引入动力的阶段。教师计划材料结构活动以指导儿童特定概念的发展。比如，教师教儿童如何摆成棋盘格式而没有空缺，并鼓励儿童自己去摆。

三是儿童掌握这些活动后的数学概念发展阶段。此阶段教师计划一些能培养、增强记忆能力的活动，尤其是提供一些现实生活中的活动内容。例如，教师可以制作一个“儿童反映图”，回忆一天的活动，如记录下小组工作时间、打扫卫生时间和其他的活动等，能在各种活动和情境中找出模型。这是一个数学概念出现的阶段。

Dienes称此三个阶段是一个学习周期(Dienes & Goldiny，1971)，这个周期在数学概念变得有意义时结束。

(二)感性变化原则

概念的学习，可以通过多种具体实物概念化地展现。对于数字的理解，教师可提供诸如纸条、铅笔、蜡笔等物品，用各种活动传授数字概念。这样使儿童在不同条件下用不同方式了解数字的概念。

(三)数量变化原则

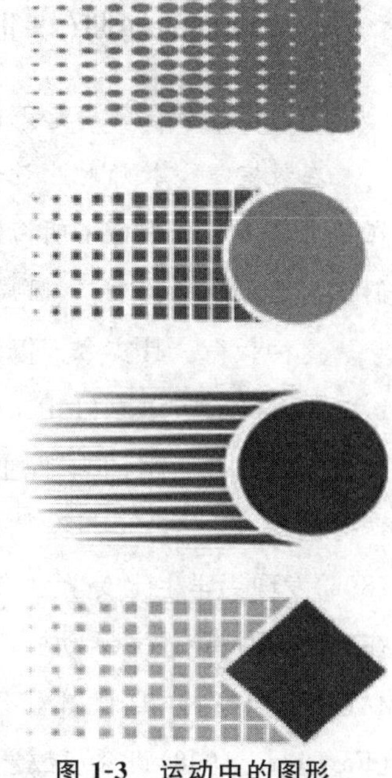
图 1-3　运动中的图形

(说明：感受图形运动的知觉变化)

当不相关的概念有规律地变化而相关变量保持不变时，数学概念的把握程度才提高。

在儿童认识三角形的过程中，提供给儿童各种各样的材料，让他们去除对三角形辨识不重要的属性材料，年幼的儿童只找到些界定很好的、易辨识出的物体(Dienes，1968)。

Dienes 建议，以统一的方式运用这两个变化性原则——感性变化、数量变化。感性变化原则指出"要有效地抽象出数学结构，就必须在各种情形中把握其真正的结构属性"。数量变化原则是"每个数学概念都包含本质的变化，所以数量的变化是必需的"。如果数学概念能真正掌握的话，就会有许多可替换的工作和计划。

(四)建构原则

建构总是在分析之前，思想会在儿童学会分析影响概念之前形成。儿童的建构思维总是比分析思维有优势。建构游戏被认为是 Dienes 理论的基础。随着周期性的推进，儿童游戏导致了越来越复杂的物质分类或心理分类的建构。年幼的儿童可能不会意识到这些规律结构，通常它们会被记住，易于接受、操作，儿童通过重复，运用、实践于规则运用的情形(Dienes，1968)。

在儿童的建构思考阶段，教师应提供各种形式的活动，让其参与并鼓励他们建构数学概念。如果数学只包括传统的计算技巧，就会限制数学思维的范围，限制其拓展。内容丰富的数学项目更适合数学思维的建构(Dienes & Gololing，1971)。

Dienes 认为数学学习源自于内在动机或个体的学习期望。传统的分级体系鼓励儿童去记住事实，以获取高分，而不能教儿童去评价学习。竞争通常出现在儿童中间，并贬低他人发展的重要性，鼓励短期的学习。基于狭义测评的竞争性的分级制度，不能鼓励学生学习，加强儿童的自我满足感。这种情况下，学习通常是临时的，不和任何其他概念相联系。

第三课　数学教育的研究历史与学前儿童数学教育的发展趋势

一、国际数学教育的研究历史

数学教育的研究历史从 19 世纪末开始，至今分为三个阶段。

(一)发展的初期(19 世纪末至 20 世纪初)

一百年前数学教育是怎样的？法国数学家庞加莱曾幽默地讽刺当时数学教育的失败：

在教室里，教师对儿童说："圆周是一定点到同一平面上等距离点的轨迹。"儿童们抄在笔记本上，可谁也不明白圆周是什么。于是教师拿粉笔在黑板上画了一个圆圈，儿童们立刻欢呼起来："啊，圆周就是圆圈啊，明白了。"

这种教育，其实今天仍然存在。

英国教育家培利(J. Perry)也曾批评英国的教育制度，他反对"为培养一个数学家而毁灭数以百万数学精神"。他主张，应关心一般民众的数学教育，他在 1902 年写了《数学教育讨论》，拉开了 20 世纪数学教育改革的序幕。这期间出现了很多成果。史密斯(Smith，1895)发现男学生比女学生的数学成绩稍好，特别在算术和几何上。蒙台梭利(Montessori)在 20 世纪初论述了活动材料对于儿童数学学习的重要性。桑代克(Thorndike)写了《算术心理学》(1922)和《代数心理学》(1923)，将刺激和反应原则应用于数学教育。福克特(Fawcett，1938)研究了数学学习的训练价值。

(二)发展的黄金时期(20 世纪 50 年代)

该时期出现了大量的实验研究，课程问题占支配地位，研究人员主要是数学家和心理学。心理学中布鲁纳和皮亚杰的研究最有影响，瑞士皮亚杰 1964 年访问美国康奈尔大学和加州大学，在北美数学教育研究人员中掀起一阵皮亚杰热。这个时期数学教育研究有三个特点。

1. 各领域研究者逐渐联合

数学家、心理学家、教育家、教师以及物理学家、工程师等各类专家应用者，联合起来为数学课程设计出谋划策。

数学教育开始被作为一门实验性科学来看待。贝格尔(Begle，1968)指出，"为了建立起一种数学教育的理论，我们需要遵循物理的、化学的、生物的同事所使用的方法"，提出假设并进行检验。美国 20 世纪 60 年代的"新数学"运动，通过科学的评估手段，对 10 万名学生成绩进行了考察。数学教育成了大学的一门学科 ，数学教育领域变得越来越专业化了。

2. 数学教育的大众化趋势

20 世纪中叶，各国普遍实施 9～12 年义务教育，这是一项根本变革。这一时期要求数学教育不能再像以前那样只是为了培养少数科学家、律师、医生和国家管理人员，必须面对全体民众，不能淘汰、不能留级、不能退学，不能像以前那样作为"筛子"选拔人才，而应作为"泵"来提高大众数学水平。

3. 新数学思想的发展

1957 年苏联卫星上天，全美为之震撼。美国国会通过国防教育法，政府和公众均支持教育改革。以布尔巴基为代表的数学家，认为旧的数学教材太陈旧，没有反映现代数学成就，应开展以新数学代替旧数学的政策运动。

新数学运动的指导思想：第一，增加现代数学内容，如集合、逻辑、进制、微积分、概率等。第二，强调公理方法，提倡布尔巴基法结构主义。第三，废弃欧氏几何。第四，削减基本运算，用计算器来代替基本的运算技能。第五，提倡发现法，要求儿童像数学家发现定理那样学习数学。结果，20 世纪 60～70 年代美国数学教育运动以失败告终。儿童无法接受大量抽象、不切实际的数学，如二进制、数理公式、结合率、交换率。儿童对于 2＋2 等于几都不会做了，因为被二进制搞糊涂了。

(三)发展从反思步入成熟的时期(20 世纪 70 年代末至今)

1. 质疑

20 世纪 70 年代以来，人们对数学教育研究有无贡献提出了质疑，有份报告提出："教育研究在增长，但在多数情况下，它竟然毫无成就。"研究人员开始感到沮丧。鲍尔斯菲尔德(Bauersfeld, 1979)在数学教育国际年会上建议数学家这个行业进行"模式上的根本性变化"，包括三个方面：一是要建设良好的数学教育理论框架；二是研究与实践要遵循不同的模式，不要为追求科学的尊严而模仿自然科学的研究设计；三是研究成果要用于实践，数学研究要走出图书馆和实验室，走向课堂和学校。

从 20 世纪 80 年代开始，数学教育研究涌现出大量成果。认知科学和建构主义成了数学教育的理论基础，数学教育的各个领域包括教育评价等形成了完整的体系。数学教育研究的蓬勃发展是近 30 年的事情。

2. 新近发展

到了 20 世纪 80 年代，数学教育又提出了回到基础的口号，提出解决问题的数学口号。这个时期，数学教育领袖有两个人：弗赖登塔尔(Freudenthal)，荷兰数学家，提倡数学教育的教学研究；波利亚(Pólya, 1887—1985)，美籍匈牙利数学家。

1989 年，美国国家研究委员会发表了《从关心数学教育的未来》报告，希望 21 世纪美国数学教育成为世界上最好的，但美国学校教育并不令人满意，特别是数学基本训练薄弱。一批数学家开展了美国数学教育大辩论，人称"数学战争"。这个战争至今仍未结束。

进入 21 世纪之后，社会发生了很大的变化，最明显的变化就是教育普及、科技发展所带来的高度竞争与挑战。在这种情况下，各个国家的政府官员和教育家已认识到教育的发展方向与趋势，期望培养具有创新、批判的思维能力和解决问题能力的人才。因为数学是一门基础科学，数学教育就成为诸多国家关心与反思的重点。

拓展阅读

数学教育心理学

数学教育心理学作为一个专门的研究领域，其历史大约不到 50 年。1972 年第二届国际数学教育大会(ICME-2)上，不少专家对数学教育的心理学问题感兴趣。从1977年到1994年，国际数学教育委员会中的国际数学教育心理学组织成了活动最频繁、研究最活跃的专题研究组织，共举办了15次会议。数学教育心理学研究范围很广：有紧扣教材的内容，如数的概念、比和比例、加法和乘法、结构、有向数和代数、几何理解和空间表象、数的概念的形成、逻辑、推理和证明；也有学习方法的研究，如问题解决策略、数学思维及其发展、符号体系和数学表象、学习模式、儿童之间数学交流；还有对有关问题的讨论，如数学理解的评价、计算机辅助教学、课堂教学过程、教师的行为和态度、教学的组织、教学环境(如数学实验室)、数学教师的培养及心理知识的培训。数学教育心理学这门学科涉及数学、心理学、教学法方面的跨学科研究。对数学知识的本质作分析，描述它的概念、过程的发生、构造及历史发展，需要数学家提供详尽根据；教学过程、教学内容对儿童产生的心理影响和儿童的心理变化及其他重要心理问题，这些要靠心理学家作仔细研究；而教师和教学法专家则是实施教学过程、检验教学理论的具体操作者。数学教育心理学的研究趋向是逐渐放弃行为主义的观点和方法，转而多做认知方面的探索。

(资料来源：张奠宙．数学教育研究导引．南京：江苏教育出版社，1998：45～48)

20世纪80年代美国许多调查研究发现，儿童的数学能力低于其他国家，而且在教学上过分重视低层技能的训练而牺牲了高层思考力的培养。这些问题引起了大众的广泛注意，激起了数学教育改革的浪潮。1989年全美数学教师协会经过数年的努力完成了“数学课程与评价标准”，提出以概念为取向的课程论作为幼儿园、小学到高中数学教育的方向。另外全美数学研究协会也出版了一份有关数学教育的报告，建议未来应以强调建构数学知识的教学替代“老师教、儿童聆听”的教学。建议课程内容不应只有算术，也应纳入其他教学内容。最重要的是它指出，在当前社会“更智慧地工作”比“更努力地工作”要重要。特别强调的是，要培养儿童思考与解决问题的能力。

学前儿童数学教育，随着人们对学前儿童发展的重视，也越来越受到重视。

二、学前儿童数学教育的发展趋势

国际上对儿童数学教育越来越重视，综合国外的大量研究，我们认为学前数学教育的总趋势有如下几点。

(一)重视数学学习的好奇心和探索精神

儿童的好奇心是其本性，他们似乎有一种探索世界的需要。当他们发现新事物就特别高兴，而且马上就想去研究其原理是什么或者如何来处理它。心理学家伯莱因(Berlyne)认为，好奇心理和探究精神是人类的一种原始本能。他也相信，人类的本能就是寻求感官刺激和视觉与听觉的新奇。他还认为，能力倾向(神秘的需要)是有机体的一种本能的需要。他建议：三个心理学的内驱力，即探索、活动和操作，这些内驱力应被确认和看作学习过程的动机影响。儿童似乎在很大数量上具有这些内驱力。

学前儿童的数学教学计划，应给儿童提供机会让他们去探索、自由地操作，并由儿童来发现数学知识。如果教学计划既没有提供时间，又没有提供材料让学前儿童从事有兴趣的活动及创造性的探索，就不能为儿童的智力发展提供很好的营养。说得极端些，尽管设备和游戏材料十分丰富，但有时教师很少能用来指导儿童活动以引起他们学习的兴趣和渴望。很多教师意识不到可以用这些材料来激发儿童去操作、体验和发现，从而使它们变为枯燥的、流于形式的、类似重复的东西。事实上，在操作活动中儿童可以满足自己的好奇心，获得某种数学能力。

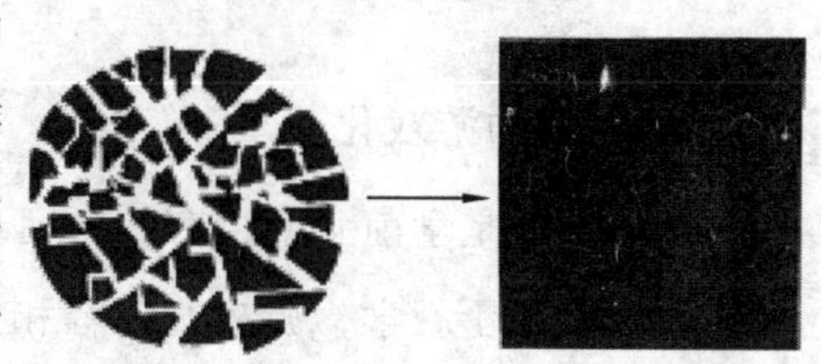

图 1-4　化圆为方

（说明：可鼓励学前儿童用同样多的沙子，保持水平一样，由圆形变化方形）

（二）重视多种感官的操作活动

在开始学习数学时，操作的和多种感官活动的价值为很多心理学家所重视，全美数学教师协会也要求更多地采用这类活动。一位专家认为，“当教师一旦在活动室里开展这类活动，就会发现其价值所在。在数学学习中从事更多操作活动的学前儿童，更有可能在其生活的世界与数学世界之间建立桥梁。很好地选择、合理地使用活动的操作材料能更好地帮助儿童产生学习兴趣、消除厌烦、形成良好地解决问题和计算的能力”。

很多学前教育机构没有很好地提供给儿童具体的材料和感知活动，以致不能使儿童在头脑中建立良好的数学关系，因此就没有为儿童打开一条概念形成和数学能力发展的重要通道。

拓展阅读

儿童的数学操作活动

数学操作活动主要是指：第一，儿童经验材料的数学化，即儿童将周围环境中的有关数、形、量由生活语言转化为数学语言，用数学语言表现生活中的问题。例如，用 $2>1$ 表示两个桃比一个苹果多。第二，数学材料的逻辑化，即对分散的数概念能组成概念系统、运算法则系统和数的推理。例如，三角形有若干变式，但其法则体系是共同的，即有三个角由三条线段组成的封闭图形。第三，数学知识的具体化，指儿童能对数概念、运算法则、数学关系等这些抽象的知识举出实例加以解释，也指对周围环境中的实际问题能用数学方法来解决。例如，对于 $4+3=7$ 这个算式，儿童能够编出应用题来赋予它有意义的实际内容。这实际上也是心理运算或内心操作。再如，儿童用各种形状的建构材料来构造物体的模型，发挥其空间想象能力，这也是一种重要的操作活动。

数学知识涵盖了儿童操作活动的各个方面，像分配玩具、分配角色以及进行各种交往活动，都会出现数数、确定方向、辨别物体的大小、形状等问题。在操作活动中，教师要通过很好地启发和引导，使儿童意识到事物的逻辑关系和各种数量关系、时空关系，激发儿童的数学兴趣，开阔儿童的数学视野，增强其数学能力。

(三)重视数学教学游戏化、多样化和具体化

1. 数学的游戏化

数学游戏是学前儿童特有的学习形式和方法，是塑造学前儿童认知结构的有力杠杆，数学游戏着眼于教学，游戏的内容和方式的选择应完全依附于教学，标准就是看其能否促进儿童数学能力的发展。

游戏化教学是激发学前儿童数学兴趣最直接的方法，因为学前儿童的生活本身就是以游戏为重点。游戏化包括角落自由探索游戏，如娃娃家买卖、积木角建构空间与造型活动；操作各种纸板、玩具，进行体能、音乐的小组或团队游戏。数学游戏化的结果，不但能让儿童在轻松自然的气氛下学到数学，也能让其喜欢数学。

2. 数学的多样化

教学多样化的原则体现在，为达到培养儿童的目标，提倡课程多样化，包括教学内容多样化与教学方法多样化。就教学内容的设计而言，应将各领域兼举并重提供整体发展的机会，不可偏重或偏废某一领域或层面；要加强各领域间的联结与相互关系，让儿童不但能从其他领域中习得数学概念与技能，或从数学领域中习得其他领域的重要概念，而且也能运用数学于其他领域中。例如，美劳活动中运用色彩表现物体，或运用几何形状的色纸自由创造各种形状；体能律动中配合唱数、计数或将上下、左右、里外、中间的空间概念融入动作之中；在烹调活动中引入测量、计数、空间、科学、安全等概念；在科学活动中学会观察技巧以及感知自然之旅中所得到的小石头、树叶等形体特点；在音乐课上学习唱数字儿歌或以不同节奏敲打乐器。

此外，数学内容本身也具有多样化。学前儿童数学不再仅包括算术(如加减运算)，也包含数与量，几何与空间，分类、形式与序列，估算与测量，统计与资料整理，时间等。尤其是随着当代计算机科学的发展，只要轻按几个键，无论多么烦琐的计算均能迎刃而解。讲求背诵口诀的心算与要求速度的速算，或者脱离情境的纯粹抽象符号的纸笔作业，似乎已不再被迫切需要并为时代所轻视，而培养儿童预测估算能力或数学思维能力、解决问题能力反而更适合时代的趋势。

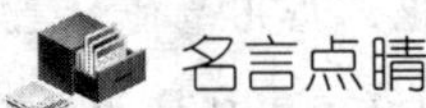
名言点睛

我们能够期待，随着教育与娱乐的发展，将有更多的人欣赏音乐与绘画。但是，能够真正欣赏数学的人是很少的。

——贝尔斯

3. 数学的具体化

数学教学的具体化是指，为了促进儿童理解数学，抽象的符号与概念必须伴以具体

的经验与活动。在重视解决问题的教学趋势下，一个好的问题情境的重要特点就是：儿童通过操作、转换或移动实物，能与现实世界联结并增进其对问题的理解。因此学前数学教学模式可称为“行动模式”(action model, Nelson & Kirkpatrick, 1988)。布鲁纳的《教学结构》发表以来，在数学教学中运用具体化教具或实物已普遍被人们所接受。大部分的研究也证实，教具对于概念的获得确实有效。如金斯波格(Ginsburg)所说，教具或实物可以说是一种“中介图式”(intermediary schemata)，其功能如同桥梁一样，对于联结具体事物与抽象数学符号的确是很有帮助的。操作教具或实物，除了可以促进概念理解外，同时也可引起学前儿童对数学的兴趣。活动室里必须充满各式各样的教具，如小数棒、积木、立体几何模型、平面几何图形等。

值得注意的是，具体化并非意味着绝对地避免将抽象符号教给学前儿童，抽象符号有其独特的效果。当然，符号情境的适时呈现，通常要等儿童有充足的具体经验之后再进行。符号的学习始于具体层次，经过半具体图片、半抽象写记的联结，逐渐到抽象层次。此外，教具的使用应引起学前儿童的积极性，诚如皮亚杰所言，儿童所发现的知识是源自于对他自己操作行动的反思。我们必须将教具或实物视为引起儿童积极思考的触媒剂，重视教师在激发思考的问题中的作用与师生的相互作用(Payne, 1990)。

具体化教学不仅包括教具、实物的运用，还应联系学前儿童的具体经验、直觉想法，因为这些对儿童而言是有实质意义的，是他们可以理解的。诸多儿童学习数学之所以有困难，绝大多数是因为无法将抽象的数学知识与他们已经知道的、有意义的直觉想法、非正式的数学经验联系起来。因此在教学时应多鼓励儿童说出自己的想法，注重他们发明的非标准化的演算或解题方法，并以此为基础，设法引导儿童理解标准化的正式数学。

教学的具体化还体现在教学要贴近儿童生活。对儿童而言，数学是可以处理生活中切身相关的芝麻绿豆问题的知识，而非抽象符号所构成的“天书”或不可理解的高深学问。数学生活化要随机抓住生活中的情境问题，讨论并解决问题，以增强儿童对数学的兴趣。

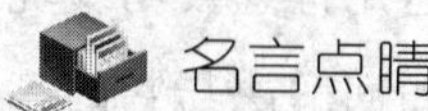
名言点睛

数学中一些美丽的定理具有这样的特性：它们极易从事实中归纳出来，但证明却隐藏得极深。

——高斯

(四)重视儿童数学学习中的解决问题

解决问题，应成为数学课程的焦点，然而这里所说的解决问题绝非是另辟专门的时间呈现待教的单元——通过某一时段或单元教给儿童一些解决问题的技能，如碰到问题中有“总共”两个字，就要用加法，有“拿走”两个字就用减法等技巧。真正地解决问题意味着要有一个过程，所有的问题都来源于儿童有意义的经验或经历过的情境；在这样的过程与情境中，教师不断地提出问题激发儿童去思考，儿童则通过各种方式如猜测、操作教具、做简单图表、讨论等去寻求与验证答案，调整自己的思考方法。解决问题的策略、技能和概念的获得，是儿童在教师的协助下从实际过程中探索出来的，并非教师全然灌输的。

为了促进儿童的思考能力和解决问题能力的发展，可采取问题教学法。这一教学法特别强调要创造一个解决问题的氛围，让儿童在解决问题的情境与过程中，通过推论、操作、预测、讨论与验证，学到数学概念与技能。沃思(Worth，1990)曾指出，问题教学法可以帮助儿童“意义化”地了解概念、技能及两者之间的关系，这在儿童数学教育课程中是很重要的。解题情境应来源于生活中的实际情境。其实解题化与生活化是一体的两面，目前盛行的是“情境中学习”(situated learning)或“学徒式学习”(apprenticeship learning)，强调在知识运用的实际情境中学习与运用有关知识，即为数学生活化、解题化的一种写照。

(五)重视数学知识的逻辑性与思维训练相结合

数学是系统性、逻辑性很强的科学。数学的概念、定律和法则彼此都紧密联系着，形成了一个严密的体系。教学中要注意数学的严密性和内在的逻辑性。遵守数学知识的系统性和规律性，在学习系统的数学知识的同时，应加强儿童的数学思维训练，要做到集中思维与发散思维的统一、分析思维与直觉思维的统一、顺向思维与逆向思维的统一。强调数学知识的逻辑性，意在挖掘儿童的智力价值，而强调思维训练和思维操作，意在让儿童领悟到某种数学思维和逻辑关系。两者结合，可以使儿童不断积累数学经验，促进儿童数学思维的发展。

数学思维训练中，包含着一种推理的过程。学习数学不应只限于记诵法则和走程序。数学其实是富于逻辑的、有意义的、有趣的。学习数学涉及推理，它包括非正式思考、猜测与验证等。教学要让儿童觉得数学学习是有道理的、有意义的；正因为它是有理可证的，数学学习才变得有趣。因此，应鼓励儿童以各种方式思考，并运用推理技巧发现数学关系。在推理过程中，解释与调整思考是非常重要的，一个问题如何解决与它的答案是一样重要的。

 拓展阅读

课程与教学的方针

1986年全美幼教协会大力呼吁“适当地发展学前儿童教育教学纲要”，在课程与教学上提出了若干方针(Brede Kamp，1986)。对于数学教育来说，就是：

(1)课程必须是统整的，提供给儿童均衡发展的机会。

(2)课程必须是基于教师的观察与记录(每一个儿童的兴趣与发展进度)。

(3)学习是一个相互作用的过程，教师应为儿童准备一个可以进行积极探索以及可以与成人、同伴、教材互相作用的环境。

(4)学习活动与材料必须是具体的、真实的，并与儿童的生活有关。

(5)为儿童准备符合多样化能力发展的教材、教法和室内环境。

(6)教师应在言语和材料上提供支持，促进并加深加广儿童的学习。

这种学前数学教学基本上是“以学前儿童为中心的教学方式”(Child-centered Approach)。

(六)重视儿童对数学概念的自我建构

数学教育的主要目标是借助生活情境中的实际经验，促进学前儿童发展解决问题的能力。教师要协助学前儿童让其尝试自己做推论，并以具体操作物、图画、表格或语言来讨论并证明他们的推理；要通过各种联结关系的建立——数学中不同主题的联结、具体的与抽象的数学知识的联结、概念与技能的联结以及数学与其他课程领域的联结，让儿童感觉学习数学是有意义的、有价值的。因此，在这样的教学情境里，儿童的角色从一个被动的接受者，转变为一个活跃的参与者；从孤立的纸笔练习者，转变为团队合作者、探索与尝试冒险者。教室里所见到的是一个忙于操作、讨论、思考与验证的儿童，这才是真正以儿童为中心的教学。

幼儿并不是学会算术，而是重新发明算术，皮亚杰假设数的构造与逻辑的发展是携手并进的，数学概念形成之前的时期与逻辑水平相对应。目前在学前儿童校园中流行的区域教学，就是强调学前儿童是一个知识的主动建构者。

图 1-5　大空间认识

(说明：以几何与空间的视角观察大海、高山、平原、丘陵)

(七)重视以儿童认知发展为基础和教师的主导作用的数学教学

数学教育的重要性在于发展儿童的数学认知能力。数学认知能力的发展是儿童认知发展的一个重要方面。数学认知包括数的认知、形的认知、量的认知、时间的认知等。儿童数学教学必须以儿童数学认知的发展特点为基础。教学中首先要弄清儿童数学认知的发展特点。数学认知结构可以说是关于数学经验的组织逻辑化。单纯数学知识的积累不等于数学认知结构的形成，只有使数学知识在头脑中形成系统的逻辑结构才有效。如果教学内容、方法违背了儿童数学认知的发展特点，就会阻碍儿童认知结构的形成，妨碍儿童数学潜能的发挥。

教学对于教师的要求是：第一，要从整体上了解数学的体系，了解每个知识点，了解知识单元在知识整体中的地位和作用。把数学的内在逻辑渗透到教案、教学中，使其为儿童所接受。第二，教学要具有循序渐进性，以儿童原有的认知水平为起点，在巩固所学知识的基础上，逐步加深教学内容，使教学内容的广度和深度适应儿童认知发展的最佳状态。第三，照顾到个别差异，对于有数学天资的儿童，教师应注意因材施教，采取具体方法观察、研究，发展其数学潜力；对于数学学习进步慢的儿童，教师要注意分析其原因，分析在数学的哪些方面知识薄弱，以便有针对地强化教育、采取补救措施。第四，教师要采取多种方法，使课堂教学、户外活动、游戏、操作、讨论等方法达到一个最优化的结合状态，以最大限度地培养儿童的数学兴趣，在全班形成良好的数学学习氛围，促进儿童数学智力的迅速发展。

教师在组织教学中，除了以儿童认知发展为出发点、发挥主导作用外，还应注意数学教学中的各种联结关系，包括：概念知识与程序知识间的联结；具体的、半具体的(图片)、半抽象的(记号)与抽象符号间的联结；数学本身的各领域间的联结(时间与空间、数量与几何等)；数学与其他学科的联结；数学与生活经验的联结。数学绝不是孤立的学科知识，当数学与每日生活经验联结，儿童才会感知到数学的实用性；当数学的程序(如演算方法)与概念理解联结时，儿童才不会认为数学是一组武断的法则，全依赖于死记硬背；当抽象符号与具体实物、半具体图片联结时，儿童才会觉得数学学习有意义、可以理解。此外，儿童也必须学会理解数学与其他学科、其他领域间的关系，并且运用其他学科、其他领域的知识来学习数学。

以《年幼儿童数学》(M. H. Bird，1990)书后总结的一句话结束本单元：“在年幼儿童的活动中，表现出的数学特点是明显的。如果我们教数学只是以狭小的目光来传授一堆知识，或一堆形式的符号化的体系，我们将违背人类活动的本性和学前儿童的自然智慧。”

单元小结

本单元介绍了数学与数学教育的含义，详细讨论了数学教育的经典理论，阐述了学前儿童数学教育学科发展的历史，并简要概括了学前儿童数学教育的发展趋势。读者可以对学前儿童数学教育的基本概况有一个大致了解。

思考与练习

1. 评述建构主义的数学教育理论是什么？
2. 皮亚杰关于儿童数学学习的基本观点是什么？
3. 列乌申娜的学前儿童数学教育的基本观念是什么？
4. 学前儿童数学教育发展的趋势有哪些？

延伸训练

5～6 人一个小组，在幼儿园里参加某个班的数学教学活动。对教师的数学教学和幼儿的作业情况进行观察记录。

课后交流讨论：教师教学的得失是什么？学前儿童在哪些方面获得了进步？并用相关的数学学习理论来解释。

单元二
走进学前儿童的数学世界

学习目标

- 了解学习活动中的正式数学与非正式数学的区别
- 理解婴儿数学启蒙的认知基础
- 掌握婴儿数学启蒙的具体建议
- 理解学前儿童数学学习的特点
- 掌握学前儿童数学学习的教育措施

情境导入

学前儿童学习数学时喜欢拿笔在纸上画来画去，有些符号也看不出是什么。赵远老师是一位新老师，看到孩子写画这些没有用的东西，就呵斥孩子。后来，赵远老师读了皮亚杰的书，才知道写写画画对孩子数学空间能力的发展是有利的。不光是学习数学计算等需要写画，绘画活动本身也能给孩子很多很好的数学经验。

问题：学前儿童的美术活动与数学能力有关系吗?

案例点评：美术活动，包括绘画活动、手工活动，这些都是以儿童空间知觉和空间表征能力为基础的。从某种意义上说，这些活动都是数学活动。各种类型的美术作品都体现为具体可视的、占有一定空间形式的实体。柯普兰认为，"数学同儿童艺术活动的密切关系是显而易见的，教师在观看儿童艺术作品时能够从中确定这些儿童的拓扑能力"。例如，儿童在画人时，总能体现出身体各部分之间的靠近关系、次序关系和包含关系等。总之，儿童艺术活动与数学有密切的关系。

第一课　学前儿童生活中的数学

人类的生活离不开数学。小到生活中的买菜做饭，大到卫星的发射等都涉及数学。人自呱呱坠地的那刻起，便开始了数学之旅。例如，感知外部空间的大小、光线的强弱、声音的高低；使用玩具的数量、类别、大小、形状；用餐的人数、餐具的数量；看到的树木的高低、粗细等，这些都是数学元素。

名言点睛

在数学的天地里，重要的不是我们知道什么，而是我们怎样知道什么。

—毕达哥拉斯

一、不同专业领域中渗透的数学

(一)建筑、商业和科技活动中渗透的数学

1. 建筑中充满了数学元素

数学已成为设计和构图的无价工具，它既是建筑设计的智力资源，又是减少试验、消除技术差错的手段。建筑中力学结构、材料负荷、成本核算等离不开数学，建筑的风格、建筑审美要求，也是数学思想的反映。金字塔建筑中石头的形状、大小、质量、排列等计算工作，就需用到直角三角形、正方形、毕达哥拉斯定理等知识。可以说，儿童平时所看到的建筑中充满了数学元素。

学前儿童学习的数学没有那么高深，鼓励儿童观察、欣赏各类建筑，体会建筑中的几何，这都是在学习数学。日常生活中让儿童描画建筑物、搭建积木等，都可以增强儿童的数学空间意识。

图 2-1　墨西哥库库尔坎神庙(金字塔)

(说明：建筑里的几何)

2. 日常商业活动中处处有数学

现实中的各类商业活动，都需要数学。儿童逛超市、购物等过程中，接触到的物品分类、排列、形状、大小、价格、钱币和换算等，这些都涉及数学的范畴。鼓励儿童认识、使用钱币，不管是生活中的商店购物，还是虚拟中的买卖游戏，都可以强化儿童数学的应用意识。

3. 日常科技活动、军事题材的游戏活动也充满着数学

数学知识涉及数的概念、空间、时间、逻辑推理等，几乎每一项都可以跟自然科学的具体事件相关联。学前儿童在科学活动中，很容易体验到数学方面的知识。儿童观察动物、植物，进行科学探索，进行各种科学小制作等，大都与数学有联系。像科学的测量活动，本身就涉及数和量，涉及单位。在一些军事题材的游戏活动中，学前儿童，特别是男孩子，喜欢战争或打仗游戏，喜欢操作各种军事器械的玩具，这不仅需要思维决策，也需要进行具体计算或测量、距离判断等。

图 2-2　蛙纹

(说明：所有的蛙画都有其共同成分，即呈现出的式样)

图 2-3　蛛网

(说明：螺线的蛛网，既经济又规则地充满了空间，不仅坚韧，而且耗材最少)

(二)文字学习和阅读中涉及的数学经验

1. 文字学习中的数学元素

学前儿童早期对汉字的认识已经成为可能，早期阅读已融入学前儿童的学习活动中。学前儿童在图文阅读中，强化了对汉字的认识。汉字的出现，有助于儿童对数学现象的观察、对数学概念的理解。汉字本身的表意性体现出数或形，如“一、二、三”的书写方式，就是数的直观代表。每一个中国汉字都是由笔画组成的，这些笔画又是由点和线这些几何图形的最基本元素组成的。汉字的笔画与结构本身，就是一个复杂的几何构成。字在几何形体上的变化，会产生新的字。相差不大的汉字之间，是一种亲密的数学关系，这些数学关系的体现是有趣的。

拓展阅读

汉字中的数学元素

1. 加减：刀—刃，李—季，九—丸，目—自，王—主，几—凡，必—心，吧—巴，个—人。(前后两字有加或减的关系)

2. 乘除：口—品，人—众，火—炎，森—木，田—口，出—山，朋—月。

3. 相交：妹、好和如，图、国和圆(有共同的偏旁部首)

4. 对应：凸—凹，上—下，乒—乓，孑—孓。

5. 相似：己、已、巳，戌、戍、戎，未、末，王、壬。

6. 排列：笔画相同，排列的方式不同，如三、工、土、干。

7. 移位：太—犬，未—本，为—办，玉—主。

8. 延长：有一笔延长了，如目—且，刀—力，王—丰。

9. 变形：一笔变了形，如十—七，用—甩，力—九，天—无。

10. 交换：上下部交换了，如呆—杏，吴—吞，仝—天。

11. 组合：千里草—董，廿七—世，亡口月凡贝—嬴，十二月—青，十月十日—朝。

12. 代入：以图形代字，如圆、围，一个圆圈代替圆字，一个方框替代围字。

13. 连接：中文状态下两字连接成一个字，如上下—卡，子皿—盂，夕卜—外。

14. 切断：将一笔切断，如毋—母，白—臼(将一横切断)，刀—刁(将一撇切断)

15. 分解：天—人二，函—又一口了。

16. 颠倒：士—干，甲—由。

17. 转一个角度：区—凶，丰—卅，三—川。

18. 置换：换其中一部分，如风—夙，鸟—乌。

2. 与数学有关的对联、诗歌、儿歌

(1)对联

古代一位秀才，写了一副对联：一叶孤舟，坐了二三个骚客，启用四桨五帆，经过六滩七湾，历尽八颠九簸，可叹十分来迟；十载寒窗，进了九八家书院，抛却七情六欲，苦读五经四书，考了三番二次，今天一定要中。

(2)诗歌

很多古诗中包含数学，如“欲穷千里目，更上一层楼”(王之焕《登鹳雀楼》)；“飞流直下三千尺，疑是银河落九天”(李白《望庐山瀑布》)；“烽火连三月，家书抵万金”(杜甫《春望》)；“三十功名尘与土，八千里路云和月”(岳飞《满江红》)等。

乾隆皇帝出游遇大雪，吟诗：一片一片又一片，三片四片五六片。七片八片九十片，飞入梅花皆不见。

苏轼写诗词又绘画，写有：归来一只复一只，三四五六七八只。凤凰何少鸟何多，啄尽人间千万食。

(3)儿歌

儿歌《数蛤蟆》：一只蛤蟆一张嘴，两只眼睛四条腿，扑通一声跳下水。两只蛤蟆两张嘴，四只眼睛八条腿，扑通、扑通跳下水……这首歌谣不仅对儿童进行了乘法教育，更重要的是它贯穿了现代数学中映射的思想。可见，在文字作品中，可以挖掘出很多有意思的数学元素，用于学前儿童数学教育。

3. 儿童美术、音乐中渗透的数学经验

(1)绘画与数学

数学总是在有意识或无意识地影响绘画艺术，如比和比例、有限和无限、黄金分割、视觉幻影、射影几何以及计算机科学等。黄金分割法，通常就是取G的近似值0.618。黄金分割在美学和艺术中往往被视为最美的标准。

绘画、制图的盛行产生了一门绘画与几何学结合的热门学科，即透视学。当从侧面观察一个圆时，它看起来像椭圆，同样，正方形也会变成不同形状的四边形。

文艺复兴时期绘画艺术硕果累累，留下了许多惊世骇俗的经典之作。《最后的晚餐》《蒙娜丽莎》以及许多教堂壁画和圣母像等，都是利用透视原理将三维现实世界绘制到二维画布上。

学前儿童在名画欣赏中，会观察、体会到各类数学元素。儿童写画的数学符号是各种各样的，数学是用来交流和推理的，而不是一系列神秘的规则和符号(Scott at al.，1992)。在成人帮助下，学前儿童可以在数学课程中画故事、画图画和解释图表。

绘画的空间、音乐的节律(模式)可以说是数学思维的渗透。绘画是对现实空间世界的表征，儿童绘画活动本身在某种意义上说就是数学活动。这方面皮亚杰做了较多的研究，也期待一线教师在实践中进行这方面的观察、思考与教学尝试。通过画画来表达数学，可以帮助学前儿童解决很多问题。①

图 2-4　房顶上的烟筒

(说明：a，b哪幅图是儿童画的烟筒，垂直吗?)

拓展阅读

鼓励儿童写画数学

教师帮助学前儿童用写写画画的方法记录他们的题目，探索和发现答案。给学前儿童提供笔记本，记录儿童自己的问题和答案，教师根据儿童笔记本上的问题给予指导，

---

① R. W. 柯普兰．儿童怎样学习数学——皮亚杰研究的教育含义[M]. 李其维，康清镳，译．上海：上海教育出版社，1985：258.

并鼓励儿童看其他人的笔记本，讨论他们的答案和发现。通过写写画画强化学前儿童对数学表征的理解与表达能力，包括：第一，鼓励学前儿童通过绘画来表达对科学的理解。绘画可以唤起儿童的回忆，加强儿童对线条等数学符号的印象，感受空间的各种关系。第二，通过写写画画来做数学日记。早期许多教师会鼓励学前儿童写画科学日记。一种数学日记是在笔记本上写下有关数学的内容，其条目可以包括简要介绍探索中的发现、总结课堂上发生的特殊的数学事件、描述自己做的与数学相关的活动、总结和家人一起开展的与数学相关的旅行等。另一种数学日记是文件夹形式，把学前儿童对教师布置的任务的书面回答、已完成的班级活页和数据表、创造性书写作品以及教师布置的其他书面材料，都放进文件夹里，还可以把儿童已做的但非教师布置的、与数学活动相关的书面材料放进文件夹里。

开家长会时，可以把数学日记和档案袋一起交给家长，因为数学日记反映了活动中的个人表现以及学前儿童在数学上的进步。

(2)音乐、舞蹈与数学

音乐和数学一直被联系在一起，乐谱书写的形式是数学对音乐影响的一个突出表现。

在乐稿上，可看到速度、节拍、全音符、二分音符、四分音符、八分音符、十六分音符等。在古希腊，毕达哥拉斯最先用比例把音乐和数学结合起来。事实上，每一种谐音的高低与各种弦的长度都成正整数比，这被认为是旋律中的数学。有时音乐家会认为，自己的音乐著作太数学化了；但数学家则认为，他的著作太音乐化了。可见音乐与数学达到了水乳交融的地步。

傅立叶发现，音调与曲线的频率有关，音量与曲线的振幅有关，而音色则与周期函数的形状有关。许多乐器的形状和结构也与各种数学概念有关。从某种意义上说，音乐学习本身有助于数学概念的理解。

另外，舞蹈和韵律也充斥着数学知识点。在教师有意无意地引导下，学前儿童在音体活动中，会感受和获得数量知识、空间知识。

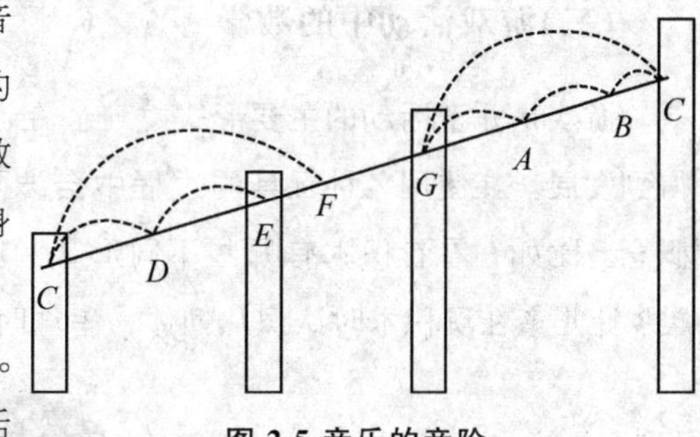

图 2-5 音乐的音阶

（说明：音高随斜坡逐步升高）

二、学前儿童日常生活中接触的非正式数学

数学在我们生活中无处不在，进食、喝水、穿衣、走路、画画等都有数学的存在，其中蕴含着数、量、形和一定的空间方位形式。我们可以从以下几个方面去发掘儿童生活中的数学。

(一)与自我认识相关的数学

在学前儿童自我认识中，最直观的就是对自己身体部位的认识。比如，让儿童伸出小手数一数，每个手掌有多少个手指头，比比手指的长短、粗细，辨别左右手；和小伙伴相比，谁高谁低；自己的眼睛、鼻子、耳朵、嘴巴等在头面部的哪些地方？数量分别是多少？另外，自己是男生还是女生，应该穿什么样的衣服等。这些都与数学息息相关。

相关链接

体育活动增加儿童良好的空间知觉经验

对于儿童数学学习来说，很多体育活动能够帮助儿童积累知觉方面的经验。像跑步、弹跳、接球、掷球，无不是一种空间知觉的体验。在游戏活动中，儿童能按照某种方式来排列、搭建积木，需要空间关系和数量关系概念的知识以及几何空间等长度相关的知识。这类活动在具体水平上为儿童提供了良好的数学经验，将有益于其运算思维的发展。

(二)家庭日常生活中的数学

家庭是学前儿童最先接触到的外部环境。在家里，儿童要对爸爸、妈妈、爷爷、奶奶等家庭成员进行感知和识别。家里有多少人，谁高、谁矮、谁胖、谁瘦等涉及数学的数量、分类。除此之外，日常生活中可以获得有关时间与事件顺序的关系，如几点起床、吃饭、上幼儿园、放学、睡觉等。

(三)游戏活动中的数学

游戏是儿童活动的主要形式之一。在游戏中，儿童的各种心理能力(数学能力)都能得到发展。在使用各种玩具的过程中会涉及数量、空间位置、分类、排序等相关的数学概念。比如，看看积木有哪些不同形状？皮球、蜡笔、娃娃都放在了哪里？玩具怎么归类？让儿童在玩积木时认识几何体，串珠时学习排序等。

图 2-6　积木建构

(说明：积木中有哪些几何体？让儿童思考)

(四)幼儿园生活中的数学

幼儿园是儿童进行学习和活动的乐园，教师应让儿童关注与日常生活密切相关的数字。比如，数数教室里有几扇窗户、几张桌子、几把椅子。班上有多少小伙伴，上课的教师有几位，什么时候放学回家，有多少小伙伴乘校车回家，还可引导儿童用铅笔测量桌长、用脚步量地长等通过这些活动学习测量；让儿童在上下楼梯时靠右行走，吃饼干时数饼干等，让儿童随时随地与数学打交道，获得大量的数学感性经验。

图 2-7　陶器的花纹

（说明：符号与式样）

(五)社会与自然环境中的数学

认识社会、接触自然对启发儿童数学思维是很有帮助的。父母利用闲暇时间陪儿童去商场、公园，路途中可以发现各种数信息，如路边停了几辆车，商场人数是多少，各种类型的商品以及价钱，怎么排队进公园，公园里都有些什么花，对这些信息的感知，可以增强儿童对物体的形状、大小、颜色及其上下、前后、左右等形体及空间方位的认识。

总之，不管做什么家长一定要让孩子动手，不管采取什么方式都要由简单到复杂，循序渐进，不要急于求成，要有耐心，寻找一套适合自己孩子的方法。让孩子在游戏中边玩边学，要让孩子感到快乐。孩子在这些活动中学到的不只是数学方面的知识，它还能让孩子在不断成功地解决问题的过程中获得自信心，提高孩子的交往能力，语言表达能力，使孩子从中感受到学习数学的乐趣。

拓展阅读

生活中的数学小知识

日常生活中，我们能够让孩子学到很多数学方面的知识。例如，数数、分类、测量、统计等。

在户外玩耍的时候，数一数路边有几棵树、几朵花；和孩子一起拣路边的树叶，然后观察一下每张树叶的大小、形状、颜色有什么不同，进行比较和分类。

吃水果和点心的时候，把它们分成几份，告诉孩子你吃了几份，他吃了几份，让孩子初步地感受一下分数的概念。

和孩子一起测量家里的柜子、桌子、椅子以及房间的大小，让他们知道不光可以用尺子来测量，线、绳、自己的手、小棍等都可以作为测量的工具。

和孩子一起统计一下家里人喜欢吃的东西，喜欢看的电视等。还可以带孩子去邻居家里或者社区里做一些调查，提高孩子的交往能力。

和孩子一起玩扑克牌或者数字卡，进行倒数、顺数、按顺序排列等。让他们熟悉每个数字的位置，能说出它的前面是几后面是几。故意乱放让孩子来改正，或者从中取走一个让孩子猜一猜是哪个数字不见了。

选择一些大小、长短、高矮不同的东西，让孩子给它们排序。

第二课　婴儿的数学启蒙教育

生活中蕴含了丰富的数学知识和思想，教育工作者应该基于生活对儿童实施数学教育。为了使我们的教育具有针对性，根据学前儿童发展的阶段特征，我们将学前儿童数学教育分为0～3岁的婴儿数学启蒙教育和3～6岁的幼儿数学启蒙教育两个阶段。我们首先介绍婴儿数学启蒙教育。

一、婴儿数学启蒙的认知基础

一般来说，婴儿(0～3岁)的思维处于直觉行动思维阶段，不能进行概念水平的数学学习。因此，本阶段儿童的学习主要通过感官作用于周围具体的事物，形成对事物的一一对应以及辨别“1”和“许多”之间的差异，初步进行数学的操作练习。

近年来，脑神经科学的研究提供了环境对大脑有塑造作用的证据。研究表明：0～3岁是人脑发育的关键时刻，这一时期不仅大脑细胞数量增加最快，而且也是大脑神经逐次分化建立复杂联系的关键时期，其发展的质量直接由婴儿当时所处的具体环境的刺激决定。这就意味着为婴儿提供良好的早期环境、良好的抚养及教育方式对婴儿大脑的发育非常重要。

此外，受语言能力的限制，婴儿心理发展水平更多的是通过其动作表现反映出来。婴儿在学习数学时，最初是通过动作进行的。例如“对应排列相关联的物体”活动，随着婴儿动作的逐渐内化，他们能够在头脑中进行这样的对应。婴儿表现出的这些外部动作，实际上是协调事物之间关系的过程，这对于他们理解数学中的关系是不可或缺的。在婴儿学习某一数学知识的初级阶段，特别需要这种外部的动作。对于那些表现出进行抽象思维有困难的婴儿，需要给予他们充分观察操作的机会，这既符合他们的心理需要，也有助于他们的学习。

二、婴儿数学启蒙的具体建议

婴儿已具有一定的学习能力和进行数学认知的可能性，但这一阶段的婴儿其发展主要是按照自我发展的大纲进行，所以0～3岁婴儿早期的数学教育，不像3～6岁幼儿园数学教育，有相对完整的体系和相对固定的途径和方法。那么0～3岁婴儿的数学教育是否就无计可施，只能顺其自然，当然不是。许多教育工作者已从实践中总结出了大量的对婴儿进行早期数学启蒙教育的有效方法。

(一)对1岁以内婴儿教育者的建议

在第一年中，婴儿以惊人的速度成长。在照料婴儿的过程中，最重要的因素就是营造一个温和的、有足够的可摆弄的物品的活动空间。有责任感、可依靠的成年照料者也是婴儿成长的重要因素。

婴儿在4个月以内，就具备了用嘴探索物体的倾向，会玩自己的手指、脚趾，能辨别出奶瓶和乳房。8个月时，婴儿已能辨认并寻找熟悉的话音，通过使用嗅觉、味觉、触觉和听觉等多种感觉进行学习，喜欢将物体从高处扔下，能找到藏在毯子、篮子或容器下面的玩具等。到了12个月，婴儿已能说出第一个字，对有色彩的图画感兴趣，喜欢把物体套在一起。

因此教育者应从以下几个方面关注1岁以内婴儿的发展：

一是把婴儿放到一个新的地方(位置)时，要使他们能从不同角度看到你。

二是让婴儿经常看各种色彩明亮的东西，有动感的图画和玩具。

三是经常让婴儿感觉、触摸有趣的东西，如方形的尼龙头巾、大木勺以及小毛巾等，这些都是很好的家庭玩具。

四是跟较大的婴儿玩“藏猫猫”的游戏。

五是给婴儿四处爬动的自由，多让婴儿练习爬行或自己扶围栏站起来。

(二)对12～18个月婴儿教育者的建议

1岁以后的婴儿活动能力有了很大的发展，与环境的互动也变得越来越密切，他们会说出 8～20 个成人听得懂的字，能按成人的语言提示用眼光搜索相关的物体，会寻找视线以外的东西，喜欢将物体分开，尝试拆装简单的组合类玩具。教育者在数学教育环境创设及影响婴儿活动时要重视以下几点：

一是每天和 1 岁大的婴儿玩一些“地板游戏”，如绕着对方爬，躲在沙发后玩“藏猫猫”，将皮球在地板上滚来滚去。

二是将一些可以让婴儿触摸、戳或挤压的物品放在一个“旧物箱”中，包括洗干净的旧短袜，揉成团的卫生纸、不同尺寸的量杯，装鸡蛋的纸盒以及纸箱等。

三是提供安全的镜子。和婴儿站在镜子前，做鬼脸，扮出各样表情。

四是提供各种物品，帮助婴儿练习将小物品装入大容器中，让婴儿盖较松的容器并打开。

五是帮助婴儿指出或确认衣服和身体部位的名称。

(三)对 18～24 个月婴儿教育者的建议

在这一阶段，婴儿表现出其真正的活跃，他们以更高的技巧行走、跑和攀爬，他们喜欢模仿任何东西，以好奇的眼光关注周围的一切。在成人的帮助下会上、下楼梯，能独立摞起 2～4 块积木，喜欢打开抽屉和盒子，对各种玩具表示出偏好，喜欢从一堆玩具中选出一两件，被问到时能指出眼睛、耳朵、鼻子等部位。

对教育者的建议如下：

一是玩简单的“找东西”的游戏。例如，把三件熟悉的玩具摆在婴儿面前，要求婴儿按语言提示指认。

二是鼓励婴儿玩“穿衣服”的游戏。在墙上挂一面足够高的镜子，并给婴儿提供一些帽子、头巾、旧鞋子等。

三是鼓励婴儿自己翻书页，并指出自己认识的物体并说出名称。

四是同婴儿谈日常发生的事件时，注意使用与数量有关的词汇。

 拓展阅读

认识方位活动

1. 身体方位。宝宝对自己的身体充满了好奇和探索的兴趣，可以利用这一点训练宝宝的方位认知。从宝宝 1 岁左右开始说话时，就可以逐渐让宝宝明白哪只是左右手、脚、眼、耳朵等，宝宝熟练了以后，可以叫出各部位的名字让宝宝指认，如妈妈说“左耳朵”，让宝宝用手指自己的左耳朵。然后再依次训练宝宝拍胸表示“前”，拍背表示“后”，用手指天表示“上”，用手指地表示“下”，让宝宝明白方位的基本概念。

2. 穿衣服。早晨起床给宝宝穿衣服时，问宝宝：“宝宝的左手在哪啊？快伸出左手来套袖子。”然后再问右手。穿裤子时说：“来，先把右腿穿上，再穿左腿。”穿鞋子也可以这样，有意识地训练宝宝的左右方位意识。

3. 我是一个兵。告诉宝宝他获得了一个资格，是一个解放军了，现在要进行军训，宝宝一定很乐意进行这个游戏。让宝宝站立，然后教给他左右转、向后转以及前进后退的方法，让宝宝听口令做动作。例如，妈妈叫“向后转”，让宝宝立即向后转。如果做对了，奖励一个小五角星；做错了，让宝宝从新来做，增加宝宝游戏的积极性。

(四)对 2～3 岁婴儿教育者的建议

2 岁的婴儿喜欢独立，他们经常会花大量的时间来探索、推拉、装满、倾倒和触摸各种物体；他们经常独立尝试新的想法并探究周围的环境，能打开橱柜，会倒着走，能摞起 4～6 件物品；会通过模仿将物品按不同的颜色、大小分开，能区分水果的大、小，言语中已出现了部分的模糊量词。

给教育者的具体建议如下：

一是经常检查环境中的物品，确保婴儿活动的安全。

二是让婴儿帮你做一些简单的事情，如整理玩具放入玩具柜，将衣服放入洗衣篮。

三是提供一些旧报纸、包装盒让婴儿画画涂色(涂鸦活动)。

四是让婴儿自己玩橡皮泥，成人不要引导，让他们发挥想象，看橡皮泥的形体变化。

五是让婴儿自己讲出玩玩具的过程顺序，引导婴儿讲先做什么再做什么。

六是在日常生活中，让婴儿进行初步分类练习，苹果放到盒子里，玩具放到盒子里。

七是进行初步的一对一游戏，在吃饭的碗内放勺子等。

总之，环境中的各种因素都会影响婴儿数认知的发展，如果大脑不接受正确的信息，其结果是灾难性的。虽然婴儿出生后，他能看、能听、能闻，并且能对触摸做出反应，但这些行为是朦胧的，需反复地强化才能形成大脑神经联系。所以，0～3 岁婴儿数认知环境的创设要连贯并富于变化，事实上家长是婴儿脑发育和学前教育的第一个老师，也是环境创设的最佳人选。

家长应该创造条件，促进婴儿数学能力的发展。妈妈可以引导婴儿数一数家中有几口人，窗户上有几块玻璃，桌子上有几个盘子等，这样婴儿就会对数字产生基本的概念，在不知不觉中就培养了婴儿的数学思维。

相关链接

0～3 岁婴儿学习的内容

0～3 岁婴儿学习的内容包括 10 以内的数、几何形状、对称等，而适合学习的逻辑项目则包括分辨大小、配对、序列、分类、因果等。分类是推理的基础，进而学习数学逻辑的概念延伸。当婴儿有了上述的发展能力后，约 1 岁开始，教婴儿做简单的配对，如看到苹果的玩具，是否会找出真实的苹果；2 岁开始，婴儿会学着自己分类，将一样的物体放在一起。妈妈可让婴儿多练习相关的延伸动作，为婴儿将来的学习奠定良好的基础。

第三课　幼儿的数学学习与教育要点

玩具的类别、大小、形状、空间位置，餐具数量的多少，树木的高矮、粗细、排列的规律，马路上的建筑物等，凡与幼儿生活密切相关的各种活动、场合、物品都可以成为幼儿学习数学的好教材。

数学学习是一个不断发展的过程，幼儿在这一阶段必然存在着其年龄阶段所独有的学习特点。因此，了解幼儿数学学习的特点，是教师进行教学的前提，有利于幼儿教师教育目标的设置、教育内容的选择以及教育方法的灵活运用。

名言点睛

数学的本质在于它的自由。

——康托尔(Cantor)

一、幼儿数学学习的特点

(一)以直接经验为主

依据皮亚杰的认知发展理论，3～6 岁幼儿正处于思维的前运算阶段，他们的认知方式以直接经验为主。这一时期他们对于世界万事万物的理解还是具体的、形象的、感性的，而且需要借助于动作来进行。他们对于数的理解、几何的认知等往往需要借助对物体的直接操作，以实物和材料为桥梁，对实物进行摸、捏、抛、敲、摆、移动等操作，并观察其中发生的变化，从而获得数学知识，促进数学能力的发展。

(二)具有强烈的好奇心和求知欲

幼儿在数学的学习中常常会提出很多问题，会问“为什么”，这也是幼儿积极主动地发现问题、解决问题的表现。幼儿的好奇心和求知欲是与生俱来的，是探索数学奥妙的内在驱动力。

(三)幼儿数学学习具有发展性

数学学习本身就是一个发展的过程，在幼儿时期数学学习发展性特点更加明显。幼儿虽处于前运算阶段，但并不是静止的，而是一个由前运算阶段向具体运算阶段发展的动态过程，幼儿数学学习的思维也在发生着变化。幼儿的数学能力要经历一个由简单到复杂，由低级到高级的螺旋式发展过程，① 体现在数学能力由具体到抽象、由外部动作到内部动作发展的过程中。

(四)幼儿数学学习具有试误性

出错是幼儿数学学习中的常见现象，教育的理论和实践都证明，出错在幼儿的学习和积累中具有建设性的意义。不断尝试、不断出错，是一个不断调整和建构数学的过程，也是获得直接经验的必然过程。

拓展阅读

游戏：魅力宝宝找形状

第一步，家长买一套或自制一个上面有凹下去的不同形状(如三角形、圆、半圆、长方形等)的小木板，再配以一些对应大小的三角形、圆、半圆、长方形等。

第二步，把这些不同形状的图形混在一起，引导宝宝把相应的图形放在对应的凹下去的地方。

第三步，每当宝宝找对一个，家长及时给予表扬，鼓励宝宝继续找下去。在宝宝探索的过程中，家长要适时地对各种形状进行说明。例如，当宝宝拿着一个圆形寻找时，妈妈可以说“哦，宝宝现在拿着一个像天上的月亮一样的物体”“它是圆圆的”“它的家在哪里呢?”当宝宝把它放在三角形孔中时，妈妈可以说：“咦，这个家小圆圆进不去呀?”宝宝就会继续试着探索其他的孔。如此，在家长的鼓励下，宝宝总会找对的。如果宝宝一开始不喜欢这个游戏，家长不要勉强，可以等宝宝想玩时再玩。

小结：游戏是宝宝喜爱的活动，家长可在简单有趣的游戏中不知不觉地培养宝宝的数学能力。

二、幼儿数学学习的教育建议

在传统的幼儿园教学中，大多数的教师认为数学就是让孩子学会数数，很多家长也以此来评价孩子数学能力的发展水平。从 0 数到 100，实际上仅仅是对数字口头的模仿和记忆，没有真正理解数的意义。而且有的幼儿园还认为数学能力的发展就是能做加减法数学题。这样以抽象的教学方法和枯燥的记忆法来让幼儿学习数学的方式很容易使幼儿丧失数学学习的兴趣和信心。幼儿的数学不仅是学习数字与运算，还有对空间几何、时间、逻辑推理等的学习，除此之外教学的内容还应包括幼儿数学语言与表达、数学应用与问题解决的能力。② 要发展幼儿的数学能力要了解幼儿数学学习的特点，针对幼儿数学学习的特点，在教学活动中应注意以下几点。

---

① 庄爱平．幼儿数学学习特点及指导建议[J]．教育导刊(下半月)，2011(9)．

② 李季湄，冯晓霞．《3－6 岁儿童学习与发展指南》解读[M]．北京：人民教育出版社，2013：145．

(一)采用生活化、游戏化、直观化的教学方法

大量的研究表明，游戏化教学是塑造幼儿认知结构的有利杠杆，是激发幼儿数学兴趣的直接方法。在游戏化教学中，教具或实物也是很重要的一部分，如金斯波格所说，教具和实物可以说是一种"中介图式"，其功能如同桥梁一样，对于联结具体与抽象的数学符号是很有帮助的。这就要求幼儿的教学应当在实物水平进行，应当以幼儿和游戏为中心。[①] 在幼儿数学学习过程中，教师应当在数学的教学中为幼儿提供更多游戏和操作的机会，创设更多生活化的情境。比如，在学习数字"5"时，可以创设生活化的情境或者设置一个小游戏结合实物的操作，引导幼儿用直观方式去理解，帮助幼儿理解并顺利进行计算。同时教师还应当引导幼儿在生活中发现、感知数学，体会数学就在身边，引导幼儿将学到的数学知识应用到生活中去，解决生活中的实际问题，体验数学的乐趣。这也有利于促进幼儿数学知识的内化，促进数学能力的增长。

值得注意的是，直观化的教学并不意味着绝对避免将抽象符号教给幼儿，抽象符号有其独特的效果，在学习中可以适当地将抽象符号融入教学中，但不宜太多。当然，符号情景的适时呈现也要等幼儿有足够的直接经验之后进行。

(二)鼓励幼儿积极探索

好奇心、爱摸、爱动是幼儿的天性。他们每时每刻都在探索着世界，新鲜的事物让幼儿兴奋、充满兴趣，使他们乐此不疲地探索其中的奥秘和真理。幼儿的学习内容应当为幼儿提供更多的机会让他们自主探索、自由地操作。教学的过程中给予幼儿足够的时间和可供幼儿操作的实物教具使幼儿进行自主地和创造性地探索，是幼儿思维智力发展的必要条件。在数学的教学活动中，创设问题情境，引导幼儿进行操作、比较、讨论、思考如何解决问题，从而理解知识。在幼儿探索的过程中教师应当给予幼儿鼓励和肯定，耐心地引导幼儿去探索真知。

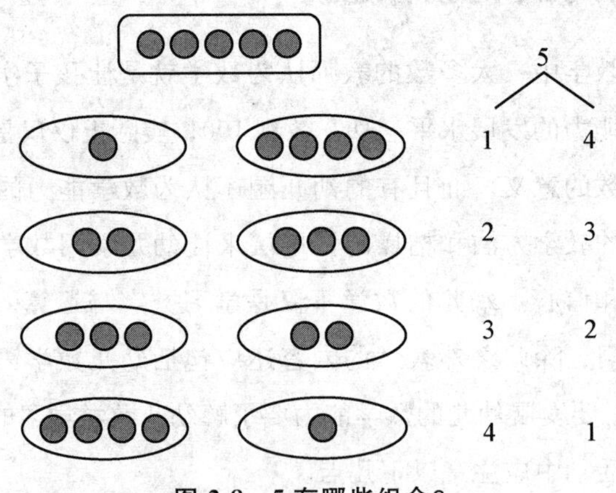

图 2-8　5 有哪些组合?

(说明：数的组合与分解)

---

① 金浩．学前儿童数学教育概论[M]．上海：华东师范大学出版社，2000：62～63.

需要注意的是，幼儿的积极探索，重在过程中的思考、交流、体验，而不是结果。因此，在教学中对幼儿要有耐心，给予幼儿积极的鼓励和肯定。

（三）遵循幼儿的发展规律

幼儿数学能力的发展性特点要求在幼儿数学的教学过程中要循序渐进、由浅入深。在教学过程中，教师应该按照幼儿的发展水平制订教学目标和教学内容。一方面，教学内容要考虑幼儿所获得的知识量，知识量不能太多使幼儿负担过重，产生厌倦情绪。另一方面，教学的内容不能太简单也不应太难，太简单容易使幼儿丧失对数学的兴趣，而太难则容易使幼儿丧失信心。教师要了解幼儿的"最近发展区"和"关键期"，教学内容的难度要与幼儿的认知发展水平相符且有利于其数学能力的发展。

需要注意的是，幼儿的数学水平和发展速度是存在个体差异性的，这就要求教师在教学过程中要细心观察了解每一个幼儿，对不同的幼儿采取不同的灵活的教学方法，促进幼儿们数学能力的发展。

（四）引导幼儿不断尝试

在传统的幼儿教学中，教师习惯于直接将正确的解答过程和答案教给幼儿，而忽略了幼儿进行探索和尝试的过程。教师应当放手把时间交给幼儿，给幼儿更多尝试的空间。正确认识幼儿探索过程中出现的错误，耐心对待出现的错误，给予他们鼓励和肯定，让幼儿在错误中不断探索、寻找正确的方向。

应当注意的是，探索的过程也是培养幼儿勇于探索、勇于创新的过程。教师在这个过程中应积极引导幼儿，培养其创新意识。

总之，幼儿的数学学习是一个不断探索、不断试误、不断向前发展的过程，因此在幼儿的数学教育中要为幼儿提供适宜他们的环境，让他们在活动中探索、学习，鼓励他们不断尝试，引导他们积极地发掘新知。生活中处处渗透着数学知识，家长也要在生活中引导幼儿进行数学的学习，让幼儿在潜移默化中提高数学能力。

单元小结

一切与生活紧密相关的事物直接或间接地与数学相关。那么，如何才能让学前儿童更好地去认识数学、激发学习数学的兴趣、提高数学能力呢？这是本章关注的问题。另外，由于学前儿童的数学教育，尚处于早期启蒙阶段，在学习内容、方式以及学习要求上，都与学龄期儿童的数学教育有很大的区别。因此，我们的教育任务不是一味地传授抽象的概念和符号，而是应该创造机会让儿童在丰富的生活中去感受数学，习得知识与技能，体会数学学习的重要性及实用性。

思考与练习

1. 幼儿的数学能力可以通过哪些途径提高？

2. 如何使婴儿数学教育生活化、生动化？

3. 婴儿的数学学习与幼儿的数学学习有哪些不同？

4. 幼儿的数学学习需要注意什么？

延伸训练

2～3 人组成一个小组，去某个家庭观察婴儿的数学活动，通过语言交流、操作或写画等途径，记录下婴儿参与数学活动的反应，并摄像。回到学校，几个小组一起交流讨论，看看婴儿的数学学习与幼儿有何不同？并用有关理论来解释。

第二部分 学前儿童数学认知的发展与教育

学前儿童所学习的数学知识范畴，不仅包含数概念及数学的运算、认识一些几何图形，还涉及逻辑推理、概率、统计、时间、空间、测量、问题解决、数学语言等多方面的内容。学前儿童对于数学的学习，重在感受、体会，通过经历一些自然和日常生活中的过程，体会数学的奇妙与美丽。本部分提供了学前儿童理解数学诸多方面的原始图景和认知特点，为学前儿童数学教育提供了具体的思路和做法。

单元三
学前儿童的数与运算

学习目标

- 了解学前儿童学习感知集合的价值与认知特点
- 掌握学前儿童数与量的认知特点与教育
- 理解学前儿童计数活动与初步数概念的形成
- 学会学前儿童数的组成的教学方法
- 掌握学前儿童加减运算能力的特点与教育

情境导入

古老师在一次活动过程中，让幼儿参与活动材料的准备工作，他和幼儿一起收集了废旧的扑克牌，制作了骰子，整理了数学角中的试题和图片。以下是他们的上课片段。

片段一：教师与幼儿一起进入“数字王国”，观察“数字王国”里各种好玩的地方与好玩的东西，部分幼儿用手拿起来看了看高兴地说“这是我拿来的扑克牌”“这里有我做的骰子”“这是数学角中的”。

片段二：幼儿选择自己想玩的地方和自己想合作的伙伴。有两名幼儿手拉手来到“掷骰子”的地方，一名幼儿说：“我们先在这儿玩，待会儿再去玩扑克牌好吗?”另一名幼儿说：“好吧!”

片段三：有两名幼儿正在玩扑克牌。突然一名幼儿说：“你记错了，我出的是5，你出的是A，A可以当1。”另一个说：“不行，我A，我大。那你怎么记?”第一名幼儿说：“5－1＝4。把A当1吧，你也一样。”

问题：玩扑克牌可以让幼儿在哪些数学方面有收获?

案例点评： 幼儿在活动中看到了自己收集的材料，体验到了自豪感，激发了内在的学习动机。教师在过程中创造条件，让幼儿主动、充分地表现自我，与同伴积极交流、协商，教师参与作为幼儿的玩伴并随时给予幼儿必要的帮助。在活动中，教师充分放手给幼儿机会，整个活动以幼儿的小组游戏为主。多种玩法、多种选择的小组游戏活动，使规范的数学活动转为幼儿的日常生活游戏，体现了开放性、低结构化的特征。教师不再是按一定的逻辑顺序教给幼儿知识点，而是使知识与生活游戏相结合。结合幼儿生活中耳闻目睹的扑克牌、掷骰活动，教师创设了宽松、和谐的环境氛围，不仅可以让幼儿在玩的过程中复习5以内的加减法，而且尊重了幼儿的意愿，符合幼儿的兴趣需求。

第一课　学前儿童感知集合的特点与教育

学前儿童学习计数之前就存在对集合的认识，对学前儿童进行感知集合教育，既符合儿童认数的规律，又可以促进其数认知的发展。

一、学前儿童感知集合的价值

(一)感知集合是学前儿童数认知的基础

卡珀(Carper，1942)认为，数的整体知觉是数的认知基础。研究表明，整体知觉是认识数量的第一个途径(Klahr，et al.，1976)。大部分心理学家认为，幼儿不会精确计数之前存在着数的整体知觉，即学前儿童认识数是从对数的整体知觉开始的。刘范等研究表明，儿童在没有掌握口头数数之前，就已经有了关于数量的模糊观念。

俄罗斯教育家列乌申娜认为，儿童最初形成的是关于元素的含糊的数量观念，而后形成的是关于作为统一整体的集合概念，在这个基础上发展儿童对集合的兴趣和更准确地确定集合中元素数量的兴趣，儿童才能掌握计数的技巧和数的概念。

(二)感知集合教育是学前儿童形成数概念的基础

感知集合及其元素，是计数的前提。学前儿童学会按物点数、正确地说出总数，也就是说，理解某数的实际含义，这才是学前儿童初步数概念形成的标志。但在学前儿童学会计数之前往往会经过一个手口不一致的点数阶段。这种还不能把自然数列集合的元素与被数物体集合的元素一一对应的情况，说明儿童缺乏对集合元素的感知，缺乏对两个集合间元素的对应比较，致使学习计数和掌握最初数概念产生困难。只有先让儿童学会确切感知集合中的元素和用一一对应的方法对两个具体的集合元素进行比较，并在比较的基础上确定它们的相等与不等的关系之后，才能建立起抽象的数词与手点的物体间的一一对应关系，从而学会计数，形成初步的数概念。

(三)感知集合及其包含关系有利于学前儿童掌握数的组成

在自然数的系列中，每一个数都包含在它的后继数里边，即 1 包含在 2 里，2 包含在 3 里。在数出一组物体的数目时，学前儿童要在头脑中把它们放进一种类包含关系之中。如果儿童不知道最后数到的数包含了全部所数的物体，没有类包含的逻辑观念，就不能把握好整体与部分的关系，因此也不能掌握数的组成。

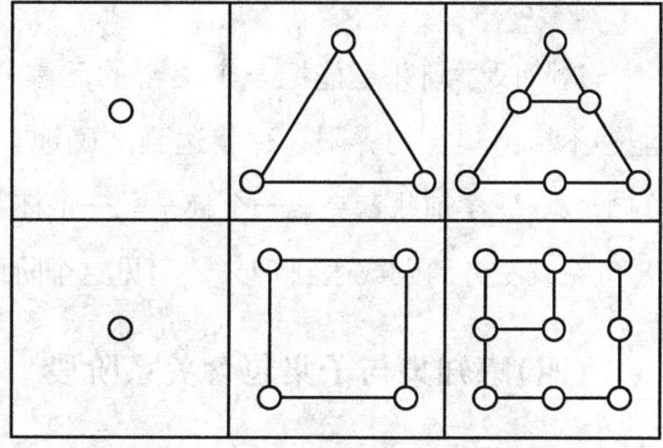

图 3-1　三角形和正方形

(说明：数一数边上的点，观察点数的变化)

集合具有包含关系，如动物的集合包含了水中动物集、陆上动物集和天上飞禽集等。让儿童感知集合的包含关系，可以帮助儿童理解数目，从而为数的组成和加减运算的理解打下基础。

数的组成其实质是总数与部分数间的等量关系以及部分数之间的互补和互换的关系。两个相等或不相等的子群又以互补和互换的相互关系统一在一个数之中。这种总数与部分数之间的关系也可称之为数群与子群的关系。用“韦恩图”可以直观地表示集合的这种包含关系。总之，感知集合及其包含关系有利于掌握数的组成与加减运算。

二、学前儿童感知集合的认知特点

(一)泛化笼统的知觉阶段

儿童 3 岁前感知集合没有明显的集合界线，他们不是一个元素接一个元素地去感知。例如，儿童在玩积木时，趁他不注意拿走几块，他是不会觉察到的。这时他感知的只是一堆不确定、模糊不清的东西，即泛化、笼统的。寇崇玲等①做过对 5 个物体集合的两边元素消失的实验。结果 2～3 岁儿童中能注意到两边元素消失的仅占 23.9%，3 岁半儿童中占 63%，说明 3 岁前的儿童，对物体群不是作为结构完整的统一体的集合来感知的，他们还没有精确地意识到它的数量方面。

(二)感知有限集合阶段

3 岁学前儿童已经能在集合的界限内来感知集合，但他们还缺乏对集合所有元素的明确知觉，不会注意集合中的每一个元素。例如，让他们在画有 4 朵花的画片上叠放塑料小

---

① 寇崇玲，等．学前儿童集合发展阶段初步研究[J]．学前教育研究，1988：5～6.

花时，他们只用塑料小花盖住画片上第 1 朵和第 4 朵花，就认为完成了任务。这些说明他们把注意力只集中在集合的界限上，从而削弱了对所有组成元素的注意。

这个阶段的学前儿童在分放物体时，往往右边用右手，左边用左手，在感知作为结构完整的统一体的集合时，手和眼的运动中出现了两个起算点，从集合的两边向它的中心移动，这也说明儿童处在感知有限集合阶段，注意力集中在集合的界限上。

(三)感知集合元素阶段

这阶段学前儿童能把一个集合的元素一个对一个地摆放到另一个集合相应的元素上，能够不超出集合的界限，逐步达到准确地一一对应。说明学前儿童已能注意到集合中元素的个数。让学前儿童完成一个杯子配一个杯盖的任务，3 岁半儿童中有 50%能完成任务，4 岁儿童完成任务的人数达到 84%。可见这个阶段的学前儿童处在一一对应能力迅速发展的阶段。

(四)感知集与子集包含关系阶段

小的学前儿童对集与子集包含关系的理解较为困难。例如，有 4 块大积木 2 块小积木，问儿童："小积木多还是大积木多?"3～4 岁儿童回答是："大积木多。"因为他们所看到的是大积木，而积木包含了大小积木这点对儿童来讲显得抽象了。可见，对集与子集的包含关系，儿童需要具有一定的抽象概括能力才能理解。

方富熹、方格对 3～7 岁儿童理解类包含关系能力做过实验比较。① 他们把三只都背着救生圈的小猪并排放，其中有两只穿着红裤衩，问儿童："背救生圈的小猪多还是穿红裤衩的小猪多?"结果是，不同年龄的学前儿童回答正确的人数百分比分别是，4 岁为 5%，5 岁为 45%，6 岁为 65%。可以看出，4 岁儿童还不能理解集与子集的包含关系；5 岁儿童能初步理解，但准确率还不高；6 岁儿童对集与子集包含关系的理解从 5 岁时的 45%上升到 65%。说明儿童对集与子集包含关系的理解逐步提高。

三、学前儿童感知集合的教育指导

(一)了解有关学前儿童感知集合的一般知识

1. 集合及其元素

集合是指具有某种属性的一些确定的对象所组成的整体。例如，在日常生活中儿童常把小木枪、小汽车、积木盒……放在玩具柜里组成一个集合，称为玩具；把苹果、香蕉、橘子……放在水果盘里组成一个集合，称为水果。

集合里每个确定的对象叫作这个集合的元素。例如，青菜、萝卜……都是蔬菜集合中的元素；中(1)班的小明、小玲……都是中(1)班儿童集合中的元素。

---

① 方富熹，方格．学前儿童分类能力的初步实验研究[J]．心理学报，1986(2)．

根据集合中元素的个数情况，可把集合分为有限集合、无限集合和空集合。有限集合是指由有限个元素组成的集合，如班里小朋友的集合。无限集合是指由无限个元素组成的集合，如自然数的集合。集合中一个元素也没有，这就是空集合。

集合有三个特性。首先，一个集合中的元素必须是确定的。例如，红蕉苹果、黄蕉苹果都是苹果集合中的元素，香蕉就不是苹果集合中的元素，然而苹果、香蕉又都是水果集合中的元素。其次，一个集合中的元素必须是互异的，例如，3以内自然数的集合不能表示为{1，2，2，3}，其中的“2”“2”是相同的，只能作为一个元素。最后，一个集合里的元素与顺序无关，具有无序性的特性。

2. 集合的表示法

表示集合常用的方法有列举法、描述法和文氏图(韦恩图)表示法。

列举法是把一个集合中的所有元素一一列举出来，写在{……}里，来表示这个集合的方法。例如，5以内自然数的集合A可表示为$A=\{1，2，3，4，5\}$。描述法是把集合中元素的公共属性用语言或数字表达式描述出来，写在一个大括号内，来表示一个集合的方法。例如，$A=\{$5以内的自然数$\}$。文氏图(韦恩图)表示法就是把集合中的元素用一条封闭曲线圈起来，象征性地表示某个集合的方法。

3. 集合的包含与相等

集合之间的包含关系是指对于两个集合A与B来说，A中的任何一个元素都是B的元素，则集合A包含于集合B内(集合B包含集合A)，集合A可称作集合B的子集。集合间的相等关系是指两个集合间的元素是完全相同的，如$A=\{$10以内的偶数$\}$，$B=\{2，4，6，8，10\}$，则$A=B$。

4. 集合的运算

数与数之间可以进行加、减、乘、除运算，集合之间也存在着运算，即通常所指的交集、并集、差集、补集的运算。

由同时属于两个集合的元素所组成的集合称这两个集合的交集。两个集合的所有元素组成的集合称为这两个集合的并集。由全集中所有不属于该子集的元素组成的集合称为该子集的补集。由属于一个集合而不属于另一集合的元素组成的集合称为差集。

(二)加强集合概念在学前儿童数学教育中的渗透

集合是现代数学的一个最基本的概念，学习函数、概率、拓扑等高等数学知识几乎都离不开集合，甚至整个数学都是建立在集合的基础之上。在1960～1970年国际上兴起的“中小学数学现代化”运动中，在教材中最显著的变化就是引进了集合的概念。在现代学前儿童数学教育中同样也渗透了集合的概念。

在学前儿童数学教材中，教学的内容包括了数量关系、空间关系、时间关系三大方面。这些数学内容中都渗透了集合的概念。例如，将一堆积木按颜色分开摆放的分类活动；从很多小动物卡片中数数小白兔有几个的数数活动……都渗透了以某一特征为条件的一个整体概念，即集合的概念。儿童学习用对应摆放的方法比较两组物体的多少，学习按物点数，这就渗透了集合元素的概念。儿童学习数的组成、理解整体与部分的关系，就渗透了集合的包含与相等的关系。总之，数学内容通过集合的形式表现出来，可以促进学前儿童的学习与理解。

(三)使用直观教具、利用多种感觉分析器感知集合

由于儿童的思维具有形象的特点，因此数学教育中采用了大量的直观教具，帮助儿童感知集合使其理解数形概念。例如，认识“1”与“许多”时的苹果图片教具；学习 5 以内数数时的小花图片教具。在这些直观教具中有一个共同的模式就是用了一条封闭曲线，把所要感知的对象圈在一起以表示一个整体即集合，这就是集合的文氏图表示法在儿童数学教具中的体现。

列乌申娜认为，“我们将不同分析器感受的同类对象(物体或现象、声音、运动等)的总体叫作集合”,① 她强调使学前儿童在运用各种分析器的游戏活动中感知集合。让儿童在奇妙的口袋里摸出一个或许多个物体；让儿童听着铃声次数画出相应数量的圈圈；让儿童数拍手或跺脚的次数等。通过视觉、听觉、触觉、运动觉等各种分析器的活动，儿童感受着声响、动作或现象等同类对象组成的集合，通过练习与体会，可以促进儿童数学概念的形成。

第二课　学前儿童数与量的认知特点与教育

学前儿童的生活和数与量密不可分，他们生活在一个数量的世界里，这从每日生活中学前儿童之间的对话可以知道。

一、数与量的含义

学前儿童日常生活中经常会说，“我要喝一杯牛奶”“哥哥的果汁比我多”“妈妈说苹果应该两人平分”“短针指到 9 时是我睡觉的时间”“妈妈的手比我的大，可以盖住我的”“这盒糖有 9 粒，你 5 粒，我 4 粒”“这种积木只有 4 块，你一个人拿了 3 块，不公平”。脱离了数与量的生活无论对于成人还是对于儿童来说都是不可思议的事。

“数”是可以计数的量，用一定的数目来表示事物总数，通常称之为“分离量”，因为构成它的集合的每一个个体都是一个个分开的、独立的。而“量”通常是指“连续量”。相

---

① A. M. 列乌申娜．学前儿童初步数概念的形成[M]. 曹筱宁，等，译．北京：人民教育出版社，1982.

对于分离量，其组成是连续成一体、无法独立一个一个地分开的。① 例如，牛奶混成一体，其中没有缝隙，无法划分成一个一个的，必须用生活中的随意单位(如杯子)或标准单位(如 cc 或 mL)才能测量。

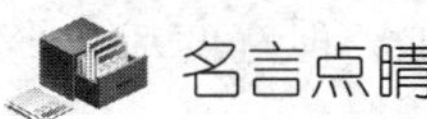

名言点睛

在数学的领域中，提出问题的艺术比解答问题的艺术更为重要。

——康托尔

二、学前儿童数与量的认知与学习特点

(一)皮亚杰对于儿童数与量认知特点的研究

皮亚杰对儿童数与量概念的发展做了大量研究。首先，有关数(分离量)概念的发展，其主要观点为：数与其他数学概念的真正理解源于儿童的智力发展，这些概念的发展是独立自发、无人教导的(Piaget，1953)；数目守恒不变性的能力是数概念理解的先决条件，儿童到 6 岁半左右会自然发展出这样的能力(Piaget，et al.，1952)。

所谓“数目守恒”，是指其数目的排列形式发生变化但数目本身不变(Ginsburg，1988)。皮亚杰认为，虽然学前儿童在 6 岁半以前会唱数、计数，甚至会一些简单的加减运算，但是他不具有守恒(conservation)的能力，因此都不算是对数目真正的了解。皮亚杰曾以一排实物(约 6 个硬币、纽扣或糖果)给学前儿童看，请儿童建构一组与这些实物一样多(同数)的东西；然后将其中一排实物拉长或缩短，再询问儿童两组实物数目是否一样多。从实验中发现儿童对数的了解有三个发展阶段。

第一阶段(4 岁左右)：对数概念无法了解的阶段，无法运用一一对应关系建构两组相同数目的物体，通常儿童的焦点集中于以排列出实物的长度是否相同来判定两组数目是否相等。

第二阶段(5～6 岁)：过渡时期，儿童会运用一一对应关系建构相同的数目，但对于一一对应关系不能充分理解；当其所排出的一一对应关系被破坏(拉长或缩短其中一组实物)后，儿童就无法肯定两排物品的同等性，即认为两组实物数量不同。此时，儿童的知觉已经扩展，有时注意长度，有时会注意密度，不像第一阶段儿童只注意长度。因此，有时他会坚持比较长的那排数目多，因为它比较长；有时却坚持比较短的那排数目多，因为它比较密。

第三阶段(6 岁半以后)：对数概念真正理解的阶段，儿童已能用各种方法建构数目的相同性。例如，用计数或用一一对应方式，知道数目守恒，不管外观如何变化。

依上可知，第一、二阶段的学前儿童知觉深受外观的影响，在进行数量判断时是根据其整体外形(general shape)，将分离量看成是连续的形态。

---

① 周淑惠．幼儿数学新论——教材教法[M]．台北：心理出版社，1996：66～68.

根据皮亚杰的研究，学前儿童守恒能力的获得是其“去自我中心能力”发展的结果，它涉及三种逻辑的协调(Ginsburg，1988)：

①相互性(reciprocity)：某部分增加了会抵销（平衡)另一减少的部分，两者都具有补偿作用。例如，水由一个矮宽杯子倒入一个高窄杯子中，水的高度增加，但宽度却减少了，因此两者仍然一样多。

②同一性(identity)：自始至终都涉及同样的数与量，没有增加，也没有拿走任何东西。例如，在液体守恒实验中，当杯中的水倒入不同的容器时，其实并没有增多或倒掉任何水，仍是同样多的水。

③逆反性(negation)：某一改变的状态在心里以同等但反向的转换，被逆回到原来状态 。例如，水是从B杯倒入不同形状的C杯中，它可以再回到原来的B杯中，回到初始等量两杯水(A，B)的状态。

相互性与逆反性均为可逆性能力(reversibility)。可见，学前儿童之所以没有数量守恒的概念，大多是由于缺乏可逆性思考能力，无法回到事物本来状态，也不了解互补作用，意识不到逻辑的不变性。由于先决的逻辑结构尚未发展，他们无法了解数目或算数，在数学上是无能的(Baroody，1992)。进一步来讲，皮亚杰认为“数目”与“集合”源于相同的运算机能，若对某一个无法完全了解，则另一个也无法了解；集合逻辑包括了整体与部分的关系，数目也是如此，只不过区别在于数目的组成部分是同质的单位，加减法的理解涉及层级包含的部分与整体关系，要真正了解加法就必须领会“无论组成部分如何变化，一个整体是恒常不变的”。学习 2＋4＝6，取决于“6 是一个由 2 与 4 这两个部分所构成的整体”的观念的发展，同时，“6 也是由 1 和 5，3 和 3 构成的”。总之，数目的建构与逻辑的发展是共生的、同步发展的。

卡蜜(Kamii，1985，1989)扩展了皮亚杰有关“数目建构结合了层级包含(hierarchical inclusion)与次序(order)两种关系”①的观点。在“十”系统的建构上，“顺序”乃指 1，2，3，4…在心理上连成一线的排列；“层级包含”意指 1 包含于 2，2 包含于 3，3 包含于4……的层层椭圆包含关系。因此当我们说 8 时是指所有的 8 个东西，而非仅最后一个东西，在心理上有层级包含的所有实物。

(二)学前儿童数与量的学习特点

根据周淑惠(1996)的研究，学前儿童数与量的学习特点为：

1. 自发性与自我引导

学前儿童的非正式算术学习多半是自我启发、自我引导的，他们非常喜欢唱数，不间断地“唱数”，即使错了也会自我纠正或请教大人，甚至一见到可数的实物马上计数，

① Kamii C.，Linda Leslie Joseph. Young children continue to reinvent arithmetic：implications of Piaget's theory[M]. New York：Teachers College Press，1989.

重复地练习，乐此不疲。在解决生活中的实际问题时，学前儿童在自发与自我引导下，通过对计数实质的反复思考和感知，发明了“数全部的”“往上继续计数”等方便的计算法。总之，学前儿童对数学有强烈的好奇心和强大的学习动力，并渴望理解周围的世界，是个活跃的学习者。

2. 建构与发明性

“数全部的”与“往上继续计数”等加法策略，甚至是选择性“上增”“下减”的加减法策略都是学前儿童自己发明的，并不一定是他人教导的。学前儿童建构数学的能力是令人惊奇的。

3. 情境与实用性

学前儿童对数与量的学习基本上是在自然生活与游戏情境中为解决问题而产生的，与日常生活密不可分。例如，“一包糖果有 12 颗，我和妹妹平分，我可以分到几颗”“我还要多走几步才能比爸爸先到终点”。

4. 直觉与具体性

数学也是具体的、看得见的、摸得着的、可以计算的，若要儿童计算想象中的事物，就必须寻找替代物。

三、学前儿童数与量的教育指导

(一)多联系学前儿童生活实际经验

学前儿童数量教学要尽量从生活中取材，多进行随机教学，如早晨在班里点名时，让儿童计算计算多少人按时来、多少人迟到、多少人没来；上楼时鼓励儿童数数台阶有多少。

(二)运用具体的实物

Ginsburg(1989)指出，[①] 学前儿童的数量活动基于具体实物与行动中是有好处的。在缺少具体实物和其他具体经验时，学前儿童可能将数量关系和数字运算看成是一个武断的、无意义的游戏。在学前儿童的活动室里 ，要有各式各样的实物和教具，如小贝壳、小石块、纽扣、豆子等，供计数用的小动物模型、筹码、小方块积木、套锁小方块(Interlocking Cubes)、各类型数棒、十进位积木(Base-Ten Blocks)、天平等，这些都尽量让儿童操作，以发展数量概念。像自制的各式扑克牌卡、点数卡、板面游戏、数字卡、数条等，都可以供学前儿童操作与游戏。

---

① Ginsburg H. P.. Children’s arithmetic：how they learn it and how you teach it[M]. Austin，Tex.：Pro-Ed，1989.

(三)多解决生活中的问题

美国数学课程标准(1989)指出，要“以解决的问题为导向，充分激发儿童思考，以观察、调查和探索为主题”[①]来加强解决问题的技巧，构筑数学有用的观念。

在学前儿童的数学教室里要洋溢着与生活有关的各种各样的数学“情境问题”，并充满激发思考的各种对话；儿童则忙着操作教具、与其他学前儿童互相讨论，将问题以行动演示出来。例如，教师抛出一个有挑战性的情境问题：“小红的生日会邀请了 5 个朋友到家里庆祝，小红打算给每个小朋友 2 粒糖，请问小红共需准备几粒糖?”儿童可用各种方法“给出”答案——具体操作点算，以行动演出情境，在纸上写画作标记等。

许多解决问题的机会出现在学前儿童的数学课堂里。教师要让儿童融入解决问题的活动中，而不是简单地把答案告诉他们，只有通过参与，儿童才能通过自己的思考掌握解决问题的重要过程。

总之，解决问题实际上是一个学习与探索的过程，通过这个过程去预测、推算、解释并验证自己的想法，解题的策略是经过这个过程探索和习得的，并非是强加和教导出来的。

(四)鼓励相互交流

学前儿童有自己对数与量的理解及心理运算方法，适宜的课程改革会鼓励儿童之间，或儿童与教师之间谈论数学，这种互动会增强儿童思考数学和理解数学的信念。

在小组活动中，教师与儿童的关系不能像“大树”与“小草”的关系。[②] 大树包办了所有的工作，而小草沦为小组中的观众或小组活动的边缘人。教师要让每位儿童都有发表自己言论的机会。在数学学习中，引导儿童学会社交互动的技巧，避免“放任”和“封闭”两个极端。师幼之间要形成默契和良性的互动，教师要把学习的权利交给儿童，让儿童真正成为数学学习的主人。

第三课　学前儿童计数活动与初步数概念的形成

正是由于有了计数活动，人类才取得了用数表达宇宙的惊人成就。

一、计数活动的起源与内涵

人类祖先最初的数概念，只不过是一种比鸟类高强不了多少的原始数觉。在远古渔

---

① Rosalind Charlesworth, Deanna J. Radeloff. Experiences in math for young children[M]. New York: Delmar Publishers, 1991.

② 林文生，邬瑞香．数学教育的艺术与实务[M]. 台北：心理出版社，1998：145.

猎穴居时代，人们为了记录时间与财产，使用了多种方法进行计数，像一对一的堆石法、结绳法或在树枝、骨头、石板上刻画记号。猎人为了计算有多少张兽皮，会在每张兽皮上割下一小片保存下来。到了农业、商业社会，由于生活需要，发明了1，2，3等自然数的计数系统。可以说，计数活动在人类文明发展史中解决了实际问题，对抽象数目概念的进一步发展起着重要作用。

人类为什么要计数？无非是要确定物体的数量，这就是计数的目的。计数需要采取逐一点数的操作手段，最后用某一个数词表示这群物体的数量。因此，我们可以将计数活动的内涵概括为：它是一种有目的、有手段、有结果的操作活动，其结果表现为数的形式。

具体来说，计数活动是将具体集合的元素与自然数列里从“1”开始的自然数之间建立起一一对应的关系。只要不遗漏、不重复，数到最后一个元素所对应的数就是计数的结果，即总数。例如，用手指逐个点桌面上摆成横排的积木块，同时说出1块、2块、3块、4块，使说出的每一个数与每一块积木相对应，建立起一一对应关系。最后数到4块，4就是桌上积木块的总数。

学前儿童的计数活动是数概念形成的重要手段。学前儿童的计数活动是由内容和形式两个方面组成的。

一是内容方面，计数活动由四个过程组成：依次说出数词；从集合(物体群)中区分出每一个元素(对象)；使每个数词只与集合中的一个元素相对应；说出总数。

二是形式方面，计数活动由手的动作和语言动作两个部分组成。这两部分的动作各自遵循由低水平到高水平、由外部展开向内部压缩的发展过程，说明如下。第一，手的动作表现为，开始学习计数时，学前儿童的手要触摸并移动物体，随后发展到只触摸物体，再发展到不触摸，在一定距离外指点物体，最后发展到只用眼睛区分物体并点数，以眼代替手的动作。第二，语言动作表现为从最初要高声说出数词，发展到小声说出数词，再发展到动动嘴唇，最后发展到不出声的默数。学前儿童计数过程中手和语言的动作是相互联系、相互配合的。初学计数时具有明显的外部动作特征，既要用手移动物体，又要大声说出数词，随后逐步做到指点物体小声说数，最后可以进行默数。了解学前儿童在计数活动中的具体表现是很有意义的。

二、学前儿童计数活动的发展特点及影响因素分析

(一)学前儿童计数发展的特点

1.3岁左右学前儿童计数的特点

吕静等(1984)研究表明，3岁儿童表现出对数的兴趣，而且具备了学习计数的条件。①

① 吕静，吕田，王伟红．婴幼儿数概念的发生的研究[J]．心理科学，1984(3)．

3 岁儿童能进行 3 以内计数的，正确率平均只有 20%；到了 3 岁半，会 3 以内计数的，正确率平均可达 63%左右，进行 4 以内计数的，平均也达 56%；4 岁组儿童点数 4 以内物体，正确率平均高达 85%，这说明 3 岁半至 4 岁儿童计数能力开始有了明显的发展。

沈家鲜①研究了幼小儿童掌握计数的过程。学前儿童早期学习计数，一般要经过如下过程：口头说数—按物点数(点数实物)—说出总数。这个过程，既是掌握计数活动的过程，又是掌握最初数概念的过程。

第一，口头说数。俗称“顺口溜”，是口头按顺序说出自然数的能力。它仅是口头上的唱数，没有手与实物的对应。口头说数是机械记忆的结果，并不代表对数实际含义的理解。例如，小的儿童能顺口说出 1，2，3，但却不能正确地拿出 3 个物体。当然，口头说数对儿童学习计数也有积极意义，它可以使儿童获得数词的名称以及自然数顺序方面的知识和经验，这是正确计数能力形成中不可缺少的步骤。

第二，按物点数。即用手逐一指点物体，同时有顺序地说出数词，使说出的数词与手点的物体一一对应。按物点数要求儿童做到手口一致，既不重复，也不漏数。正确的按物点数需要各种分析器参加，手、眼、口、脑要协同活动。它比口头说数困难，是继口头说数后必经的基本计数过程。沈家鲜认为，儿童从口头说数到掌握按物点数，其中往往会出现手口不一致的现象，主要表现为以下几种不同的情况：一是能从 1 开始顺着数，但手却不能按物一个一个地点，而是乱点；二是虽能按实物的顺序一个一个地点，但口却乱数，其中往往只有开始的几个数和最后的几个数是按顺序说出的；三是口与手虽然能有节奏地配合，但不是一对一的配合，往往是数两个数点一个实物，或数一个数点两个实物。由此可见，不能按物点数就是不会计数，也未形成最初的数概念。

第三，说出总数。指按物点数后，说出最后一个数词代表所数过的物体的总数量，即回答“一共是几个”的问题。会按物点数不是计数活动的终结，只有说出总数，才是计数过程的完结，才能称之学会了计数。说出总数具有重要的意义。它说明儿童已将最后说出的数词作为所数过的一群对象的总体来把握，这是在直观形象思维基础上出现的最初的数抽象，它标志着儿童开始理解某数的实际含义。

2. 4～5 岁学前儿童计数的特点

这个年龄的学前儿童其计数能力基本上得到了巩固，主要表现在以下两个方面。

(1)较好地掌握计数活动

在学会计数的基础上，由于反复练习，学前儿童的计数能力逐渐趋向巩固，克服了手口不一致的现象，能正确地计数，并说出总数。有的儿童已经能小声说数并指点物体进行计数，而不用大声说数和移动物体了。在儿童认识 20 以内的数后，他们还能学会顺着数：从任何一个数起数到 10，如教师说 6，小朋友接着数 6，7，8，…甚至有的儿童还能倒着数，可以说这是计数能力提高的一种表现。

① 沈家鲜．三、四岁儿童数概念形成过程中的几个问题[J]．心理学报，1962(3)．

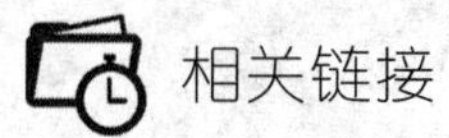

相关链接

大数小数

有话道：算大数不难，算小数不易。有些5～6岁学前儿童可以做50＋50＝100，或者99＋1＝100，这个100就是三位数了，当然这是特例，并不要求每个儿童去做，这个总数很大，但儿童做起来不一定觉得很难。有的数很小，学习像1＋2＋3或3－1－1的多位数运算时，如果儿童没有练习过这方面的连运算，即使数很小，也不简单。连加或连减应该建立在儿童理解运算过程和获得相应运算模型的基础上，在儿童能处理基本的数量关系之后去尝试。

(2)认数范围扩大到20

4～5岁儿童大部分能正确地点数20以内的物体并说出总数，而且能按指定的数正确取出相应数量的物体。

3.5～6岁学前儿童计数的特点——能按群计数

按群计数是指计数时不以单个物体为单位，而是以数群(物体群)为单位。例如，以2为单位计数(双数)就是2，4，6，8，10…以10为单位计数是10，20，30，40…按群计数是数群概念初步发展的标志之一。因为数群概念是指能将代表一个物体群的数作为一个整体去把握，而不需用实物和逐一计数确定物体群的数量。这种能力要求具有一定的数抽象水平，才能在没有实物的情况下，理解和运用口头说出的相应数目。可以说，5～6岁学前儿童能按群计数标志着其数概念发展有了飞跃。

(二)学前儿童计数活动的因素分析

1. 教育及文化背景

学前儿童计数能力的发展是环境及教育影响的结果。不同地区和不同文化背景，能造成学前儿童计数能力的个别差异或地区差异。对上海地区学前儿童计数能力的调查①认为，小班儿童计数的水平市区与郊县有明显差别，市区有75%的小班儿童正确点数后能说出的总数可达到4，而郊县只有65%的小班学前儿童达到3。至于边远地区或山区等文化程度较低的地区其差异更为明显。昆明地区的山区普遍没有幼儿园，那里6岁半儿童能手口协调数到5的也只有近50%。② 即使在相同的背景下，同一个班的儿童学习计数也有快有慢，而且能正确计数的数量范围的个别差异也非常明显。因此，对学前儿童进行数学教育，应了解和考虑每个儿童的实际水平和能力，帮助后进，鼓励先进，使他们得到应有的发展。

---

① 李洪曾，等．上海地区入园幼儿“计算”能力调查[J]．上海教育科研，1987(5).

② 幼儿数概念研究协作小组．国内九个地区3～7岁儿童数概念和运算能力发展的初步研究综合报告[J]．心理学报，1979(1).

2. 计数的对象和计数方式

计数的对象和计数方式也影响学前儿童的计数活动，表现如下。①

一是在空间分布相同的情况下，点数物体的大小对儿童计数活动会产生影响。例如，把体积约为10立方厘米的玩具动物排成一行让儿童点数，儿童能正确计数的范围要稍大于让他点数同样排成一行的围棋子。

二是物体的空间排列形式对儿童计数也会产生影响。例如，对下面三种排列形式：将围棋子排列成行，棋子间间隔半厘米；棋子密集地排成一行；棋子不规则地聚集在一起。儿童对这三种排列形式计数的成绩是依次下降的，间隔排成行的最好，不规则聚集摆放的最差。

三是计数活动的方式也会影响儿童计数的水平。例如，儿童对以下三种计数方式：①儿童一边依次拨动(或移动)排列成行的物体，一边计数；②不拨动物体只用手指点数物体；③儿童一边从容器中一个一个地取出物体，一边计数。第一种计数方式成绩要优于其他两种，第二种次之，第三种最差。

四是同时呈现并保持不变的计数对象有利于儿童的计数活动，而相继呈现并先后更替计数对象，儿童计数则较难。例如，让儿童计数有节奏地敲击(相继呈现的计数对象)，其成绩不如通过目视点数实物(不变的计数对象)的成绩。如果让儿童自己一面击鼓(铃)，一面计数，成绩则更低。

在教学前儿童开始学习计数时，运用的教学方法应考虑以上因素，一般宜先选用较大的物体作为直观教具，将物体间隔地排列成行，使儿童一边拨动物体一边说出数词。此后要视儿童计数能力的情况，适时改用密集排列、不拨动物体、小声说数等方式进行教学。

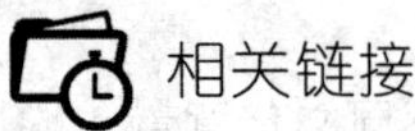

估算策略

好的估算者在判断数字和数量时，会采用很多策略。

1. 基点策略。儿童用基点或自己所知数量的一个内在形象，来判断未知的数量。

2. 组合策略。儿童把一个较大的数量，化成几个较小的同等部分。例如，考虑一下盒子里的糖果是不是有层次的，10粒是一个层次。

3. 组块(chunking)策略。儿童把一个较大的数量变成几个小的部分，但是不要求完全相等。

三、计数活动促进学前儿童数学概念形成的教育指导

在数前教育中，学前儿童在不用数的情况下学习分类，区分"1"和"许多"以及对应比

---

① 刘范，张增杰．儿童认知发展与教育[M]．北京：人民教育出版社，1985.

较两个物体组数量的相等或不等关系，为学前儿童形成初步数概念打下基础，但它们不是也不能最终形成数的最初概念。只有通过计数活动，最后说出总数，才是对数实际意义的初步认识，才能对数形成最初的数概念。

(一)数觉活动不能代替计数

国内外一些学者曾提出这样一种观点，认为学前儿童在未学会计数之前，具有对小数量物体直接认知(也可称整体知觉)的能力，即数觉。美国克莱赫尔(Klahr)和华莱士(Wallace，1976)研究提出，整体知觉是认识数量的第一个途径，是一种无须社会传递的技术。这种计数前出现的直接认知小数量物体数目的数觉能力，是否可作为学前儿童掌握最初数概念的主要活动？林嘉绥认为，对小数量物体数目的整体知觉是学前儿童数概念发展过程中的一种现象，它不是学前儿童形成最初数概念的一种主要途径。① 这里有两个原因：

一是学前儿童直接认知物体数目只局限于小数量的范围。一般只能认识 4 以内的数目，再大些要依靠计数了。计数不受视觉广度的限制，一旦学前儿童掌握了数的顺序及手口一致对应的计数方法，就能顺利地学习 10 以内的数，甚至更大一些的数。

二是俄罗斯在 20 世纪初学前儿童数学教育上，相当长的时间里是按照整体知觉的方法进行教育的，后来这种方法受到学者列乌申娜的批评。她明确指出“从前流传极广的把对一群东西的整体感受看成是一种天生能力的观点，事实证明是不正确的。如果这一群物体位于儿童一眼能看到的地方并且是符合标准的话，儿童不需计数就能认出(两眼，两手，两脚，五指等)。但是这些数量的东西摆成另外的样子，儿童就认不出。例如，桌子上站成一排的 5 个洋娃娃，掉在地板上的 2 把茶匙，不在一面墙上的 2 个窗户等”。“一群物体感知论的拥护者试图给群以这样或那样标准化的形状，以帮助认识它。但是在这种情况下所辨认出的是形状，而不是数量。”②

(二)提倡开展大量的计数活动

根据查尔斯沃思(Charlesworth)等的研究③和我们的教学实践，提高学前儿童计数能力可采取以下措施：

一是提供给儿童可以计数的各种各样的物品。例如，不同形状、不同颜色、不同属性的物体，让儿童从中体会数概念并不依赖于物品的具体属性，它是抽象的。

二是使计数成为儿童生活和游戏的一部分。例如，数教学楼的楼梯数、活动室里桌椅的数目等，在积木游戏中，数数搭的楼房共有几块积木构成。让儿童在经验中对数概

---

① 林嘉绥，等．学前儿童数学教育[M]．曹筱宁，译．北京：北京师范大学出版社，1994：114.

② 列乌申娜．学前儿童初步数概念的形成[M]．曹筱宁，译．北京：人民教育出版社，1982：59.

③ R. Charlesworth，Deanna J. Radeloff. Experiences in math for young children[M]. New York：Delmar Publishers，1991：67.

念产生更深刻的表征。

三是用多种方式计数。例如，顺着数、倒着数，单数数、双数数，也可以 5，7，10 等群数，也可用各种感官，如目数、听数、触摸数、心里数等，让儿童充分体会数量抽象的意义和具体的各种表现。

总之，要让学前儿童在现实的、有趣的计数活动中，早日形成初步的数概念。

第四课　学前儿童数的组成的认知特点与教育

对数的组成的理解与掌握，是学前儿童进一步学习加减运算的基础。数的组成教育也是我国学前数学教育中比较传统、比较成功的一个方面。

一、数的组成的含义及其实质

(一)数的组成的含义

数的组成包括组合与分解两个方面，数的组合是除 1 以外的任何一个自然数都是由两个或两个以上的部分数组成。数的分解是指除 1 以外的任何一个自然数都可以分成两个或两个以上的部分数。对学前儿童来讲，主要是学习 10 以内的自然数分成两个部分数的问题。

(二)学前儿童掌握数的组成的实质

学前儿童掌握数的组成比理解数的实际含义、数守恒等要困难。数的组成实质是总数与部分数及部分数之间的等量、互补与互换的辩证统一关系，即三个数群之间的等量、互补和互换关系。根据林嘉绥的研究总结如下：①

1. 数的组成是一种概念水平上的数运算

数的组成是数群和子群之间存在的相互联系的三种关系，是一种概念水平上的数运算。数的组成涉及三个数群之间的关系。三个数群之间存在着相互联系的三种关系，即等量、互补与互换关系，也就是总数和部分数、部分数和部分数之间的关系。

一是等量关系。一个数群(总数)可以分解成两个相等或不相等的子群(部分数)，即 $B=A+A'$。对于学前儿童只要让其知道一个数可以分成两个部分数，这两个部分数合起来就是原来的这个数。

① 林嘉绥．儿童对部分与整体关系认识发展的实验研究——Ⅱ．4～7 岁儿童数的组成和分解[J]．心理学报，1981(2)．

二是互补关系。即 $B=(A-N)+(A+N)$，对于学前儿童只要让其知道一个数分成的两个部分数中，一边从上到下一个数比一个数小 1，另一边从上到下一个数就比一个数大 1。

三是互换关系。即 $B=A+A'=A'+A$，对于学前儿童只要让其知道两个部分数位置换一下，总数还是不变的。

2. 数的组成是抽象加减运算的基础

数的组成涉及三个数群之间的关系，简单加减法也存在着三个数群的关系：等量关系(加法)和逆反关系(减法)。两个或两个以上子群相加等于群(等量关系)；群减去一个或几个子群等于其余的子群(逆反关系)。学前儿童加减法只涉及三个数群的关系。例如，数群(5)和两个子群(1)(4)之间，可以演发出 4 个算式：

4＋1＝5；1＋4＝5；5－1＝4；5－4＝1。

学前儿童如果在抽象水平上掌握了数的组成之间的数群关系，也可以直接成为掌握加减中数群关系的基础。

3. 数的组成是学前儿童在心理上对总数和部分数三种关系的综合反应

林嘉绥研究表明：学前儿童初期难以理解数群之间的关系，而且对三种数群关系的认识有难易之分。一般是先掌握数群和子群的等量关系，进而再掌握子群之间的互补关系。自 5 岁后，所有年龄组对数群关系各个单项的认识均明显优于数的组合和分解，年龄越小差异越大。说明学前儿童能理解数群关系并不等于掌握数的组成，数的组成要难于对各项数群关系的理解。可以说，学前儿童掌握数的组成是在头脑中综合运用数群三种关系的结果，是对数群关系的综合反映。张梅玲等研究表明①，将三个数群之间的各种关系联系起来，有利于促进儿童理解数群关系的完整系统，使数的组成切实起到加减运算基础的作用。

相关链接

0～9 十个数字，生活中无处不在。每个数字符号的发音和书写方式皆有其语言依据。像“0”，圈的形状为空；中国数字，像双数，二、四、六、八、十，几乎是左右对称的。中国语言对数字的命名，是单音节，有别于英语音节，如 three，有助于中国儿童形成数概念。儿童如果能在生活中乐于发现数字符号，并对其意义发生兴趣，如玩具的价格之类，会有助于其数学学习。课堂教学要适时在这方面进行引导。

二、学前儿童掌握数的组成的认知过程和年龄特点

学前儿童掌握数的组成，需经历从具体到抽象或从抽象到具体的认知发展过程。学前儿童开始学习数的组成时，从具体材料入手，运用实物，让学前儿童亲手操作，逐步

① 张梅玲，等. 幼儿百以内数概念的形成和促进[J]. 心理科学，1983(3).

达到理解数群关系，最终达到抽象水平的发展。还有另外的情况是，学前儿童对数量关系的实质还不能完全掌握，但会像背诵儿歌一样，把“5可以分成2和3，2和3合起来是5”的语言形式记在脑子里并能顺口说出来。像记住“乘法口诀”一样，这是一个从抽象到具体的过程，这种情况有助于儿童掌握数量关系。

学前儿童掌握数的组成的年龄特点，根据林嘉绥的研究，4岁半以前儿童不能理解数的组成，他们任意地摆弄物体，有的虽在行动上将一个数分成两个部分数，但口头上却是另外的两个数。5岁以后，儿童能初步理解数的组成，但不全面、不稳定，表现为不能完成所有的组成形式，需要经过反复练习或尝试错误。5岁半后，儿童数的组成能力发展较快，6岁半左右能达到基本的掌握水平。由于林嘉绥的这个研究已超过20年，从现实教学和实际观察来看，学前儿童数的组成的水平比过去已有了很大的进步。这应引起教师对当今现实教育的重视。

三、学前儿童数的组成的教育指导

数的组成教学，可使儿童理解整体与部分、部分与部分之间的关系，从而加深对数概念的理解，并为学习加减运算打基础。

(一)在分与合教学中，教师讲解与学前儿童操作相结合

开始学习时，教师应讲解演示，使儿童逐步理解数的组成含义，掌握数的组成的形式。例如，通过撒落花片，每撒一次后数8片花片中几片红色、几片蓝色。然后把数的结果分别记录在红圆点蓝圆点的记号下，用画圆圈方式表示数量。最后在圆圈符号下分别用数字表示出来总数。这里要做的是，应写出所有的组合形式，并按大小排出来。例如，8可以分成1和7，2和6，3和5，4和4，5和3，6和2，7和1。

在学前儿童初步了解数的分与合的含义之后，教师可以减少讲解演示，多为儿童提供适当的学具，让儿童在操作中自己学习数的组成形式。儿童学习数的组成最好是让他们动手操作，在操作过程中逐步体会到一个数可以分成两个数，两个数合起来就得到原来的这个数。

(二)在教学中挖掘等量、互补与互换关系的内在规律

当学前儿童基本理解数的组成之后，可让儿童学习数的组成中两个部分数之间互补与互换的关系。采用演示讲解的办法，重点讲解互补与互换的规律。

例如，“5”的组成。列出最后整理好的5的组成的教具和组成的式子，根据教具图演示讲解互换(或互补)关系。根据5的组成的教具图，启发儿童观察两边教具之间的关系。即左边教具从上到下一个比一个少1，而右边从上到下一个比一个多1。这样分的优点，既整齐、有次序，也记得牢、不会漏掉，也不会重复，分得速度也快。

(三)利用多种游戏活动进行分与合的练习

多种游戏活动包括:①

第一，口头练习。例如，在练习 5 的组成时，可让教师说一个数，要求儿童再说一个数，正好与教师说的数合起来是 5。教师说："我说 3。"儿童说："我说 2。"……

第二，找数练习。儿童每人一套 1～10 的数字卡片，教师也有一套。教师向儿童提出要求："我出一张卡片，你们找一张卡片，正好与老师找的卡片上的数字合起来是 8。"教师举 3，儿童找 5 举起来。

第三，涂色练习。每人一张画有小熊猫的纸，小熊猫身体各部分写上 3 和 2 或 1 和 4 等组成式子，要求儿童在合起来是 5 的地方涂上黑色，涂对了，小熊猫就出来了。

第五课　学前儿童加减运算能力的特点与教育

一、加减运算的含义

(一)加法

如果数 a 与 b 都是自然数，在自然数列中的数 a 之后再数出 b 个数来，恰好对应于自然数列中的数 c，则数 c 叫作数 a 与数 b 的和，用 $a+b$ 表示，可以写成 $c=a+b$。求和的运算叫作加法，数 a 与数 b 叫作加数，符号"＋"叫作加号。"加"是运算的方法，"和"是加法运算的结果。从集合观点看，加法是已知两个没有公共元素的有限集合的基数，求它们的并集的基数。

对学前儿童来讲，加法是两个数合并成一个数的运算。根据加法的意义，两数 a 与 b 的和 c 是集合 A 与 B 的并集 C 的基数。

(二)减法

已知两个数 a 与 b，如果存在一个数 c，使得 $c+b=a$，那么 c 叫作 a 与 b 的差，求两个数差的运算叫作减法。记作 $a-b=c$，a 叫作被减数，b 叫作减数，c 叫作差，符号"－"叫作减号。"减"也是运算的方法。从集合观点看，减法是求有限集 A 与它的子集 B 的差集的基数。对学前儿童来讲，使他们知道从一个数里去掉一部分还剩多少，是用减法算的。

---

① 金浩．学前儿童数学教育概论[M]．上海：华东师范大学出版社，2000：188～189.

减法是已知两个数的和与其中一个加数，求另一个加数的运算，它是加法的逆运算。前面讲到在整数范围内进行的加法运算，其结果“和”总是存在而且是唯一的，但是在整数范围内进行减法运算时，当被减数小于减数时，差是不存在的。因为在 $a<b$ 的情况下，不可能找到一个数 c，使 $b+c=a$，如，$3<5$，不可能找到一个数 c，使 $5+c=3$。因而只有当被减数大于或等于减数时，减法运算才能实施，差才能存在而且也是唯一的。

名言点睛

数学，如果正确地看，不但拥有真理，而且也具有至高的美。

——罗素

二、学前儿童加减运算能力的发展

(一)学前儿童加减运算能力发展的一般规律

1. 从实物加减运算到用表象、符号运算

实物加减是指以实物或图片等直观教具为工具，让儿童进行加减运算。即让儿童根据运算要求，看着实物或图片等直观教具算出得数，不出示或口说运算中的符号。例如，出示图片，“树上飞来 2 只小鸟，后来又飞来 1 只小鸟，问树上现在有几只小鸟?”儿童回答“有 3 只小鸟”。这就是实物水平上的加减运算。

表象水平的加减运算，是指运用表象进行加减，不借助于直观的物体，在头脑中依靠对形象化物体的再现进行加减运算。口头应用题是运用表象进行加减运算的典型手段。口述应用题是以生活中熟悉的情节表示出数量关系，唤起儿童头脑中积极的表象活动，从而帮助儿童理解题意和数量关系，选择正确的方法进行运算。①

符号水平的加减运算，也称为数概念水平的数运算，是指直接运用抽象的数概念进行加减运算，无须依靠实物的直观作用或表象，直接用抽象的数字符号进行运算。

2. 从口头应用题的运算过渡到式题的运算

应用题的运算要求儿童根据应用题的已知条件、未知条件进行分析、判断，然后排出算式再进行运算。而式题，只要根据式题中的数字及运算符号，直接进行运算。学前儿童学习加减运算是从口头应用题开始的。应用题由情节和数量关系构成。从心理学观点看，应用题的情节为儿童的表象活动提供了素材，它和纯粹用数字与符号组成的加减式题最明显的区别是寓问题于情境之中。儿童借助于应用题的情节，引起头脑中对过去熟悉的生活情境的回忆，从而帮助儿童理解题意和数量关系，这正符合学前儿童思维具体形象的特点。而式题运算是一种较抽象的、属概念水平的运算。另外口头应用题的这种情境性和趣味性，能引起儿童学习的兴趣，这些都为学前儿童学习式题的运算打下了基础。

---

① 林嘉绥，等．学前儿童数学教育[M]．北京：北京师范大学出版社，1994：160～161.

3. 从逐一加减过渡到按数群加减

学前儿童在学习加减运算时，有一个从逐一加减过渡到按数群加减的发展过程。

所谓逐一加减是指用计数的方法进行运算。学前儿童最初进行加法运算时，先把两组物体合并在一起，再从头开始逐一计数，然后说出它们一共是几个；在进行减法运算时，先把要减去的物体取走，再逐一计数剩下的物体数，来求得数。也有的儿童在做加法时，面对第一组物体，以其总数为起点，然后接下去逐一计数第二组的物体，直到数完为止。

所谓按数群加减，是指儿童将所说的数或数字做一个整体把握，从而进行抽象的数群之间的加减运算。儿童学会数的组成与分解，才能逐步达到按群加减的水平。学前儿童学会了数的组成后，数群概念会得到发展，这为摆脱逐一计数的加减运算进行按群加减创造了条件。

儿童从逐一加减到按数群加减的发展过程，正是儿童加减运算中思维抽象性发展的反映。

4. 从加法运算过渡到减法运算

学前儿童学习加减运算时，先学会理解的是加法运算，学习减法要难于加法。学前儿童最初运用逐一计数的方法进行加减运算，即运用顺着数和倒着数的方法来计算。在加法运算时用顺着数的方法来解决，而减法运算时，用倒着数的方法才能解决。而顺着数容易，倒着数难；同样，学前儿童学习加法容易，学习减法难。

由于减法是加法的逆运算，学前儿童用数的组成知识学习减法时，需具备对三个数群关系进行的逆向思维的能力，即将两个部分数合起来等于总数(等量关系)，转换成总数减去一个部分数，等于另一个部分数(逆反关系)。儿童掌握数群之间的逆反关系要难于掌握等量关系，所以学习减法难于加法。

 名言点睛

数学能促进人们对美的特性——数值、比例、秩序等的认识。

——亚里士多德

(二)学前儿童加减运算能力发展的年龄阶段

1. 富森(Fuson)对儿童加法发展阶段的研究

富森(Fuson，1982)将儿童学习简单加法事实分为四个阶段。①

(1)全数(counting-all)阶段，即儿童利用娴熟的技能解加法问题。儿童解 $m+n=$ ______问题，所用的策略是从 0 开始往上数 m 次，然后再往上数 n 次。6～8 岁儿童有 20%使用这种全数策略。

(2)续数(counting-on)阶段，即儿童利用数数技能，比全数更高明的策略。对于 $m+$

① 郑丽玉．认知与教学[M]．台北：五南图书出版公司，2000：75～76.

$n=$ ______问题，儿童从 m 开始，然后往上数 n 次。续数一个较有效的策略是从大数开始数，儿童从两个加数中较大的数开始，然后往上数较小的次数。

(3)已知事实(known facts)阶段，指儿童记得很简单的问题答案，他们只是从记忆中提取答案而不需要数，如 2＋2＝______的问题，儿童直接反应是“4”。

(4)衍生事实(derived facts)阶段，指儿童利用他们所知的一些加法事实来发现相关问题的答案。卡朋特(Carpenter，1980)观察儿童解 6＋8＝______的问题：6＋6＝12，再加 2 等于 14。另外还有儿童的推理是，“从 8 取出 1，然后给 6，7＋7＝14。”这个衍生事实的例子，显示儿童能够使用一些已知事实策略，配合加法、减法知识，来解决很多问题。

2. 林嘉绥对学前儿童 10 以内加减运算特点的研究

学前儿童加减运算的年龄特点表现如下。

(1)4 岁以前

一般来说，4 岁以前的儿童基本不会加减运算。他们不懂加减的含义，更不会使用“＋”“－”“＝”等运算符号，也不会自己动手将实物分开或合拢进行加减运算，但他们却能解答一些与生活实际有密切联系的应用题。例如，问儿童：2 加 1 等于几？儿童一般都不能回答出来，并且不感兴趣，但是若问儿童：妈妈昨天给你买了两件玩具，今天又买了一件，你现在一共有几件玩具？儿童会马上回答是三件。

(2)4～5 岁

4 岁以后，儿童能借助于动作将实物合并或取走后进行加减运算。但这种运算不能脱离具体的实物，而且运算的方法是逐一计数，即通过重新点数总数或剩余数得出结果。他们对于抽象的加减运算如“2 加 1 等于几”不能理解，也不感兴趣。但值得注意的是，4 岁以后的儿童已经表现出初步的运用表象进行加减运算的能力了。在不要求儿童掌握应用题结构的情况下，不使用加、减和等于这些符号和术语的条件下，他们能解答所认识的数目范围内的简单加减应用题。

(3)5～6 岁

儿童能利用表象进行加减运算，在运算方法上出现了逐一加减。他们能将学到的顺着数和倒着数的方法运用到加减的运算中去。多数儿童可以不用摆弄实物，而是用眼睛注视物体，心中默默地进行加减运算。这种加减方法是以第一组物体的总数为起点，开始逐一计数，直到数完第二组物体为止。这种方法反映在儿童掌握加法时，大数加小数容易于小数加大数；在学习减法时，减数小比减数大更易掌握，原因正是由于儿童采用的是顺着数和倒着数的方法。

(4)6～7 岁

随着数群概念的发展，特别是在学习了数的组成以后，儿童不仅能运用数的组成知识进行加减运算，而且运用表象解答口头应用题的能力也进一步提高，并摆脱了逐一加减的水平，达到按数群运算的程度。儿童加减运算方法的进步，实质上反映了儿童在加减运算中思维抽象性的发展。

三、学前儿童加减运算的教育指导

(一)运用实物、半抽象物和符号进行加减运算教学

1. 运用实物

实物加减的教学一般是在教5以内的加减法时进行的，教学中不出现加号、减号、等号，口头也不讲这些符号名称，不列算式，只是借助直观教具，结合口头应用题来分析说明运算过程。具体方法有：借助直观教具编出口头应用题；分析题意帮助儿童理解加减含义并确定运算方法；讲出得数。

2. 运用半抽象物和符号

让学前儿童通过点子卡片等，运用数觉和较直观的形式进行运算。

让学前儿童认识加号、减号、等号和10个阿拉伯数字符号，教师应讲清符号的名称、意义、读法及在算式中的位置等问题，引导儿童正确运用运算符号列出算式，巩固练习算式中每个符号及每个数代表的意思，并要求用数的组成知识算出得数。

(二)运用多种感官形式、口头和动作操作来学习加减运算

1. 视觉练习

例如，出示教具几何图形，让儿童说出一个大三角形，一个小三角形，一共是2个三角形，1+1=2。变换三角形的形式，让儿童排出1+4=，4+1=，5-4=，5-1=的算式，并算出得数。

2. 听觉练习

例如，教师敲小铃，儿童跟着教师一起敲小铃，请大家算出一共敲了几下小铃。再如，教师出题："5只青蛙在岸上，扑通、扑通跳下水，问岸上还有几只青蛙?""5只青蛙在岸上，扑通、扑通、扑通跳下水，问岸上还有几只青蛙?"让儿童运用听觉记住声响次数，进行加减运算。

3. 触摸觉练习

例如，教师在一只大袋里装很多塑料花片。请儿童用两只小手伸进去抓花片，抓到后要讲出一只手抓了几片，另一只手抓了几片，回答一共抓了几片。再取出来，让大家检查是否正确。再如，教师准备很多张硬纸，在每张硬纸上用线缝上两种大小不等的组扣，总数在10以内，放入大口袋里，让儿童随意拿一张，触摸后回答总数是多少，大的有几颗，小的有几颗，讲给大家听后，拿出来给大家看是否正确。

4. 口头比赛练习

例如，比赛"争红旗"，把儿童分两组，每组儿童一个一个地回答山脚下的算式题。回答对了，下一个儿童就算上面一道题；错了，由下一个儿童重新算。看哪组先到达山

顶，争得红旗。

5. 书面练习

例如，要求儿童把式题和相应的数用线连起来。教师把写好式题的纸发给儿童，每人一张，要求儿童在纸上填写每道式题的答案。教师在纸上画各种图案，要求儿童根据图意写上相应的式题。

(三)启发学前儿童在生活中学会实用算术

学前儿童的日常生活中充满了数量的活动，如与弟妹、朋友分食物、物品，和母亲上街买玩具，都与数量分不开，而且从这些活动中，也显示出学会计数和算术是具有实用价值的。在这种实际问题情境中，学前儿童自然学会了“实用算术”。

学前儿童所创的“实用算术”是非常具体的，给予的问题必须配合具体实物摆在儿童面前，方能解出。根据金斯保的研究，在这种情况下，儿童通常会以手指或手边的实物来计数运算。在没有实物可计数时，有些儿童用手指代表看不见的东西，有些儿童则大声计数。雷斯尼克(Resnick，1983)认为，学前儿童之所以会发明简单的计算策略，是因为运用“心理数线”(mental number line)去表达数目，发展了对数目的了解。① 不管儿童采用哪种计算策略，成人都要鼓励他、引导他，使儿童能更快地掌握加减运算的技能。

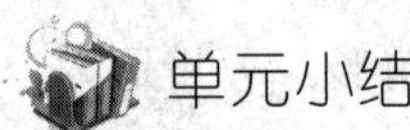

单元小结

本单元系统介绍了学前儿童感知集合、数与量的认知与学习特点，介绍了计数活动的起源、定义和影响因素，介绍了数的组成与加减运算发展特点和规律，并提供了相应的教育指导。这部分内容是学前儿童数学教育的主体内容之一，需要结合学前儿童生活实际才能很好地掌握。

思考与练习

1. 学前儿童学习感知集合的价值有哪些?
2. 学前儿童感知集合的认知特点是什么样的?
3. 数与量的含义?
4. 学前儿童数与量的认知与学习特点?
5. 学前儿童计数活动的发展及其影响因素有哪些?
6. 数的组成的含义及其实质?
7. 学前儿童掌握数的组成的认知过程和年龄特点?

① 周淑惠．幼儿数学新论——教材教法[M]．台北：心理出版社，1996：59～60.

8. 学前儿童加减运算能力发展的一般规律？

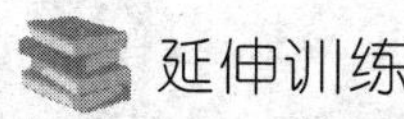延伸训练

3～5人组成一个小组，从学校走到一个附近的幼儿园，留意一路上经过的公交车站牌，或某个超市，或路旁建筑上的广告、门面的门牌号，观察并记录有关数字和数字符号的信息或拍照，回来交流、讨论并整理。看看这些数字或数字符号的意义是什么，如何引导学前儿童关注这方面的数学元素。

补充资源

本单元教学目标与数学活动设计举例如下。

年龄	“数与运算”学习与发展的具体目标
3～4岁	初步感知1～10的生活形象。 通过情境区分“1”和“许多”及其关系。 感知相邻数多1少1的关系，渗透数与数的顺序关系。 通过视、听、触多种感官进行计数。 认识1～10圆点操作卡和数字操作卡，学会手口一致地点数。 体验估算的方法，快速估计物品大概的数目。
4～5岁	学会运用实物、圆点、操作卡等进行按数取物或按物取数。 学习顺数1～10，理解数与数的顺序关系。 掌握基数和序数的含义，并学会相应的汉语数词。 感知10以内的数量守恒。 感知5以内数的组成与分解，学会简单的加减法。 理解个体量词的含义。 学习区分单双数，掌握10以内的单双数。 感知数字0，初步理解0的含义。
5～6岁	尝试书写1～10的中文数词。 比较数量大小，并运用“＞”“＝”“＜”。 学习2个2个、5个5个及10个10个按群计数。 学习进位加法和借位减法、连加连减运算。 理解合并题、变化题、比较题的不同，并根据情境自编应用题。 学习按年龄将家庭成员排队。 感知数的等分、目测与估算。

活动方案3-1　生活中的数字——认识数字0～9(3～4岁)

活动目标

1. 运用数字进行游戏活动，从中体验活动的乐趣。

2. 激发学前儿童对数字的兴趣，发现生活中的数字，知道数字无处不在。

活动准备

0～9数字卡、数字宝宝形象卡片若干套。

活动过程

(一)呈现卡片

1. 出示0～9数字宝宝卡片，引起学前儿童的兴趣。

小朋友们，看一看都有些什么图形呀？都有哪些数字宝宝？儿童说出数字，教师贴在黑板上。

2. 说说不同的数字都像什么，并诵读数字歌，在生活中寻找数字形象。

(1带来1支铅笔，2带来2只鸭子，3带来3只耳朵，4带来4面彩旗，5带来5只钩子，6只哨子，7根拐杖，8只麻花，9只气球)

(二)数字游戏

1. 跟数字宝宝做游戏

给每位儿童发放一个数字，贴在头上做数字宝宝。让儿童扮演不同的数字宝宝，一起做游戏。

2. 给儿童讲解游戏规则

音乐开始，数字宝宝们可以跟着音乐跳舞，音乐停时要求两个数字结合起来，只能两个两个儿童手拉手。熟练之后可以增加难度，两个两个或三个三个儿童拉手。

3. 发现、回忆生活中的数字

鼓励儿童对自己的发现进行表达："你都发现了哪些数字，赶快告诉旁边的其他小朋友。"

活动延伸

鼓励儿童去寻找生活中具有数字形象的实物，加深对数字的认识，通过记住形象来了解数字的书写。

(设计者：单光耘)

活动方案3-2　小兔拔萝卜——认识数字6(3～4岁)

活动目标

1. 认识数字6，并正确点数6以内物体。

2. 进一步理解6以内数字的含义。

活动准备

1. 萝卜、青菜、蘑菇卡片各6张，1～6数字卡片。

2. 不同颜色的彩色圆形贴图。

活动过程

(一)演示

让儿童说说小兔子喜欢吃什么？冬天来啦，要为冬天储备粮食了，所以小白兔要拔萝卜、挖青菜、采蘑菇啦。(让儿童扮演小兔子，随着音乐跳起来)

数一数：篮子里有几个萝卜、几棵青菜、几个蘑菇。(取萝卜、青菜、蘑菇各6个)出示数字卡片6，并进行认读数字6。

(二)游戏

1. 教师在游戏中扮演小白兔，提着篮子跳来跳去。数一数篮子里有几个萝卜、几棵青菜、几个蘑菇。(任意取几个萝卜、青菜、蘑菇)出示数字卡片进行表示。

2. 小白兔继续跳啊跳。现在要把一个大萝卜分成6份，分给6只小白兔。(教师先给儿童示范)一个萝卜上贴上6个图形，先贴5个红色的圆形，再贴1个绿色的圆形，5个圆形添上1个圆形是6个圆形啦，把萝卜分成6份了。

活动延伸

序数本身有时只是名称，像足球队员身上的号码。但有时序数则有等级的意义。例如，冠军是第一名，亚军是第二名。让儿童按身高来排队，并标出名次，这个序数就有特定意义了。教学中要挖掘生活中序数方面的存在，体会其社会文化意义。让学前儿童在现实环境中发现具有6个特征的事物，如昆虫有6只脚。序数与基数是数概念两个互补的重要构成要素。

(设计者：赵志远)

活动方案3-3　小动物来做客——数字形状(4～5岁)

活动目标

1. 了解1～9这些数字的外形特征。

2. 乐意跟着数字儿歌进行手指游戏。

活动准备

不同数量的动物图片、点子卡片(1点和6点)、1～9数字卡片。

活动过程

(一)情境导入

创设情境：许多小动物到班级来做客。

提问：哪些小动物来班级里做客了？它们分别有几个？

请儿童正确数出每种小动物的数量。

(二)小动物找伙伴

1. 教师随机请出某个/些小动物

请儿童表示出该小动物的数量。

(1)教师出示画有2只小鸭的图片，请儿童判断小鸭的数量并举手回答。

(2)教师出示画有3只小兔的图片，请儿童用手指比画出该数量。教师提醒儿童用手比画3时，食指和大拇指要变成一个圈。

(3)教师分别出示画有1只小鸟和6只小羊的图片，请儿童分别找出这两张对应的点子卡片。

提问：这两张卡片中一共有多少只小动物？(7只)请你找到一张可以代表这些小动物数量的数字卡片。

2. 教师排列出已经出现的数字(1，2，3，6，7)

请儿童想想1～9还有哪些数字宝宝没有出现，并请儿童找出这些数字(4，5，8，9)。

(三)数字歌

1. 教师请儿童按照1～9的顺序把刚才没有出现的数字放到相应的位置。

提问：你觉得这些数字宝宝长得像什么？请儿童发挥想象，自由表达。

2. 教师边出示数字卡片边引导儿童学念数字儿歌。

(1—铅笔，2—鸭子，3—耳朵，4—小旗，5—鱼钩，6—哨子，7—镰刀，8—麻花，9—气球)

3. 教师随机说数字或它所对应的形象，请儿童进行相应的即时说明。

活动延伸

每个数字都有不同的外形特征，并对应一个发音。学前儿童日常生活中或多或少已经接触过这些数字，对其意义知道得有多有少。初期接触这些数字，不必要求孩子太多，应更多鼓励他们去说或比画，如果跟现实世界有所联系的话，数字的意义就会逐步体会到。在区角中，可以让儿童自由摆弄学具，对10以内的数字进行排序。

(设计者：戴慧丽)

活动方案3-4　易拉罐——认识数字0(5～6岁)

活动目标

1. 感知有、没有，并分类体会“没有”和“多少”的区别。

2. 知道数字0的含义。

活动准备

大小相同的易拉罐若干，内装一些豆子。

活动过程

(一)猜豆子

1. 请儿童找出装有不同数目豆子的易拉罐，分别摇一摇，说说有什么不同？拿出易拉罐里的豆子，数一数，说说分别用数字几来表示。

2. 分别拿出一个装有豆子和一个没装豆子的易拉罐，摇一摇，分辨一下声音有什么不同，都可以用什么数字表示？能找出相应的数字卡片表示没有装豆子的易拉罐吗？

(二)呈现数字0

1. 给儿童出示数字卡片0，引导儿童想象0像什么？

小朋友，你想象一下，数字0圆滚滚的像什么？像不像鸡蛋？你在哪见过数字0？对啦，电话上，温度计上……

2. 引导儿童理解数字0的含义。

数字0都有什么意思呢？箱子里什么东西都没有，可以用数字0表示。盘子里的糕点被小朋友吃光了，也可以用数字0表示。温度计上的0表示温度的度数，电话上的0表示一个电话号码……

活动延伸

20世纪80年代在幼儿园里让学前儿童接触数字0是不被认可的。但现实中处处都会看到0，儿童或多或少听到或见到过这个数字。0的意义比较抽象，可以让儿童体会，不必用语言表达其确切的意义。从生活中“没有”“空”这些概念出发，再联系到数字符号，慢慢体会数字0的意义。教师可以引导儿童进一步理解数字0，问一问儿童，0就是没有的意思吗？进一步指出，0有时表示完全没有，有时并不表示完全没有。比如，0度并不表示一点温度也没有，让儿童仔细体会其中的含义。

（设计者：孙敏）

活动方案3-5 小小邮递员——加减运算(5～6岁)

活动目标

熟练进行10以内的加减运算。

活动准备

空纸盒做的信箱5只，小筐若干；正面写有1～10数字、反面写有10以内加减运算算式的纸片若干；不同的加减运算卡片若干，小红旗若干。

活动过程

(一)第一次寄信

将5只信箱(上面分别插有10以内不同的数字卡片)放在儿童面前的桌子上。桌子上有1只小筐，内有信(每组信的颜色不同)。让儿童从小筐中拿出1封信(有一道题)，计算得数，并按得数投入相应的信箱(得数是几就放入几号信箱)。

(二)收信

教师和小朋友一起，拿出1个信箱，取出信进行检验。如果信上算式的得数和信箱上的数字相同，就收来放在自己的小口袋里。如果不同就放在桌子上，教师和儿童一同纠错，并讲明理由。如果哪个小朋友都没有出错，可得一面小红旗。

(三)第二次寄信

把插在信箱前的卡片翻过来，变成不同的加减运算算式。这次信上的得数必须与信箱上的得数相同才能投进去。收信方法同第一次。

活动延伸

可以将一些加减运算卡片放在区角，让儿童进行练习和巩固。

（设计者：单姗）

单元四
学前儿童的空间与几何

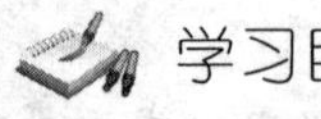

学习目标

- 了解空间与空间能力的发展特点
- 理解生活里的几何与学前儿童发展的价值
- 掌握儿童几何思维的发展特点及教育指导
- 理解学前儿童拓扑几何、欧氏几何与射影几何的发展特点
- 学会开展有关几何的教学活动

情境导入

郭东是一个3岁孩子的父亲，他意识到3岁孩子的空间能力已经开始发展，为了能促进孩子空间能力的发展，在日常生活中他做了6件小事：

1. 在家里设置了一个翻越障碍的训练课程，将椅子、桌子和一些纸箱摆放好，然后让孩子进行钻、绕、爬等肢体活动。

2. 在和孩子的日常交谈中多使用一些方位名词，或是多给孩子一些带方位名词的指示。

3. 带孩子去超级市场时，让孩子留心观察大人的举动，如把苹果放进纸袋里；把狗粮放在购物车的下面；把麦片粥放在面包的旁边等。

4. 在游戏场玩的时候，不时地提醒孩子："看你头顶上有一架飞机开过。"或是告诉他："从滑梯上滑下来，到左边的台阶去。"

5. 给孩子洗澡时，可以给孩子一些简单的指令，如："头往后仰，双手放进水里面。"

6. 在孩子看图画书时，指出书中人物和物体的位置，如："看，树后面躲着一只老鼠。"

问题：孩子父亲的做法对孩子数学学习的哪方面有帮助？

案例点评：空间智能对学前儿童感受和辨别空间、色彩、线条、形状等非常有帮助。儿童发展空间智能，不仅有助于儿童自己认路、观察日常事务，还对儿童入学后听从教师的指挥、进行阅读和数学学习等有很大帮助，儿童还可以借助于空间智能表达思想感情。

第一课　学前儿童空间能力的发展特点

一、空间与空间能力

加德纳博士(1983)在多元智能理论中把空间智慧归纳为人的八种智慧之一。美国心理学家西莱辛格和格德曼，则把人的能力归纳为三大类：空间能力、计算能力和语言表达能力。可见空间能力是人十分重要的基本能力之一。需要特别指出的是，空间能力是儿童数学能力的重要构成因素，因为数学包括了数量与空间的逻辑关系。对空间图形的知觉理解水平直接制约着数学能力的发展。儿童空间能力发展的意义重大，不少学者进行了这方面的研究，希望找到帮助儿童空间能力发展的好办法。

通常所指的空间是指现实意义上的空间，是物质存在的基本形式之一，即物体延伸的长、宽、高的三维空间。数学中，抽象的“空间”概念早已脱离普通意义的空间形式，它可以是四维、五维……N维空间等。什么是空间能力，不同学者有不同的看法。空间能力，也称空间意识(spatial sense)，空间意识是指对于二维、三维空间图形及其特征的相互关系，以及对图形变化结果的表征与直觉，是个人对周边环境及环境中的物体的一种直觉(NCTM，1990)。

名言点睛

没有任何问题可以像无穷那样深深地触动人的情感，很少有别的观念能像无穷那样激励理智产生富有成果的思想，然而也没有任何其他的概念能像无穷那样需要加以阐明。

——希尔伯特

麦吉(Megee)等(1979)认为，空间能力包括两种类型：一是空间想象力，它包括“在心理上操作、旋转、翻转或是逆转形象刺激的能力”；二是空间定向能力，包括“对视觉刺激模式上元素的识别以及当方向改变时，如呈现一个空间图形，仍保持对元素排列的认知能力”。杨蒙萍和石德澄(1990)认为，空间能力是一种认知图形，并运用图形与在头脑中的表象进行图形操作的能力。概括不同学者的观点，我们认为空间能力实质上指的是空间认知(感知)能力，它不仅包括空间想象力，还包括空间观察能力、空间记忆能力和空间思维能力等。加拿大教育家将空间能力划分为七种基本的空间能力。①

① 朱文芳．关于义务教育阶段对空间能力培养的思考[J]．课程·教材·教法，2001(3)：25～28.

二、学前儿童七项空间能力发展的特点与趋势

(一)儿童空间能力发展的特点[①]

3～4 岁：七项基本空间能力处于发展的起始阶段。眼与动作协调能力很差；难于辨别前景和背景；在辨认物体方面，受整体形象影响，还不能从物体的特质来辨认物体；心理旋转能力极差，并且心理旋转的时间很长；不能将平面立体几何图形转化为空间立体图形，转译能力处于萌芽阶段；不能从多个纬度观察物体，特别是数量纬度；视觉记忆还存在偏差。

4～5 岁：眼与动作协调能力出现质的飞跃，两者能很好地协调；在图形—背景方面和 3～4 岁相比较，没有变化；开始能从特质上来辨别物体，受物体整体形象的影响在逐步减少；能辨别旋转角度很大的图形，心理旋转能力在增长；图形转译能力处于发展阶段，且空间位置感知能力比 3～4 岁有显著发展；开始从数量纬度观察考虑物体的异同，视觉分辨能力也比 3～4 岁有显著发展；记忆能力无多大进展，仍停留在 3～4 岁儿童的发展水平。

5～6 岁：视觉和手精细动作的协调更加一致，眼与动作协调是空间能力中唯一一项比 4～5 岁有显著进步的；儿童能初步辨认前景和背景，但仍处于低水平阶段；知觉守恒能力和 4～5 岁一样，无大的进展；对空间位置、空间关系和视觉分辨比 4～5 岁好一点，但仍处于 4～5 岁水平，没有出现质的飞跃；视觉记忆的准确率更高。

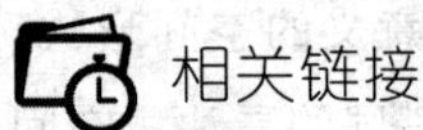

空间方位

空间方位的认知发展是按一定顺序进行的。教学应根据学前儿童空间方位发展特点来进行。儿童小的时候能区分上下，再大点能区分前后、里外；再大点开始区分左右。最后，能运用东南西北中、上下左右来描述地图，在地图上找到自己的家。

(二)儿童空间能力发展的趋势

儿童空间能力发展总趋势是随年龄增长而发展的。下面将这一发展过程分为两个方面进行分析。

1. 眼与动作协调能力、空间关系感知能力、视觉分辨能力、视觉记忆能力这几项能力与年龄正相关，即年龄越大，这些能力发展的程度越高

(1)眼与动作协调能力(Eye-motion coordination)：是指视觉与身体动作同步进行的能力，也是最基本的能力。[②] 协调的一般意义是指，两个或两个以上动作或事件同时发生、相互间所形成的一种彼此适应、相互协同、相互协作、相互对称、配合得当的一种人体运动状态或动作时空关系。我们认为，3～4 岁儿童年龄小，用笔画画的实践锻炼少，再

① 何小涛. 3～6 岁学前儿童空间能力发展的研究[D]. 上海：华东师范大学，2003.

② J. Eliot，I. M. Smith，施建农. 空间能力的研究历史背景[J]. 心理学动态，1989(1).

加上手部还处于大动作发展阶段，大脑神经无法指挥手和眼睛协调一致，而出现了画的线条和边框交叉。到了4～6岁，儿童涂画的实践增多，同时，手部肌肉和手在视觉的支配下，握笔这个精细动作要发挥得更美妙，需要个体的成熟达到一定程度。4～6岁，眼与动作协调能力处于快速发展阶段，因为此时儿童的手部肌肉和手腕骨均得到较快发展，神经系统对手的控制能力也不断加强，儿童能随心所愿做到手眼一致。所以，绘画锻炼和年龄增长是儿童手眼协调发展的两个重要因素。

(2)空间关系感知能力(Perception of spatial relationships)：是指有能力看出两三个物体与自己的关系或这些物体间彼此的关系。儿童模仿几何图形搭建积木，他必须观察积木的方位与自己的关系以及积木与积木彼此的方位关系。李文馥等(1982)对4～9岁儿童空间图形认知发展进行的研究发现，[①] 儿童空间图形认知发展，在各个年龄之间变化发展速度并不平衡，有三个快速发展期：4～5岁是对空间图形低位水平识别能力的一个快速发展阶段；6～7岁是简单形体转换能力发展的一个阶段；8～9岁是能够摆脱直观因素的束缚，通过表象推理对空间图形与相应立体结构进行转译能力发展的重要年龄阶段。9岁儿童基本上能够正确认知立体空间图形。

(3)视觉分辨能力(Visual discrimination)：是指能指认物体间相似或相异的能力。让儿童从四个图形中找出两个相同的图形，以此来考察儿童精确察觉空间的模式并做比较的能力。范希乐(1990)认为，学前儿童基本上是属于几何思维的零层次，此阶段主要特征是视像化，即以视觉的形态——图形的整体外观来辨别图形，图形的特质不被意识了解，其思考深受知觉所支配，因此常受图形无关的属性所影响。

(4)视觉记忆能力(Visual memory)：指能正确回忆现已不在视线内的物体，并且将其特质联结到其他看得见或看不见的物体上，即对“视觉形式的知觉和保持”。记忆能力是一切能力的基础，此能力的高低决定空间能力的高低。儿童的记忆能力不断发展，到5～6岁时，记忆越来越准确，记忆偏差越来越低。

2. 背景—图形感知能力、知觉恒常能力和空间位置感知能力，这三个能力与年龄相关系数为零，随年龄增长三项能力并没有出现明显的快速发展

(1)背景—图形感知能力：可称为(从背景中分辨前景)，即在充满交叉与图形(隐藏式)的复杂背景里辨认某一特殊的组成部分。我们推测，此能力是发展最迟缓的能力之一。

(2)知觉守恒能力：指能辨认以各种方式呈现的图形(大小、光影度、质地、在空间中的位置)以及能分辨与其类似的几何图形。关于空间的大小和形状等属性，赫尔姆斯(Helms)等(1986)研究表明，3～6岁儿童对三角形、方形和圆形的辨认往往含糊不清。儿童的几何思维深受视觉整体形象的影响，还不能意识图形的特质和各部分之间的关系，只是在视觉上记住了某些特殊的三角形，而在概念上不能理解，图形样式守恒处于发展中。[②]

---

① 李文馥，刘范．5～11岁儿童两种空间关系认知发展的实验研究[J]．心理学报，1982(2)．

② 何平，王妙怡，林泳海．儿童绘画中空间认知能力的研究评述[J]．西南民族大学学报(人文社科版)，2004(10)．

(3)空间位置感知能力：指有能力去寻求空间中的一个物体与自己的关系(在前、在后、在上、在下、在旁)等。库柏(Cooper)和谢波娜(Shepard)于1973年用不同倾斜角度的正的R和反的R作为实验材料，对心理旋转作了进一步的研究，结果表明，心理旋转角度越大，所需反应时间越长。同样地，辨别旋转角度越大的图形，不但需要较长的反应时间，更需要较高水平的空间能力。

三、学前儿童空间能力的培养

(一)空间能力训练的内容

任务一

让儿童在弯曲的迷宫图纸里顺着路径画路线。评分标准：完全正确，不超出轮廓范围，记5分；未超出范围，但是与边框有接触，记4分；与边框有一条交叉，记3分；与边框有多条交叉，记2分；不按路线，直接画出，记1分。

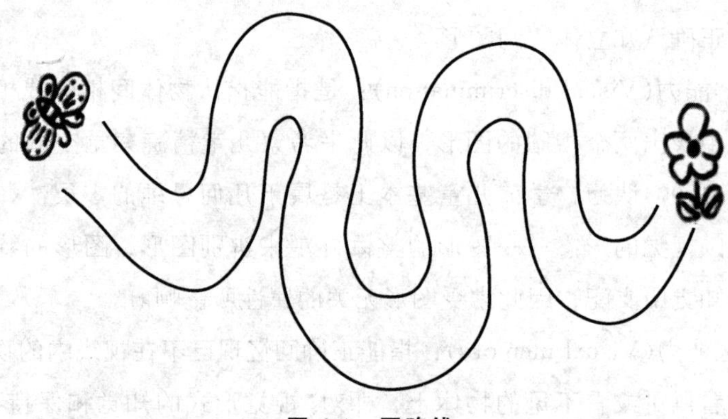

图 4-1 画路线

任务二

让儿童在一组重叠的图形中指认一个特定的图形。评分标准：全部找出，记5分；找出6～8个三角形，记4分；找出4～5个三角形，记3分；找出2～3个三角形，记2分；只找出1个或是找出0个，记1分。

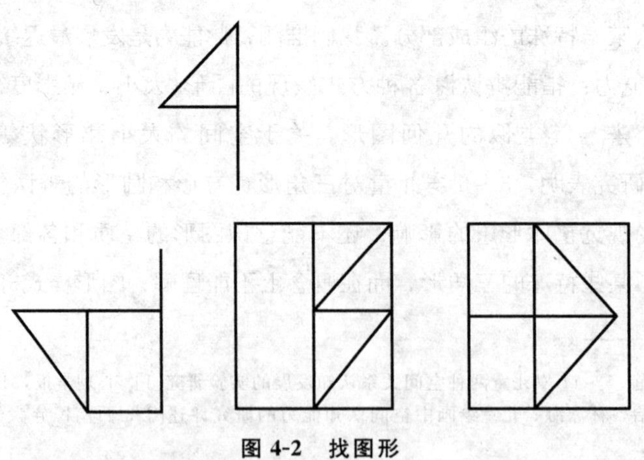

图 4-2 找图形

任务三

让儿童在一堆几何图形中找出所有的三角形。评分标准：全部找出，记5分；有1个(最大的)没有找出，记4分；有2～3个没有找出，记3分；有一半以上没有找出，记2分；夹杂别的图形，记1分。

任务四

让儿童从六个字母中找出与b相同的字母。评分标准：选b，记5分；选b或其他一个，记4分；选d记3分；选p或q记2分；选平躺的p或q记1分。

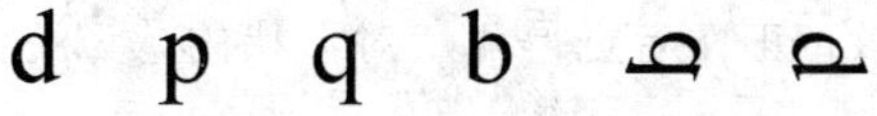

d　p　q　b

图4-3　找字母

任务五

让儿童模仿几何图形搭建积木。评分标准：完全正确，记5分；搭成形状相似，但是方向相反，记4分；搭成立体形状，能将木块重叠放到木块上面或搭成平面，形状相似，记3分；搭到木块上或仅搭出几块，但是图形形状有一些差别，记2分；仅将木块排成一排，记1分。

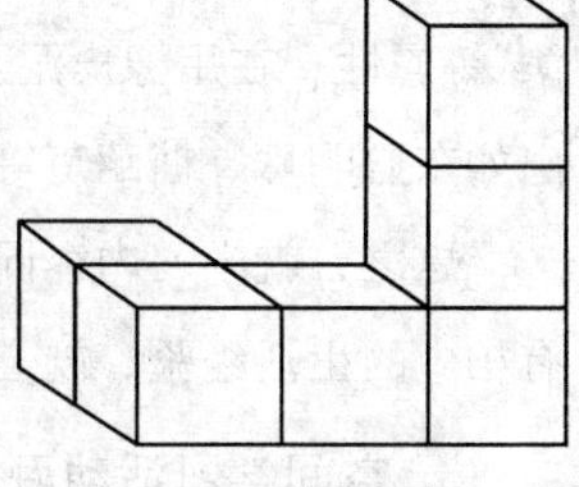

图4-4　搭建积木

任务六

让儿童从两个正五边形、一个正六边形和一个正八边形，四个图形中找出两个相同的图形。评分标准：完全正确，记5分；找对正确图形外，又找出别的图形，记4分；找出一个图形和其他两个图形相同，记3分；左右、上下随意搭配，记2分；没有一样的，记1分。

任务七

让儿童记忆物体曾经安放过的位置。评分标准：全对，记5分；放对一个方格，记4分；放错，但与正确位置相邻，记3分；全错，但放在方格内，记2分；拒绝，记1分。

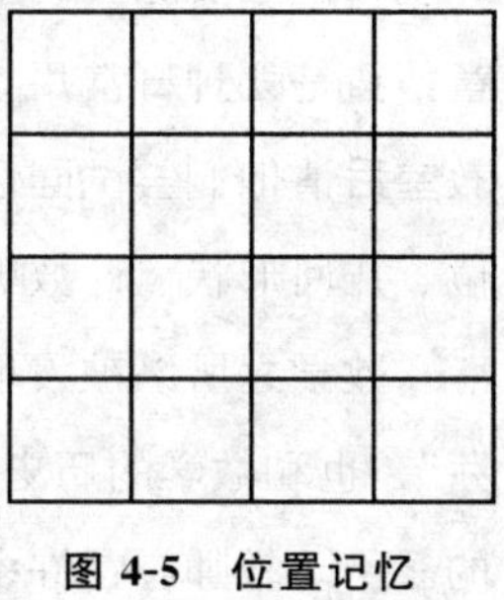

图4-5　位置记忆

(二)学前儿童空间能力发展的教育指导

空间感知能力的获得是一个多感官积极参与的过程，这尤其适合学前儿童。相对于数概念，空间观念显得更加具体、更容易激发儿童的兴趣和学习意愿。而其中的乐趣和美感更不必赘述。学前儿童的空间能力往往优于他们的数概念。

1. 空间教育要从学前儿童现有经验出发

数学是源自生活、归于生活的。对学前儿童来说，犹是如此。空间能力，是数学学习中一个十分重要的方面。各种平面的、立体的集合图形充斥在儿童的日常生活中，无论是人工设计的图案还是自然界包含的形状，都能引起他们的兴趣。几何知识能帮助他们理解、解释和欣赏自己的世界。同时，他们可以以此用制图示意的方法与人更好地交流，为将来解决实际问题打下基础。而当其进一步研究空间排列模式和位置关系时他们会学会其中有关规律和关系的知识，帮助他们发展解决问题和推理的能力。另外，空间感知能力对书写、方向感、想象力的培养来说也是一种必要的能力。

2. 了解学前儿童空间认知的发展水平

根据空间能力的七个方面设计一套测试题，通过教师的经验积累及平时的观察记录，结合实际情况不断尝试，争取对学前儿童的兴趣与可能达到的水平有一个准确的估计，从而使教学活动落在儿童的最近发展区内。例如，以往3～4岁儿童认识图形总是从平面图形开始，但是现在有关教育工作者觉得儿童对形状的认识可能是由具体的立体图形开始的，便尝试开展立体图形方面的活动。结果发现这个传统教学中5～6岁儿童的学习内容，在小班儿童的理解下也能达到一定的水平且有其自己的特点。例如，在玩球的过程中，他们未必完全理解“球体”这个概念，但完全可以指出球体物品，说出球体“光滑、会滚”等属性，在用橡皮泥及各种辅助材料制作球状物时，更是充分发挥了创造力甚至能做出如东方明珠、糖葫芦等球体组合。

总之，就学习内容而言，在各个年龄阶段上并不应该有严格的限制。只要学前儿童有相应的生活经验，就会对这些数学领域的问题有自己的理解。

3. 空间学习活动融入生活环境

主要是在活动开展切入点的选择上尽量参考学前儿童的实际生活经验，并利用周围环境和社区资源。例如，在开展“有趣的影子”的活动时，教师提供了屏幕和光源，让儿童猜猜是哪种日常用具的影子。又如带儿童去附近他们熟悉的小区散步并进行观察，回教室后请他们尝试回忆路线并画下来。这样新鲜又有趣的活动同时隐含了空间记忆、方位、几何形状、计数等许多较难的知识点，但儿童并没有费力的感觉。

数学之所以被发明、运用，是为了解决生活中的问题。而学前儿童各种数学的“萌芽”，也和数学的历史演化一样，是为了解决生活中的切身问题，从实际情境中自然发展的。所以教师应在许多传统教学内容的基础上进行探索，力争在生活中使同样的知识得以呈现，让学前儿童慢慢熟悉和领悟。其实，在生活中本来就需要不断地运用几何与空间概念(空间关系：位置、方向、距离。空间运用：空间安排、建构)做决定或解决问题。例如，上下楼梯、移动物体以探取某物或接近某人，分类整理玩具，在较拥挤的环境中进行躲闪以避免碰撞等。教师要做的是给予学前儿童言语上的支持，提醒他们注意体会这些经验，并适当地提供相关情境。

4. 通过游戏活动来强化学前儿童的空间感知

(1)自由游戏

自由游戏主要是依靠材料投放来引导儿童。不仅要提供大量彩纸、积木、橡皮泥等建构性玩具，还有钉板、自制的迷宫玩具等针对专项训练的教具。另外，应充分利用原有环境资源。经常带儿童到户外有各种形状的大型玩具的地方，如“海洋球”活动角、建构室、蒙台梭利教室进行活动。在这些自发的身体活动中，学前儿童得到的相关经验是真切而无可取代的。

(2)小组游戏

小组游戏指的是，教师带领儿童以小组形式玩各种小游戏。例如，根据音乐节奏快慢做动作或以不同路线走到目的地；让两组儿童面对面像照镜子一样做同样的动作；让儿童蒙上眼睛根据其他儿童的言语提示贴一个娃娃的五官等。这些有关空间表征的小组游戏是有趣的。

(3)集体游戏

学前儿童的课程设计必须涵盖几何与空间的探索并构筑于相关生活经验之上，使之成为有意义的学习。教师带领的活动同样是以游戏形式开展，但相对自由游戏更加注重创设真实情境，提高儿童问题解决能力。这种方法特别强调一种解决问题的气氛，让儿童实践推论、操作、预测、讨论、验证等环节。例如，在开展球体的相关活动过程中，教师提出"如何让西瓜站住"的问题。儿童设想了很多情况，如用袋子装起来、用绳子绑起来、切开来、做一个架子等。教师没有提供任何标准答案，只是请儿童在教师的帮助下用橡皮泥做的小球及相关材料进行试验，最后得到了非常理想的效果。

5. 在其他领域中渗透

在音乐活动中，强调节奏和韵律感，这对数学中找规律、推理等有莫大益处；而在做运动的过程中，教师可以把方位词和手的动作自然整合进去。在美术方面，可以设计专门区分数字写法的图色纸(如把写有 6 和 9 的格子涂上不同颜色，可以看出一个隐藏其中的小动物)。还有以运用对称、全等为主的做蝴蝶、面具等剪贴活动，能锻炼等分、熟悉形状的折纸活动等。教师还可以设计写画游戏，提供一些专项训练的练习纸，如在复杂背景中找到隐藏的小动物并给其涂色(背景分离)、描画小蜜蜂采蜜的路线(手眼协调)等，使学前儿童的各个空间能力在游戏化的操作中得到加强和发展。

在这些活动中学前儿童并没有意识到自己是在学数学，甚至是不自觉地在学习，但会得到完整的空间经验。

第二课　学前儿童几何认知的发展特点与教育

一、生活里的几何及对学前儿童发展的价值

(一)生活里的几何

环境中的几何图形和蕴含的几何概念无处不在。引导学前儿童多观察，能增强其对

身边几何的意识和经验，体会到图形的比例美、简洁美。例如，黄金分割，用黄金比例设计的巴特农神庙，外观简洁壮观，整个结构给人协调、雅致的感觉。

数学发展遵循着简单的原则，追求简洁美。这对学前儿童数学教育同样产生影响，如数学教具、学具，从实物到形象图片，再到点卡、数卡，是一个逐步抽象的过程，可看出其中所追求的简洁。学前儿童在认识过程中的抽象思维逐步脱离事物外部特征的干扰，根据概念水平理解事物的内在关系，这也是去繁就简的过程。

学前儿童在活动中，对几何概念进行探索的机会很多。教师也要多发现儿童从事几何活动的机会，并引导儿童去操作。

(二)学习几何对学前儿童发展的价值

几何对于学前儿童学习数学来说，不应该作为“补充内容”，相反应作为数学课程中极其重要、不可或缺的内容。几何学习需要多感官积极参与，这很适合学前儿童的年龄特点。有的儿童在数字运用方面表现突出，有的儿童则在几何形状和空间知觉方面引人注目，个别差异是存在的。儿童学习空间几何，是可以从中找到乐趣和美感的。当然，缺少了数量，只有空间的数学也是不完整的。

有意义的几何学习可以减少学前儿童对相关概念的误解。比如，儿童可能会认为，“只有底边是水平的等边三角形才是三角形”，或者“任何一个四边形都是正方形”(Clements & Battista, 1992)。儿童需要接触大量的图形了解其位置变化，并有充分的时间来操作和讨论，这样才有助于儿童几何思维的发展。

学习几何有助于交流和拓展知识。学前儿童利用几何知识能够解释各种图画及作图方法(Hoffer, 1992)。几何经验为儿童日后正式的数学学习、为解决将来工作中遇到的几何问题奠定了坚实的基础(Van de Walle, 1994)。

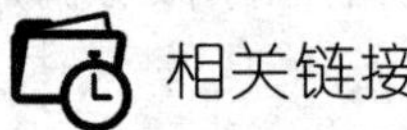

几何词汇

教师在促进儿童的几何学习时，也可让他们接触大量词汇。向儿童介绍或列举一些专业词语，如圆柱体、球体和五边形，也要认可儿童常用的词语，“盒子”“罐头”“球”和“停止标志”等，像曲线、直线、角等一类词，数学里和现实中是通用的。

二、儿童几何认知的发展特点

荷兰教育家黑勒(Van Hiele)认为，儿童虽然会机械地记忆和分析一些几何材料，但只有通过教学才能真正地理解。儿童对几何的认识经过以下阶段：

阶段 1：视觉

3 岁儿童都处于这个阶段。成人不应该强迫儿童画出可以辨认的图案，或叫出每个他们所画图形的名字(Bredekamp, 1993)。在这个基础阶段中，儿童通过大致、整体的印象来辨认和命名图形。儿童将图形视为一个整体，可能仅仅因为“看起来像……”来辨认三角形，认为一个三角形一旦倒过来放置就不再是三角形。儿童能够学习命名各种几何图形，也能照几何图形的样子画出图形，还能够凭着对图形的整体经验将图形进行归类。

4～5 岁儿童能整理出一系列的矩形，认为它们“长得很像”或“都长得像门”，不可能将门描述为有四个直角、长短各有两条边。儿童可能将不同大小的球体比作橘子或柚子。教学中，应该让儿童学习组合和拆分各种图形，运用各种材料，如瓷砖、积木、多边形的纸，来制作各种图案或模型。儿童能区别由直线和曲线构成的图形，也能区分椭圆与三角形，但不能区分三角形与正方形。根据皮亚杰的研究，这个阶段儿童对几何的认识是拓扑性的。

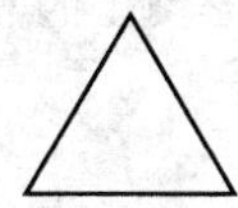
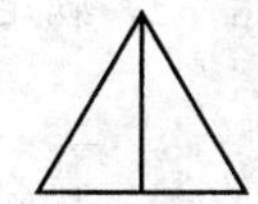
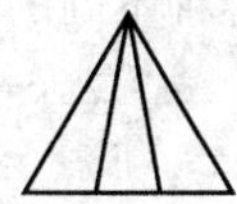

图 4-6　隐藏的三角形

（说明：答案为 1 个、3 个、6 个）

阶段 2：分析

儿童能超越对图形的整体印象关注其特征，并在区分图形特征的基础上，继续学习图形分类，能按照三维立体物的面数(平面)或角的个数来进行分类。能理解箱子有 6 个平面，圆柱体则只有 2 个圆形平面和一个曲面。儿童所说出的图形特征，可能会比定义这个图形所需要的特征多。例如，描述矩形“有 4 个直角、4 条边，其中 2 条长边、2 条短边”，而不是用最精练的方式“有 4 个直角的平行四边形”来描述。教师应接受儿童这种扩展了的定义，同时展示模型，让儿童尽可能多地列出每个模型的特征，帮助儿童注意到图形的多种特征。

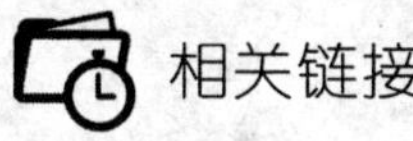

“给我看(show me)”游戏

提供一些按规格裁剪好的纸制图形，每个儿童的图形都不一样，要求“给我看有一个直角的图形”或“给我看有两条等边的图形”，结果发现，儿童不仅在自己的图形中找，而且四处张望，检查同伴提供的图形。儿童相互协作，很快就完成了这个游戏。处于“分析阶段”的儿童，不仅能描述图形特征，而且能将图形与书面语或口语的描述相对应，在练习中儿童能很快辨认和描述各类图形的特性。

这个阶段儿童还不能很好地掌握图形的类别以及各类别图形之间的关系。比如，尽管儿童认识到正方形和矩形的特征，但并没有真正懂得正方形是特殊的矩形，附加条件是4 条边都相等。同样，儿童无法认识到，有很多三角形既是直角三角形又是等腰三角形，即直角等腰三角形。儿童需要不断操作模型，依据图形的特征进行分类，并比较两个或更多个图形特征的差异。

阶段 3：非正式推理

儿童能理解不同类图形的联系，能得出合理的结论，并加以简单、符合逻辑地论证。

阶段 4：正式推理

儿童有了正式的逻辑，并在公理和定理的基础上，能使用抽象定义进行推理。

阶段 5：严密思维

数学家就处在这一阶段上，他们有了比较的公理系统。

儿童可能在不同内容上处于不同的水平(Clements & Battista，1992)。例如，在平面几何上可能处在阶段 2，但在立体几何上处于阶段 1。儿童探索新的概念时，会倒退至较低的思维水平上。每个儿童在几何思维上处于不同水平。对教师来说，无论儿童处于哪个思维水平，都应提供各种不同的相应活动，满足儿童学习上的需要。

 拓展阅读

表征觉察

有大量证据表明，儿童很小就对参照物(如一个房间的物体)与其表征(如地图)之间的基本的象征关系有了最初的理解，所谓“表征觉察”(representational insight)，大约出现在 2.5 岁到 3 岁(Liben & Downs，1989，1991)。例如，当向他们呈现一个小型的芝加哥的空中黑白照片时，很多儿童自发地将其定义为“一个城市”或“楼房和街道”。但同时，这个年龄的儿童在关于空间类型上犯了很大的错误，如说呈现的是“美国”“非洲”和“整个世界”。一些儿童都将参照物理解为一个地方，如将华盛顿的一个旅游地图理解为“一个笼子”或“一个宇宙飞船”。

三、学前儿童几何与空间活动及教育指导

(一)认识方位

1. 空间方位的特点

第一，相对性。生活的空间是向纵、横、深三个方向扩展的，空间坐标系三对基本方向(竖直方向、纵向和横向)分别表示上下、前后、左右，都是相对的概念。

第二，连续性。空间方位从上到下、从前到后、从左到右等的区域是连续的、不能截然分隔的。

第三，可变性。空间位置关系的基准线发生了变化，那么物体间的位置关系也随之变化。

2. 空间方位的定向

空间方位的定向牵涉到很多问题，如大小和形状的空间区分、空间知觉和对各种空间关系的理解。空间方位的确定需要运动的、触摸的、视觉的、听觉的、嗅觉的等各种分析器来共同参与完成。学前儿童学会行走之后，对空间特征和物体关系的知觉有了新的飞跃。

（二）三维图形活动

学前儿童与几何图形的接触可能开始于生活中最常见的三维图形。学前儿童在教室可以对几何物品进行收集、分类。例如，区分大的、小的和中等大小的物品，卷的和不卷的物品，容易折叠的和不易折叠的物品，平面的和弯面的物品。4 岁儿童能运用图形名称描述图形，并能对一系列三维图形进行分类，如哪些是“球体”，哪些不是“球体”；哪些像“盒子”或“棱柱”，哪些不像。

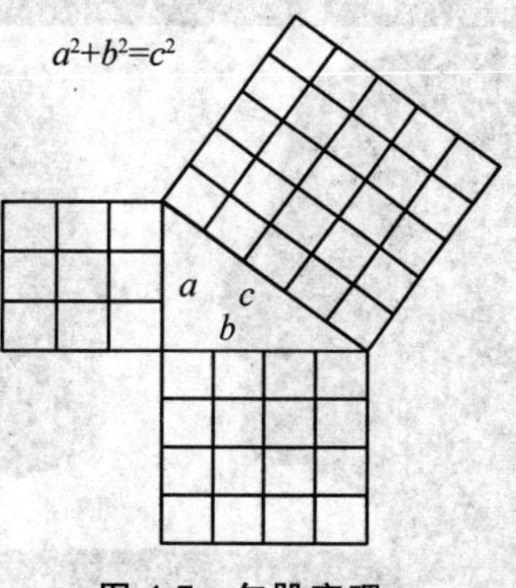

图 4-7　勾股定理

（说明：让学前儿童看看，一个三角形，三个正方形。每个正方形里有几个格子）

观察三维图形并获得立体感是重要的。向 4 岁儿童介绍三维图形时，可准备装有几块积木和几个球的神秘袋。在袋外陈列类似的东西，请儿童依次摸袋内的东西，并找到和指定物品相似的东西。还可以用图形构造和扩展图案。教室中的积木及其他物品都可以被用来建构。最简单的是立方体、圆柱体、金字塔形等积木。

（三）二维图形活动

儿童对二维或平面图形的认识，来自其对三维图形的操作及讨论。儿童能感知和描述立体物品的表面，并能说出这些图形的名称。二维、三维图形可以很好地启发儿童的思维。二维图形具有以下两个特点。

1. 形状不变性

学前儿童常会误以为：图形位置变化了，其自身也就改变了。像“图形跳舞”这样的活动能帮助儿童改变这种想法。纸制图形无论在空间上如何转动，形状是不变的。

作为二维图形的延伸活动，儿童可以把平面图形和图案置于周围环境，如地毯、桌布、墙壁和纸张上，也可以将手伸入神秘袋中，说说摸到的图形是平面的还是立体的。还可以挑出一个图形，对其进行描述，让同伴描画草图，并展示给大家看，以进行验证。

2. 图案的镶嵌

“镶嵌”这个词来源于“镶嵌物”或“瓦片”，指用平面图形在不重叠、不留空隙的情况下覆盖一个表面。镶嵌创意是从镶花或拼花的地砖经验中自然建立起来的。儿童乐于用“镶嵌”来进行图案设计，如用积木来镶嵌做出多种图形。儿童能将纱线等材料粘贴在绒布板上或纸上来制作平面图形，也能用同样数量的纸条或牙签制作出不同的图形。

图 4-8　杯子和人脸

（说明：图形与背景的关系）

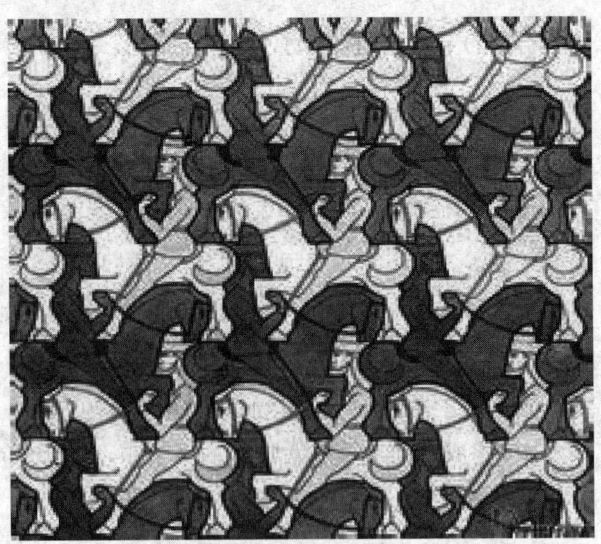

图 4-9　骑士

（说明：对象与背景的关系，可以互换，但对知觉者来说，一次只能看到一个对象）

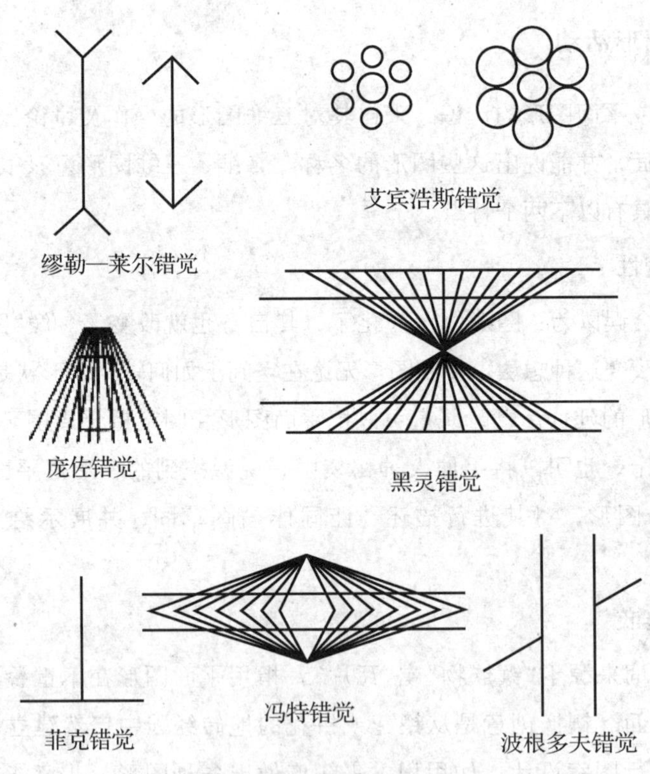

图 4-10　各类错觉

（说明：参照物背景下影响了知觉的结果）

图 4-11　水是往上流还是往下流？

（说明：视觉的中心点在哪里，背景线索是什么，决定了空间知觉的结果）

图 4-12　不可能图

（说明：下边球在哪块板上呢）

图 4-13　知觉中的运动

、（说明：图形在运动，是真的吗）

（四）几何板的问题解决

像传统七巧板那样的拼图，为学前儿童提供了空间问题解决的机会。在七巧板操作前，儿童可以先自己设计，后拼图形或呈现样板让儿童复制图形，并加以命名和描述。比照原图，以同样尺寸的轮廓来拼图更容易操作些。另外，几何板这类材料，也是拼图游戏中常用的。

（五）对称和全等

从现实的自然物和人造物品中，到处都可以发现数学几何的对称美。例如，矗立的高楼大厦、公园里的楼台亭角以及桥梁、道路等，实在是多不胜数。这些复杂的对称物，无非都是几何对称图形的组合。儿童生活中看到的花朵、树叶，班级布置的装饰图案，都包含了数学的对称美与和谐美。儿童照镜子观察自己时，也会发现人体的对称美。

当儿童对飞机的图画产生兴趣时，对称和全等的感觉就自然发生了。左右同样尺寸、同样形状的图形就是全等。将一个图形放在另一个图形上面，两者是否恰好吻合，可以此来判断是否全等。学前儿童对于对称的探索开始于轴对称图形（两半完全相同的图形）。是否是轴对称图形，可用镜子或折叠来检验。

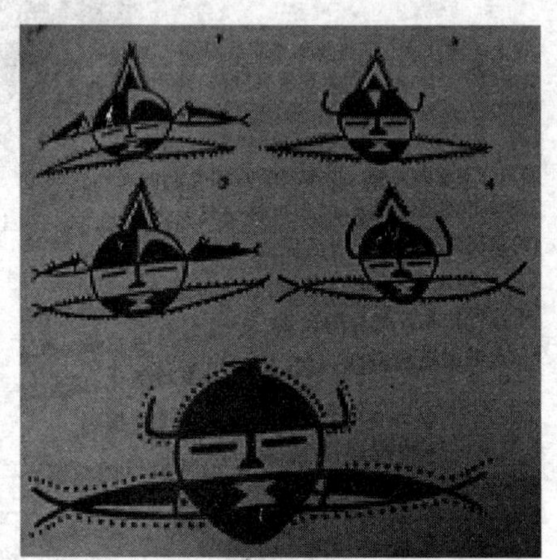

图 4-14　人面鱼纹（半坡彩陶）

（说明：对称）

第三课　专论：学前儿童拓扑、欧氏与射影几何的发展特点与教育

一、拓扑几何

（一）学前儿童最初的空间概念是拓扑性质的

在现实教育中，儿童学习几何主要是从欧氏几何开始的，像三角形、正方形、长方形等。事实上，儿童对空间的认识，最初是混沌的、毫无组织的，即具有拓扑的性质。

1. 拓扑的含义

皮亚杰认为，前运算阶段的儿童，只能从物体本身的角度来考虑拓扑的概念。学前儿童的知觉完全被自我中心支配，不考虑从其他不同的视点来看。不管这个物体的位置如何，儿童总是将物体画成同样的模样。

在拓扑几何中，图形不是刚性的或固定不变的，而是可以伸展或压缩的，以致具有不同的形状，所以拓扑几何的别名是“橡皮几何”。简单的封闭图形，像正方形、圆形、长方形、三角形都是等价的。把三角形的角压进去就成了圆；把正方形拉长就成了长方形。任何起于同一点且没有两次经过其他点的图形都是简单的封闭图形。

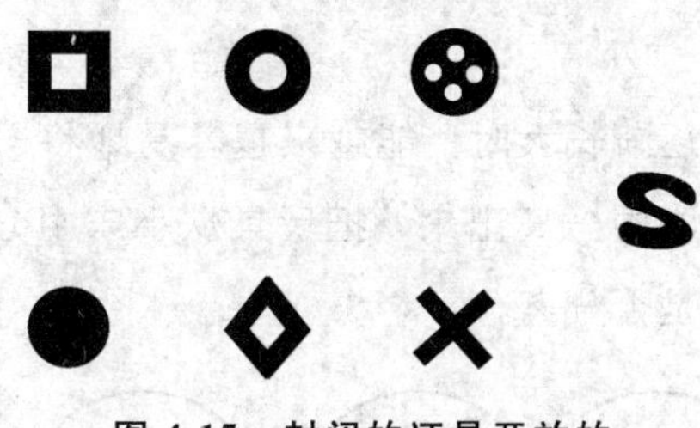

图 4-15 封闭的还是开放的

（说明：x 和 s 是开放图形）

图 4-16 油饼圈变为咖啡杯

（说明：数学的拓扑性质）

儿童最初看三角形，并不像成人那样，只是把它看成一个封闭图形。3 岁半左右的儿童开始能区分封闭图形和开放图形。

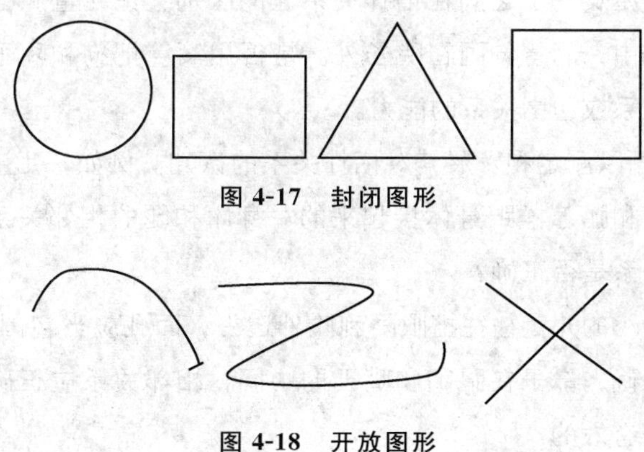

图 4-17 封闭图形

图 4-18 开放图形

2. 拓扑中的各种关系

家庭中存在许多关系，如夫妻关系、母子关系等。拓扑数学中也存在各种关系，主要有以下几种：

一是靠近关系或邻近关系。儿童年龄越小，物体之间邻近关系的重要性就越大，因为儿童是根据物体之间的距离远近来区分各种物体的。在画面孔时，儿童常常把眼睛画得靠近鼻子。

二是分离关系。当儿童逐渐长大时，能越来越容易地将一个物体从别的物体中分离出来。例如，能够把门从墙壁中分离出来，把玩具从小床中分离出来。在画欧氏几何图形时，能知道两个圆的关系是否分离。

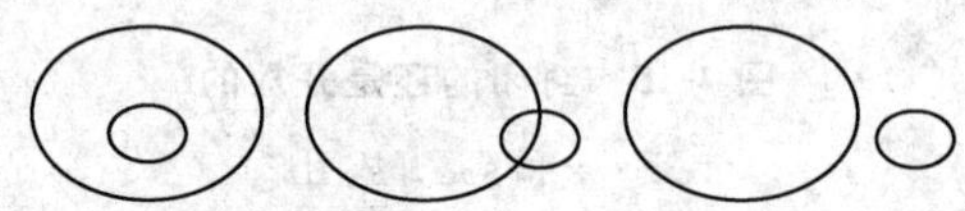

图 4-19　包围关系、相交关系、分离关系

三是次序关系。例如，挂在床上的一串珠子的次序，开灯的次序，就餐的次序。

四是封闭关系或包围关系。例如，小狗在院子里；汽车在马路中间；一个人的笑容包含在面孔上。很小的儿童往往把眼睛画在人头的外部，说明他还没有了解包围关系。

(二)学前儿童拓扑几何的教育辅导

1. 注意各种拓扑关系

(1)儿童最初的几何概念是拓扑性质的，因此教师所组织的认识空间的活动应该建立在拓扑关系——相邻关系、分离关系、次序关系和包围关系之上。例如，给儿童看一张图画，上面画有一个篱笆围的院子，院子里有一幢房屋，院子外有一只狗。儿童是否能注意到狗、篱笆、房屋及院子之间在拓扑关系上的区别？让儿童照样画这张图，观察其是否将房屋画在院子中，而将狗画在院子外。是否用篱笆把狗和院子分开。以确定儿童是否具有辨别分离关系或包围关系的能力。

(2)通过儿童绘画以测定和发展其对拓扑关系的认知。例如，儿童画人的形象，两臂两腿是怎样画的？臂和腿怎样跟身体接起来的？身体和腿的相邻关系是否正确？头、身体、腿、脚的次序关系是否正确？

再如人脸，年龄小的儿童往往把眼画到脸外边去，面孔应当包围眼睛、嘴巴、鼻子。眼睛的次序关系应正确，鼻子在眼睛和嘴巴的中间，相邻关系应正确等。通过绘画来发展儿童的空间能力是有效的。

2. 怎样引导学前儿童认识几何图形

教师在教学前儿童认识几何形状时，往往习惯于下定义：“正方形是四条边相等、四个角都是直角的四边形”，而这种“显示与讲授”的教学方法，即呈现一张正方形挂图，进行讲解，“这就是一个正方形”。这种方法对于年幼儿童来说往往是无效的。事实上年幼儿童在认识三角形、长方形、正方形、菱形和圆形等形状时，不会运用边数、边长和角来区分它们，而是把它们看成封闭图形。为此，教儿童认识几何图形可以先从拓扑开始。

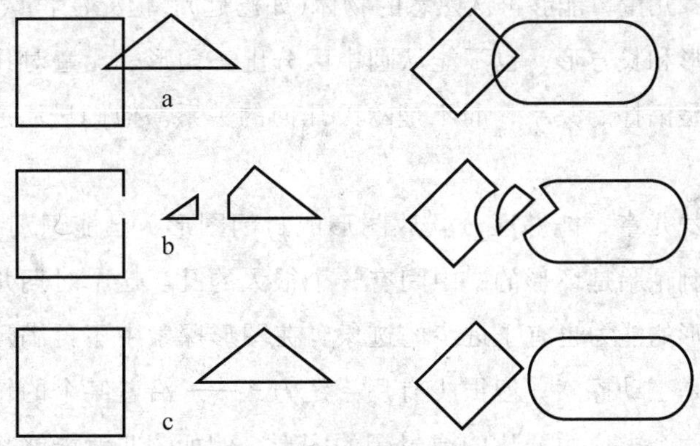

图 4-20　图形分割

（说明：拓扑中的相交与分离关系）

二、欧氏几何

(一)欧氏几何的含义

在学前儿童几何形体的教学中，往往将“长度”“角度”“直线”“线段”“三角形”“正方形”等欧氏几何观念灌输给儿童。仿佛这些是空间的真正元素，但对于儿童的认识来说并非如此。儿童能够观察到一个“正方形”，然而他还不能将正方形转化为“心理表象”。

欧氏图形如圆、菱形、正方形，作为封闭图形对于儿童来说都是等价的或相同的。例如，一位四岁儿童画的圆、正方形和三角形是类似的。

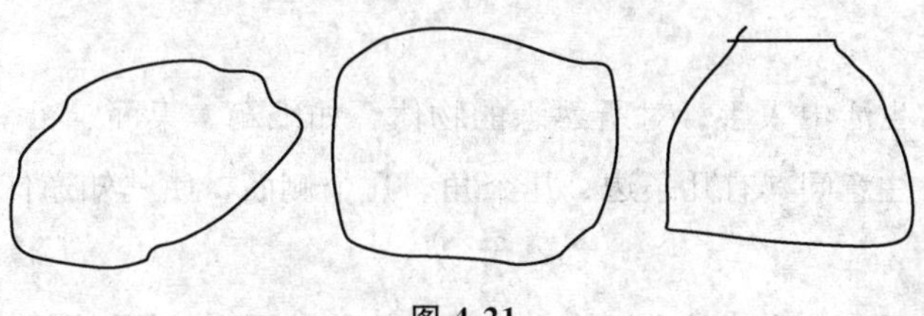

图 4-21

皮亚杰认为，儿童掌握了拓扑关系以后，还要经过一段相当长的时间，才能发展欧氏几何与射影几何的概念。

(二)学前儿童欧氏几何图形的认知特点

如果给学前儿童一个三角形，要求他描述，儿童可能摆弄一阵，感知到它的三条直边和三个角。儿童能通过直接触摸产生对三角形的认识，这就是感性经验。儿童是怎样从感性经验抽象出几何图形或重构该图形的观念的?

实验活动：让儿童走到屏幕板背后，伸出手接触并摆弄放在屏幕前的物体，然后要求儿童从许多物体中或者从给他看的图形中找出这个物体。对于年龄较大的儿童则要求他画出该物体。可以发现，学前儿童有三个发展阶段：

阶段1：3～4岁儿童，能够再认熟悉的物体(如汤匙)，但无法再认几何图形。例如，不能区分一个三角形和长方形，也不能从圆中区分出三角形。儿童对几何图形边界的知觉涉及的数学关系是拓扑的关系，而不是欧氏几何的关系。他们只注意到：图形是开放的还是封闭的。

阶段2：4～5岁儿童，能够区分开放图形或封闭图形，已能识别基本的拓扑形状，如汽车轮胎，注意到轮胎是环形的，中间有一个很大的孔。这个时期儿童开始认识欧氏图形了，画欧氏图形的能力也有了进步的迹象。在图形探索中不再满足于简单地抓握物体或感知物体，而是主动探索，但很少有用系统方式——沿着某个的轮廓去进行探索的企图。还不能区分两个类似的开放的或封闭的图形。例如，儿童能够将圆或椭圆从长方形中区分出来，不能将长方形从正方形或平行四边形中区分出来。

阶段3：5～6岁儿童开始掌握运算，有了可逆性动作，即能够使动作返回到原来的起点。从某一参照点开始，再返回到该点，以协调整个图形，这样儿童能很好地再认图形。例如，正确画出“十”字，顺着六边形的边沿前进，返回到始点，能从本质上区分几何图形。

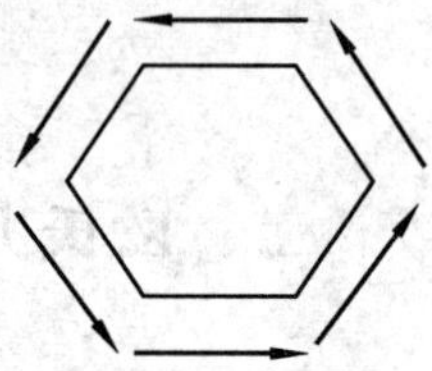

起点　终点

图 4-22　画六边形

(三)学前儿童欧氏几何活动及教育指导

是让学前儿童单纯依靠知觉看看形状，并告诉其名称来学习图形的观念(像三角形)，还是让儿童从物体本身来探索这个图形，摆弄它，用手抚摸轮廓，通过动作来构造它的观念呢？这里有一个很微妙的区别：前者是直接从图形来学习形状观念，后者是通过手指沿着物体的轮廓以空间移动时的动作协调抽象出形状观念。在欧氏几何的教学中，应注意以下几个问题。

第一，从日常生活中入手，对所熟悉的物体，如纸箱、桌面、铅笔、路标等欧氏几何物体进行抽象。注意问其有几条边、几个角、几个侧面，使其知道什么是圆、三角形、四边形等。

第二，让儿童区分关系非常密切或形状类似的各种图形，如区别下图。

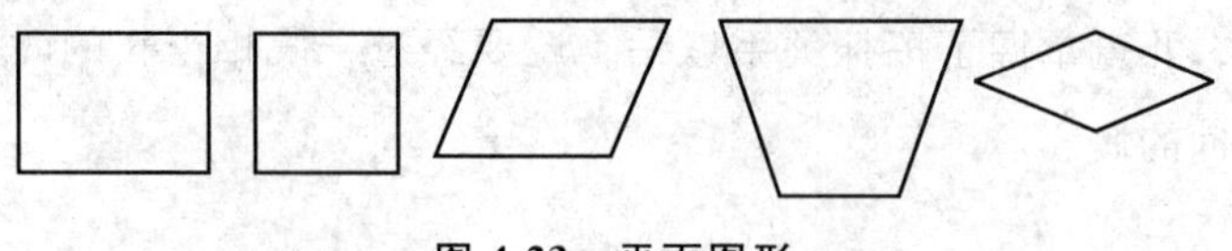

图 4-23　平面图形

再如，区分各种多边形，三角形、正方形、五边形和六边形，区分各种圆和椭圆。

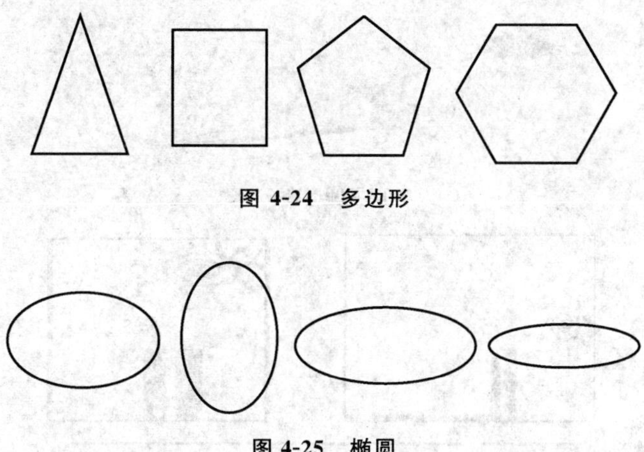

图 4-24 多边形

图 4-25 椭圆

第三，摆弄与探索。让儿童摆弄硬纸板或木头做成的模型，以便探索各种物体的形状。皮亚杰认为，可以用触摸等动作性活动让儿童说出哪种图形，以测定其几何图形的能力。儿童的触摸、搭建积木活动，对发展其空间能力都是有效的。

第四，画图形。让儿童画出物体或图形，以观察其表征图形的能力。注意"看和听讲"并不等于"抽象和理解"。儿童必须通过摆弄和写画，即通过对物体的物理动作来形成其心理结构。

三、射影几何

(一)射影几何的含义

射影几何是几何学的一个重要分支学科，专门研究图形的位置关系，也是专门用来讨论把点投影到直线或者平面上的时候图形不变性质的科学。在射影几何中，一个物体不是根据它本身或孤立地来考虑的，而是从相对于空间中若干其他位置的关系来考虑的。也就是说，一个物体或一条直线这样的概念不是根据它本身或孤立地来考虑的，而是与观察它的特定的视点有关，即从这一视点来看它将是怎么样的。在射影几何中还有一个问题是，假如一个物体投影于另一个物体上面，投影将是什么样子。

在射影几何中，把无穷远点看作是"理想点"。通常直线再加上一个无穷远点就是无穷远直线。如果一个平面内两条直线平行，那么这两条直线会交于这两条直线共有的无穷远点。对学前儿童来说，只是让他们体会生活中所熟悉的射影几何的初步观念而已。例如，可以让儿童感知和体会，太阳下所有直立物体的影子都是倾斜到一个方向的，而且高的物体影子也长些。再如，让儿童观察铁路轨道，看看平行的两条轨道，在很远处是否相交于一个点。可以让学前儿童体会到这种透视现象。

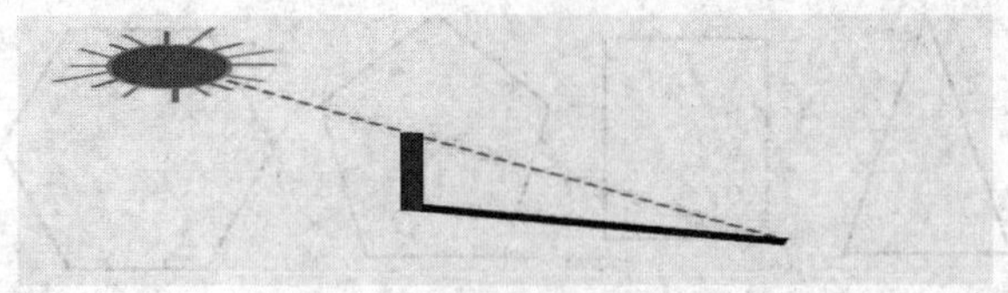

太阳升在哪里时影子最长？

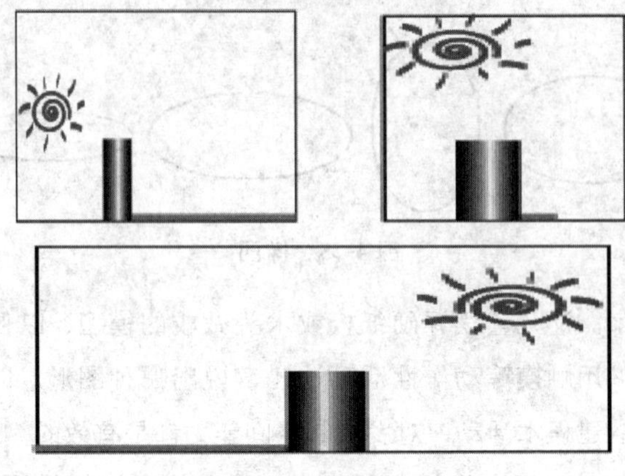

图 4-26　太阳下的影子

（说明：影子长度与太阳升落的关系）

（二）儿童射影几何的认知特点

皮亚杰和英海尔德(1956)在《儿童的空间概念》中指出，在射影几何中，一个物体或一条直线这样的概念不是根据它本身或孤立地来考虑的，而是和观察它的特定的视点有关，即从一视点来看它将是怎样的。例如，一支铅笔，从不同的角度来看，它的样子完全不同。直线的概念来自儿童确定目标方位或瞄准的动作。他们得出了视点的整体协调是构造简单射影关系的基本前提的结论。①

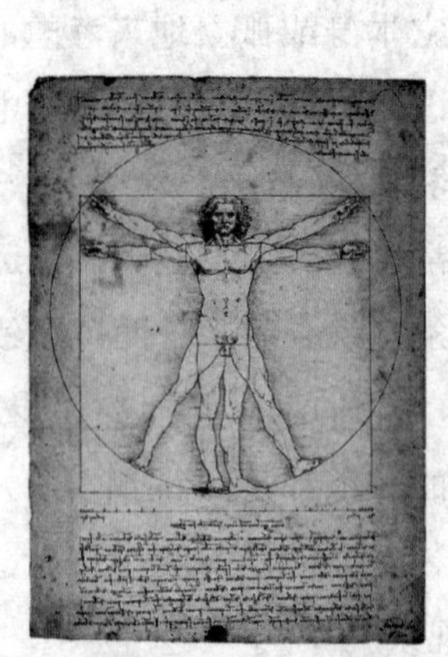

图 4-27　神奇的比例(黄金分割)

（说明：达·芬奇为数学家的书所做的插图）

图 4-28　最后的晚餐

（说明：几何透视原理）

① 赵一仑.拓扑占优——学前儿童空间概念特点的实验研究[D].上海：华东师范大学，2007.

皮亚杰对儿童射影几何的研究。让一名 5 岁儿童画出他看到的一枚硬币的样子。儿童用一个圆来表示硬币的正面，可是对于侧面图他却也画成了一个完整的圆。实验者问他：“你这样看(正面看整个硬币的表面)和那样看(侧面看硬币的边缘)，看到的是相同的样子吗?”儿童回答：“不。”问：“为什么不一样?”答：“我不知道。”实验者说：“试试看，把它画出来。”儿童又画了一个圆。实验者拿出几张画好的图问儿童：“你看看这些图，再从里面找出一张这样看(正视)所看到的样子。”儿童挑了一个完整的圆。实验者又问：“那样看(侧视看硬币的边缘)呢?”儿童选了一个半圆。说明 5 岁儿童已有部分射影几何的概念但不稳定。

皮亚杰将透视方面的研究扩展到各种物体所投射的影子的研究。比如，当一枚硬币、一支铅笔或一块长方形硬纸板倾斜成一定角度以及旋转到侧面或端面等各种位置时，让儿童试着画图预测影子是什么样子的，这种活动在透视或视点方面提供了许多附加的经验，有助于激发儿童从自己以外的视点进行思考。从这类活动中可以发现，处于各个发展阶段儿童的情况与拓扑几何以及欧氏几何所描述的情况相似。

(三)射影几何活动的教育指导

儿童射影几何的教育指导可以从以下方面进行。

1. 射影几何的教育要结合学前儿童的生活经验

学前儿童对几何形状的理解顺序是熟悉物品—拓扑图形—射影几何—欧氏图形。儿童生活在一个形形色色的几何世界中，空间几何是儿童联结现实世界的最佳工具，因此射影几何教学应从儿童的生活实际经验着手，应该让他们从日常熟悉的物体如铅笔或球开始，因为在日常生活中有许许多多的物品与射影几何是相关的。无论是随机性教学或创意设计的结构性活动都要尽量地与学前儿童生活实际相联系，或以生活情境为素材，这样儿童的学习才有意义。例如，鼓励儿童想象一支铅笔的影子会是什么样。

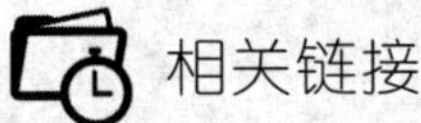

关于影子的小实验

1. 访谈

你看到过影子吗?

为什么会有影子?

早上太阳在斜上方，你的影子在哪里?

中午的太阳在正上方，你的影子在哪里?

为什么早上的影子是长长的、斜斜的? 中午的影子在脚底下，是短短的?

2. 操作

待儿童预测完后，用一个人偶和一盏手电筒模拟太阳和儿童。打开手电筒，请儿童将人偶想象成自己，将手电筒想象成太阳，预测影子的成像情况。

2. 为学前儿童创设情境并提供大量的操作活动

要培养儿童的射影几何，就要让儿童玩，成人要保证儿童玩的时间，为儿童创造玩的环境和条件。例如，在太阳光线、电灯光线下让儿童看自己的影子，看同伴的影子，谁的长谁的短，考虑为什么会这样。

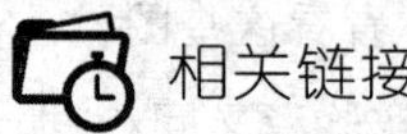

相关链接

三维物体影子成像

用一个可以随意开关的光源作为视点，把三维物体(圆锥体的积木)放在光源与垂直屏幕之间的一个轻巧的支架上，让儿童从许多图样中挑选一个。开始时垂直放置，然后水平放置，再将两个圆锥体的圆形底端相对水平放置，最后将两个圆锥体的顶端相对水平放置。来预言物体的影子看上去将像什么样子。指导语："积木是什么形状的?""现在积木是怎样放的?""如果将灯打开，屏幕上积木的影子会是什么样子? 请你从这些卡片中选出来。"

3. 所提供的知识要与学前儿童的最近发展区相适应

儿童的发展过程与他所具有的经验之间的相互作用，使他产生对周围世界的认识。教师要为儿童提供适当的经验，没有这些经验儿童不会有认识，可是要注意，经验必须在恰当的时候向儿童提供才能奏效。例如，借助于词，儿童可以对客观事物进行不同水平的抽象和概括，如描述物体的影子时出现各种形状，铅笔的影子是长方形的，自己的影子是椭圆的，花的影子有各种形状的。如此，使射影几何、欧氏几何与拓扑几何联系起来，促进其认知水平的发展。在教学过程中一定要注意到儿童的认知发展水平，经验的提供要与儿童的最近发展区相适应。

图 4-29 雅典巴特农神庙

(说明：黄金分割的数值是 0.618……)

单元小结

这部分介绍了学前儿童空间能力与几何认知的发展特点与教育，扩展了传统数学的内容范围。特别详细地讨论了学前儿童拓扑几何、欧氏几何与射影几何的发展特点及教育，这对于学前儿童的数学学习是一个挑战，对于学前数学教学来说来是一个开创性的工作。

思考与练习

1. 什么叫空间和空间能力？
2. 学前儿童七项空间能力分别是哪七项？
3. 空间能力的教育指导包括哪些方面？
4. 学习几何对学前儿童发展的价值是什么？
5. 儿童几何认知的发展特点是什么？
6. 什么叫拓扑几何？拓扑几何的各种关系有哪些？
7. 学前儿童认识欧氏几何图形的特点是什么？
8. 如何对学前儿童进行拓扑几何、欧氏几何及射影几何方面的教育指导？

延伸训练

4～5 人组成一个小组，从学校走到附近的一个幼儿园，在路上，注意观察经过的公交车站牌、各不相同的建筑物、路旁建筑上的广告画以及不同树木的形状，然后进入幼儿园继续观察，记录下有关几何与空间的信息，并拍下图片。回来交流、讨论并整理，看看这些几何图形或空间特征所表达的意思是什么，思考如何引导学前儿童关注这方面的数学元素。

补充资源

本单元教学目标与数学活动设计举例如下。

年龄	几何与空间学习与发展的具体目标
3～4 岁	感知圆形、三角形、正方形和长方形，看到图形能说出名称，并找出相应的图形。 学习认识基本的图形和数字，了解其书写。 感知上下、前后空间方位的不同。 感知半圆形、椭圆形，看到图形能说出名称，并找出相应的图形。 辨认正方形、圆形、三角形及椭圆，了解其组合。
4～5 岁	运用各种平面图形进行组合和拼接。 感知球体、长方体、正方体和圆柱体，看到各种物体能说出名称。 感知客体和自身的左右，并简单运用。 感知物体的长度、面积和体积守恒。 理解平面图形的等分和对称关系。 感知中国地图，了解一些常识。

续表

年龄	几何与空间学习与发展的具体目标
5～6 岁	体验平面图形和几何图形的拼接组合。 感知图形的等分，渗透极限的概念。 感知空间旋转和镜面，发展学前儿童空间想象能力。 在生活情境中感知拓扑关系和极限。 在生活情境中感知几何射影。 了解大自然的地形地貌及星球等大空间概念。

活动方案 4-1　国王的城堡——平面图形(3～4 岁)

活动目标

1. 在欣赏活动中感知三角形、正方形、长方形和圆形。知道日常生活环境中有许多东西都是三角形、正方形、长方形和圆形的样子，激发儿童对图形产生兴趣。

2. 在拼拼搭搭的过程中，激发儿童的联想和记忆。

活动准备

图片若干、三角形片、正方形片、长方形片和圆形片若干。

活动过程

(一)欣赏

1. 今天我们要去国王的城堡，猜一猜，城堡里面所有的东西都和哪些图形有关？

出示用三角形、正方形、长方形和圆形拼成的城堡，请儿童说说，国王的城堡都是用什么图形拼成的？

2. 一起去城堡里面看看，国王的城堡里会有些什么？

(二)寻找图形

今天我们来到国王的城堡，一起找找哪些东西是三角形、正方形、长方形和圆形的？

1. 城堡上三角形旗子、城堡的顶都是用三角形画出来的，还有三角形乐器、圣诞帽、三角形尺、风筝、雨伞、灯罩、酒杯；城堡的门口是长方形的，桌子是长方形的，书、相框是长方形；坐的凳子是正方形，礼品盒、储物箱和手表是正方形；城堡外墙的球体是圆的，蛋糕、车轮和纽扣是圆的。

2. 国王吃的东西：蛋糕、三明治是三角形的，西瓜、吃饭用的碗是圆形的，巧克力、豆腐是长方形的，饼干是正方形的……

小结：在三角形的城堡里，不管是用的东西，还是吃的东西，他们都是用三角形做出来的，所以也叫三角形城堡。

(三)引导观察

1. 国王的士兵来了，他们带来蛋糕，一起看看是什么形状的蛋糕？

2. 他们都说是圆形的。

小结：原来三角形、正方形、长方形和圆形的样子可多了。三角形中，有的边长，有的边短，有的角大，有的角小，但它们都有三条边。正方形中，边长都一样，四条边四个角。

(四)联想生活中的图形

想一想：在我们身边有哪些东西是三角形、正方形、长方形和圆形的？或接近三角形、正方形、长方形和圆形的？(雨伞、三角尺、铅笔盒、蛋糕、篮球)

(五)拼拼搭搭

1. 这里有许多三角形、正方形、长方形和圆形纸片，请你想一想，能用三角形、正方形、长方形和圆形拼出什么东西来？

2. 互相欣赏小朋友拼出的作品。

活动延伸

几何的各种造型，既有相同的特征，也有不同的特征，知道其区分的标准是什么。同样是三角形，但可能大小、边角等某个方面有所不同，知道其变式到底有多少，强化儿童对三角形本质的认知。联系建筑等生活里的物品，可以发展儿童的空间想象能力。引导儿童观察教室里、操场上、家庭中有哪些东西具有几何图形的特征，激发儿童对几何图形的兴趣。

(设计者：秦春婷)

活动方案4-2　宝宝乐园——半圆形(3～4岁)

活动目标

1. 通过观察和操作等活动，知道一个圆形可以分成两个半圆形，两个半圆可以组成一个圆形。

2. 鼓励儿童不受图形颜色、摆放位置的干扰准确地找出半圆形。

活动准备

课件、半圆形图片。

活动过程

(一)听故事、引发兴趣

1. 在圆形宝宝乐园里，发生了一件有趣的事儿，小朋友，你想知道吗？

2. 课件显示圆形宝宝。

圆形宝宝整天乐呵呵的，它觉得自己是最棒的形状娃娃，可以变出很多东西，像小朋友爱吃的甜甜圈、明明汽车上的轮胎、照得人身上暖洋洋的太阳……

可是突然有一天，圆形宝宝走路不小心从楼梯上摔了下来，摔成了两半，圆形宝宝伤心极了："我再也变不出有趣的东西来了。"半圆形宝宝越想越伤心，哭了起来。这时一位老奶奶说话了："半圆形宝宝，我盖了一座漂亮的楼房，想要一个半圆形的屋顶，你能帮我吗?"半圆形宝宝一听马上不哭了，心里想："难道半圆形也能变出许多有趣的东西来吗?"

(二)进入半圆形的世界

1. 课件显示半圆形组成的场景。老奶奶对半圆形宝宝说："走，我带你去一个地方，那里有许多半圆形宝宝。"

2. 我们一起来帮半圆形宝宝找一找吧。

草地上：小刺猬妈妈带着它的刺猬宝宝在摘果子，半圆形的亭子。

小河里：乌龟妈妈带着乌龟宝宝捉小鱼吃。

马路上：小朋友开着半圆形汽车去奶奶家玩。

3. 请小朋友想象还有哪些东西是半圆形的？

现在请小朋友帮忙，告诉半圆形宝宝，哪些东西是半圆形的？例如，半圆形的西瓜、蛋糕、饺子、积木、桥洞、包、灯罩等。

（三）半圆形变圆形

1. 半圆形宝宝还是想变回自己原来的样子，请小朋友帮忙让他变回原来的样子吧。

2. 变圆形：这里有许多半圆形宝宝，有的站着、有的躺着，可是它们都想变成圆形宝宝，请小朋友帮忙让它们变回圆形吧。

3. 鼓励儿童不受图形的颜色、摆放位置的影响，找到另一半圆形贴上去。

活动延伸

让儿童回家在父母的帮助下观察月亮，画月亮在一个月（农历）里是如何变化的，什么时候是圆，什么时候是半圆。把每天晚上的月亮画下来，并附上相应日期，发现月亮的变化规律。

（设计者：王天韵）

活动方案 4-3　圆圆商店——圆的认识（3～4 岁）

活动目标

1. 认识圆形，能辨认出圆形的物体。

2. 在游戏过程中加深对圆形的认识。

活动准备

1. 各种圆形的水果、物体；在教室内创设一个商店背景。

2. 人手一个圆形的小筐。一人一份纸片（内含各种大小不一，色彩不一的圆形以及三角形、正方形、心形等）。

活动过程

（一）创设情境

（1）创设商店的背景，商店名称圆圆商店

小熊开了一家圆圆商店，请你看看圆圆商店里都卖些什么？

（2）出示图片，儿童说出图上圆形物体的名称

小结：圆圆商店里只卖圆圆的东西。

（二）尝试建构

（1）展示各种圆形的物体（其中混杂一些不是圆形的物体）

师：小熊要给圆圆商店进货了，我们来帮帮它吧。看清楚这里哪些东西是圆圆的，哪些不是。

请你们把圆圆的东西送到小熊的商店里。

(2)儿童选择两到三种圆形的东西放到自己的小筐中，再放到商店门口

(三)教师集中解惑

(1)师：我们的货都送对了吗?

(2)儿童共同验证，讨论

(四)再次建构

(1)师：圆圆商店里的货都进好了，小熊的圆圆商店就要开张啦。可是小熊说："等一等，我的商店门口还没有装彩色的霓虹灯呢，我的商店不漂亮。你们能帮我吗?"

(2)请儿童在自己的一套纸片中找出圆形的纸片，贴在圆圆商店的门口，作为霓虹灯。

提示：请你们将小灯装在电线(背景上的双面胶)上，否则灯就不亮了。

(五)应用深化

请学前儿童在生活周围寻找各种圆形的物体。

提示：儿童需要时间自由探索形体的属性，因此为他们提供各种形体的玩具是十分必要的。

活动延伸

圆圈是一种曼陀罗的符号，自然界里大量存在这种形状。即使儿童很小时说不出这个词汇，事实上他也有了关于圆的形象印记。可在纸上提供一些圆圈，让儿童随意添加变成任何物品，提升儿童对圆的趣味理解与艺术表达，发展其图形想象力和创造力。用圆形色纸拼拼贴贴，看可以拼贴出什么造型，鼓励儿童说一说自己用圆形拼贴出了什么。

(设计者：卢瑾)

活动方案 4-4　模拟超市——认识球体(4～5 岁)

活动目标

1. 通过观察比较，在操作活动中认识球体的主要特征。

2. 能结合自身生活经验，说出、找出与球体相似的物体。

活动准备

布置自选商场场景(皮球、乒乓球、苹果等)、人手一套小筐、橡皮泥。

活动过程

(一)模拟超市购物

师：今天，我们要到超市去选商品，你们高兴吗？我们今天要选的商品是要可以滚动的。找到之后请你们把它们放到自己的小筐里。

(二)儿童第一次尝试

1. 找出能滚动的物体。

师：现在我来看看，你们选了些什么商品，这些会滚动的东西又有什么不同呢？大家一起去试一试，想一想。

2. 请儿童在玩中观察、比较这些能滚动的物体有什么不同。

3. 请儿童上前玩一玩、讲一讲，并指出哪些能向不同方向滚动。

(三)儿童第二次尝试

1. 观察比较，认识球体。

师：(出示皮球、乒乓球与圆形纸片)请儿童试着看一看、比一比、说一说，它们有什么不同？

2. 教师小结：皮球、乒乓球都是球体。

(四)巩固对球体的认识

1. 请儿童在周围找出与球体相似的物体。

师：我们已经知道了什么叫球体，现在就请你们去把与球体相似的东西找出来吧！

2. 儿童说说日常生活中与球体相似的物体。

师：在我们的生活中，有没有和球体相似的物品呢？

3. 操作游戏：小小加工员。

(电话铃响)工厂的经理需要球体的商品，请小朋友帮忙来加工球体的产品。(教师边说边示范)先把和好的泥土或橡皮泥搓圆，做好后还可以试着滚一滚，是不是能朝不同方向滚动。(儿童尝试制作，教师巡回指导)

活动延伸

教师和儿童在区角内将找到的与球体相似的物体(物品)布置到展示角。

(设计者：孙志怡)

活动方案 4-5　字母与数字——旋转与镜面(5～6 岁)

活动目标

让学前儿童感受不同角度下数字和字母的旋转，了解镜面中数字或字母的样子。

材料准备

字母“R”图片，数字“6”和“9”图片，镜子。

活动过程

(一)旋转数字 6

将数字“6”用钉子钉在木板上让儿童进行不同角度的旋转，注意在旋转 45°，90°，180°和 240°时，数字的朝向是怎么样的？将每次翻转的图案写在白纸上，并列成一行，感受数字“6”翻了一个跟头往前移动的情境。

(二)旋转数字 9

数字“9”采用同样的方法进行旋转的时候，跟每个角度下的“6”所形成的图案进行对比，感受两者的不同。将两个数字不同角度下的图案制作成图片，混在一起，让学前儿童判断数字是“6”还是“9”。

(三)镜子中的字母 R

将字母“R”放在镜子面前，看一下镜子里面呈现的字母是什么形状的，并描画在纸上，将字母和描画在纸上的图案，放在一起对折，看两者是否重叠。

活动延伸

物体旋转了，视觉成像变了，但物品本身没有变。而镜像则是反转，在现实的镜子里，可以让儿童体会这种空间镜像。类似的活动，不仅十分有趣，也可以提升儿童的空间表征能力，为儿童以后学习几何积累丰富经验。要求儿童进行感知，也许不能正确的描述，但是可以增加其感官体验。

（设计者：姚继燕）

活动方案 4-6　橡皮泥——拓扑几何(5～6 岁)

活动目标

1. 通过用橡皮泥随意捏出各种封闭的或开放的图形，体会封闭图形的含义。

2. 使制作的图形两两位置不同，体会三种拓扑关系。

活动准备

橡皮泥、拓扑关系图三张。

活动过程

(一)感知图形封闭与开放

儿童人手一份橡皮泥，现在将橡皮泥捏成各种形状，如三角形、圆形、不规则的封闭图形以及未封口的线条。并将自己捏好的图形画下来，看看，两部分图形的区别是什么。

(二)感知三种拓扑几何关系

1. 相交关系

出示给儿童相交关系图。

相交的两个图案，即表示两者有重叠相交的部分。可以在地面上画诸如此类的两个图形，分配儿童站进图形里。长头发的儿童站长方形里面，戴眼镜的站在椭圆形里面，这样长头发戴眼镜的站在两者中间。

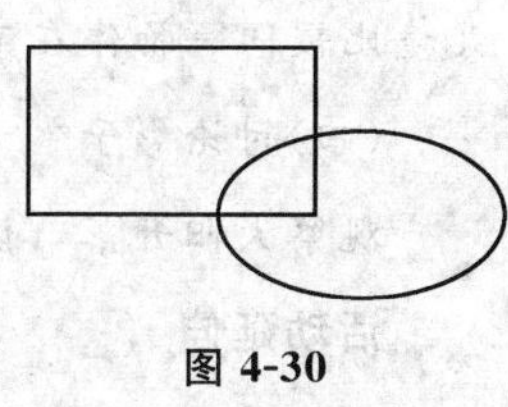

图 4-30

2. 包含关系

包含的两种图形，即表示一个图形全部包含在另外一个图形里面。可以在地上画诸如此类的图形，分配儿童站进图形里。戴眼镜的站在长方形中，戴眼镜短头发的站在椭圆形中。这样椭圆形的属性完全包含在长方形中。

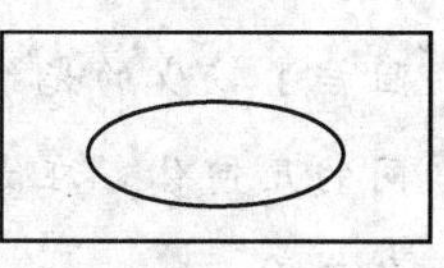

图 4-31

3. 分离关系

分离关系表示两个图形的属性，没有重叠的部分，两者是完全独立的。可以在地面上画诸如此类的图形，分配儿童站进图形里，戴眼镜的站一边，不戴眼睛的站在一边。通过实际活动让儿童感知拓扑关系。

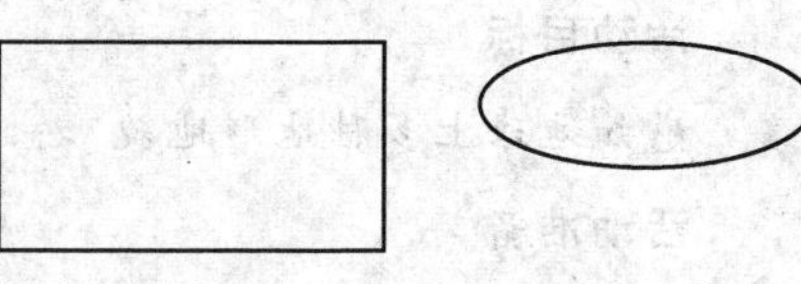

图 4-32

活动延伸

试着发现生活中的拓扑关系，并进行描述。例如，眼睛是在脸上的。小的学前儿童会把眼睛画在脸外边，说明他不具备拓扑关系的理解能力。

（设计者：颜冬艳）

活动方案4-7　太阳的影子——射影几何(5～6岁)

活动目标

1. 通过观察影子，体会太阳直射下，物体影子会有哪些变化。

2. 发现规律，太阳升高时，影子最短。

材料准备

1. 几种透明材料：如玻璃纸、蜡纸、有机玻璃、手绢等。

2. 几种不透明材料：硬纸板、木板、图书等。

活动过程

(一)找影子

带领儿童在阳光下或灯光下找各种影子，如树、房子、运动器具等物体的影子。

(二)做姿势、看影子

让儿童在太阳底下做各种姿势(也可以提供给儿童一些简单道具，如帽子、头饰、枪、鼓等)。引导儿童观察地上影子的变化，并鼓励儿童在生活中找找还有哪些影子。

(三)记录影子

在晴朗的天气，带领儿童在不同的时间到广场上去观察物体的影子，并作记号，引导儿童比较同一物体在不同时间影子的方位、大小的不同。

(四)讨论影子

观察太阳升落，说说什么时间大树影子最长，什么时间大树影子最短。

活动延伸

影子产生的条件：物体挡住了光就有了影子。太阳光，当光线低斜时，影子就长。这是因为物体阻挡了更多的光线。当光线位置较高时，影子就短。这是因为物体阻挡了较少的光线。让儿童在生活中关注各种影子，体会射影几何的趣味。找一些不同的几何体，在太阳光或直射灯照射下影子落在平面上，观察各种几何体的影子是什么样子。

（设计者：卢瑾）

活动方案4-8　多彩的地球——认识大空间(5～6岁)

活动目标

感知地球上多种地形地貌。

活动准备

各种地形地貌的图片、模型图、幻灯片。

活动过程

(一)展示、讲述

师：今天老师将带领小朋友们进行神秘之旅，发现地球上各种有趣的地形地貌，感受大自然奇特的自然景观。

先呈现地球的太空图片。“现在开始旅行啦，小朋友们骑着哈利波特的魔法扫帚，我们看到汪洋的大海，大海深处有各种各样的小鱼在游来游去，地面是高低不同的，有沟壑、有高山。”

“接着我们看到地面上挺拔的高山，上面被皑皑白雪覆盖，还有一些高山被绿色的植被覆盖，里面有许多小动物。连绵的山脉背后有幽深的湖泊，像镜子一样明亮，印着我们飞行的影子。”随后，可以呈现一望无垠的平原，丘陵上的梯田，黄沙漫天飞舞的沙漠……还可以呈现一些地球上的奇观，引发儿童学习的兴趣。

(二)回忆旅行

与儿童交流讨论，去过些什么地方，见过什么，如黄山、长江、草原、沙漠等。讲述地貌、地形的特征，感觉大自然的空间美。同时可以询问小朋友，哪些地方没有去过，跟其他小朋友分享一下身临其境的感受。

(三)观察模型

准备立体地球模型，让小朋友来寻找和体会不同地貌，看看上面的高原、河流、平原等。

活动延伸

带领小朋友来到附近的公园，有假山、有湖水、有小桥，让小朋友们认识一下现实世界中的各种地形。地形、地貌属于大空间范畴，通过相关活动可以让学前儿童了解地球的复杂性、多样性和大自然的神秘。了解看到的大自然，再与地形图、地图等对应起来，可锻炼地理的空间表征能力，增强儿童对地球的探索精神。感知不同地形特征地貌的不同。

(设计者：孙敏)

单元五
学前儿童的逻辑推理

学习目标

- 了解序列和式样的含义
- 掌握儿童序列和式样发展的特点及序列和式样活动
- 掌握学前儿童分类的发展特点与教育
- 学会学前儿童推理的教育指导
- 了解学前儿童极限的发展特点及教育指导

情境导入

小丽在公园跟妈妈散步时看见一个老奶奶坐在轮椅上，她好奇地问："为什么老奶奶坐在轮椅上?"妈妈告诉她："老奶奶生病了。"几天没有看到老奶奶，就问妈妈："老奶奶为什么没有来公园?"妈妈告诉她："老奶奶生病了，感冒了。"过了几天听说老奶奶感冒好了，小丽就说："老奶奶不坐轮椅啦!"

问题：小丽有逻辑推理方面的能力吗?

案例分析：这一事例说明小丽把所有的"病"都等同起来了，不会区分，不会归类，坐轮椅(B)是病(A)，感冒(C)是病(A)，所以感冒好了，也就不坐轮椅啦。换句话说，B是A，C是A，所以B是C，A是中心，却不是"类"的中心成分，A和B，C的关系，不是包含的关系，这种推理，是从特殊到特殊的，没有经过普遍化。在学前儿童现实生活中，包含了许多推理事件。

第一课　学前儿童序列和式样的认知特点与教育

一、序列和式样的含义

序列(Serious)是指理解事物间的关系并将这些事物关系依逻辑顺序排列出来。式样(pattern)，是指有规则性的图案、花样、声音或事件等的重复出现，也可以是辨认呈现于感官的一个重复性刺激(Burton，1985)。式样不限于视觉，如"○ □ ○ □ ○ □…；△×√，△×√，△×√…"它有可能是听觉的(掌声、鼓声、哨声，掌声、鼓声、哨声……)，或者是身体动作(站、蹲、跳……)等的形式。在日常生活中随处可见式样，如"红—绿—黄"交通灯的循环转换，甚至自然现象的潮起—潮落，日出—日落，春—夏—秋—冬四季的规则变化，均含有式样关系。

根据查尔斯沃恩(Charlesworth)和拉德洛夫(Radeloff)的研究，① 式样与序列关系密切，序列既是式样的根本，在某种意义上说，序列也是式样的一种。这反映在一方面学前儿童必须对排列的逻辑顺序关系有基本的了解才能创造式样，另一方面排序涉及辨认一个等减(增)的式样，如"□○，□○○，□○○○…"式样，基本上也涉及等增的序列关系。序列是式样的根本，两者间密切相关难以截然划分；序列与式样两者都与辨认事物间的异同关系有关，而辨认异同是逻辑思考的基础(Worth，1999)。

名言点睛

幸福与其说是用任何其他方法，不如说是用情感的这种敏感性来达到的。如果一个人具有了那种能力，他从趣味的愉快中所得到的幸福，要比从欲望的满足中所得到的幸福更大。他从一首诗、一段推理中获得的欢乐要比昂贵的奢侈生活所能提供的欢乐更大。

——休谟

总之，序列和式样活动涉及高度的思考推理能力，可以说，发现或创造序列和式样，必须意识到一组事物之间的异同以及能分辨一组事物之间的主要及非主要特征。它与概念的形成非常相近，是人类智慧的标志。对序列和式样的掌握可为以后的数学发展打下稳固的基础，式样是数学的基本主题，学习式样是数学思考的一个基本过程，可以促进学前儿童逻辑推理能力的发展。

---

① Ann Montague-Smith. Mathematics in Nursery Education[M]. London：David Fulton Publishers，1997：50～75.

二、儿童序列和式样认知的发展特点

(一)学前儿童序列认知的发展特点

皮亚杰以“序列”概念为例,① 研究了儿童逻辑思维的发展特点，说明了前运算时期的儿童在逻辑思考上的限制情形。他以十根长短不一的木棒让儿童由小到大排序，结果发现序列概念的发展有三个阶段：

1. 第一阶段

3 岁以下的儿童完全没有排序能力，但他可能会找出最大的与最小的木棒，3 岁以后儿童序列概念才逐渐发展起来。3～4 岁为序列概念发展的第一阶段。该阶段儿童的思考具有集中性特点，不能分散注意力做整体比较排序，也无法理解木棒之间的相对关系，大致上不是任意排放木棒，就是没有整体的综合思考能力。

2. 第二阶段

4～5 岁儿童虽可按长度将木棒排序，但却不是一种整体思考、有系统的排序，而是以尝试错误的方式进行，并非真正意义上的排序：先试试一根，如果不是，再试另一根。

3. 第三阶段

6～7 岁左右儿童能运用系统的整体化排序方法，先找出最短的，然后次短的，依序快速地完成序列。

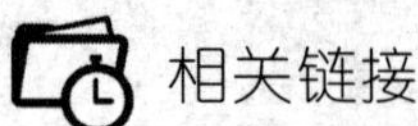

相关链接

学前儿童序列能力

西格尔(Siegel)的研究，让儿童按长短排列木棍，结果发现：儿童序列能力与分类能力一样，较皮亚杰认定的年龄要早：3 岁儿童已经能感知三个顺序排列的物体，4 岁儿童能作 5 项序列的转移推理。

(二)学前儿童式样认知的发展特点

1. 皮亚杰对儿童式样发展的研究

根据皮亚杰的研究,② 儿童在婴儿期已经开始感知式样。最初他们是感知空间上的联系，如房间里按规则摆放的物体(如家具)；自己摇篮上方按规则悬挂的铃铛等，同时他们也可以感知一些习惯性的行为动作，如“推开门→妈妈走入房间→喂宝宝”等。以后随着年龄的增长，儿童式样概念逐渐发展起来。皮亚杰将儿童式样概念的发展划分为六个阶段。

---

① 周淑惠．幼儿数学新论——教材教法[M]．台北：心理出版社，1996：189～211.

② Rosalind Charlesworth，Deanna J. Radeloff. Experiences in math for young children[M]. New York：Delmar Publishers，1991：149～163.

一是描述顺序，意指儿童按照事物之间的逻辑关系(大小、颜色、图形、数量等)来理解和辨识事物之间的顺序。

二是描述和建构线型样式，意指儿童对线型样式(曲线、z 型线、直线、环型线或宽线和细线等组成)的理解、辨识和创建；

三是复制一个次序，意指按事物之间已存的顺序规则来进行复制，使事物之间的联结关系继续保持下去。

四是创建一个次序，即创建一个顺序规则，并按这种顺序规则将多种事物联结组合；

五是构建一个式样，即在创建一个次序的基础上反复地按一定规律复制该次序，形成一个式样；

六是认识循环式样，循环式样是一种封闭型的式样，其特点是式样中的顺序规则是不间断地可以永远地循环往复下去的。

以上六个阶段，皮亚杰认为前一阶段是后一阶段的基础，后一阶段是前一阶段的发展，但在一次式样活动中，各阶段的内容可以同时或交叉出现。从以上研究可看出：儿童式样认知的发生和初步发展起始于儿童早期；儿童式样认知有一个逐步发展的过程；式样与序列发展同步，但式样又较序列复杂。

2. 学前儿童对不同式样的认知特点

周葱葱(2000)对四类式样进行了研究。① 这四类样式类型分别为：重复式样(如红—黄—蓝，红—黄—蓝)，循环式样(如自然现象中白天—黑夜—白天—黑夜交替循环变换)，滋长式样(如 A—B，A—B—B ，A—B—B—B，A—B—B—B—B…)，变异式样(如红—黄—蓝、红—黄—紫、红—黄—绿、红—黄—黑……)。

研究表明变异式样题最难，其原因是：第一，完成该题要求被试能很好地辨识出事物间的异同以及事物间主要及非主要特征。第二，该题涉及思维的发散性，要完成该题被试须有一定的生活经验与学习经验为基础。可以说完成该类型的题目，标志着儿童已在较高水平上掌握了式样概念。3～4 岁只有 15％左右的儿童能完成此任务，4～5 岁有 35％能完成，5～6 岁有 50％能完成。

循环式样题最容易，原因是：第一，循环式样中各个事物排列比较集中，儿童容易集中注意力，而且也能相对容易地感知事物之间的异同。第二，圆形是儿童最早感知的一种图形，而循环式样的排列形式正是圆形，符合儿童图形感知的兴趣。

重复式样题是仅次于循环式样的，儿童能较好地完成题目。该类型题目偏重于强调儿童的机械记忆，不求多变。但由于它的排列形式是线形，儿童容易受多种因素干扰，不易集中注意力，所以，与循环式样题相比它的难度有所增加。

滋长式样题，学前儿童对该式样题的认知发展水平波动最大。在 3～4 岁、4～5 岁、5～6 岁均快速增长。但在 4～5 岁阶段到 5～6 岁阶段反而下降了 4 个百分点，这是因为

① 周葱葱．3.5～6.5 岁儿童式样认知发展的实验研究[D]．上海：华东师范大学，2000.

滋长式样涉及计数，而数对于儿童来讲是难理解的，因为它本身比较抽象，儿童需要很长一段时间来慢慢掌握它。所以，在儿童早期，儿童对数认知的不稳定会影响儿童对滋长式样认知的水平，使之随年龄的增长也表现出很大的不稳定性。滋长式样题与变异式样题相比，两者有区别。前者相对而言较具体，儿童可以一个个指着物体数，而后者强调思维的发散，儿童很难从题目的表面上获得答案。

图 5-1　相机的光圈

（说明：叶片的数量不变，进光孔依次越来越小）

三、学前儿童的序列和式样活动及教育指导

（一）组织学前儿童开展各种序列和式样活动

1. 学前儿童可以进行的序列活动

感官序列活动。即将一组事物按其外观或可以用感官觉察的特征，如长短、大小、轻重、颜色等差异排出顺序。

双重序列活动。双重序列活动顾名思义涉及两组事物的排序，这是皮亚杰测试学前儿童序列特点的典型活动。例如，五对大小不同的小熊要戴五顶大小不同的帽子，请学前儿童将小熊和帽子一起排列。

事件序列活动。将一组图片依事件发生的因果关系或依事件发生的先后时间，排出顺序。

数量序列活动。是将一组事物按数量的多少排出次序，与数量活动密不可分。

序数活动。即有关一组事物的顺序位置称谓：第一、第二、第三……的活动。这个活动除与“数”关系密切外，也与“空间”活动有关。

2. 学前儿童可以进行的式样活动

辨认式样活动。教师先创造一个式样后，请学前儿童仔细辨认并讨论式样中的规则是什么。

延伸式样活动。有三类：重复式、滋长式、变异式。通常是教师呈现式样部分后让儿童延伸。重复式延伸式样，如树叶—小石头—铅笔，树叶—小石头—铅笔……（A—B—C，A—B—C，A—B—C…）。再如：三角形—三角形—正方形—正方形，三角形—三角形—正方形—正方形……（A—A—B—B，A—A—B—B，A—A—B—B…）。滋长式延伸式样，如一个小方块—一个正方形，一个小方块—两个正方形，一个小方块—三个正方形……（A—B，A—B—B，A—B—B—B…）。变异式延伸式样，如书本－书本－橡皮擦……（A—A—B，A—A—C，A—A—D，A—A—E…）。

填补式样活动。填补式样意指当教师(或儿童)设计出某一延伸式样后，在式样中间取出一至数物，或是擦去一至数处，让儿童“填补”残缺的式样。

创造式样活动。这是最高境界，由儿童自己设计、创造式样，可为具体、半具体活动，最后进入半抽象甚至抽象的纸上设计活动，如卡片花边设计，可让儿童彼此延伸所创造的式样。①人与动作式样(叉腰－举手－抱胸，叉腰－举手－抱胸……)。②声音式样：操作乐器让儿童自行发出声音(啊－咿－喔，啊－咿－喔……)。③具体实物(教具)或半具体图片式样。④钉板式样、串珠式样、缝工式样等。⑤纸上式样设计：如卡片花边式样、方格纸涂色式样、抽象与半抽象符号式样(X－V－O，X－V－O…)

(二)学前儿童的序列和式样的教育指导

1. 与学前儿童实际生活经验相联系，并运用各种实物与教具开展活动

序列与式样活动来源于自然情境或学前儿童的实际生活，因此有关的教学活动应联系实际。另外，绝大部分的分类与式样活动中最常用到的教具是“属性积木”(Attribute Block)与“式样积木”(Pattern Block)。属性教具也可用半具体的自制图片取代，例如，由脸部表情(哭、笑)、脸型、(胖、瘦)、发型(有、无刘海儿)三个属性所构成的人物图片。

2. 鼓励学前儿童从不同角度思考问题和推理，相互交流

尽量鼓励不同的思考模式或解决问题的方式，让学前儿童的思路具有流畅性与扩散性。例如，用雪花片插花朵，看看儿童能够想出多少办法来，能够做出多少种样子的花朵。

在小组或大组活动中，让儿童发挥自己的创造性，也可以协作进行共同活动。儿童之间可相互讨论，进行相互建议，完成作业，进行展示，看看谁做得最有趣，并发表自己的想法，这样能更好理解序列和式样所包含的逻辑意义，为学前儿童进一步学习数学打下良好的基础。

 名言点睛

数统治着宇宙。

——毕达哥拉斯

第二课　学前儿童分类与推理的认知特点与教育

一、学前儿童分类的认知特点与教育

分类、序列是两种促进演绎推理的重要活动。这些简单的推理活动，有助于逻辑语言的形成，并且可以为更成熟的思维奠定基础(Linder，1993)。

(一)分类的含义

分类(Classification)，是根据事物间异同关系而形成各类组(Sovchik，1989)，它同时涉及分组(sorting)与组合(Grouping)两个反向的过程。在分类中形成类别以及处理类别内与类别间的关系，可促进学前儿童进行逻辑思考，这是数学推理的基础。

(二)儿童分类的发展阶段

皮亚杰曾以一些五颜六色的木质、塑胶平面几何图形，让3～12岁儿童进行分类作业，结果发现儿童的分类发展有三个阶段或水平。

图 5-2　小练习：找朋友

(说明：上面每组图中有两个是好朋友，可连线)

1. 图形聚集阶段(3～4岁)

分类发展第一阶段的儿童不是按照逻辑类别分类的，而是依据知觉属性来选择分类的。

一是表现为聚集一些图形，分类无整体计划，有时注意到物体间的相似性，有时却毫无相似性可言。

二是儿童以连续排列直线的形式呈现图形，但分类没有一个持续性特质作为标准。

三是表现为集合体和复杂体。集合体是指各部分联结在一起，组成一个统一的图形。例如，将三个大的正方形构成一个矩形，在此矩形三边外缘分别加上三个小正方形，即皮亚杰所指的集合体。复杂体(complex objects)，是指儿童所排列出来的图形，被赋予某种情境或叙述性意义，如无轨电车、埃菲尔铁塔等。无论是集合体或复杂体都不是真正的分类。

四是介于按线排列与集合体或复杂体之间的形式，这些图形既不是完全的线列，也不是集合体或复杂体。

2. 非图形聚集阶段(5～7岁)

儿童把一组物体按其属性(特质)区分为几个小组，各小组无任何特殊的空间形式，小组本身还可分为更多的小组。例如，多边形状的为一类，曲线形状的为另一类，然后在多边形下又细分为正方形与三角形两个层级类别，曲线形状下也细分成环形与半环形两个层级类别。

儿童能做上下层级分类，却不能理解分类的真正意义，即层级包含(class inclusion)关系。理解层级包含关系是指知道一个集合里的元素，如何与其上层集合以及其所包含的下层集合相关。至于为什么3～5岁学前儿童无法理解层级包含关系，皮亚杰的解释是：当一个整体被分为两个部分的集合时，儿童无法同时思考大的整体与分出来的部分，其焦点“集中”在可见的、已被分割的部分，原来的整体却被忽略了。

3. 理解分类意义阶段(8～12 岁)

8～12 岁儿童，能做上下层级分类，也能理解层级间的包含关系，是真正理解分类的阶段。儿童能去中心化，也能逆向思考，同时也能思考整体与部分的关系。

(三)学前儿童常见的分类活动及教育指导

1. 常见的分类活动

(1)感官分类活动

用嗅觉、听觉、味觉、触觉进行各类分类活动。例如，蒙台梭利的听觉筒可以用来做感官分类活动。

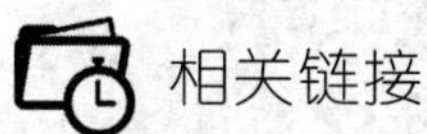

自制听筒

收集相同尺寸的塑胶瓶，如果透明的，用相同的有色粘纸包起来，让儿童看不见里面的东西。再将 6 个瓶盖贴上红色纸，另 6 个贴上蓝色纸。然后找出 6 种轻重、大小不同的东西，如豆子、胡椒、米、茶叶、盐或沙子、碎石等，然后等量地分别装进两组不同颜色的瓶子里去。两组瓶子经摇动后，可以发出 6 种不同音高的声音。再找一个大盒子，可以放下这 12 个发声瓶。教具发声瓶的制作就完成了！

(2)自由分类活动

自由分类活动是指让学前儿童将实物、教具或图片等，依自定标准(相似性或关联性)，自由分组。

(3)识别异同分类活动

比较能引发思考的识别异同活动是根据任何实物或图片(芒果、苹果或者是小鸟、飞机、风筝等)，让学前儿童讨论事物彼此间的相同点与相异点。

(4)猜测分类标准的活动

在分类完成后，让学前儿童观察、猜测分类标准，讨论并想象还可以按照何种猜测的标准进行分类。

2. 学前儿童分类的教育指导

与生活经验相联系，支持学前儿童在接触自然、生活实物和现象中积累有益的直接经验和感性认识。

分类活动来源于自然情境或基于学前儿童的实际生活，因此有关的教学活动应尽量符合儿童的经验，以生活情境为素材，有意识地引导儿童观察周围事物，学习观察的基本方法，培养观察与分类能力，让儿童自然地感知并能很好地分类，从而进行有意义地学习。教师可以给儿童提供丰富的材料和适宜的工具，引导儿童在探究中思考，尝试进行简单的推理和分析，发现事物之间明显的关联。例如，教师可以和儿童讨论教室里的物品，并对它们进行分类，组成某一种式样，美化教室。再如，在室外观察各种树叶，分析其相同特征和不同特征，从式样的角度来分析这些树叶，并进行分类。

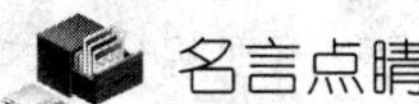

名言点睛

学习数学是为了探索宇宙的奥秘。如所知，星球与地层、热与电、变异与存在的规律，无不涉及数学真理。如果说语言反映和揭示了造物主的心声，那么数学就反映和揭示了造物主的智慧，并且反复地重复着事物如何变异为存在的故事。数学集中并引导我们的精力、自尊和愿望去认识真理，并由此而生活在上帝的大家庭中。正如文学诱导人们的情感与了解一样，数学则启发人们的想象与推理。

——Chancellor W. E

二、学前儿童推理的认知特点及教育

(一)推理的含义

推理(reasoning)涉及人们的思考过程和隐藏在问题分析背后的思考步骤，是一种利用合理性、批判性思维进行运算、形成推论或得出判断的行为。推理是一种逻辑的、合理的分析思维能力，从数学意义上讲是给出最恰当的定义。

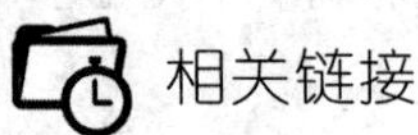

相关链接

推理

推理是思维的核心，它是从一个或几个已知判断中推导出新的判断。经过训练，5～6岁儿童60%能进行简单的归纳推理和演绎推理，90%学前儿童能进行简单的类比推理。

推理是数学思维中一个至关重要的因素。数学即推理，谁都不能离开推理来做数学题(NCTM，1989)。NCTM课程标准，把批判性思维规定为数学课指导思想的中心内容。在这个标准中，即使对学前儿童，也要求他们学习解释、判断和解决问题的本领。教师问儿童“为什么这是个正确的答案?”或者“如果你用了别的材料，你觉得还会得到相同的答案吗?”这样，儿童有机会用各种方法对自己的推测、思考过程和结论进行验证。

(二)学前儿童推理的认知特点和价值

儿童逻辑推理能力随着年龄的增长有戏剧性的变化(皮亚杰，1964)。学前儿童能够进行具体事物的推理，但对于理论的陈述却不能完成。儿童在操作实物时，只有达到一个成熟的发展水平才能系统考虑所有逻辑上的可能性。但研究显示，皮亚杰低估了儿童的逻辑能力(Baroody，1993)。学前儿童记忆原始关系时，已能够进行转换推理(Bryant & Trabasso，1971)。儿童能认识到从一个情境转向另一个情境转换推理中的概念。大一些的儿童也能尝试一些演绎推理，像“如果—那么”的思维或是“排他法”这样的思维。

儿童推理包含了非正式的思考、推测和确认，这对于数学学习是有意义的。为了让儿童进行有效思维和展示自己的思考过程，应当给予儿童各种各样的可操作材料。推理能力不是孤立发展的，它源于对经验的总结。这些经验让儿童确信学习数学是有意义的(NCTM，1989)。

一些与推理有联系的关键词对于分类过程很重要(Baroody，2001)，如“所有的”“一些”“不是”“和”“或”以及“如果”，这些词都能帮助儿童思考推理的目的和物体的属性。教师可提供具体材料，让儿童在自然环境中使用这些描述性词语。儿童学习数学时应不断使用推理。教师要鼓励儿童去解释他们结论背后的推理过程，鼓励他们去验证，为什么解决问题的独特方法是正确的？教学中要强调，推理的主要目的是使儿童能够自己得出问题的结论。儿童需要亲自证明自己陈述的结论是正确的，而不是一味依赖教师的帮助。

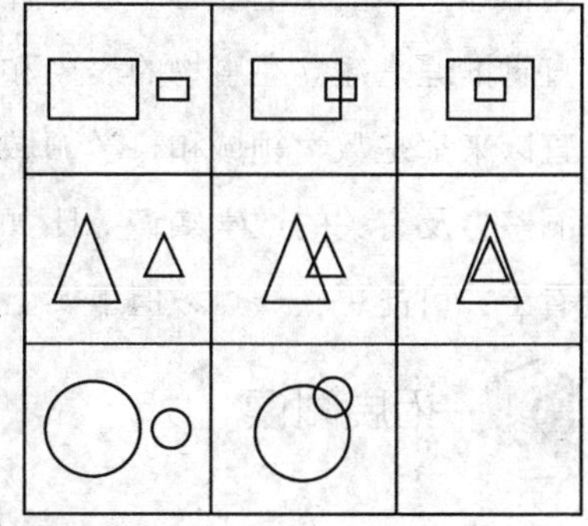

图 5-3　找规律，填空白

（说明：答案：◎）

(三)学前儿童推理发展的一般趋势

相玉英(1983)用玩具得奖游戏的方法，要求儿童进行四步实验：前两步主要运用归纳推理，后两步主要运用演绎推理。结果表明：虽然儿童推理活动的内容和形式不同，但表现出共同的发展趋势，简述如下。

1. 推理过程随年龄增长而发展

3 岁组基本上不能进行推理活动，4 岁组推理能力开始发展，6 岁组大部分(平均为 75%)可以进行推理活动，7 岁组全部可以进行推理活动。

2. 儿童推理方式的发展是由展开式向简约式转化的

所谓展开式是指儿童的推理是一步一步进行的，如通过对三套玩具进行分析比较，逐步排除非本质特征的干扰，推理过程进行缓慢，主要通过外部(如语言和动作)表现出来。所谓简约式是指儿童的推理活动是独立而迅速地在头脑中进行的。展开式的推理过程在 5 岁以前发展迅速。5 岁以前儿童的推理以展开式为主，6 岁开始简约式占优势。

 相关链接

学前儿童推理

心理学研究表明：学前儿童推理是其对熟悉的实物或可视、可触的实物进行因果思考。逻辑思维是从婴儿时代长期、稳定发展起来的，5 岁儿童已经具有可逆性思维。适当的训练可增进儿童的逻辑思维能力，如针对 3 岁、4 岁儿童在分类活动中进行口语回馈训练。

(四)学前儿童推理活动及教育指导

1. 直觉推理

数学问题开始于人们的直觉推测，这种推测被称为直觉推理。儿童很小就会进行直

觉推理。学前儿童专心于数学解答的意义和数学问题解决的思考，就是在使用推理技巧。直觉推理是建立在事物的表象和假设的基础上，在问题解决中起重要作用。直觉推理一直以来都是数学领域和科学领域得以进步的基础。这类直觉推理的运用必然会涉及人的洞察力及有关的数学知识。比如，两条线哪条线更长些？如果只关注表象的话，一条线看上去可能更长一点，但事实上两条线一样长。

拓展阅读

传导推理

儿童最初的推理是传导推理。传导推理是从一些特殊的事例到另一些特殊事例的推理，这种推理不是逻辑推理，而是前概念推理。

皮亚杰指出，2 岁儿童已经出现传导推理。传导推理是从个别到个别的推理，其中没有类的包含，没有类的层次关系，没有可逆性。例如，一名刚满 2 岁的女孩，在应该睡觉的时候不想睡，要求父母把卧室的灯开着并和她说话。她的要求被拒绝了。过了一会儿，父母突然听到孩子的尖叫声，急忙跑进卧室去看，孩子说，她拿了架子上的娃娃，而这是睡觉时被禁止的动作。可是父母一看，她实际上什么都没有动。皮亚杰认为，这是孩子在生活中的一种推理："如果我做了坏事，他们就会来开灯，并且和我说话。"这种推理是依靠表象进行的，是超出了直接感知范围的思维活动。

这一类型的推理在 3～4 岁儿童身上是常见的。例如，一个小孩在动物园里看到梅花鹿时问妈妈："如果天天往它头顶上浇水，那树枝一定能长出树叶来，是吧？"

4～5 岁儿童也还会出现这种推理。例如，儿童认为："世界上最骄傲的动物是金鱼，因为它总是摇头晃脑的。"

直觉推理可能会造成误导，因为并非所有的信息都是显而易见、容易获得的。教学中，鼓励儿童使用这种推理方式是非常重要的，但是要注意强调"为什么"和"怎么会"。教师可问儿童，诸如"你是怎么得出那根线长一些的结论的？"或者"为什么你觉着那根线比较长？"直觉推理得出的结论还需要收集数据和演绎性逻辑推理来证实。

2. 归纳推理

归纳性推理是从个别知识推出一般结论的推理，涉及个体对事物规律的感知(Baroody，1993)。学前儿童在使用这种推理方法的时候，试图寻找存在于一组事物中带有普遍性的东西或者一种模式。某一类事物外形有什么共同特点？儿童分析这些形状的时候，是在使用归纳推理。然而，单单使用归纳性推理并不能证明结论是否正确，因为它不能涵盖一个概念的所有方面。根据某些特定的事例，使用这种推理方式能产生正确的结论，但是无法保证这个结论适用于任何场合。

寻找某种关系、模式或规律，这是数学学习的核心(Baroody，1993)。但要用归纳推理证明某个数学公式，这个推理必须适用于所有的范例或必须在大量的问题情境和样本中进行试验。另外，在进行归纳推理教学时，所用例子最好是儿童熟悉的，与生活息息相关的。

相关链接

归纳推理

尝试做以下题目，找出各自的推理结果。

例 1：鹰是鸟，有羽毛；猫头鹰是鸟，有羽毛；燕子是鸟，有羽毛；黄鹂是鸟，有羽毛……所以，所有的鸟都有________。

例 2：3＋0＝3，4＋0＝4，5＋0＝5……所以一个数加上 0，结果还是________。

（答案：羽毛；这个数）

3. 演绎推理

所谓演绎推理，是从一般性的前提出发，通过推导即“演绎”，得出具体陈述或个别结论的过程。演绎推理最简单且典型的形式是三段论。三段论是由三个判断、三个概念构成，每个概念出现三次，是从两个反映客观事物的联系或关系的判断中推出新的判断。

乌利彦柯娃(1958)研究了 3～7 岁儿童三段论式逻辑推理的发展，分为 6 个阶段：

阶段 1：不会运用任何一般原理。自己对于物体浮沉的断言，不提任何论据或只提出一些极为偶然的论据。

阶段 2：运用了一般原理，试图引用一些从偶然特征上做出的概括论证自己的答案。

阶段 3：运用了一般原理，这些原理已经能在某种程度上反映事物本质的特征，但只是近似的、不准确的，不能概括一切可能的个别情况，因而还不可能做出正确结论。

阶段 4：不说明一般原理，却能正确而自信地解决问题。

阶段 5：会运用正确反映现实的一般原理，并能做出恰当的结论。

阶段 6：经过专门教学，能够正确运用三段论式的逻辑推理。

进行演绎推理的时候，要仔细分析影响此种思维方式的因素。例如，任何数字后面都可以加上“1”，基于此可以得出结论：没有最大的数字，因为数字序列可以无限延伸。再如，凡是六条腿的动物才是昆虫，蜘蛛是八条腿，所以它不是昆虫；凡是鱼都用腮呼吸，用鳍游泳，墨鱼是喷水式运动，所以它不是鱼；凡是鸟类都有羽毛，蝙蝠没有羽毛，所以它不是鸟；凡是交通工具都能长距离运送人和物体，骆驼能驮东西，所以骆驼在特定环境里是交通工具。

4. 类比推理

类比推理也是一种逻辑推理，在某种程度上属于归纳推理，是对事物或数量之间关系的发现与应用。例如，耳朵一听，眼睛一看。查子秀等(1984)研究认为，3～6 岁儿童已经具有一定水平的类比推理。各年龄儿童的表现如下：

3 岁儿童，还不会进行类比推理，作业中不回答或随意乱答或错误回答。

4 岁儿童，类比推理开始发展，水平很低，有时选择正确但不清楚选择理由。这个年龄段儿童出现根据两种事物之间外部共有的或部分特征进行初级形式的类比推理。例如，不少人对“水果/苹果，文具/?”的类比项目，虽然能够正确选择“铅笔”，但他的理由是看见文具图片中有一支铅笔，认为“铅笔跟铅笔(文具中的)是一块儿的”或“铅笔也是写字用的”，而没有理解苹果是水果中的一种，不是基于对水果/苹果是种属关系的理解，去类比铅笔是文具的一种，从而推断出应该选择铅笔。因此，这个阶段儿童的类比推理还不能算是真正的类比推理，只能说是萌芽状态。

5岁和6岁儿童，大体上可以看出两图形之间次要的(笼统的)不同或两物之间的外部的(次要的或局部的)关系，部分儿童基本上理解两图形(两物或数)之间的关系，但没有达到较高级水平。

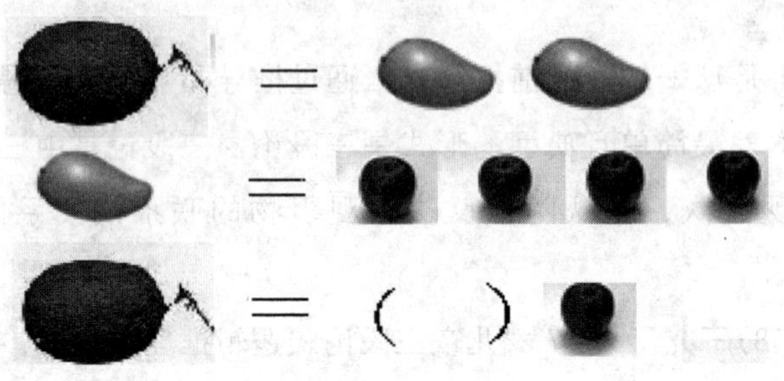

图 5-4　水果换算

(说明：一个哈密瓜等于8个苹果)

训练学前儿童从特殊到特殊的推理，可以利用画面的各种逻辑关系：种属关系、整体局部关系、相反关系、演化关系、场所关系、功用关系、因果关系、组合关系、并列关系。例如，根据种属关系，对沙发和家具、电视机和家用电器、碗和餐具、裙子和服装等，让儿童进行相应地布置。还可以联想生活中的种属关系，如猫和家畜、狮子和野兽、春天和季节、天安门和建筑物、天空和交通场所等。

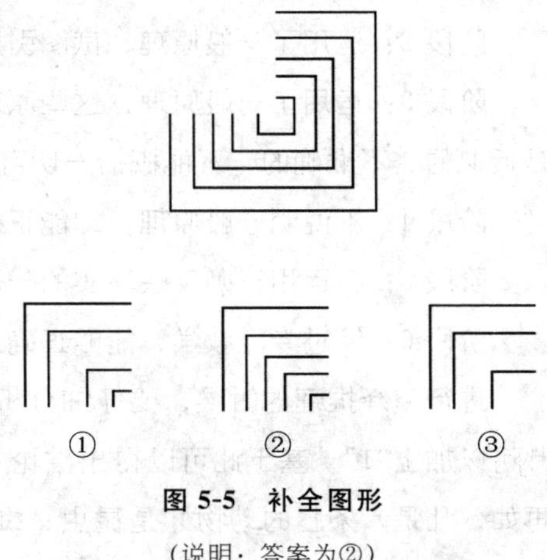

图 5-5　补全图形

(说明：答案为②)

第三课　一种特殊的推理：学前儿童极限概念的认知特点与教育

一、极限的含义

极限(limit)是分析数学中最基本、最重要的概念之一，它从数量上描述变量在无限变化过程中的变化趋势——终极状态。① 早在远古时代，朴素而直观的极限概念比其他任何

① 林泳海，翟惠敏．5～9岁儿童极限概念认知发展的实验研究[J]．心理科学，2006(2)．

概念更能激发人们的感情，而且两千年以前，人们已经产生了对数学无穷的萌芽认知。[1] 19 世纪初，牛顿(Newton)和莱布尼茨(Leibniz)，把变量引进了数学中，给了人类有史以来最伟大的极限概念，即极限这种事情是存在的，无穷逼近而又永远无法达到既是可能的也是现实的。认知永远具有相对性和不确定性，绝对确定性的知识是不可能的。当我们接受了极限概念，那么再看主体理性和“存在”之间的有限与无限的鸿沟不但不再是悖论，而且完全是本应该如此的具有充分合理性的事实，那么儿童要到什么时候才能具有极限概念呢？

就这个问题，皮亚杰(1985)曾做过相关研究，认为极限概念在任何程度上都不依赖于儿童在学校里所获得的经验，而是必须等到适当的智慧发展阶段才出现；对于极限概念来说，儿童获得的年龄是相当晚的，大多儿童要到 11 岁或 12 岁才能在某种程度上理解极限概念。

针对皮亚杰的这个观点，学术界所做的相关研究少之又少，使其更具神秘性。另外随着时代的变迁，儿童对于极限概念认知的产生时间可能会存在一些变化。

名言点睛

一切推理都必须从观察与实验得来。

——伽利略

二、学前儿童极限概率的活动及发展特点

活动一　画最小方形

画最小正方形和最小长方形。以所画的最小正方形和长方形的边长为准，5 毫米记为 0 分；4 毫米记为 1 分；3 毫米记为 2 分；2 毫米记为 3 分；1 毫米记为 4 分；画成一个点则记为 5 分。

5～9 岁儿童画最小正方形和最小长方形主要有以下三种表现。

表现 1：所画的正方形(长方形)忽大忽小；

表现 2：所画的最小正方形(长方形)可清晰看出正方形(长方形)的形状；

表现 3：所画最小正方形(长方形)形似一个点。5 岁儿童有了序列大小意识的表现，但没有极限的想法；而 9 岁的儿童有 20%在作业中表现出极限的思想。

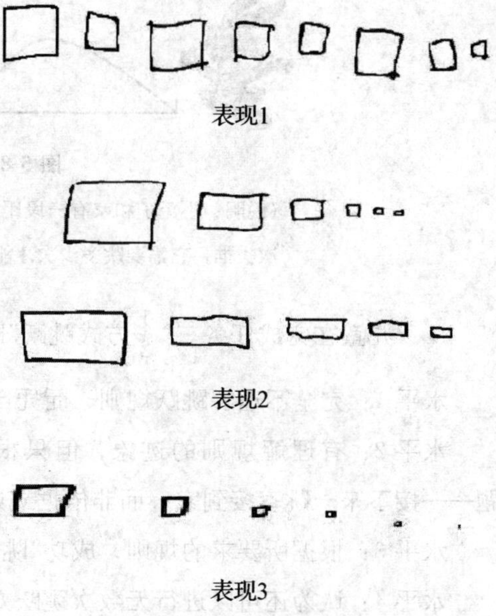

表现1

表现2

表现3

图 5-6　任务一　画最小方形

活动二　线段加点

在 3 厘米长的线段上添加点。添加 10 个以内的点则记为 0 分；添加 11～20 个点记为 1

① 韩雪涛．数学无穷思想的发展历程[J]．语文新圃，2006(3)．

分；添加 21～30 个点记为 2 分；添加 31～40 个点则记为 3 分；添加 41～100 个点记为 4 分；添加无数点则记为 5 分。

儿童在线段上所添加的点的类型多种多样。

类型 1：曼陀罗型或者空心圆点；

类型 2：短线条状的点；

类型 3：正常的点的形状。5 岁儿童添加点的情况明显有别于其他年龄组的儿童，此年龄儿童所画的点的类型种类最多。在 6 岁、7 岁和 9 岁儿童中，绝大多数所画的点属于类型 3。

类型3

图 5-7　任务二　线段加点

活动三　$\frac{1}{2}$方式跳跃

每次跳到剩余路程的中点是否能够到家。不理解记为 0 分；仅成功跳跃 3 次记为 1 分；成功跳跃数次并通过主观意识进行判断记为 2 分；认为越来越接近家且再跳几下能到家记为 3 分；永远离家有一定距离但不能到家记为 4 分；认为持续跳无数次就可以到家则记为 5 分。

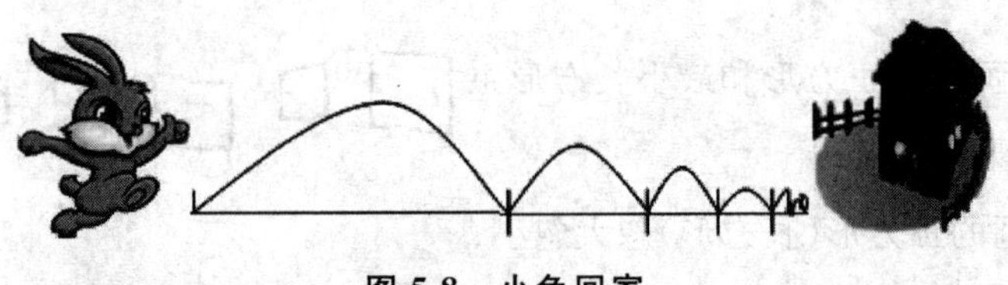

图 5-8　小兔回家

（说明：小兔子和家有一段距离，每次往前跳这段路的一半，依次类推，它需要跳多少次才能跳回家?）

儿童在完成任务三“$\frac{1}{2}$方式跳跃”时行为表现有以下几种水平。

水平 1：完全不理解跳跃规则，而凭自己喜好进行；

水平 2：有理解规则的迹象，但只根据规则成功“跳跃”了 2～3 下，就出现了问题——接下来一跳直接到家，而非依据规则继续；

水平 3：根据所要求的规则，成功“跳跃”了数次并认为不能再跳了，已经到家了；

水平 4：认为还可以进行无数次跳跃方才能到家。

图 5-9 任务三 “$\frac{1}{2}$方式跳跃”

5 岁儿童中绝大多数对所提出的要求完全不理解，仅 15％的儿童能正确按规则跳跃。而在 6 岁儿童中就有了明显的变化，有 75％的儿童处于水平 3，此阶段儿童对“一半”的理解已经处于相对比较稳定的层次。与 6 岁相比，7 岁变化不大。在 9 岁儿童中，100％的儿童都能理解规则，很顺利地完成跳跃，意味着此阶段儿童极限概念发展的水平高。

活动四　分割正方形

遵循等分方式来分割边长为 4 厘米的正方形。不理解并且不会模仿范例记为 0 分；完全模仿范例记为 1 分；模仿范例且之后还能进行分割记为 2 分；独立成功分割数次记为 3 分；头脑中认为还可继续分割数次记为 4 分；可进行无数次分割记为 5 分。

儿童在分割正方形时出现了以下几种情况。

情况 1：小型方格网分割；

情况 2：小型方格网分割另外还有其他分割方式；

情况 3：仅分割 4～5 次就结束了，且能隐约看出有按规则分割的迹象；

情况 4：分割到后来出现混乱现象；

情况 5：将整个正方形对称的分割，具体是按什么规则很难判断；

情况 6：从分割的结果来看，属于正确按照要求分割。

5 岁中 60％的儿童不能按规则完成分割；而且 5 岁、6 岁儿童表现出多种分割形式。7 岁和 9 岁中各有 80％以上的儿童能正确分割正方形，这也是一个显著的变化。

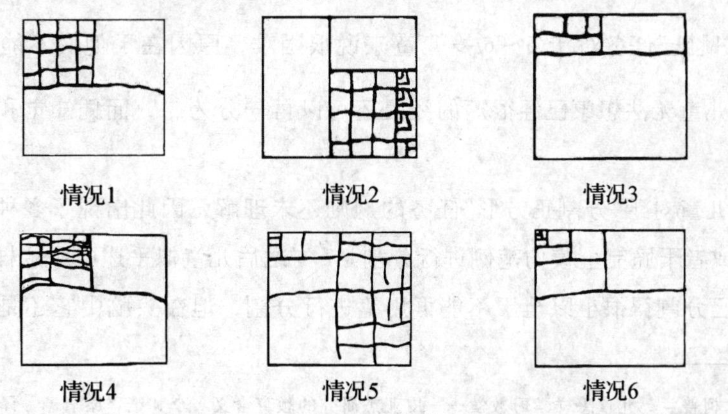

图 5-10 任务四 “分割正方形”

三、学前儿童极限的教育指导

(一)了解学前儿童极限概念发展的趋势

儿童的极限概念随年龄的增长而发展，儿童对极限概念的理解也由主观意识为主逐步转变为客观认知。比如，在回答“为什么你认为小兔可以跳回家?”这一问题时，5 岁年龄组的儿童有很多会摆出“坚持到底就是胜利”“小兔跳一会，休息一下，然后再跳，于是就到了”等主观性理由；而到了 7 岁之后，儿童就更多地以“小兔这样一直跳，离家就越来越近了，它最后能到家”这类比较客观的理由来回答。很显然，成熟是影响儿童极限概念水平变化的一个因素。而 6～7 岁极限概念的飞跃是否与儿童从幼儿园进入小学有关?这与皮亚杰认知发展的阶段过渡是一致的。

(二)把握学前儿童极限概念的认知特点

在先前的研究中，皮亚杰(1985)认为,① 让儿童画出他能够想出来的最短的一条线段或最小的一个正方形时，处于第一阶段的儿童不相信某种无法见到的物体会存在。从七、八岁到十一、十二岁，儿童经历了第二个阶段。在该阶段中，他承认有进行更多次等分的可能性，但是他不会把次数看作是无限的，他还无法超越有限或看得见的大小来做概括。在本研究中，儿童极限概念认知的年龄与上述一致。

(三)让学前儿童在各类活动中感知与体会极限概

5～6 岁儿童在“画最小的方形”的任务中，通常会出现将正方形或长方形画得忽大忽小的现象，这可能与他们的小肌肉控制能力弱和认知发展水平低有关。

5 岁儿童在线段加点任务中表现出的类型有多种，所画的点不是曼陀罗型就是短线状，但自 6 岁之后，儿童开始对“点”有了较为明确的认知，基本上都能画出正常的点的形状，这种认知有利于儿童极限概念的发展，因为极限的中心是“无限缩小就变成了一个点”。

“$\frac{1}{2}$方式跳跃”任务对于 5～6 岁儿童来说很困难，原因在于他们不能理解“等分”概念。6～9 岁儿童无法想象已经很短的线段还可以再一分为二，而凭知觉和主观意识来进行判断。

5～6 岁儿童对于“分割正方形”任务的规则还未理解，因此出现了多种令人琢磨不透的“作品”，或者干脆完全模仿范例进行分割。7 岁之后儿童似乎达成了这样一种共识——虽然正方形已分割得很小以至于不能再用笔进行分割，但在头脑中它还是可以进行分割

---

① R. W. 柯普兰 . 儿童怎样学习数学——皮亚杰研究的教育含义 . 李其维，康清镳，译 . 上海：上海教育出版社，1985：254～263.

的。7～9 岁儿童基本上都认为这种在头脑中再分割的次数是有限的，而非无限的，说明这个年龄段儿童的极限认知还是存在着一定局限性。

另外指出一点：各个年龄阶段的儿童都愿意在主试的引导下继续添画更小式样(画方形、添加点、跳跃和分割正方形)，然而他们常常是在再次尝试 2～3 次之后才宣告“已经尽了全力”，这一现象的原因未经进一步研究。对于极限概念中的认知机制也需要进一步研究。

特别指出，儿童现实生活中会遇到很多与极限有关的事件，成人要及时引导儿童去观察与思考。

图 5-11　徽州古建筑

(说明：形状、层次、比例、尺寸、式样，几尽完美)

单元小结

本单元详细地阐述了学前儿童数学学习中序列和式样、分类和推理以及极限的发展特点和教育指导，为学前儿童的教育和教学提供了参考，能更好地促进学前儿童数学能力的全面发展。

思考与练习

1. 式样和序列有什么关系？
2. 式样和序列都有哪些适合学前儿童的活动？
3. 学前儿童的分类学习应注意什么？
4. 学前儿童的推理活动有哪些？
5. 学前儿童极限的发展特点是什么？

延伸训练

2～3 人组成一个小组，到附近的一个幼儿园，下午户外活动时间带 10 个左右的学前儿童，到不同的树下，引导儿童观察不同树木的树叶，描述树叶的形状、大小，观察小树枝的形状，大树枝的形状，整个大树的形状，看看这些小的、大的形状之间，有无类似性。观察一棵树，虽然每一片树叶的大小不同，但其共同的特征是什么。回到班里，要求儿童画上所看到的树，包括大树、树干、树叶等，体会式样的概念。

补充资源

本单元教学目标与数学活动设计举例如下。

年龄	逻辑推理学习与发展的具体目标
3～4 岁	能够按照事物的特征和属性进行一一对应。 能将具有相似特征的元素集合在一起，并找出特征中最突出和最不突出的那个。 比较两个等价集合元素之间的对应关系(5 以内的同类物品)。 按照物品的一维特征进行粗略的分类(颜色、形状、大小等)。 利用比较进行简单的排序。 感知事物的排列规律，体会式样的含义。
4～5 岁	观察事物特征，感受整体与部分的关系。 能联系实际，根据事物的抽象特征进行分类。 观察图形的排列规律，进行简单的推理。 按照事物的多维度进行上下层级分类。 能联系实际，根据事物的抽象特征进行分类。 通过线段添点体会极限的意义。
5～6 岁	能在多种情境下进行简单的传递推理和数值推理。 观察事物的多维特征，进行分类和推理。 感知不同式样的特点，尝试创造不同的式样。 通过等量关系学习等值换算，进行简单的符号传递推理。 在分割图形活动中体验极限的意义。

活动方案 5-1　三只熊——一一对应(3～4 岁)

活动目标

1. 通过训练锻炼学前儿童按照物体的特征进行一一对应和分类的能力。

2. 训练学前儿童对两个等价集合元素的比较和对应。

活动准备

1. 图片或者公仔玩具熊 3 个(大、中、小)；

2. 各种餐具、水果实物(大、中、小)若干；

3. 鞋子卡片多张(分为爸爸、妈妈和儿童的)。

活动过程

1. 小朋友，我们听过三只熊的故事对吧，今天三只熊到我们家来做客了。

2. 请儿童把三只熊从大到小并排放好，并给三只熊命名，如这个最大的是熊爸爸，这个最小的是熊宝宝，这个不大不小的是熊妈妈。

3. 请儿童根据各种餐具、水果实物的大小来分一分，边分边引导儿童说：最大的苹果给熊爸爸，最小的苹果给熊宝宝等。

4. 出示不同大小的三双鞋子，让儿童进行辨认，哪双是熊爸爸的，哪双是熊妈妈的，哪双是熊宝宝的。你来帮他们分一分吧。

活动延伸

通过故事形式引导一一对应的逻辑关系，使数学变得更有趣。大中小是物体空间的三个水平，分别对应于其他物体的大中小，使儿童感受到两个方面的序列和对应。本方案中，熊爸爸、熊妈妈、熊宝宝，分别对应于大小不同的三双鞋子，分别拥有大小不同的三个苹果，儿童有这方面的生活经验，就很容易接受这个数学知识点。鼓励儿童在生活中发现各种有趣的对应关系。进一步的活动是：父母在超市购物时可以有意选择不同大小的物品；可以在儿童操作时，播放《三只熊》的故事碟片或磁带。

（设计者：曹琪）

活动方案 5-2　兔子的连衣裙——部分与整体(4～5 岁)

活动目标

1. 了解拼图的基本方法，初步感受物体中整体与部分的关系。

2. 在情境中体验自己独立完成一条连衣裙的成就感。

活动准备

1. 印花连衣裙(分割为 4～5 块)、固体胶、连衣裙底板、衣架、蓝色盒子人手一份。

2. 商店背景图、兔子玩偶、装有礼物的礼品袋、黑板。

活动过程

(一)教师引导

学习从部分判断整体，了解兔子来做客的原因。

1. 观察黑板后的两只耳朵，猜猜今天来做客的动物是谁？你从哪里看出来的。

2. 出示整个兔子玩偶，对儿童的判断给予验证，同时引出情境。

(1)和兔子打招呼。知道兔子要开连衣裙商店的秘密。

(2)在黑板上出示裙子底板和一些碎布，以兔子的口吻告诉儿童它们使用的方法和用处，请儿童帮忙制作连衣裙。

(二)儿童模仿

学习用观察、拼搭的方法制作一条连衣裙。

1. 观察碎布的花纹，猜猜拼出后的连衣裙会是什么图案？

2. 教师示范错误拼图，集体讨论拼图的方法。

(1)教师将耳朵一正一反放置，兔子的耳朵在脸的上方。

(2)教师手指胡萝卜，这是什么？那要找有什么图案的布头？

(3)两块碎布上都有兔子的脸，应该选哪块？

(4)教师手指连衣裙中的蓝色衣领，这是什么？(关注儿童对衣领的方位判定，学习拼图时如何选择第一块的方法)

(三)儿童操作

1. 儿童自主选择操作盒进行制作，教师个别指导。

2. 师幼共同验证对错。

活动延伸

学前儿童的加减法是建立在部分与整体关系的基础上的，部分数加部分数是和，反之，整体数减去一个部分数，即另一个部分数。像拼图类似的活动，不仅使儿童获得空间经验，也能体会并获得逻辑关系能力的发展。完成活动过后，教师可以在教室中创设"兔子的连衣裙"的区角，从而帮助儿童巩固整体与部分的关系。

（设计者：戴慧丽）

活动方案 5-3　有趣的几何图——式样推理(4～5 岁)

活动目标

认识几何图形，并按顺序排列。

活动准备

几何拼接玩具中的圆、三角形和正方形，各种不同的大小、颜色。

活动过程

(一)代表什么

拍一下手代表一个○，用跺一下脚代表一个△，用跳一下代表一个□，用点一下头表示一个▭，确保儿童将图形与动作正确匹配。让学前儿童用动作表现如下图形(先个别表演，再一起表演)：

(1)○△△□□□□□□□

(2)○△□○△□○△□

(3)○△○△△○△△△○△△△△

(二)缺了什么

(事先准备好这些图形)教师按照△□○△□○△□○排列连接拼排几何文具，然后拿掉其中任意一个几何图形，让儿童找出缺掉的那个，要求颜色形状大小都要和原来的一样，教师喊开始找，看谁找得快且对，然后拆成三个△□○演示给学前儿童看。再加一个图形同样做一遍○△□○○△□○○△□○。最后让儿童用动物叫，如猫、狗、鸡、羊等叫声来表现上述模式。先请儿童个别表演，再让儿童四人一组，每一儿童代表一种动物叫声，围成一圈表演。

活动延伸

运用不同的形式，如动作、声音、图像等，让学前儿童体会序列或式样的逻辑美感，趣味性很强。鼓励儿童创造一些式样，发挥儿童的想象力。可以让儿童玩双式样接龙游戏，如拍手同时呈现○，跺脚同时呈现△，跳一下同时呈现□，然后依次进行下去。

（设计者：赵志远）

活动方案 5-4　有趣的卡片——规律变化(5～6 岁)

活动目标

学习逻辑推理中有规律的数量增减问题。

活动准备

黑板、粉笔、演示图若干、练习纸、蜡笔。

活动过程

（一）出示附图

让学前儿童先观察其排列的规律，尝试在空格处画出正确的点数及排列形状。

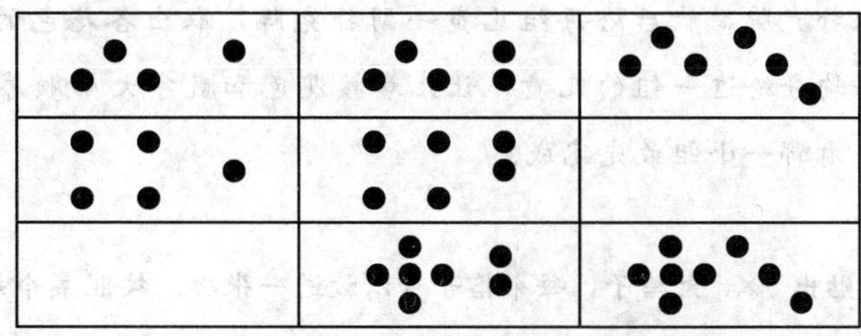

图 5-12

（二）演示讲解

教师先从横的一行来讲，并在三图之间画上竖线，引导儿童自己观察三条竖线左右各有什么变化规律（左边的点子保持形状和点数不变，右边的点数逐渐增加一点），用算式来清楚地表示就是 3＋1，3＋2，3＋3。再从竖的一列来看（以中间一列为例），同样的一格中的点数也可以分为左右两部分，从上到下变化依次是左边的点数依次增加一点，从三点到五点，而右边则保持两点不变。用算式表示就是 3＋2，4＋2，5＋2。讲完以后再让儿童思考空格处该填什么。

（三）尝试列算式

教师让儿童尝试，按照教师已经列出来的算式列出点数与排列相对应的算式，每一组儿童列一个算式，并算出答案。

活动延伸

各种排列方式的点子图，不仅在数量上有变化规则，在形状排列上也是有变化规则的。卡片本身包含了许多数量和空间的逻辑。在儿童反复游戏中，会加深对这些卡片的印象，发现其中的奥秘。进一步的活动可以将实物数量的增加与数量点子的增加相对应，来更好地理解数值的推理过程。

（设计者：程国）

活动方案 5-5　玩扑克——序列（5～6 岁）

活动目标

在序列活动中锻炼学前儿童的思维能力。

活动准备

扑克牌若干副。5×5 的格子一张，每个格子中按一定次序填写数字或字母构成迷宫。水果剪贴图若干，分别为苹果、梨、桃三样。

活动过程

（一）排顺序

教师拿出一副扑克牌，跟儿童一起认识扑克牌正面的图形、数字，并让儿童具体操作：

(1)按顺序排列从 A—K，认识四种花色。

(2)每人一个花色分发，选出单数排列；选出双数排列；四种花色排列。

(3)扑克牌接龙。

先教儿童认识扑克牌，然后给每组儿童一副扑克牌，取出各花色的 5 按花色排成 4 行，把剩余的牌平均分给这一组的儿童，让儿童按花色和数字大小顺序排好，事先演示让儿童知道规则，看哪一小组最先完成。

(二)走格子

教师在黑板上贴出 5×5 大格子，每个格子可以放进一张牌。按照某个规律，让儿童仔细观察，如何走格子，然后问儿童，按 AB、ABC 两种规律走，线路是否一样？请儿童尝试。

活动延伸

找规律或序列活动，是逻辑推理的一种简单的形式。这方面的活动可以很好地训练学前儿童的思维。日常生活里很多装饰都含有式样，鼓励儿童在生活中发现这类事物的序列。教师可以引导儿童注意观察日常生活中经常出现的等量代换。比如，一个碗对应两根筷子。

（设计者：单姗）

活动方案 5-6　换水果——传递推理(5～6 岁)

活动目标

1. 逻辑推理中符号次序传递性推进的学习。

2. 简单等量代换的学习。

活动准备

1. 5×5 的格子一张，每个格子中按一定次序填写数字或字母构成迷宫。

2. 香蕉、苹果、梨三种水果的图片若干。

活动过程

(一)传递推理

教师出示香蕉、苹果、梨三种水果的图片，然后用等号表示其等量关系，由儿童推理出结果。

一根香蕉＝两个苹果

一个苹果＝两个梨

一根香蕉＝(　)梨

随后进行几何图形的推理。

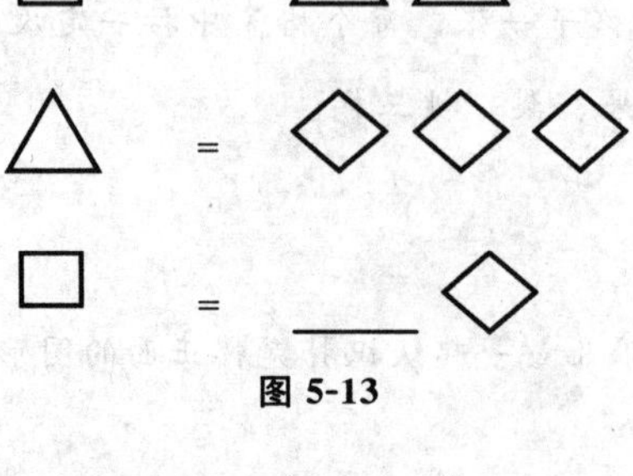

□ ＝ △△

△ ＝ ◇◇◇

□ ＝ ＿＿ ◇

图 5-13

(二)等量代换

教师先从日常生活中的细节提问儿童，诸如一只碗要配两根筷子，那么两只碗要几根筷子？又如一个人有两只眼睛，两个人呢？三个人呢？如此提问完毕，教师在黑板上列出等式(图片展示)，如下：

(1)一只梨＝两个苹果，那么两只梨＝(　)苹果；

(2)一只梨＝两个苹果，一个苹果＝两只桃子，那么一只梨＝(　)桃子。

活动延伸

等量代换，涉及逻辑推理，学前儿童需要有一定练习基础和经验，才能完成这类活动。教学中可从具体的、简单的事物入手，鼓励儿童尝试错误，一旦发现规律，就容易进行这些推理活动。如果比较熟悉了，可以采用一些比赛的方式，提升儿童对思维游戏的兴趣。

(设计者：单克恬)

单元六
学前儿童的时间概念

学习目标

- 了解时间的含义
- 掌握学前儿童时间认知的特点
- 理解学前儿童的时间认知活动
- 学会学前儿童时间认知的教育指导

情境导入

今年带幼儿园中班的刘老师有着多年的教学经验，今天几位年轻的教师要听刘老师以“认识时间”为主题的数学课。课上，刘老师先和小朋友一起说了说昨天发生了什么事情，今天发生了什么事情，明天打算做什么。让小朋友们体会昨天已经过去，明天还没到来。并且，练习使用昨天、今天、明天等表示时间概念的词。然后，拿出一张准备好的绿豆芽生长过程中各阶段的图片（刚放进水里的豆子、已发出根须的、长出小叶片的、长成长长豆芽的各一张）。请小朋友按其先后顺序排列，说出自己是怎么想的和这样摆的理由。并和小朋友们一起总结植物的生长过程是有时间顺序的，先长出什么，再长出什么，最后长出什么。最后，在一首名为《小豆芽》的歌曲中，结束了这节课。

问题：在这个课上儿童在时间概念方面有何收获？

案例点评：学前儿童抽象思维水平较低，对于时间等抽象概念的认知也有一定的难度。因此，必须借助于现实情境和具体事物，促进学前儿童对时间概念的掌握。案例中的教师就是通过现实情境故事来引导学前儿童体会昨天、今天和明天的时间概念，并通过引导学前儿童观察绿豆芽生长图片来感知时间概念特征，很好地促进了学前儿童对于时间概念的掌握。

第一课　学前儿童时间认知的特点

一、时间的含义

时间是无限与有限的统一。就宇宙而言，时间是无限的，无始无终；就某一具体的个别事物而言，时间又是有限的。在生活中，时间是指事件发生次序的概念，也可以指事件发生的长短，即时间的次序性和绵延性。时间是学前儿童认识世界、学习数学的重要内容之一。

拓展阅读

速度认知的实验

皮亚杰认为，儿童对时间的理解受到知觉的影响，以下面的实验来证实。实验者把两个娃娃放在起跑线上，发出一声信号(如敲一下桌子)后，两个娃娃开始赛跑，一个娃娃比另一个快些，实验者再敲一下桌子，两个娃娃都停下来。

提问："这两个娃娃是否在相同时间起跑？是否在同一时间停下?"儿童有两种水平的回答如下。

水平1：两个娃娃不是同一时间停下的。一个娃娃晚停下，因为他跑得远些。儿童将时间和空间混淆了。

水平2：能够将时间和空间协调起来，对时间的理解不再受速度的影响，不受知觉局限。

时间在不同维度上表现出以下特点：第一，流动性。时间与物质的运动相联系，是一分一秒地过去，川流不息，不以人的意志为转移的。第二，不可逆性。时间不能倒转。第三，连续性。时间是永远不能也不会间断的。第四，周期性。时间是一分一秒地流逝，且又是交替更迭，日复一日，年复一年，周而复始的。第五，抽象性。时间没有直观的形象，既看不见也摸不着，需通过媒介来认识时间。例如，太阳的升落、季节的变化等；机体内部的有节奏的生理活动，如饥饿、心跳等；还可以是测量时间的工具，如钟表、日历等。第六，相对性。时间的程序不是绝对不变的。例如，某一天的晚上比该天早上晚，但今天的晚上则比明天的早上早。教学中，教师要注意从不同维度的特点入手，通过不同计时工具让学前儿童对时间有全面、完整地认识。

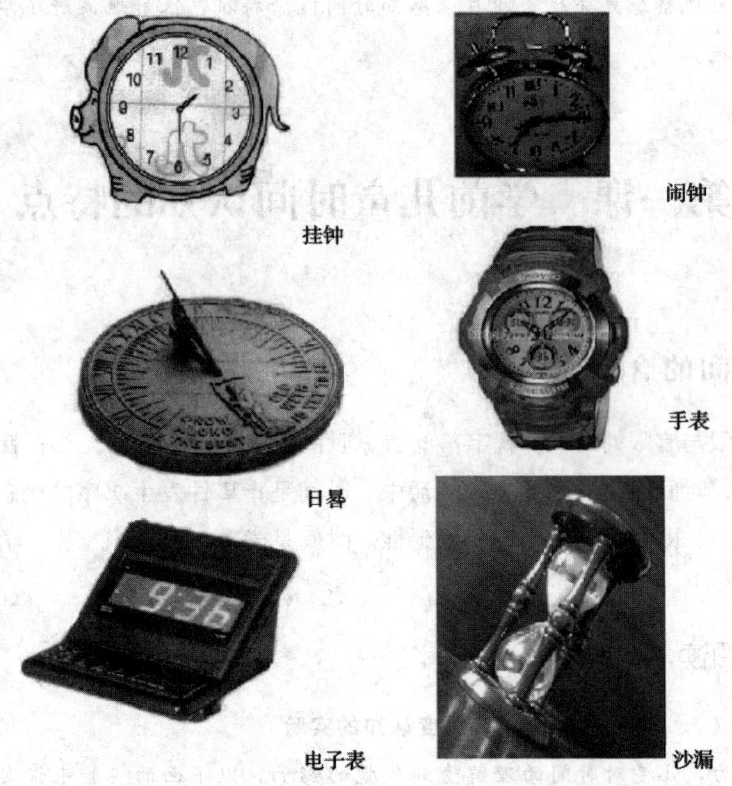

图 6-1 计时工具

（说明：体会不同计时工具的道理，即时间与运动之间的关系）

二、学前儿童时间认知的特点

(一)学前儿童关于时间本质的认知

1. 时间次序性认知

时间次序性认知，是指对客观现象顺序性的认知，即将两个和两个以上的时间点，按顺序将其组织起来。这种时序认知能力，是学前儿童的认知和言语水平发展达到一定程度才能具备的。根据方格等(1984)的研究，① 学前儿童时间次序性认知有以下特点。

(1)时间次序认知由近及远、由短周期到长周期

学前儿童最先认识的是一日之内的三个较大的时间单位，即早晨、中午、晚上，然后认识一周之内的时序，最后是对一年之内季节的认识。5 岁儿童对日、周、年按时序排队的成绩有极其明显的差异。6 岁对日、周差异已不明显，而对季节的认知成绩仍显著低于其他两项。一直到 8 岁，对周和季节的认知水平才达到或基本接近儿童在 7 岁时对日的认知水平。

“一天”包括从日出(天亮)到日落(天黑)这一完整的周期，这种自然现象的规律性变

① 方格，方富熹，刘范．儿童对时间顺序认知发展的实验研究 I [J]．心理学报，1984(2)：54.

化，每日周而复始地进行着，且早、午、晚都有明显的时间参照物；而星期一、星期二……形成不了自然现象规律性变化的周期，亦没有明确的时间参照物，而且从有机体生理过程节律来说，也是以一天24小时为周期来调节人的生命活动的。这种直接的生活经验，儿童印象特别深，容易形成时间表象，因而对一日内的时序的认知早于对一周、一年之内时序的认知似乎是合理的。季节的变化周期间隔的时间很长，儿童尽管知道有小树发芽的是春天，可以游泳的是夏天，有树叶飘落的是秋天，下雪的是冬天，但他们却不容易对季节之间的变化顺序形成深刻的印象，对其认知也较晚。

(2)时间次序认知先固定性后相对性

时间程序不是绝对的，如某一天的晚上，相对于今天早上和中午，它又是前项了。然而学前儿童对时序相对性的认识，时序的这种“亦此亦彼”的性质，认识较迟。当理解一日之内早晨、中午、晚上的时序之后，往往认为早晨是“第一”的，把时序看作孤立、静止和固定的，把它从整个时间流中割裂开来，不懂得今天的早晨相对于昨天晚上，它又是“第二”的概念。4岁儿童基本上还不具有时间相对性概念，6岁儿童通过这一项目的也仅约40%。对周、季节的相对性的认识只有到6岁后才有明显飞跃。这些都证实了儿童先认知时序的固定性然后认知时序的相对性。

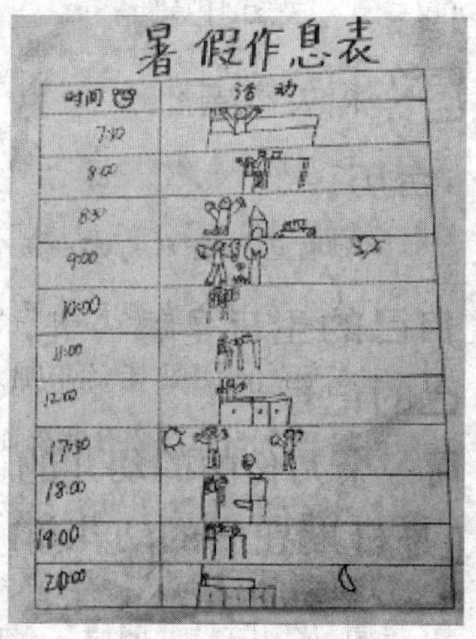

图6-2　暑假作息表

(说明：学前儿童知道每天什么时间做什么)

(3)对时间次序性理解以本身生活经验为参照物

学前儿童认识时间往往把熟悉的有兴趣的事件联系在一起，并作为参照物。例如，太阳升起来了，小朋友起床、刷牙，这是早晨；学习、游戏是白天；天黑了，有星星是晚上。生活作息表和日月运行等参照物，对学前儿童认知时序起着重要作用。

2. 时间绵延性认知

时间绵延性，也称时距，是客观现象持续性的反映。例如，物体在位移运动中从甲处到乙处所经历的时间。由于时间的抽象性，儿童时间持续认知的发展是较慢的。

林泳海(1996)①通过“龟兔赛跑”的故事调查了学前儿童的时间持续性认知。结果表明：4.5岁儿童没有时间持续认知概念，这与方格等的研究中4岁儿童基本没有时序概念在年龄上是一致的。5.5岁儿童开始有时间持续概念，6.5岁儿童初步掌握时间持续概念，这都要比皮亚杰认定的年龄早得多，比黄希庭等研究②“5岁、6岁儿童基本没有时间概念”的年龄要稍早些。时代的变化，导致当下儿童时间认知水平较之前一些年代的儿童有了提升。

---

① 林泳海.4.5～7.5岁儿童时间持续认知发展的实验研究[J].心理发展与教育，1996(1)：19～20.

② 黄希庭，杨宗义，刘中华.5至9岁儿童时间观念发展的实验研究[J].西南师范大学学报(自然科学版)，1980(1).

(二)学前儿童时间词汇的发展

越是与生活有联系的时间词汇，如“早上、中午、晚上”等，学前儿童越容易掌握。而那些与儿童生活联系不紧密的时间词汇，如“分钟、小时”等，则较难掌握。儿童对时间的理解是从和生活紧密联系的“一天”开始的，然后逐渐向更长和更短的时间延伸。学前儿童时间词汇掌握的发展特点是：

3～4 岁儿童能掌握一些最初的时间概念，如“早上、晚上、白天、黑夜”，但对时间的理解往往和生活中的事件相联系，平时能出现“昨天、今天、明天”的词语，但还不能掌握其含义。

4～5 岁儿童能知道经过“早晨、白天、晚上、夜里”就是经过了一天，能够逐步认识“昨天、今天和明天”。

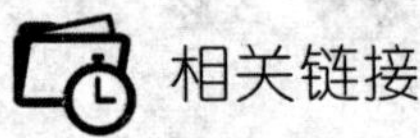

相关链接

出生的时间认知问题

- 你自己的生日是哪一天？
- 你能在日历上找到自己的生日吗？
- 在同一个月出生的小朋友，是 2 日出生还是 5 日出生的小朋友年龄大？
- 同一年出生，2 月生日的小朋友年龄大还是 9 月生日的小朋友年龄大？
- 是 2000 年出生的小朋友年龄大还是 2002 年出生的小朋友年龄大？

5～6 岁儿童对时间的认识逐渐向更长、更短的时间段扩展，能认识“前天、后天”，具有“星期”及“几点钟”的概念。这说明，儿童在初步建立起时间更替(周期性)观念的同时，还发展着对时间分化的精确性，能区分较小的时间单位(如认识时钟上的整点与半点等)。

随着认知的发展，学前儿童获得时间词汇本身的“实际意义”，学前儿童开始懂得，“早晨”是起床刷牙的时间，白天是爸爸妈妈上班的时间。还懂得，“早晨”在一天中是“第一”的，但相对于昨天晚上，它又是“第二”的，获得了时序相对性的认识，达到了时间词语与时序认知统一的水平。

(三)学前儿童关于年龄的认知

根据林泳海等(2001)研究,[①] 年龄认知是时间认知的重要方面。实验者向学前儿童提问：

第一组　年龄比较

(1)“你几岁了？”“你和弟弟谁大？为什么？”

(2)“你和妈妈谁大？为什么”

(3)“你的奶奶比你妈妈大吗？为什么？”

---

① 林泳海，马丽莉．3.5～5.5 岁学前儿童年龄认知发展的研究[J]．心理学探新，2001(4)：29～34.

第二组　出生先后标准

(4)“你出生时是几岁?”

(5)“你和妈妈谁先生出来的?”

(6)“你奶奶出生时是几岁?”

第三组　时间变化标准

(7)“你上学时你和小红谁大?”

(8)“你长大时，你和妈妈谁大?”

(9)“你妈妈的年纪每年还会增加吗?”

儿童有三个水平的回答。

水平 1：没有时间连续性观念，其回答具有原始直觉的性质。例如，“我比妈妈大，因为我出生时第一次看到妈妈”“我奶奶出生时已很老了”。

水平 2：能根据现时年龄推断出谁先出生。但这时儿童把年龄(时间)与大小(空间)等同起来。例如，“我比弟弟大，因为我先出生的。弟弟长大时，他比我年龄大了，因为他长得比我高大。”另一些儿童，不能根据现时年龄推断出谁先出生，但是他们认识到当他长大时，他和弟弟的年龄差异将保持不变。

水平 3：时间认知是基于逻辑的而不是知觉的。儿童能够理解两种观念：一是各种事件在时间上具有先后顺序的观念(借助时间或出生的次序)，如“如果我的年龄大，那么我必定先生出来”。二是具有了时间绵延的观念，如“如果我大 5 岁，我将永远大 5 岁”。

拓展阅读

皮亚杰关于时间认知的实验

两只容积相同的玻璃瓶Ⅰ和瓶Ⅱ。瓶Ⅰ中注满有颜色的水，每隔规定好的时间，让一定量的水从瓶Ⅰ流入瓶Ⅱ。给儿童 6 到 8 张图纸，上面印有瓶Ⅰ和瓶Ⅱ的画面，每次水流动后要求儿童记下每只瓶中水面的位置。

作业 1：实验完成后，把这些图片打乱，然后要求儿童把图片按照次序排好。

作业 2：把每一张画里的瓶Ⅰ和Ⅱ剪开。使得上面瓶子与下面瓶子分离。次序打乱后，要求儿童把瓶Ⅰ的画与相应的瓶Ⅱ的画配对。

作业 1 中把瓶Ⅰ各图和瓶Ⅱ各图依序排列起来，是次序关系。而绵延关系，是指儿童理解水从瓶Ⅰ中的一个标记到下一标记所经过的时间，与瓶Ⅱ中的一个标记变到下一个标记所经过的时间相同，这就是时间的绵延性。儿童完成作业 1 和作业 2，这实际上是将两种运动协调起来，形成一种所谓“共进序列”(coseriation)，即时间本质。

提问：水从瓶Ⅰ的一个位置到另一位置所经过的时间，同水从瓶Ⅱ的一位置变到另一位置所经过的时间是不是一样长？结果显示：

水平 1：流逝的时间不同。儿童认为，从瓶Ⅰ经过的时间比从瓶Ⅱ经过的时间要长些，因为瓶Ⅰ(上面的瓶子)比较大，里面水较多。儿童思维受知觉局限。

水平 2：时间同速度成反比。从瓶Ⅰ到瓶Ⅱ需要更多的时间，因为瓶Ⅰ中水流出的速度要比瓶Ⅱ中水灌进的速度要快些。就如同“我跑着回家要快些”。事实上，两容器中流出、流进是同时的，具有同步的时间绵延。这种同时性是由连接两个容器的活塞开关实现的。

水平 3：具有了运动同步化的概念。儿童已具有构造一个包含全部瞬时的和事件的时间度量表，能够使两个不同运动的时间同步化。儿童虽然认识到液体的水平面在一个容器中比在另一个容器中移动得快些，但时间绵延是相同的。

将钟表指针的运动与我们的日常生活同步化，即时了解时间的本质。儿童对钟表认识的困难，来自于其没有建立时间本质的概念。

第二课　学前儿童的时间认知活动与教育

一、学前儿童时间认知的常见活动

(一)时间次序性的活动

时间次序的活动，是指要求儿童按照事件发生的先后顺序进行排序。

春　Spring

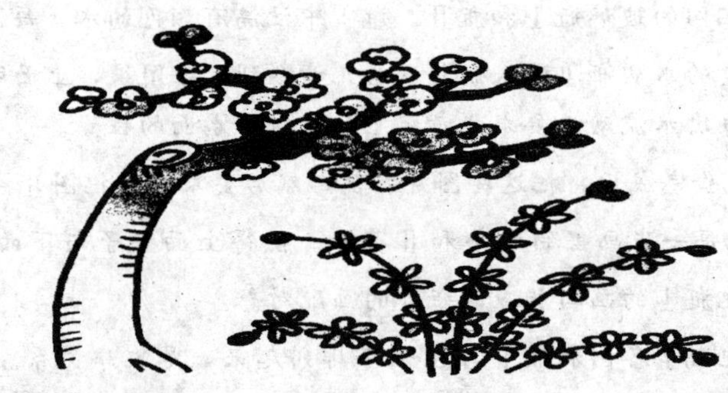

三月桃花红十里，
四月蔷薇靠短墙，
五月石榴红似火。

图 6-3　四季之一：春

(说明：3～5 月，春天是一年中的第一个季节，但它可不是从 1 月开始的，而是从 3 月开始的。春天，天气变暖了，河水化冻了，绿绿的小草从地底下钻出来了，树木长出嫩绿的树叶，花儿也开了，藏了一冬的小动物们也开始出来活动了)

夏 Summer

六月荷花开满塘，
七月栀子头上戴，
八月桂花满枝黄。

图 6-4　四季之二：夏

（说明：四季在我国的北方比较明显，在南方不太明显，6 月到 8 月，在北方正是夏天。夏天，太阳热得像团火，好多花儿都开了，睡莲、荷花、牵牛花，还有金黄色的向日葵。夏天常下大雨，大雨过后有时会有七色彩虹挂在天上，美丽极了）

(二)时间绵延性的活动

“吃饭”“睡觉”和“打针”等活动所用时间是不同的，这是时间的绵延性问题。把不同情境分别以不同图片来呈现，可以要求儿童按照其所用时间的长短对图片进行排序。

(三)时间“等时性”和“共时性”的活动

组织学前儿童观察计时器和操作运动之间的关系。“等时性”指钟表指针的运动快慢是均匀的，其速度不取决于外部的运动。“共时性”指所有钟表指针的运动速度是一样的，它们告诉我们相同的时间。“我做完一件事情与钟表指针所运转的过程是共时的”，即“共时性”。

组织教学活动时，可以让儿童做某些事情，如有节奏地敲击桌子，与钟表指针的运动做比较，以便理解“等时性”。为理解“共时性”，可以让儿童观察各种时钟的指针运动，在不同地点报时等。

(四)时间空间相结合的活动

时间与速度或距离是有关的，在时间不变的情况下，如果速度快，距离就长；或者是相反($T=\frac{S}{V}$)。教学中可以演示两个物体，根据其速度快慢或所经过距离的长短，来判定其所用时间的多少，让儿童体会时间的性质。

(五)计时工具认知的活动

学前儿童入学的第一周，让儿童观察教室里的钟表。讨论关于钟表这个计时工具的用处。慢慢学会看表，认识钟面的结构，知道时针和分针的运转方向和规律。可以分给儿童每人一只小钟模型，教师报时间，儿童拨钟点，通过操作活动巩固儿童对整点、半点的认识。

活动室还可以挂一幅日历，每天都让儿童观察，知道一些重要的日子。不断地体会日、周、月等变化，体会时间的周期性、反复性、不可逆转性和流动性等特点。

(六)时间词汇认知的活动

结合日常生活，用时间词汇进行交流。例如，问儿童每天活动的内容，先做什么后做什么；明天准备做什么；周末去哪里玩了。教师也可根据“时间的过去和将来的对称性”，让儿童练习时间的词汇，像教师说“将来”，学前儿童说“过去”，诸如“白天”和“晚上”，“很快”和“很慢”一类的词。

(七)年龄认知的活动

教师以年龄为线索向儿童提出各种问题。这里注意三点：一是判断辈分不同或身材大小不同，是否与年龄大小有关；二是根据“出生”先后来提问，年龄谁大谁小；三是根据“时间变化”，若干年后，两个人的年龄对比，是否有变化。

二、学前儿童时间认知的教育指导

学前儿童在日常生活中会体验到各种物体在时间上的变化历程，教儿童初步认知时间，有利于儿童感知时间的存在，发展时间知觉，而且能帮助儿童树立时间概念。同时，儿童对时间顺序性、周期性等的理解，可以加深儿童对次序关系、整体与部分关系的认识，提高思维的抽象水平。

(一)制订严格的生活作息制度以培养学前儿童的时间观念

建立并坚持有规律的生活作息。教师要引导儿童主动观察，用简单的图画记录自己一天甚至一周的日常生活安排。例如，小朋友每天早上“洗脸刷牙—穿衣服—吃早饭—上幼儿园”，小朋友每天中午“洗手—吃午饭—上厕所—午睡—起床”等。教师可以结合图片让儿童对生活事件进行排序。

在儿童执行任务时，要有意识地向儿童提出完成任务的时间要求。例如，“请你把玩具收拾好，上厕所，5 分钟以后我们在门口排队到楼上午睡。”5 分钟后教师请儿童排队，儿童可以在这个过程中感受到 5 分钟是什么含义。

(二)通过看图、游戏、日常谈话让学前儿童来认识时间

教师要结合丰富直观的手段向学前儿童展现大自然中的变化和循环，丰富教学活动的内容和方式。儿童对时间的理解往往来源于生活经验，可以设计一些展现不同时间的图画，让儿童看图，并结合实际回答与时间有关的问题，从而达到认识时间的目的。例如，设计太阳刚升起，大公鸡叫了，小朋友在穿衣服的图片，展现出早晨的情境。

在角色游戏中，娃娃家的爸爸早晨上班，晚上下班回家吃晚饭；娃娃家的妈妈白天带娃娃去公园玩，中午喂娃娃吃饭，黑夜让娃娃睡觉等，以此来让儿童不断地理解早晨、白天、晚上、黑夜的时间观念。

日常生活中，教师要有意识地让儿童对时间进行讨论。例如，在教室里放一本日历，每天翻日历，让儿童认识到星期日至星期六的周期，知道今天是星期几。在教室里可以搞“气象日志”，每天由值日生填画，并写上自己的名字。每星期总结一次，一周中有几天晴天，几天下雨。

另外，有很多优秀的儿歌或童谣都是帮助儿童认识时间的好工具，可以促进儿童对时间词汇的学习。

星期一	星期二	星期三	星期四	星期五	星期六	星期日
星期一	星期二	星期三	星期四	星期五	星期六	星期日

图 6-5 气象日志

（说明：学前儿童利用表格统计每天的天气情况，图示为阴、雨、多云）

(三)制作时间记录的海报

幼儿园每个月的海报可以帮助各年龄段的儿童记录和意识时间的推移。每个月月初，介绍这个月，帮助儿童制作有关这个月的特定事件和天气的一张海报。让儿童收集标本，并且画叶子和树的图画。加入关于生日和其他特殊事件的记录。每个星期让儿童把记录或者图画加到海报中。月末，重温海报上记录的这些事。保存海报中儿童成长的记录作为他们一年进步的参考。鼓励儿童坚持做个人的小海报或做记录每月事件的笔记本。月和季节的名字可以作为班级拼写表的一部分。当活动进行时，关注儿童的兴趣，依此或分散缩短活动的时间和频次。

(四)利用时间词汇来创设时间学习的环境

学前儿童虽然已经学习了一些时间词汇，但他们往往是记住了这些词语的声音形象，

但是不能把这些词语与其表达的具体的、特定的时间概念对应起来。教师在日常生活和教学中，要有意识地教会学前儿童会说，并使用“今天”“明天”“等一会儿”“很久”等时间词汇。教师应注意从儿童容易理解的词语如“然后”“后来”入手，之后再逐渐使用较为确切的词语，如天、月、年等。教室里还可以悬挂时钟、日历，让儿童明确说出时间。例如，“30 分钟以后吃完午饭。”“明天是星期六，3 月 15 日。”

除了让儿童结合实际，讲出一些有关句子。教师也可以鼓励儿童做时间线，如“星期线”：在一张长的塑料纸上使用永久的标记做 7 个部分并把星期几写下来，把每周中午吃的菜标记下来。或者做一个月线，进行一粒种子的种植活动。鼓励儿童记录有关植物的信息。保持记录时间轨迹、督促儿童坚持写记录可以获得珍贵的学习资源。

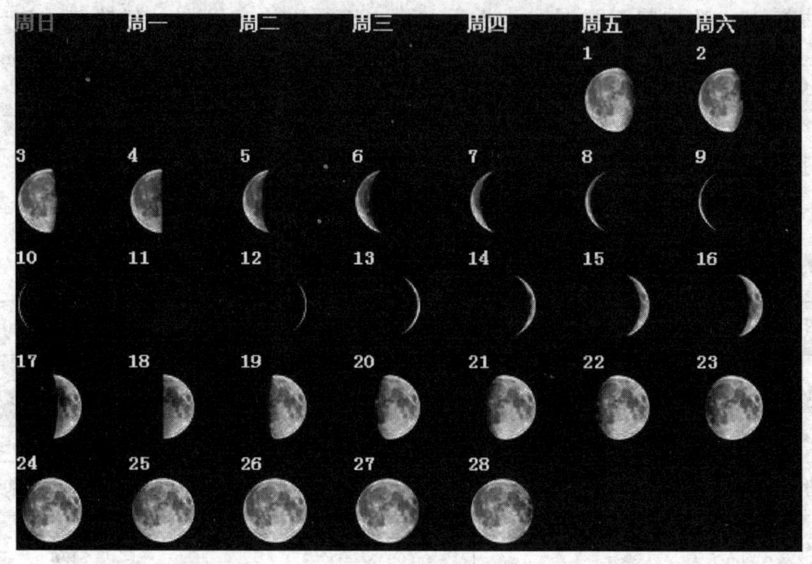

图 6-6　月亮变化图

（说明：可从亏满和方向，来观察月亮在一个月里的变化）

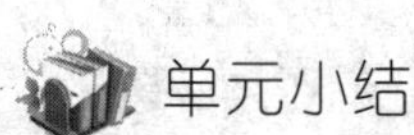

单元小结

本单元主要介绍了学前儿童时间概念发展的特点以及依照学前儿童的认知特点进行的时间认知活动的设计，并为教师对学前儿童时间概念的教育做出指导。

思考与练习

1. 时间在不同维度上表现出来的认知特点是什么？
2. 学前儿童对时间本质的认知有何规律？
3. 学前儿童时间词汇的认知发展有什么特点？
4. 学前儿童的时间认知活动有哪些？
5. 如何对学前儿童的时间认知进行教育指导？

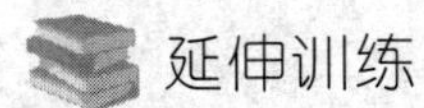

延伸训练

2～3 人组成一个小组，到附近的一个幼儿园中班里，跟班上的儿童讨论有关时间的问题。先看看钟表，了解一下钟表的运转情况，讨论一天事情的日程如何对应钟表的指针。这个活动结束后，再看一个年历，了解 12 个月的日期。找找重要的节日是几月几号。通过点名，让几个儿童在日历上面找到自己的出生日期。然后，讨论谁的年龄大些。让儿童体会到，时间与生活的密切联系。

补充资源

本单元教学目标与数学活动设计举例如下。

年龄	时间学习与发展的具体目标
3～4 岁	感知白天黑夜、早晨晚上的不同。 初步认识不同季节的特征和规律，区分四季。 通过事件的前后理解事件的时间顺序。 通过事件的时间长短，感知时间的延续性，能对时距进行判断。 感知一周时间，分辨昨天、今天和明天，体会过去和将来。
4～5 岁	体会春夏秋冬不同季节里的生活事件。 认识日历，并与生活事件联系起来。 体会星期、月份，并与实际生活相联系。 对时距进行判断，并按照时距长短进行排序。 初步感知时钟和一天的时间点。
5～6 岁	熟悉多种计时工具。 认识钟表，理解时针和分针的含义，知道整点半点。 体会年、月、日代表的含义，并比较年龄大小。 理解整点半点，并能比较时间的前后。 初步了解、体会年、月、日之间的换算关系。

活动方案 6-1　太阳公公和月亮婆婆——白天和晚上(3～4 岁)

活动目标

通过欣赏、游戏帮助学前儿童了解早晨和晚上、白天和黑夜的时间概念。认识并区分早、晚的代表性日常变化。

活动准备

1. 木偶戏(场景和用品)。

2. 两张卡片，上面分别画有太阳和月亮。

3. 画有白天和黑夜不同活动内容的卡片若干。

活动过程

(一)区分白天和晚上

观看木偶戏表演《太阳公公和月亮婆婆》，并回答问题：

1. 太阳和月亮什么时候出来的？

2. 太阳出来的时候，故事中的小弟弟在做什么？

3. 月亮出来的时候，故事中的小弟弟在做什么？

教师小结：太阳出来的时候是白天，月亮出来的时候是晚上。

(二)区分白天和晚上的不同活动

1. 教师出示画有白天和黑夜不同活动内容的卡片，让儿童区分判断：这是什么时候的事情？并分别举起相应的画有太阳或月亮的卡片。

2. 两个小朋友为一组，分别表演白天和晚上的活动。

(三)白天和黑夜与早、中、晚的关系

演示动画熊宝宝的一天，白天(太阳公公出来)接着分为早晨(熊宝宝刚起床)，中午(熊宝宝在吃午饭)，晚上(熊宝宝洗脚准备睡觉了)，晚上的同时就是黑夜(月亮婆婆出来了)。引导儿童发现白天的开始是早上，经历了早、中、晚到晚上后就是黑夜了。

活动延伸

学前儿童开始可能只能理解白天和黑夜，不能考虑到早、中、晚之间的交替变化关系。让儿童理解晚上和黑夜、白天的早晨和中午与日常的活动相联系，观察一天里天空野外有什么变化，考虑与太阳和月亮的关系，提升儿童的时间认知。鼓励儿童回到家与父母交流，白天和晚上有些什么不同。一一列举，体会大自然一天的昼夜变化。

(设计者：孙敏)

活动方案 6-2　探访外星球——时距判断(3～4 岁)

活动目标

通过实际的操作感受时间的长短不同，并理解事件发生的先后顺序。

活动准备

自制宇航员探访外星球的图片。

活动过程

(一)洗刷准备

教师带领一群小宇航员(儿童扮演)准备探访外星球。现在他们在地球上面。小宇航员整装待发。他们在各自家里，先刷牙，再洗脸，分别用 5 分钟。教师给他们时间模仿自己刷牙洗脸，看看自己用的时间有多久。教师告诉儿童用的时间是多少，画一个线段表示。

(二)上宇宙飞船

接着，从各自家里出发到宇宙飞船那里，有的儿童用的时间长，30 分钟；有的用的时间短，10 分钟……先到的儿童在飞船处等待其他儿童，感受时间的长短不同。时间长短，用线段表示。

(三)飞去外星球

小宇航员坐上飞船，要经过 1 个小时的时间来进行宇宙遨游，教师记录这段时间，并在相同的线段上标示时间的长短。

再经过1个小时后，飞船成功在外星球着陆。画线表示。

活动延伸

在线路中的每一段过程中，体会时间的长短，鼓励儿童用笔来画出这个过程。

（设计者：董琼）

活动方案6-3　一星期有七天——认识日历(4～5岁)

活动目标

1. 初步认识日历中的星期，并能够在日历上找到上幼儿园的日期。

2. 在猜猜说说的过程中初步了解日历上数字的前后关系。

活动准备

日历一张。

活动过程

(一)看日历

1. 提问：你们认识这张表吗？它叫什么名字？它有什么用？

小结：这张表的名字叫日历，它是由中文的数字和阿拉伯数字组成的。它会告诉我们今天是几号，是星期几。

2. 请儿童依次读读日历上的数字。

提问：这些数字的排序有什么规律？最后一个数字代表什么？

小结：日历上的数字从左往右，从上往下越来越大。每张日历的最后一个数字代表这个月的天数。每张日历都是周日到周六然后又延续下去。

(二)指日期

1. 提问：今天几号？请儿童来找找这个日期在日历上的确切位置。

2. 教师任意说一个数字，请儿童找到这个日期。

提问：这个日期的前一天是几号？后一天是几号？

3. 教师引导儿童思考：我们每周有几天来幼儿园？休息几天？同时帮助儿童了解：哪个区域是上幼儿园的日期，哪些日期是儿童休息的。

小结：一个星期有7天，我们每个星期有5天要上幼儿园，在家休息2天。

活动延伸

建议家长在家庭里布置一个大的挂历，鼓励学前儿童养成看挂历的习惯。知道每天的日子或重要的日子，并在幼儿园里讨论这些日子。

（设计者：戴慧丽）

活动方案6-4　鲜花十二月——认识月份(4～5岁)

活动目标

通过训练，学前儿童能理解时间的概念、读懂日历，知道日历可以给我们的日常生活带来很多方便。

活动准备

十二个月的鲜花图片。

活动过程

(一)选花涂色

1. 选择12种鲜花代表1年的12个月，它们分别是：蜡梅、茶花、玉兰、桃花、玫瑰、栀子花、荷花、月季花、兰花、桂花、菊花、水仙花(图片)。

2. 教儿童用简笔画的方式，将这12种鲜花画在当月月历的空白处，或者教师画好花的外形，由儿童涂上不同的颜色。

(二)七月放假

翻到每个月的最后一天，和儿童一起将月历翻到新的一页，并问儿童："明天是几月份啦?"

儿童看到自己亲手画的鲜花，会高兴地回答："荷花月!"

这时，教师告诉儿童："对啦！荷花月是7月，哥哥姐姐们也都放暑假了，你们可以和他们一起做游戏了!"

儿童的小脑袋里立即闪过的概念是：荷花—7月—放假—游戏。

活动延伸

鼓励儿童回家，在父母帮助下搜索一些关于月份和花的儿歌，手写或打印带到班上交流。观察公园、社区里，都有些什么花开了，注意到当时是哪个季节哪个月份。自己城市的市花是什么，在哪个月份里开。

(设计者：吴喆慧)

活动方案6-5　哪个时间更久——时间推断(4～5岁)

活动目标

1. 通过对一些事件的判断，感知时间的长短。

2. 感受时间的延续性，知道要好好珍惜时间。

活动准备

会响铃的计时器、画有各种事件的图片，如刷牙、做操、睡觉、看电视、吃饭、吃水果等。

活动过程

(一)猜想，对时间长短的估算

出示一组图片，请儿童看各种与他们生活事件相关的图片，如刷牙、做操、睡觉、吃饭、画画、搭积木、洗手、洗澡、唱歌、讲故事等。

1. 请儿童说出每张图片上小朋友在做什么。

2. 估算一下，哪几张图片上的内容花的时间比较长，哪几张图片上的内容花的时间比较短。

3. 按照所需时间的长短，把花的时间长的图片放在一起，把花的时间短的图片放在一起。

（二）判断，看时钟推断时间的长短

1. 小明家今天有朋友来做客，小明和妈妈一起去集市买菜，小明爸爸去超市买食品了。请小朋友想一想，小明妈妈买菜时间长？还是小明爸爸去超市的时间长？

2. 引导儿童观察图片上时钟显示的时间：小明和妈妈买菜的时钟上显示的时间9：00，小明爸爸去超市的图片上显示的时间是10：00。

3. 妈妈烧饭显示的时间是11：00—11：30，请学前儿童判断烧哪个菜时间更长。

（三）操作，体验时间的长短

1. 将儿童分成两组，一组儿童涂色，一组儿童搭积木，提问：你们觉得是画画的小朋友用的时间长？还是搭积木的小朋友用的时间长？

2. 出示计时器问儿童：这是什么？有什么用？（这是计时器，用来记录时间的）

3. 儿童分组操作，教师用计时器计时。告诉儿童计时器停下来时，看看哪组完成任务了。

小结：让儿童知道，有些事做起来方便，花的时间少，而有些事做起来不是很方便，所以花的时间就比较长。所以我们要好好珍惜时间。

活动延伸

时间是客观存在的现象。但人们对时间推断带有主观性，喜欢的事情，估计时间偏短；而枯燥的事情，估计时间偏长。当然通过练习，会提高儿童对时间的估测能力。时间很珍贵，从小培养儿童做事情要有效率很重要。另外，平时在活动中可自由地观察钟表，计算时间，如做操大约需要多少时间？吃饭需要多少时间？睡觉需要多少时间？让儿童在多种场合感受时间的存在和延续。

（设计者：王天韵）

活动方案 6-6　过生日——年龄认知(5～6 岁)

活动目标

1. 通过学习日历感受日、月、年的先后次序。

2. 结合日历以年龄来判断时间的先后次序。

活动准备

连续三年的日历。

活动过程

（一）给生日做记号

小朋友们比赛，在日历上找到自己的生日日期，在日期处标上相应的记号，来比较谁大谁小。

（二）生日比较

同样的月份，生日在不同的日历纸上的小朋友年龄相差一岁或两岁。生日在同一张日历纸上，但是有的小朋友的生日在数字小的月份，有的小朋友的生日在数字大的月份，这样哪个小朋友年龄大？哪个小朋友年龄小？大的比小的大几个月？小的比大的小几个月？请儿童讨论一下并说明原因。

如果哥哥八岁了，妹妹比哥哥小两岁，妹妹是几岁？哥哥是2006年出生的，那妹妹应该是哪年出生的？

活动延伸

鼓励学前儿童回到家，在挂历上把全家每个成员的生日标出来。记得哪天是谁过生日。知道自己的生日并记住，这相对容易。但生日的比较，对一部分儿童而言相对较难。如果有挂历呈现，比较生日会容易些。教师可引导儿童多做这方面的练习，感知日、月、年的前后，先比较年，再比较月，后比较日。

（设计者：钱玲华）

活动方案6-7 “年”妈妈的故事——认识日历(5～6岁)

活动目标

1. 通过游戏了解年历的有关知识；会从日历上找日期，能发现数字规律。

2. 关心家人的生日。

活动准备

12栋月份的房子。(1，3，5，7，8，10，12月的房子大，4，6，9，11月的房子小，2月的房子最小)

活动过程

(一)用变魔术的方法引起儿童对日期的兴趣

1. 今年是哪一年？

2. 小狗要给大家变个魔术。(变出数字12，30，31，365)

3. 这些数字代表什么意思？

教师引导儿童进行经验交流。(注：年以365天为例)

(二)了解年的有关知识

1. 听《“年”妈妈的故事》。

2. 问：你现在知道了小狗变出的数字是什么意思了吗？

12——月；30，31——日；365——年。

小结：从故事中儿童知道一年有365天，有12个月。

3. 问年妈妈造的12栋房子有什么不一样？

为什么有的大，有的小？它们是怎么样排列的？哪些大，哪些小？

这365个娃娃是怎样住的？

小结：住31个娃娃的这栋房子我们叫大月，30的叫小月，比小月还要小的叫最小月。

4. 来找找哪些是大月哪些是小月，把它们送回家。

引导儿童进行操作练习。

（三）以游戏的方式进行复习

游戏：我们的生日

玩法：请小朋友在日历上找到自己家人的生日日期，并用笔勾出。

活动延伸

了解闰年2月。出示2004年的日历，看看有什么不一样的，能找到2月有29天。通过故事的方式认识日历，儿童在情境中就容易记住，一年有12个月，一年有365天。再与出生的年月日联系起来，儿童就比较容易理解日期的时间概念了。

附《“年”妈妈的故事》：新年到了，年妈妈生了许多娃娃，她给这些娃娃取名叫“日”，一共有365个日娃娃，她给这些娃娃造了房子取名叫月，让它们分开住，第一座为一月，第二座为二月……第十二座为十二月。这些房子有大有小，住在里面的娃娃有多有少。年妈妈很喜欢这些孩子，从一月的第一个日娃娃开始数，一直数到十二月的最后一个日娃娃，这时一年就过去了，又迎来了一个新的年妈妈。

（设计者：单光耘）

单元七
学前儿童的统计与概率

学习目标

- 了解学前儿童统计的含义
- 掌握学前儿童统计认知的发展特点
- 了解学前儿童统计的活动及教育指导
- 掌握学前儿童概率认知活动及教育指导

情境导入

今天幼儿园大班的数学课上，赵老师给小朋友们讲了一个蜘蛛与糖果店的故事。在小蜘蛛买糖果的过程中，王老师让小朋友们和小蜘蛛一起来算数，并且利用表格进行统计。最后得知，小蜘蛛买棒棒糖的概率比买其他糖果的大，但概率虽然能判断某件事情发生的可能性大小，却不能保证100%正确。活动中小朋友们的学习兴趣较浓厚，回答问题也比较积极，在愉快的氛围中初步感受了概率的观念。

问题：对于学前儿童来说，概率的学习重在体会吗？

案例点评：统计与概率主要研究客观世界中的随机现象和现实生活中的数据，通过对数据收集、整理、描述和分析以及对事件发生可能性的刻画，来帮助人们做出合理的决策。总之，统计与概率的思想方法，是进一步学习各类知识所不可缺少的，是学前儿童未来生活与工作所必需的，也有助于培养他们以随机的观点来理解世界。对于学前儿童来说，概率的学习重在体会，要在实际情境中感觉可能或不可能事件的乐趣。

第一课　学前儿童统计的认知特点与教育

统计和数学其他领域的内容有着紧密地联系，这部分内容的学习为学前儿童提供了将各个领域的内容联系起来的机会。在学习统计与概率的过程中，将会涉及问题解决、计算、推理以及整数、分数、比值等知识，这实际上是在学习新知识的同时复习和运用过去的旧知识，以此发展儿童解决问题的能力。

一、统计的含义

统计是人类对事物数量的认识。汉语中的“统计”有合计、总计的意思，指的是对某一现象有关数据的收集、整理、计算、分析、解释、表述等活动。一般来说，统计包括三个含义：统计工作、统计资料和统计科学。统计工作、统计资料、统计科学三者之间的关系是：统计工作的成果是统计资料，统计资料和统计科学的基础是统计工作，统计科学既是统计工作经验的理论概括，又是指导统计工作的原理、原则和方法。原始的统计工作即人们收集数据的原始形态已经有几千年的历史，而它作为一门科学，是从 17 世纪开始的。英语中统计学家和统计员是同一个单词，但统计学并不是直接产生于统计工作的经验总结。每一门科学都有其建立、发展的客观条件，统计科学则是统计工作经验、社会经济理论、计量经济方法融合、提炼、发展而来的一种边缘性学科。

学前儿童对于统计概念的掌握，只要求其能理解统计意味着对数据(或称之为数字信息)进行收集、整理、描述和分析。学前儿童学习统计概念时，最初的统计问题应基于学前儿童的生活经验，统计学习应从具体的事物着手。

图 7-1　今天我值日

（说明：感受统计表的应用）

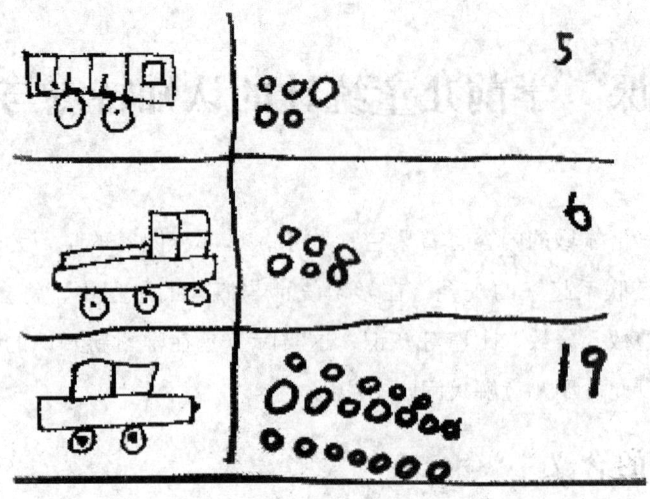

图 7-2　街上的汽车

（说明：小组活动，实际观察并计数，感受统计的现实意义）

二、学前儿童统计认知的发展特点

夏娟(2011)对中大班学前儿童统计数据表征能力的发展特点进行了研究。① 研究发现，儿童随着年龄的增长，逐渐从单纯使用数字或图画表征统计数据过渡到使用图画加文字或初级图表的方式。儿童对表征方式的选择与其数概念理解能力、数字表征能力以及书面符号表征能力的发展都有关联。中班儿童统计思维能力中表征部分的发展尚处于起步阶段，他们对表征方式的认识和理解还有较大的欠缺，让他们自发地使用较为抽象的方式来表征数据则更加困难。因此中班儿童更多使用形象、直观的图画来表征数据。此外，很大一部分中班儿童虽然已能意识到要用数字来表征集合的数量，但没有意识到在表征数据时还要将集合的种类也表达出来。因此，他们大多只标出了集合的数量，却不标明集合的种类。大班儿童对表征方式的认识和理解相较于中班儿童有了很大提高，表现出了从数字型、图画型向图文结合和初级图表型的转变。这也表明大班儿童已经开始从具体形象思维向抽象思维转变。

三、与年龄相应的统计活动

(一)3～4 岁儿童

1. 能按照不同特征进行分类，并进行计数；
2. 能按照二维特征进行分类，并进行计数。

(二)4～5 岁儿童

1. 能根据事物特征分类统计；

---

① 夏娟．中大班幼儿统计数据表征能力的发展[J]．幼儿教育，2011(30)：38～42.

2. 建立信息图表，如吃点心的时间；

3. 能制作儿童穿某种款式鞋子的数量图表；

4. 能在幼儿园进行调查，判定儿童喜欢游戏器械的情况。

(三)5～6岁儿童

1. 在教师帮助下能制作表示儿童走路、乘公共汽车或乘私家车来幼儿园的数量多少的图表；

2. 能为最喜欢的书投票，并用标签记录结果；

3. 能选择和分析(如出生日期等)主题的数据(Curcio & Folkson，1996)；

4. 能用图表表示1个月中多少儿童吃麦当劳，多少儿童吃肯德基；

5. 能记录儿童早晨来幼儿园迟到的人数情况，并说明原因。

名言点睛

生活中最重要的问题，绝大部分其实只是概率问题。

——拉普拉斯

四、学前儿童的统计活动的教育指导

(一)帮助学前儿童收集统计方面的信息

从报纸、杂志、电视等媒体中获取有关的数据信息，将有助于学前儿童真正认识到学习统计的重要性和统计应用的广泛性以及统计在信息社会中的重要作用，帮助儿童学会收集数据的方法。常用的收集数据的方法包括计数、测量、实验等。例如，使用8～10个玩具，书或书桌抽屉里的东西。教师把这些物体分成两组，告诉儿童仔细观察，要求儿童去理解什么是物体分类原则的奥秘，并要求他们想出后举手。当儿童举手时，让他们说出下面一个物体放在哪一组，但要求他们不要宣布规则。当许多儿童似乎都知道这个规则时，让一些人解释他们的规则而其他一些人纠正。通过对分类依据的推理、分类经验的探讨以及教师的指导来获得快速收集信息的方法。

(二)帮助学前儿童简单整理、描述和分析数据

培养儿童检验某些预测；能解释统计结果，根据结果做出简单的判断预测，并能进行交流。例如，在读了《每个橘子有八片》之后，儿童可以自己动手清洗并用塑料刀分割一些橘子。同时可以引导儿童数每个橘子的片数并记下这些数字。在以后的时间里，儿童将会集中于水果的其他方面——苹果有几个核、一小串儿葡萄有几颗和蜜柑有几部分。这样儿童通过阅读和亲手体验感受到了许多关于水果的数据。

(三)帮助学前儿童尝试练习画图表

解决“城市的天气如何?”“城市的气温如何?”等之类的问题。对这些问题进行思考的

过程中，让儿童自由建立图表来探索，拓展解决实际问题的能力。比如，儿童正在学习动物，让儿童阅读翻看各种书上的图片，然后画一张有趣的、有想法的画。他们若无法在图片上写字，教师可以记录下儿童口述的内容或使用口头语言来表达信息；在儿童分享之后，建议儿童观察能否按这个有趣的内容——关于动物的外表、习性、饮食或其他方面来划分。儿童把图片进行分类，然后装订在一本班级的书里，就完成了一次统计的操作。

（四）帮助学前儿童尝试制作简单的图表

实物图表要求学前儿童按一定类别排列他们自己的实物，如 4 岁儿童会把他们暖手的东西放成一堆，如手套和连指手套，并比较多少。在任何季节里，每位儿童都会脱掉鞋子放成一堆，并比较各种鞋子的多少，登山的、木底的、平底的或其他专用的。

当儿童把实物放在实物图表上时，应该从起始线开始而不是根据类别随意排列。如果成组的数据从左到右或从上到下排列，就能培养儿童对图表的解释能力。

教师为儿童提供画纸，让儿童各自画自己的类别，帮助儿童排列，并与以前制作的实物图表做比较。由此来说明，数据图表表达了与他们的实物图表同样的信息。

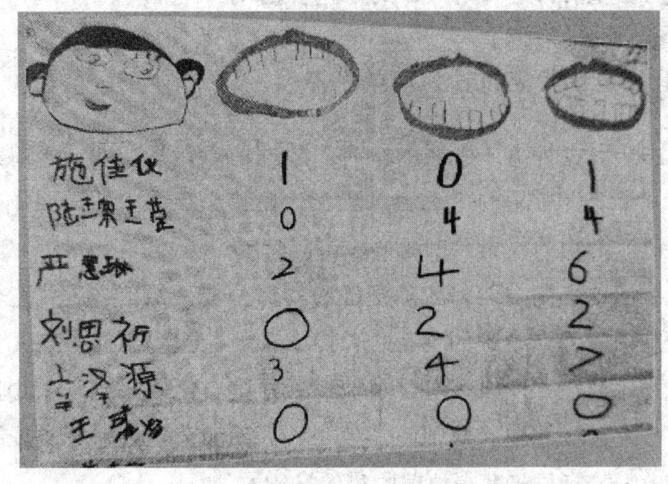

图 7-3　5 岁孩子掉了牙

（说明：上牙掉了几颗，下牙掉了几颗，一共掉了几颗，练习统计过程）

（五）帮助学前儿童解释数据

通过收集数据，学前儿童可以认识到数据和图表能够提供的信息。当整理好的数据展示出来以后，教师应引导儿童发现图表或别的表征方式传递的是什么样的信息以及这些信息是否有助于解答相关的问题。如，让儿童观察一个月内每日的温度，并记录在月历表中，最后可以看到一个月天气变化情况。联系实际，解释本地季节的气温变化特点。

第二课　学前儿童概率的认知特点与教育

一、概率及其相关研究

(一)概率的含义

可能性和概率在生活中常常出现。“看起来肯定要下雨”“有可能我们会在六点左右到祖母那里”。这样的话对于学前儿童来说经常听到。

身处瞬息万变的现代社会，在不确定情境下做决定的能力已经成为一个人的基本能力之一。人们能感受到无所不在的不确定性，感受到了解和预测这种不确定性的重要。例如，产品的合格率，市场需求的预测等，都涉及概率问题。概率，就是从数量上反映一个事件发生可能性大小的概念，是客观存在的随机现象在统计上的反映。

(二)学前儿童概率认知的相关研究

皮亚杰和英海尔德(1975)对儿童概率概念的理解进行了最早、最全面的研究。① 他们通过一些模拟实验和机遇游戏，详细记录了对儿童进行系统的诊断性访谈的细节。最后他们描述了儿童概率认知发展的三个重要阶段。第一阶段，即前运算阶段，发生在 7 岁或 8 岁之前，该阶段的特征可以表述为缺乏基本的包含可逆性的逻辑运算与算术运算。第一阶段这个水平上的推理是前逻辑性质的推理。儿童还没有机遇或者概率的观念。第二阶段，即具体运算阶段的儿童，年龄从 7～12 岁左右，能区分确定性和不确定性，开始知道如何量化概率，但在计算复杂情境的概率时拥有的是一套不完整的对策。直到 11 岁或 12 岁，即形式思维阶段开始时，儿童才能将演绎逻辑与随机概率统合起来。

在此之后，又有不少研究者对这一方面做过研究。但大多数关于人们在不确定情形下如何决策的心理学研究只在很少几个国家展开，主要是美国、以色列、英国和德国。在中国，儿童概率认知水平及发展阶段方面的研究一直没有受到太多关注。直至 20 世纪 80 年代早期，刘范等组成的儿童认知发展研究协作组才进行了一次为期两年的对 5～18 岁儿童概率概念发展的研究。② 他们指出了儿童掌握概率概念要经过的五个步次，即：认识事件出现的可能性；分析可能性随机分布的情况；估计几种可能性的大小；用具体数量(次数)表示几种可能性的大小；抽象概括出科学的概率概念。他们认为在完全掌握概

---

① Piaget, J., Inhelder, B., Paul Burrell Leake. The origin of the idea of chance in Children[M]. New York: W. W. Norton & Company, 1976.

② 刘范，张增生．儿童认知发展与教育[M]．北京：人民教育出版社，1987：101.

率概念以前，各年龄的儿童，都在各个不同的水平上对概率概念有了部分的理解。之后西方又有不少心理学理论(以及相应的证据)提出："人类即使在认知发展的早期可能也能够进行概率判断。"①

李俊(1998)在其博士论文中详细地对我国六年级、八年级和高三的学生的概率认知特点进行了研究，在一定程度上填补了我国在此方面的空白。但这一研究没有涉及年龄较小的儿童，没有提供解决关于"儿童早期能否进行概率判断"这一争议的资料。那么，幼儿园及小学低年级儿童究竟是如何来理解随机现象和概率概念的呢？他们对概率的认知经历是怎样的一个发展过程？这些研究的开展都是非常有意义的。

二、学前儿童概率认知的发展特点及分析

(一)概率认知的年龄特点

皮亚杰和英海尔德(1975)的研究认为：在前运算阶段(7、8 岁之前)的儿童不会区分因果事件和随机事件。处于这一阶段的儿童总是试图在无序中发现有序，因为他们相信一定存在隐藏着的序。此阶段的儿童总是想象自己能够预测结果，无论是单独一次试验的结果，还是在已知先前结果基础上的下一次试验结果。儿童相信没有发生过的结果比已经发生过的更有可能发生，因为所有结果应该轮流出现(逆势)。但儿童"根据补偿性原则预测一个个结果都不成功时，他转而预测到目前为止发生频率最高的结果"，因为"它们比其他结果更容易出现"(逆势)。

林泳海等(2011)对学前儿童概率认知的研究表明：② 5.5 岁儿童基本处于概率概念的前结构水平，完全没有概率概念；6.5 岁儿童处于概率概念的萌芽水平，同时有小部分儿童达到有部分概率概念但不稳定水平；7.5 岁儿童则近半数处于有部分概率概念但不稳定水平。直到 7.5 岁仍未出现概率认知的较高水平——接近于有概率概念、较稳定和最高水平——有概率概念，且不受外部影响。

总之，5.5 岁～7.5 岁的儿童在不同程度上拥有了初步的概率意识，在理解概率概念时确实是按照一定的水平前进的，这一点同样验证了儿童认知发展研究协作组的研究(1982—1983)。③ 这从认知发展来说，也同样具有意义，因为儿童所达到的每一个水平都是获得概念的必要的认知条件或者前提，是向科学概念逐步接近的过程。

(二)对学前儿童概率认知的分析

从各年龄组被试在完成概率任务过程中的表现可以看出：随着年龄的增长，儿童对

---

① Hawkins A. S., Kapadia R. Children's conceptions of probability-Apsychological and pedagogical review [J]. Educational Studies in Mathematics, 1984(15): 353.

② 林泳海，张茜，任培晓.5.5～7.5 岁儿童概率认知发展的实验研究[J]. 鲁东大学学报(哲学社会科学版)，2011(3).

③ 刘范，张增生. 儿童认知发展与教育[M]. 北京：人民教育出版社，1987：101.

于概率的认知越来越"去自我中心化"，思维越来越从主观到客观、从简单到复杂、从表面到本质。"我喜欢、我觉得"之类主观性很强的词汇在儿童的回答中出现的频率越来越少，答非所问及不合逻辑的回答也日益淡出儿童的回答，而与此同时，儿童对概率概念的初步意识和认知日渐显露，日益明显。这种此消彼长的现象，说明了成熟是影响儿童概率概念发展的一个极其重要的因素。

在进行任务时，尽管有些被试给出了相同的答案，但答案背后使用的解题方式却千差万别。通过分析，笔者概括归类出以下几种解题方式，按水平由低到高分别是：①乱猜的或不知道。②主观偏好(如我喜欢红色或红色漂亮等)或主观判断(如用直觉或认为可能吧等)。③由直接感知产生的解题方式(如橙球先放进去，白球后放进去或白球又放进去了3粒或白球只有1粒等)。④顺势和逆势。对于一个有两个可能结果的试验，某一结果一再连续出现后，认为该结果再次发生的可能性更大，这一概念就是所谓的顺势(positive recency)。某一结果一再连续出现之后，认为另一个结果更有可能出现，这一概念便是所谓的逆势(negative recency)。① ⑤根据两种颜色的东西在数量上的差异进行判断(如橙球比白球多)。

顺势和逆势思维是5.5～7.5岁儿童普遍存在的现象。但随着年龄的增长，儿童越来越倾向于给出一个自己的理由，不知道或乱猜的次数明显减少。而且儿童回答问题越来越从主观性向客观性发展，特别是7.5岁相较于以前的年龄段，变化更是显著。与此同时，儿童使用根据糖数量差异来判断摸出机会大小的方式随儿童年龄增长而不断增加，从5.5岁的10％多一点发展到7.5岁的近50％。

5.5岁和6.5岁的被试往往主观性的回答比较多，而7.5岁的儿童则很少再以主观偏好或主观判断作为解题依据，这可能是与7岁之前的儿童处在直觉思维阶段，思维比较"自我中心化"有关，他们往往只注意主观的观点，不能向客观事物集中，因而他们解释某一事件时通常都是以"我喜欢、我觉得"为理由的。而7.5岁的儿童则已进入具体运算阶段，自我中心化倾向相对减弱，看待事物和事件比较向客观事物或事件本身具有的特点集中，笔者认为这也是造成7.5岁比5.5岁和6.5岁更易受直接感知影响的一个因素。

表7-1　儿童在完成概率题目时的五个水平

认知水平	判断标准
Ⅰ 完全没有概率概念(前结构水平)	没有回答、完全无关的回答、不合逻辑的回答、自我中心的回答或者干脆说"以前没学过"
Ⅱ 处于概率概念的萌芽(单一结构水平)	意识到事件发生的可能性
Ⅲ 有部分概率概念，不稳定(多元结构水平)	能粗略估计几种可能性相对的大小
Ⅳ 接近于有概率概念，较稳定(推理水平)	用具体数量(次数)表示几种可能性的大小(前期)；能用分数或百分数表示机遇的大小(后期)
Ⅴ 有概率概念，且不受外部影响(外展抽象水平)	超越具体情境，恰当而成功地使用古典概率公式

① 李俊．中小学概率的教与学[M]．上海：华东师范大学出版社，2003：24.

三、学前儿童各类概率认知的教育指导

(一)让学前儿童感受可能性的问题

可能性的问题对于学前儿童来说是否太深奥了？也许这对于年龄较小的儿童来说的确是，但是一旦具有“我们一定要发现”的精神，让儿童尝试自主探索的活动和实验，那么儿童可以学到很多关于概率的东西。

教师可以和儿童讨论一些问题，如肯定会发生的事，可能会发生的事或真实世界中肯定不会发生的事，鼓励儿童通过写画来表达对概率的理解：

①肯定会发生的事，如“今晚天会变黑”“一本书放开手就会掉下去”；

②有可能会发生的事，如“这个星期天午饭有可能吃比萨或有可能在街心公园玩”；

③不会发生的事情，如“狗不会说话”“猫不会长翅膀飞”“人也不会飞”。

图 7-4　骰子

(说明：在地上抛掷，体会概率)

“肯定”“可能”“不可能”和“一直”“有时”“从来没有”，对这些常用概念用语的理解涉及的是定性地说明机会，区分可能事件、不可能事件和必然事件。学前儿童有的无法正确答题，甚至对同一词的理解出现反复，笔者根据实验时的观察记录分析，可能是由三方面的原因造成的。

一是问题呈现形式造成的认知误差。在设计问卷时，考虑到被试的年龄特点，选择比较容易呈现也容易被理解的判断题形式进行。但在实验过程中，发现这样一个问题：由于笔者选择的问题对被试来说是几乎没有接触过的，他们感到非常新奇有趣(这可从他们听到问题时的表情和言语知道)，因而他们的兴趣点可能全部集中在问题的整体意思上，而对笔者所强调的那些概率用语采取忽略的态度，仅从整个问句的正确与否来判断，而没有把这些最重要的信息词作为判断发生可能性大小的依据。当然，从各年龄组答题情况来看，这个因素只对一小部分被试造成了影响，而且年龄越小的被试越容易受这一因素的影响，而年龄较大的被试则更能准确地捕捉到有效信息，这与年龄越小的儿童越易进行整体感知而忽略重要部分的认知特点是一致的。

二是对可能发生、不可能发生和肯定发生之间关系的混淆使然。显然有部分被试还分辨不出现实发生和假想的甚至做梦时出现的事件之间的关系，也辨别不了可能发生与必然发生之间的关系。以上错误观念的出现虽然部分受限于此阶段儿童思维的发展水平，但笔者认为很大程度上还与儿童在日常生活和教学活动中都很少接触这方面的内容有关。从这一点看，美国学校《数学课程和评估标准》(1989)所提议的“在学前期至二年级，所有

的儿童应该讨论与其经验相关的可能与不可能的事件”确实不失为一项明智之举。

三是语言能力弱也是一个导致错误的主要原因。那些需要被试理解的常用概率用语可能并不都在“被试的词库之中”，所以他们不理解那些常用概率用语。这一因素对儿童完成任务的水平也有较大影响，因为被试的语言水平有限，有时无法从他们的回答弄清楚他们的真实思维。

(二)猜物品

拓展阅读

做统计图

在数学实验之后，要求儿童做一系列任务，包括预测结果、检验预测结果，保留回答步骤等。儿童可以就他们收集的数据做统计图。在讨论结果时，必须解释为什么认为会发生这样的结果，并为一系列活动做出更多的预测。在儿童活动的时候，教师要记得关注思想的探索，而不是对发生的一切做出理论上的解释。

在探索可能性的活动中，儿童可以制作数学的立体几何物品、神秘袋和硬币。

5～6 岁儿童可以玩一些将概率渗入到小数字的有趣活动。例如，以下几种活动：

①可以按指定的次数抛硬币，并记录正面和反面朝上的次数。

②每个人掷 10 次硬币，轮流告知硬币正面向上的次数，教师将回答记录下来，画出一个表格来比较预测结果和实际结果。

③儿童可以从一个装有 10 个立方体的袋子中取出立方体，给它们涂色：7 个涂红色、3 个涂蓝色。给立方体涂完颜色后，儿童记下颜色，把它放回袋中。10 个立方体都涂完颜色后，让儿童取出 2 个，猜猜看，什么颜色出现的频率高。猜测若干次，并作记录。

(三)收集现实生活中的随机数据

例如，有关幼儿园周围道路交通(运输量、车辆数、堵塞情况、交通事故等)状况的调查、本地资源与环境的调查、对自己所喜爱的动画节目的调查等。经历“猜测结果—进行实验—分析实验结果”过程，建立正确的概率直觉。

学前儿童阶段的概率教学，多从感知过程来考虑，让儿童体会可能性的过程。但像玩一些掷骰子游戏，可不必重视过程，让儿童体会随机性的快乐。使儿童能够了解概率的意义，并理解现实世界中随机现象的特点，是教学的重点和难点。

单元小结

收集、整理、描述和分析数据是统计与概率学习的基本活动。对于学前儿童的统计与概率的教学，必须借助具体的情境，让儿童逐步感知和体会统计与概率的简单思想。

本章在介绍了统计与概率的含义及学前儿童认知特点的相关研究之后，提供了具体的教学活动案例，为教师的教学提供了借鉴和指导。

思考与练习

1. 学前儿童统计认知的发展特点是什么？

2. 学前儿童概率认知的发展特点是什么？

3. 学前儿童统计与概率的教学活动分别有哪些？

延伸训练

2～3人组成一个小组，到附近的一个幼儿园大班，跟班上的儿童讨论有关衣服布袋的问题。先让每位儿童看一看、数一数自己有几个布袋，并记住。在黑板上画出统计坐标，横坐标为布袋数为1，2，3，4，5，6；纵坐标为人数。依次让每个儿童说出自己有几个布袋，进行数量统计。结果可以显示，有1个布袋的有哪些人，共几个；有2个布袋的有哪些人，共几个人……最后，可以在表格里清楚地显示，全班小朋友的布袋数。让儿童体会统计在现实生活中的用途。

补充资源

本单元教学目标与数学活动设计举例如下。

年龄	统计与概率学习与发展的具体目标
3～4岁	按照不同特征分类，并计数。 按照二维特征分类，并计数。
4～5岁	感知可能、肯定等生活词汇的含义。 根据事物特征分类、统计。
5～6岁	初步感知事件发生的偶然性与必然性。 通过游戏体会多种情况下事件发生的概率。 将同一事物按某一特征进行归类和统计，感知多种统计方法。 尝试观察或绘制简单表格，作统计。 尝试选择和运用适当的统计方法分析数据。

活动方案7-1　数扑克牌——简单概率(3～4岁)

活动目标

能够进行简单的统计，并初步了解概率观念的含义。

活动准备

不同颜色、形状的扑克牌1～5各4张；小笑脸若干。

活动过程

(一)熟悉扑克牌

1. 随机发给儿童5张扑克牌，让其仔细观察，并按照不同的颜色和形状进行计数。

2. 抽出1，2和3的扑克牌各4张，放在一起并让儿童随意打乱顺序。

(1)记住有几张

师：小朋友，你能找到红桃的有几张吗？谁能更快地说出来呢？

师：黑桃呢？你还能找出其他什么形状吗？

(2)找花色

在这堆扑克牌中你能找到几种颜色呢？说说看，红桃和方块是不是同一种颜色。

(二)猜一猜

抽出四张黑色扑克牌和一张红色的扑克牌，打乱次序。

师：小朋友，刚才有几张牌，有哪些花色？

师：小朋友，你抽一张，猜猜可能是哪种颜色的牌，为什么？

实际操作，验证结果。

活动延伸

拿一副扑克牌，各抽一张，比比大小，或抽两张，成对的为胜或成对大者为胜。让儿童熟悉扑克牌的类别与特征，上面数字及花色的排列。通过猜测游戏可以体会产生数量的偶然性和必然性，获得概率的最初经验。

（设计者：董琼）

活动方案7-2　两周的天气——简单统计(3～4岁)

活动目标

初步感知统计的记录方法以及简单的计数统计方法。

活动准备

每人一张为期两周的天气记录表、纸、彩笔等若干。

活动过程

(一)了解天气记录表

1. 认识记录表，了解最上面一排表示的时间(周日—周六)。

2. 可以问儿童：天气都一样吗？有什么类型的天气？

3. 怎样表示不同类型的天气？(可以用彩笔表示，如红色表示太阳，灰色是阴天；也可以自创符号等)

(二)操作记录

让每位儿童确定一种记录方法，并进行两周的记录。

(三)统计交流

两周后统计天气情况，交流自己的记录，数数每种天气各有几天。

活动延伸

关注当地天气情况，哪些月下雨，哪些月下雪等。较长时间记录天气，了解当地气候。除了天气还可以让学前儿童记录自己刷牙的情况等。以儿童感兴趣的、与生活有关的感性事物为记录、统计的对象。在这样的活动中，让学前儿童觉得数学是很有用的。

（设计者：周燕云）

活动方案 7-3　抛掷游戏——有趣的概率(3～4 岁)

活动目标

让学前儿童认识相关的材料，感受概率的可能性。

活动准备

一元的硬币 1 个；骰子 1 个；扑克牌：方块、红心、黑桃、梅花各 2 张。

活动过程

(一)认识

1. 认识硬币、骰子、扑克，说说这些材料是怎样的。

2. 分别玩一玩这些材料，看看每次抛掷的结果都一样吗。

(二)操作

尝试游戏，说出每次抛掷的结果。

(三)比赛

找个朋友一起玩，看看两个人的抛掷结果一样吗，按照大小比较看看谁胜。

活动延伸

可以让学前儿童在家里玩这些材料，游戏过程中可以引导儿童使用“可能、肯定、不一定”等表示概率的词语。可以 3 个人一组或 4 个人一组玩这些材料，看看谁胜。

（设计者：管桂萍）

活动方案 7-4　我们的超市——简单统计(5～6 岁)

活动目标

1. 在游戏中，学习按物体的名称、用途或性质进行分类，初步探索统计方法。

2. 乐意与同伴交流探索的过程和结果，体验成功的乐趣。

活动准备

学前儿童有参观超市的经验，模拟“小超市”场景，儿童用品类、玩具类、食品类的物品若干，笔、记录板儿童人手一份。

活动过程

(一)分类

师：我们今天要来帮超市经理的忙，做一天“超市管理员”。

师：想想怎么样摆放物品更合理，让顾客一看就能找到自己想要的东西呢。

1. 儿童讨论如何将物品分类摆放。

提出分类要求：(教师小结)物品的归类摆放要整齐合理。要轻拿轻放，与同伴商量，互相合作。

2. 引导儿童按物品的名称、用途或性质进行分类归放，让儿童尝试在总分类后进行子分类。

3. 组织儿童观察整理后的超市，说说物品的归放是否合理，为什么，并一起体验成功的喜悦。

(二)统计

1. 问题讨论，超市经理想知道超市里有什么物品，它们的数量是多少，我们该怎么来统计？

提出要求：统计时要认清楚自己统计的是什么物品，数量是多少。

2. 自由探索，儿童自由选择物品进行记录，记录的方法由儿童自己决定。重点指导儿童清楚地记录统计的是什么物品，它的数量是多少。

3. 引导能力强的儿童大胆尝试，想出更合理的统计方法，鼓励儿童互相交流各自的统计情况。

(三)交流分享

1. 请部分儿童讲述自己的统计情况，并对统计的结果进行验证。

2. 帮助儿童整理，学习更为合理的统计方法。

活动延伸

数学中的统计与生活十分密切。要了解一些物品的数量情况，首先是分类，再计数，最后统计结果，以此得到我们想要知道的答案。统计时，鼓励学前儿童使用表格，并亲手记录，这样有利于他们掌握统计的一般程序。

(设计者：孙敏)

活动方案 7-5：买糖果——统计与概率(5～6 岁)

活动目标

1. 愿意探索生活中事物之间的关系，体会数学活动的乐趣。

2. 初步感知推理、建立统计的概念。

3. 在观察、比较的基础上，大胆进行推理与预测。

活动准备

自制 PPT、人手一张统计表、铅笔、橡皮。

活动过程

(一)引发听故事的兴趣

1. 这是什么地方？

2. 今天老师要给大家讲一个有趣的故事叫《买糖果》。

(二)听故事根据线索预测不同人物喜欢的糖

1. 咪咪来买糖，糖糖出示咪咪的买糖记录。

提问：你们同意糖糖的猜测吗？从记录中的哪里可以看出咪咪喜欢吃棒棒糖？都记录了什么？

2. 东东来买糖，糖糖出示东东的买糖记录。

提问：东东来过几次糖果店？买过什么糖？这次他可能会买什么糖？

3. 洋洋来买糖，糖糖出示洋洋的买糖记录。

提问：洋洋买过几种糖？他怎么来过 5 次，只买了 4 种糖？这次可能会买什么糖？

小结：要多观察和了解客人，把客人来买糖的次数和买的糖的名称记录下来，经过统计我们就能猜测出这个客人可能会喜欢吃什么糖。

（三）最受欢迎的糖果

1. 阿姨又准备进货了，怎样才能知道哪种糖果才是最受欢迎的呢？

2. 出示"一周糖果销售记录表"及"统计表"，引导儿童观察、理解一周糖果销售记录表。

3. 儿童人手一份操作统计表，找出最受欢迎的糖果。

小结：用这个表格我们马上就可以找到最受欢迎的糖果，阿姨非常感谢糖糖的帮忙，平常生活中我们也可以用这样的方法去观察和了解身边的好朋友和爸爸妈妈，用统计的方法来看看他们喜欢的东西。

（四）出乎意料的结局

1. 小明来到糖果店，糖糖出示买糖记录。

提问：小明可能会买什么糖？为什么？有其他的可能吗？

2. 小明帮妈妈买薄荷糖。

小结：原来我们觉得很有可能的结果，也会发生意想不到的变化。通过统计可以帮助我们提高对事物判断的正确性，但是概率是判断事物的可能性，不是唯一性。

活动延伸

整个活动围绕一个生动有趣的故事展开，将抽象的统计与概率的数学知识融入有趣、有情境的故事中，使儿童在美丽的故事世界里，不知不觉地接触、学习统计与概率的数学知识。概率是依据自己收集的材料推测未来，概率其实就是生活中可能性的大小，概率虽然能判断某件事情发生的可能性大小，却不能保证 100% 正确。以故事中糖糖猜测顾客来糖果店买什么糖的情境为主线，帮助儿童理解统计与概率。进一步的活动是，鼓励儿童根据自己已有的数学经验去推理、猜想，大胆表达自己的想法，体验估猜生活中事件发生的可能性的乐趣。

（设计者：单光耘）

单元八
学前儿童的测量

学习目标

- 了解学前儿童测量的含义及教育价值
- 掌握学前儿童测量活动中表现出的认知特点
- 理解学前儿童各类属性的测量活动
- 学会学前儿童测量活动的教育指导

情境导入

怎么合理地给大班儿童传授测量知识呢？王老师设计了一个主题课“认识自己”。王老师以提问“有哪位小朋友知道自己有多高”作为引子导入主题，每位儿童都测量了自己的身高。然后要求小朋友想办法，表示每个人自己的高度，如写数字或用绳子的长度作为高度代表。然后，要求小朋友之间进行比较，了解每人高度的情况。并对测量过程、测量结果进行讨论，知道测量的用途。

问题：学前儿童测量的意义是什么？

案例点评：测量能激发学前儿童参与学习的主动性，知道数学的现实意义。当儿童探究测量概念的时候，他们了解了许多物理的属性。例如，长度、质量以及时间等。对于身高来说，儿童通过操作、比较尺寸，从而构建测量概念。在随后练习中，可以从使用一般物体作为测量工具，过渡到标准测量，使用厘米等单位。儿童的测量活动，加强了他们的数字概念和估算能力，同时也用到了几何学知识。测量在幼儿园数学领域中也是极其重要的内容。

第一课　学前儿童测量的认知特点

一、学前儿童测量的含义及教育价值

(一)测量的含义

1. 标准测量

所谓标准测量，是指把待测定的量同一个标准量进行比较的过程。用来作为计量标准的量，叫作计量单位。例如，米是一种长度计量单位，克是一种质量计量单位等，这些都是标准单位。用一个计量单位来测量某一个事物，结果得到的量是计量单位的若干倍，这个数值就叫作这个量的量数。同一个量，用不同的计量单位来计量，所得的量数不同。

2. 自然测量

所谓自然测量，是指利用自然物(如臂长、小棒、绳子、瓶子等)作为工具来测量物体的长短、高矮、粗细等。学前儿童初步学习直接测量，一般不使用常用的计量单位，而是学习使用自然测量。

学前儿童自然测量过程包括两种逻辑活动：一是儿童要把量的整体划分为若干个小单元，知道整体是由若干个部分组成；二是逻辑相加，这是一个易位和替换的过程，即把每次测量的一部分和另一部分连接起来，从而建立测量单位体系。例如，测量绳子的长度，是通过移动小棒来进行的，测量的过程是一个表示被测的量与作为测量单位的量相比较，最后得到一个总数的过程。

在测量中，要确定事物的特性，选择合适的单位，用单位匹配物体、数单位等。例如，对质量而言，儿童应先学会用提起物体的方法比较其质量，再用天平作为工具验证他们估量的结果是否正确。儿童可以把一盒蜡笔放在天平一边的盘子里，在另一个盘子里放硬币，直到两个盘子保持平衡。硬币的数量就可以对应蜡笔的质量。

名言点睛

人的生活像广阔的海洋一样深，在它未经测量的深度中，保存着无数的奇迹。

——别林斯基

(二)学前儿童测量的价值

学前儿童学习测量概念，需要探索测量的属性，如长度、质量等问题。儿童通过比较长度，可以构建测量概念，并学会使用一般物体作为测量的单位。最后，可以学会使用标准的测量单位，如厘米、千克、小时等。测量活动涉及三维空间中各种物体的形状、大小、位置、方向和其分布，儿童能在测量活动中学会主动探索，并使其潜能得到挖掘。

测量在幼儿园数学领域中也是极其重要的内容，我们常见的，如通过使用专门的测量工具测量指定的某一对象，以获得所需要的数据等。这些活动可以清楚地告诉我们，在数学领域中，测量是帮助我们认识量的重要手段之一。测量有助于儿童很好地把数学与其他学科领域和现实生活融合起来。因此，一个宽泛的学前儿童数学课程，是需要有测量教学的。

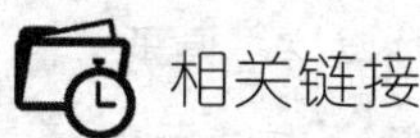
相关链接

近似值

学前儿童所有的测量都是近似值。当运用测量工具测量并读出数值时，误差是不可避免的，对儿童更是如此。因此教师要提醒儿童，在报告测量结果时，尝试运用“大约”“几乎”等词语。测量是在实践中发展的概念，要鼓励儿童在自然环境中进行测量，书本知识是不能代替实际测量来解决现实问题的。

二、学前儿童测量活动中表现出的认知特点及教育指导

(一)学前儿童在生活中多表现为目测和自然测量

在幼儿园数学活动中，儿童的测量最早是“目测”，即通过感知比较量的差异。5～6岁儿童的测量活动是自然测量。自然测量是指利用自然物(如筷子，小棍，脚步，小碗等)作为量具(器)进行直接测量。也就是说，幼儿园数学测量活动是指使用简单工具进行的测量，而不是使用标准工具(如尺子)的测量。

图 8-1　身高测量的记录

(说明：使用链条来测量身高，数一数链子数，对应于每个小朋友)

(二)学前儿童测量活动多与现实生活相结合

学前儿童研究测量概念，探索测量的属性，如长度、质量以及时间。儿童通过比较尺寸，从而构建测量概念。首先使用一般物体作为测量的单位，然后，使用标准的测量单位，如米、千克、小时。这也是大多数幼儿园课程提出的对测量的一系列的指导：比较长度，非标准单位的测量，混合的操作性标准单位的应用，用尺测量(Clement，1999；Kamii & Clark，1999)。儿童测量活动加强了他们对数字概念的理解和估算能力，也用到了几何学知识。

儿童用自己坐的椅子和收集到的纸盒、纸条、瓶罐等各种物品测量活动室、桌子、图形并记录结果，趣味盎然，并且互相合作。当出现问题和矛盾时，他们会求助于教师，也会自己商量解决办法。在测量活动室时，儿童发现，活动室很大，要用很多椅子才行，那还有好办法吗？于是他们商量出用交替测量的办法，为了使测量更精确，他们用做记号的方法来使测量顺利准确地进行。

(三)学前儿童对测量活动的理解是建立在经验与讨论的基础上

概念的发展就如人类在活动中感知时间、测量温度一样，贯穿在整个幼儿园学习中。而幼儿园经验可由家庭和活动补充。这里的活动包含由教师帮助儿童设计的一些材料，这些材料可以针对一些特殊的测量使用，还可以联系文学、艺术、地理知识，补充儿童的测量经验。

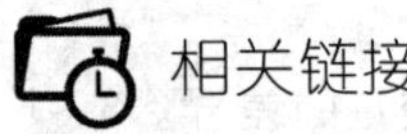

用纸条测量

在教室中通过剪纸条来进行测量：把纸平放，根据纸上提前画出来的线条来剪纸条，数出纸条的总数，算出它的总长度。建议把纸条连起来进行更简单的操作。

(四)学前儿童对量的认识晚于对数的认识

皮亚杰认为，量和数具有同构性，但是学前儿童对量的认识要晚于对数的认识。儿童认识量时，必须把它作为分割和有顺序位移的一种综合来建构，由此造成了儿童在掌握测量技能上的困难。4～5岁以前，儿童的测量是一种“目测”，即通过感知来比较量的差异。4～5岁以后，儿童才有可能学习使用测量工具(自然测量)。由于测量技能本身的要求，儿童对于测量的方法、技巧掌握起来还比较难，有赖于教师的示范和指导。

在教学实践中，儿童测量过程积累的不仅仅是空间认知经验，更重要的是积累了各种解决问题的经验和探索精神。在“认识自己”的主题活动中，教师以测量自己的身高为活动内容，引发儿童对测量的兴趣。教师和儿童共同收集了各种材料，如：盒子、罐子、尺等。儿童在反复测量的过程中不断发现并解决问题，就是在这样的过程中，儿童的兴趣被激发，儿童的测量活动才能继续进行下去，并且使儿童逐渐对测量有了初步的认识，掌握了测量的基本方法。

第二课 学前儿童各类属性的测量活动与教育

在学前儿童数学课程中，测量学习的主要内容是：理解长度、容量、质量、面积、体积、温度以及时间的属性；学会测量过程以及与测量单位有关的概念；在测量中会使用估算的方法；在日常不同情况中创设、运用测量。学前儿童测量活动陈述如下。

名言点睛

数学发明创造的动力不是推理，而是想象力的发挥。

——德摩

一、学前儿童各类属性测量的认知活动

(一)长度测量

长度是有关线形的概念，涉及回答“多长、多高”的问题。学前儿童从侧面举起手，从伸出一点手臂，到不断伸展、尽量伸长，让儿童估计，在不同情境中手臂到指尖，到地面各有多少距离。多数儿童能理解和长度相关联的词。为巩固和加深对长度概念的理解，教师可以演奏音乐，让儿童伴随节奏走、停或让身体尽量伸展、弯曲，直到蹲坐和俯卧，让儿童用非标准的单位测量长度。也可以用尺子等基准(单位)来体会测量。

长度概念的一个扩展是周长，即围绕水平物体形状一周的长度。儿童通常可以进行探索并计算形状简单的物体的周长，不需要教给他们公式。为了进行这样的探索，儿童可能准备一系列纱线，选择自己最喜欢的物体，用纱线去包围这些物体，然后，将测量物体的纱线粘在纸上，并在纸上描绘、比较图形的长度。

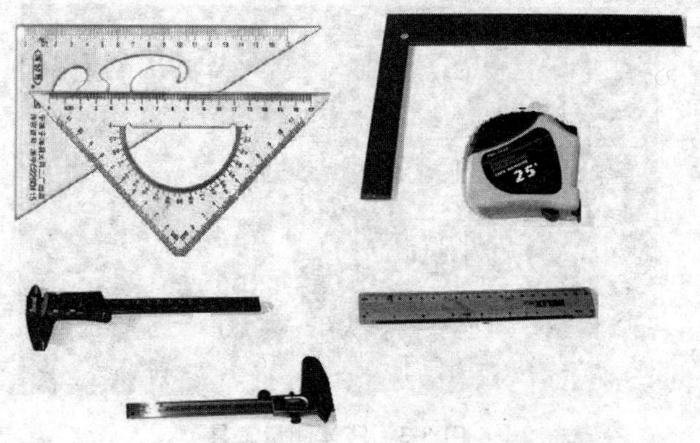

图 8-2 长度测量工具

(说明：鼓励学前儿童关注上面的数字和单位，并对相关的有趣事物实际进行操作，如测量一下身高)

（二）面积测量

面积测量涉及两个维度。为了理解面积概念，学前儿童在测量时要不重复地覆盖一个物体的表面。最初探索时，儿童会用非立体物品(如硬币等)，来覆盖物体的表面或者用蜡笔填色。

向儿童介绍面积的概念，教师可以非正式地运用“面积”和“表面”这些词汇。教师表扬一个 3 岁儿童的绘画作品时，可以这样说：“这一块面积是红色的，另一块面积是蓝色的。”当儿童进行拼贴时，教师可以帮他们指出空白区域和填充区域。覆盖一块面积需要一些方块，这给儿童提供了用语言表达的机会，如“这块面积需要 8 个方块，另一块面积只需要 4 个方块”。

 相关链接

测量教学的要求

测量活动对发展智力有很大意义。测量教学中的要求：一是对被测客体的更准确的量地评定；二是测量的数量和它们的大小中间有函数关系；三是量度的数量和它们的大小中间有反比关系。测量活动的完成不仅是建立在感性知觉区分的基础上，而且是建立在对量的数学意义理解的基础上。

（三）容积测量

容积也是一种测量属性，用来解决类似“一个容器可以容纳多少东西”的问题。容积概念适合那些能倾倒的物质，如水和其他液体、面粉、鸟食或沙砾。对于学前儿童来说，容积单位包括标准单位升、毫升，非标准单位茶匙、汤匙、杯子等。

儿童可以用大豆、米粒或水发展各种测量概念。儿童游戏时，教师会听到儿童使用有关容积的词如“多”“空”和“满”。通过玩“水桌游戏”，儿童对容积的理解也会进一步提高。

图 8-3　液体测量工具

（说明：鼓励学前儿童关注上面的数字和单位，并对相关的有趣事物实际进行操作，如测量一瓶矿泉水瓶的容积）

(四)体积测量

体积是一个以立方为单位的关于空间的三维概念。当学前儿童看见用立方块可以装满一个盒子或用小立方块搭建一个结构时，他们就要用到体积(的概念)进行操作。当儿童发展了体积概念时，他们必须要用立方单位进行操作处理。仅仅看图片或是看由别人搭建的结构，可能会形成错误的概念，如体积是关于平面的物体或体积是结构外的概念。

对于年龄较小的儿童来说，大部分关于体积的操作是比较、排序和用非标准的单位——大量的立方块或小方块搭建或填充一个结构。

(五)质量测量

质量大小的比较必须通过实际的操作，如拎物体。教师不能仅仅让学前儿童通过观察来判断质量。3 岁儿童开始拎教室里的物品时，如一把椅子甚至是一本书，就开始探索质量的概念了。儿童会判断一本书比一把椅子要轻。儿童拎起两个收集物品的袋子，一手一个，可以比较其质量。

学前儿童要比较物体的质量，可使用牛奶瓶的盒子和橡胶带制作的小天平。儿童收集一些物品并放在盒子中，观察并记录下天平两边停止的地方。在随后的几次活动中，教师帮助儿童在天平上加更多的盒子。观察天平的左右两边并将物体按质量排序，可以引导儿童说出一些质量的词语，如“重”“重些”“最重”。让儿童将成对物体在天平上测量，在图表上画下调查结果。

图 8-4 质量测量工具

(说明：鼓励学前儿童关注上面的数字和单位，并对相关的有趣事物实际进行操作，如测量一下体重)

教师也可为儿童引入非标准单位，让儿童今天用立方块，明天用便士或模型积木，并记录称重时用过的砝码的数量。学习使用天平后，可介绍弹簧秤或磅秤。教师指导学前儿童观察秤的刻度。

(六)温度测量

学前儿童对于温度的注意经常与语言联系，如“汤是热的”或“我们需要大衣，外面很冷”。学前儿童能比较温度并且在许多具体的经验中使用比较的词。3 岁儿童喜欢在加了一些冰的木盆里玩。4 岁儿童能在养育中心附近散步时，感觉到放卡片的金属盒子的边是凉的，触摸阳光下的窗台，从冰箱拿出冻结的食物包。在散步以后，教师可以帮助他们写一组有关这种经验的故事。年长的学前儿童可能会扩大这样散步的范围，寻找被用于加热和变凉的东西或使用温度计。任何年龄的儿童都能用图像做“温度拼贴画”来认识温度。做温度拼贴画可以发展热、冷的概念，并且加强两者之间的联系和分类技巧。

(七)角度测量

测量角的标准单位是“度”。角可以理解为是由两条相交直线构成的。当用剪刀裁剪纸张时，刀锋由一个顶点固定可以旋转，由此变换出不同的角度。测量角的工具通常是量角器。学前儿童可以用不规范的单位去比较和测量角度。

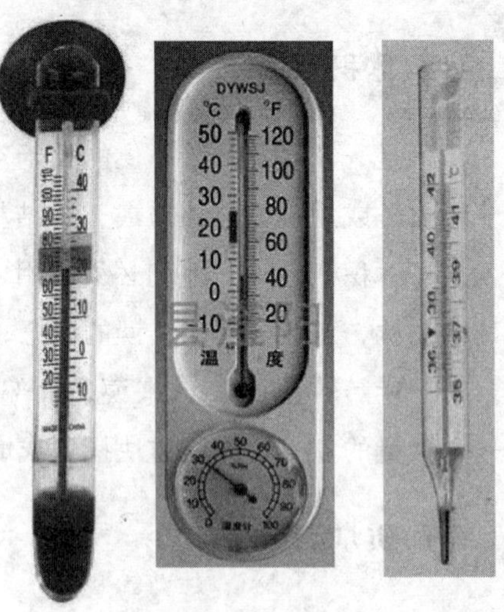

图 8-5　温度计

(提示：鼓励儿童关注数字和单位，并对相关的有趣事物实际进行操作，如测量一下自己的体温)

儿童可以用一种不太正式的方法了解角的概念。例如，随着音乐做舞蹈练习时，儿童可以模仿教师的示范动作，让双臂张到不同的角度。在之后的每次课前，可以让儿童伸出手臂成一定的角度，让儿童明白教师常说的“用身体做一个角度”的含义。

接下来可进一步探索角的概念。教师可以把儿童聚集到教室门边，要他们想象一下门打开时会形成怎样的角度，让儿童进行预测，并把一个卷尺放在门外一边固定。打开门，只有一条缝，儿童通过卷尺和门缝看到了一个很窄的角的形状。教师可以让儿童在地板上放一些纱线，勾勒出这个角，使其看得更清楚。然后把门越开越大，于是纱线也就越放越长，以此来勾勒角。并给儿童充足时间允许他们去开关这个门，让他们讨论门所形成的角。

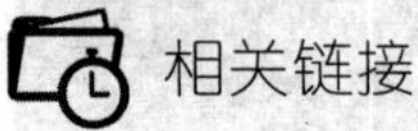

直角

教师可以用笔记本提高学前儿童对角度大小的关注。儿童用手指打开笔记本后形成角度，然后讨论角度的大小，教师介绍“直角”(方的角)这个专用术语，并鼓励他们记住这个词，也可以让儿童用一张正方形卡片，去测量教室中哪儿有直角，儿童会发现教室里有许多直角。

二、学前儿童测量的教育指导

(一)帮助学前儿童了解测量单位

要很好地理解测量，学前儿童必须使用测量中的估计和解决问题的相关方法。通过经验和表象来帮助儿童理解测量的单位。例如，儿童学习厘米时，可以画出 1 厘米长的线段，也可以发现身体的部位，如手指的横截宽度大约是 1 厘米。教师要指导儿童收集长度为 1 厘米的物体，以此来熟悉厘米单位。

在学习测量单位的基础上进行估计。比如，用一个学期让学前儿童理解质量这一概念。在学期初，教师让儿童举起自己和同学的书包并比较其质量。在探索“千克”标准单位时，教师让每位儿童带一包质量为 1 千克的物品到班级中，用弹簧秤称这些物品证实其质量，还可以让儿童在教室中寻找大约是 1 千克的物品。课后，教师让儿童在生活中寻找标有质量的物品。通过手工操作，儿童可以理解测量过程并领悟测量质量的单位——千克。他们可以用这个单位去估计其他的物品。

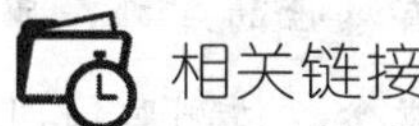

串珠测量

学前儿童已经练习过以十为单位数数，可以分别将 10 粒豆子排成一条线，这样可以很快地数出豆子的数量。并可以发现，豆子链可灵活使用：把豆子穿成的一条链子绕在手腕上或脚踝上。这样便发明了可与测量用的卷尺相媲美的工具。教师可以建议儿童用串珠测量后在他们测量的物体上做记号。

(二)帮助学前儿童制作和使用自然测量工具

学前儿童在测量时必须使用物理材料，这些材料包括教室中现有的、家里带来的和儿童认为可以成为测量工具的材料，任何实物都具有让儿童进行比较和测量的属性。测量工具是很重要的，如测量长度的工具可以用纸来做，儿童可以裁成同样长度的纸条进行测量。对于面积，儿童可以裁成大小相等的正方形纸片。把物品平放，再把大小相等的正方形纸片放在物体的表面，通过判断用了几张正方形的纸片来判断物体近似的表面积。测量角度时，儿童可以将圆形纸片折叠成 4 等份或 8 等份，裁开一部分，使用楔形圆弧作为单位。

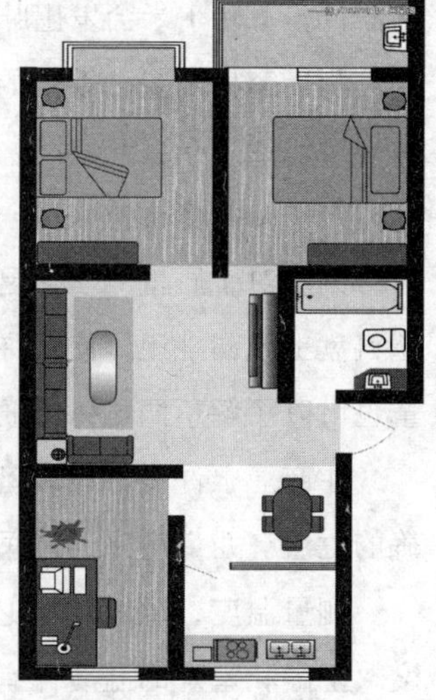

图 8-6　自家住的房型

(说明：卧室、卫生间、客厅和厨房等，其面积是通过测量得到的)

绳子或线是比较容易找到的测量工具。4 岁大的儿童，可以将线切成一定的长度，比较物体的长短，是否和线一样长或者比线更长或更短些。大一点儿的儿童可以在线或是绳上做小的、等距的单位记号，然后制作多种单位的器材，与卷尺相似。

在学前儿童学习时间时，教师可以指导他们做类似钟表和数字钟的模型。纸盘钟是最好的一种材料，它们可以让儿童上完课后带回家中。数字钟只要准备简单的纸条并在硬板纸上切开小的窗口标上时间刻度即可。

学前儿童还可以制作简单的天平。比如，用一根橡皮筋悬着的牛奶盒子，这可以作为称重的工具。学前儿童把待测的物品放到盒子中，观察发生了什么，并对观察结果做记录，记下不同物体的相对质量，谁比谁重，谁比谁轻。

制作测量工具能够更多地了解测量过程。使用同等质量的物体作为一个单位，当这些单位统一后，更容易使儿童对不同质量的物体做出区分。儿童往往为他们亲手制作工具感到高兴，并会将制作好的工具带回家中。

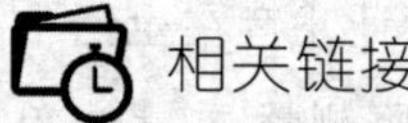

时间知觉与时间估测

动作的延续性所构成的形象是时间知觉。时间知觉一方面要有感性的基础，另一方面又依赖于掌握时间的通用标准。强调第二信号系统在形成时间概念、估测时间间隔的过程中的巨大作用。估测时间长短的三个因素是：活动的内容、对活动的兴趣和儿童的年龄。儿童时间概念的教学，重要的是培养儿童的时间感。时间是按速度、节奏和顺序性等通用标准来测量的。

(三)帮助学前儿童使用标准测量工具

对于学前儿童，需要购买一些简单的测量工具，如米尺、卷尺来测量更长的距离，还可以选择轮子。儿童通过推动轮子以及其他可以推动的物体，这些在滚动中完成测量的器材，每转1米会发出咔嚓声，以此作为测量的单位。

测量容积需要一系列的量杯和量筒，特别是大的、有标记的、数字清晰的量具。测量规格包括100毫升、250毫升、500毫升、1000毫升等不同容积单位的量杯。儿童可以用立方作为测量单位来进一步研究容积，并通过使用立方厘米定义立方体增强这一概念。

刻度对于质量的学习是必不可少的。儿童可以将不同的物体放置在刻有平均刻度的塑料盘上或漏斗里。使用弹簧秤可以让儿童通过读计量器来判断质量。通过磅秤刻度儿童也可以了解不同物体的质量。

在商业上许多钟表设备用于报时。大的、有齿轮的钟可以让儿童确定时针和分针正确的位置。儿童可以通过画小钟表了解指针和刻度。

测量温度，温度计是必不可少的。普通的温度计可以测定冰点以下10摄氏度的温度，室内和室外的温度计有很大的差别。

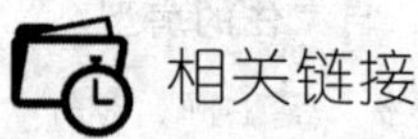

测量误差

学前儿童在测量活动中，会经常出现各种各样的错误、矛盾和不理解的问题。当这些问题出现时，教师不要着急或惊慌，其实，儿童在学习过程中出现这些问题是很正常的。教师如何巧妙地“纠错”，是测量活动成败的关键。儿童在活动中出现的问题，其实是儿童向教师抛过来的球，他们希望教师能帮他们解决这些难题。这时，教师要学会站在儿童的身后，通过巧妙的提问引导儿童自己解决问题。初步学习测量，标准或精确不重要，出现误差更正常，重要的是让儿童去体会测量的过程和测量的意义。

测量学中发现了有关测量时要注意的问题：

1. 要用测量工具；

2. 刻度尺的刻度尽可能与被测物体接近，不能歪斜；

3. 读数时，视线应垂直于被测物体与刻度尺；

4. 正确读出刻度尺的零刻度、最小刻度、测量范围；

5. 除读出最小刻度以上各位数字外，还应估读最小刻度下一位的数字；

6. 记录的测量数据，包括准确值、估计值以及单位(没有单位的数值是毫无意义的)。

根据这些测量的要点，引导儿童学习用正确的方法来测量身高，并做成身高牌，再利用1米、10厘米和1厘米三种长短不同的纸条来测量，做好记录，看看每个人到底有多高。这些环节的设计既符合测量学的有关要求，又符合学前儿童的年龄特点及幼儿园的数学教育目标。

总之，学前儿童测量，要降低难度，重在过程，鼓励体验和经历，获得初步感知就可以了。

相关链接

度量

度量技能指的是用数数、估计、公式或工具得到度量的策略。度量工具是大多数人进行测量时使用的常用工具，如尺子、卷带尺、容器、秤、钟表。公式是通过赋值予公式中的变量而得到度量值的一般关系式(NCTM，1989)。

单元小结

本单元介绍了学前儿童测量及教育价值、测量活动中表现出的认知特点以及学前儿童各类属性的测量活动的教育指导。通过实际的测量，让学前儿童体会数学的应用价值。

思考与练习

1. 什么是标准测量？
2. 什么是自然测量？
3. 学前儿童学习测量的价值有哪些？
4. 学前儿童测量中表现出什么样的认知特点？
5. 学前儿童测量学习的主要内容包括哪几个方面？
6. 学前儿童的测量活动包括几类属性，分别是哪几类属性？

延伸训练

4～5人组成一个小组，到附近的一个幼儿园大班里，跟班上的儿童讨论有关测量的问题。让儿童说说，有哪些测量工具，分别是测什么的，如温度计、秤、量杯、尺子等。接着，搬出体重数字显示秤，问小朋友自己的体重是多少。并让小朋友先对自己的体重进行估测，并在黑板上写出名字和相应的数字，随后，一一秤重，进行验证。看看，实际的体重是多少，比刚才小朋友估测的是重了还是轻了。最后，看看谁估计的最准确，误差最小。进一步讨论，班上哪个小朋友最重，哪个小朋友最轻。太重或太轻跟身体健康是否有关系。让儿童体会测量在现实生活中的用途。

补充资源

本单元教学目标与数学活动设计举例如下。

年龄	测量学习与发展的具体目标
3～4 岁	感知事物的大小和长短属性，并进行区分。 感知事物的厚薄属性。 通过目测感知远近。
4～5 岁	感知事物的粗细轻重。 感知面积的大小、物体的宽窄、液体体积。 采用简单的对齐法进行长度比较。 理解冷热与温度高低的关系。
5～6 岁	了解多种测量工具及其用途。 正确使用测量工具进行长度测量并了解体温的测量。 学习体积的测量。 采用多种工具进行自然测量和标准测量。

活动方案 8-1　吃蛋糕——厚薄测量(3～4 岁)

活动目标

1. 发展儿童通过目测比较厚薄的能力。

2. 练习和掌握“大中小”“高中低”或者“厚中薄”三个层次的比较。

活动准备

图片或者实物：厚薄不同的蛋糕、面包、书本、棉被等各三个。

活动过程

(一)提问

教师问儿童：“你喜欢吃蛋糕吗?”出示三块蛋糕，请儿童说说哪个最厚，哪个中等，哪个最薄。

(二)比较

同样的方法请儿童比较其他三种物品的厚薄。

(三)绘画

鼓励儿童画一画不同厚薄的物品。

活动延伸

比较厚薄是一种关于空间上下维度的简单测量。可以目测，也可以用尺子来测量。可以同类物品比较，也可以不同物品来比较。通过多种多样的活动，引导儿童从关注一般目测，到关注测量的数量上。

（设计者：单光耘）

活动方案 8-2　我们的幼儿园——距离测量(3～4 岁)

活动目标

1. 能用不同方法测量距离。

2. 尝试在平面图上区分远和近。

活动准备

1. 教师自制的幼儿园平面图(幼儿园所在小区的简单地图)；儿童事先在幼儿园附近散步，积累了一些经验。

2. 不同的测量工具：笔、尺、绳子、积木、小棒等。

活动过程

(一)谈话，说说自己散步的经历

师：前两天，我们在幼儿园附近散过步了。大家还记得你印象最深的最喜欢的是什么地方吗？为什么呀？

(二)学看平面图，找出不同的对应地点

1. 师：快看，老师把我们的幼儿园和我们的小区都画在了地图上，你们能看懂吗？能找到我们的幼儿园在什么地方吗？

2. 儿童观察平面图，教师引导儿童找到正确的地点。

3. 思考并讨论：我们去过了哪些地方？有多少条不同的路线可以到达同一地点？

(三)测量，离幼儿园有多远

1. 教师请儿童估算从幼儿园到教师标有五角星的地方大概是多少距离？哪个地方离幼儿园近？哪个地方离幼儿园远？(教师把儿童的估算结果记录下来)

2. 讨论：可以用什么方法来证明自己的估计到底正不正确。

3. 儿童自由选择不同的工具材料进行测量。

4. 儿童交流各自测量之后的不同结果。

5. 对照估算时的结果，比较得出哪条路线估计得最正确。

活动延伸

测量幼儿园内外环境的大小，对儿童来说是一件很有趣的事。可以用目测，也可以用标准测量工具，通过对结果进行交流与讨论，用自然语言和数学语言，儿童对自己学习与生活的环境产生了一个科学的认识，可以提升数学测量的现实价值。教师还可以在其他活动中，请儿童运用更多的测量方法对不同路线进行测量。

（设计者：孙志怡）

活动方案8-3　买米——容积测量(4～5岁)

活动目标

1. 在买米过程中可让儿童体验容积概念。

2. 通过思考不一样的容器装一样的米，让儿童在游戏中明白容积守恒的道理。

活动准备

塑料漏斗，各种大小、形状不同的透明瓶子(塑料瓶)4～5只，小碗一只，米若干。

活动过程

(一)教师当顾客去买米，儿童扮演售货员。

1. 教师先提议拿一个瓶子，让儿童去买米，要求是买平的一碗米，要求儿童在瓶子上放一漏斗，用碗装一碗米(要与碗边齐平)，再慢慢地倒入漏斗流入瓶中，尽量不外撒，看看装到瓶子的哪里。

2. 教师不断变换瓶子去买一碗米，注意每次所用的瓶子都与前面一个有较大区别。

(二)展示瓶子里的米有多少

1. 买米结束展示所有瓶子，让儿童观察，哪个瓶子的米多？为什么？

2. 引导儿童回忆，每次都买一平碗米，米是一样多的，为什么装在瓶中看起来就不一样了？鼓励儿童自己找出答案。

活动延伸

鼓励学前儿童在家里，用不同容器，如酒杯等，盛装大米，看看哪个容器最大，哪个容器最小。体会容积的大小与容器形状、高矮的关系。鼓励儿童在测量容积时进行记录。例如，可以让儿童每次以一平碗米为单位将瓶子装满，看一共要用几碗，并记录下来，注意碗中的米一定要平。换其他瓶子试一下，记录装满瓶所需米的碗数，比较不同瓶子的容积大小。

(设计者：单光耘)

活动方案8-4　热水和冷水——温度测量(4～5岁)

活动目标

1. 感受冷和暖，知道热水和冷水的不同。

2. 理解冷热与温度高低的关系。

活动准备

1. 分别装有冷水和热水的瓶子(数量要大于儿童人数)。

2. 收集制作各种热和冷的黑白标签。

3. 太阳、雪花大标签各一张。

活动过程

(一)感受水的温度

1. 小朋友，老师在许多瓶里放了水，等一会儿你们去摸一摸，把你们的发现告诉大家。

2. 儿童自由探索，操作。

说说你摸到的瓶子是怎样的(热热的、冷冷的)。

小结：这些小瓶摸上去有的冷冰冰的，有的热乎乎的。

(二)出示冷热食品

1. 老师这有许多标签，我们来看一看、说一说。

教师出示标签：

这是什么？(一杯茶)一杯怎样的茶？(热腾腾的茶)你是怎么知道的？

那是什么？(冰淇淋)冰淇淋吃到嘴里是什么感觉？(凉凉的)

2. 儿童操作贴标签。

想一想应该怎么贴这两张标签，才能使大家不去摸瓶子就能知道瓶子里装的是热水还是冷水。(儿童操作，教师观察)

你是怎样给瓶子贴标签的？(我在热水瓶上贴上热茶的标签)为什么？(因为它们都是热的)

你们猜猜这瓶是热水还是冷水？(冷水)你没有摸怎么知道的？(我是看的标签)

小结：我们给热水贴上热茶的标签，给冷水贴上冰淇淋的标签。贴上标签后我们不用摸就能知道了。

(三)粘贴冷热标签

1. 出示太阳、雪花的标签，让儿童辨别冷暖。

这是什么？(太阳和雪花)太阳给人的感觉是怎样的？(暖洋洋的)

什么时候下雪？(冬天)雪花给人的感觉是怎样的？(冷冰冰的)

2. 你们将刚才粘过标签的热水和冷水瓶再送到太阳和雪花的家中。

让儿童仔细观察标签。鼓励儿童把水瓶送到合适的家。

我们把贴有热标签的热水送到太阳的家，把贴有冷标签的冷水送到雪花的家。原来所有热的东西我们都可以用太阳来表示，冷的东西都可以用雪花来表示。

活动延伸

鼓励学前儿童在家里看看体温表，测量一下自己的体温是多少度。给爸爸、妈妈测量一下，三个人的体温是一样的吗？各是多少？如果感冒发烧，体温是多少呢？气温跟人们的生活息息相关，每天的天气预报会告诉我们当地的气温情况。家里用的像冰箱、空调等，都是制冷的，可以测一下温度的变化。热水器是洗澡用的，也可以测测适宜的水温是多少。在生活中观察温度，可以通过身体感觉，也可以预测温度，并用温度表加以验证，看是否正确。

(设计者：顾小菡)

活动方案8-5　大树——长度测量(5～6岁)

活动目标

1. 尝试运用不同的材料、各种方法来测量大树，知道树干有高矮、粗细等不同的特征。

2. 初步学习测量及用简单符号记录的方法。

活动准备

操场(或比较空旷的场地)，长、短绳子，各种尺(长、短尺，卷尺，三角尺)，记录纸，笔，竹竿等，地上画有刻度线。

活动过程

(一)教师引导

引导儿童用目测的方法观察树，用语言简单表述出树的不同。

小花园里的树真多，你知道它们的名字吗?

这些树长得一样吗? 哪里不一样?

(二)探索寻找测量树干粗细的方法

刚才小朋友说树干有粗细，哪棵粗? 哪棵细? 你是怎么知道的?(目测)

有没有办法知道××到底有多粗，××有多细呢?

(三)儿童讨论

儿童自由选择各种材料测量雪松后，进行交流，体会用手环抱、尺量、绳子量等不同的测量方法。

1. 粗细交流

教师提供不同的测量工具(材料)，儿童自由选择。

你准备用什么材料测量? 把你的结果在记录纸上记录下来。

讨论：如果你是选择用绳子测量的，怎样才能知道测出来的结果是多少呢?

为什么测量出的粗细不一样?(有的测树的底部、有的测树的中部)

2. 高矮交流

(1)小花园里哪棵树最高?

有多高? 你怎么知道?(目测：用尺无法测量高度时可目测)怎么记录?

(2)杨树长得高不高? 怎么测?(直接测量)

(3)龙柏长得不高不矮，有什么方法测量?

用钢皮卷尺直接测量，用竹竿等代替物量，然后将竹竿放地上用尺量。

(四)游戏：树林测量员

儿童扮演树林测量员，为不同的树木测量它们的高矮、粗细。

儿童每人选择一棵树进行高矮、粗细的测量，并把数字记录在记录表上。

相互交流记录结果。

活动延伸

教师在班级里列设相应区域，并将儿童测量后的结果装订成册，制作成树木成长统计图。测量大自然中树木的粗细和高矮，是儿童感兴趣的活动。太高的树可以目测，说说哪棵最高。如是小树，就可以用尺子等测量。一般尺子上标有数字，是以厘米为单位的。儿童可以学会读数字，数字大的，就是粗的。可以进行画树和记录，以进行讨论比较。这类活动不仅使儿童获得了数学测量方面的知识，还会增加儿童的科学兴趣。

(设计者：孙志怡)

单元九
学前儿童的数学问题解决与应用

 学习目标

- 掌握学前儿童数学问题解决与应用的特点与教育
- 了解学前儿童学习自编和解决应用题的价值和特点
- 理解钱币认知对于学前儿童数学学习的意义
- 了解学前儿童钱币认知的活动及表现
- 学会开展学前儿童钱币认知活动

情境导入

为了在游戏中用花钱培养学前儿童的数学运算能力，李小灿老师让儿童思考“如果我们只有6元钱，怎样来分配，到哪些地方消费正好用完6元”，然后组织儿童开展游戏。在游戏中，李老师启发儿童积极地思考，鼓励他们互相交流积极发言，使儿童在活动中活跃起来，踊跃说出如何正好消费6元。

问题：学前儿童在金钱活动中有哪些收获？

案例点评：这个活动，培养了学前儿童随时随地运用数学的习惯；同时又鼓励儿童和同伴相互讨论，培养了他们的合作性，也有利于儿童发散性思维的发展。在活动中，儿童既复习了6的组成，又在模仿现实生活的场景中运用了6的加法，在游戏中学习，在游戏中巩固所学的知识。在这种轻松的环境中得到了成功感，学习了数学知识。在这些交流活动中巩固了简单的加减法运算，学前儿童的数学运算能力得到了发展，运用数学运算解决问题的能力同时也得到了发展。

第一课　学前儿童数学问题解决的特点与教育

数学问题解决与应用，是数学教育发展的趋势。数学应用于现实，也就是利用数学解决实际中的问题，同时发展学前儿童的数学应用意识。

一、学前儿童数学的问题解决及教育指导

在经历了20世纪60年代的“新数学运动”和20世纪70年代的“回到基础”以后，“问题解决”在20世纪80年代成为美国数学教育界的主要口号，即把“问题解决”作为学校数学教育的中心。

近年来，“问题解决”理念在数学教育界越来越受到重视。解决问题的策略对于掌握思考数学基础问题的方法很重要。而且，这些策略会随学前儿童的感知和组织信息、必要的推理能力、预测问题以及解决问题的方法变化而变化。这些策略是促进和形成推理能力的基础，同样也是解决问题的关键因素。

名言点睛

宇宙之大，粒子之微，火箭之速，化工之巧，地球之变，生物之谜，日用之繁，无处不用数学。

——华罗庚

(一)问题解决的含义

问题解决在心理学上被看作是一种思维活动或思维过程。数学的问题解决，指的是在数学学习中把数学知识与现实生活相联系，用数学的原理解决现实中的问题。同样，问题解决也是一种教学思潮，强调数学教学的“问题感”，把“问题感”看成是“数学感”的一个重要内容。

图 9-1　国际象棋

(说明：棋类活动涉及数学思维问题的解决)

(二)学前儿童数学问题解决的活动

1. 猜测和检验

学前儿童早在进入幼儿园之前已会使用猜测方法来解决问题，开始儿童会胡乱随意地猜想，在积累了一定经验的基础上，部分儿童开始使用直觉推理进行猜测，这其中蕴含着极大似然估计法的思想。

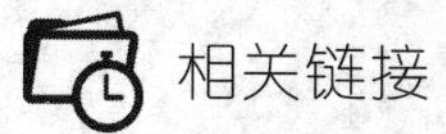
相关链接

猜颜色

家长在兜里放一黑一白两个小球，家长和儿童一人取出一个球握在手中，让儿童在看到自己手中的球之后猜测家长手中球的颜色。开始的时候，儿童总想去掰开家长的手来看球的颜色，慢慢他们就能明白，通过看自己手中球的颜色，就能推测出家长手中球的颜色。

2. 寻找规律

在亲自操作过程中，学前儿童可以认识到在某些情境中存在着一些规律。教育者应安排一些很容易发现规律的活动，帮助儿童学习如何发现规律。当儿童理解一些规律时，可以向他们介绍一些更微妙的规律。

图 9-2　中国的七巧板

（说明：观察一个正方形是如何切成七块的）

图 9-3　怪人

（说明：七巧板作品，这是美国谜题专家洛依德的作品，他是一位喜欢戏谑的人）

3. 作图或用范例比画着表达

学前儿童在玩耍时常常参与这种类型的问题解决活动。当儿童用积木搭建筑物或构筑沙堆路和地道时，他们就已经在使用非正式的问题解决模式了，这些活动能增强儿童解决问题的能力。用手比画、作图或是构筑模型代替题目，可以让儿童通过实验来反馈信息。作图不仅与问题解决或策略相联系，其中还包含着数学思考的方式。儿童可以在解决问题的时候自我更正并调整他们的结论。

4. 画表格、图表或列原始数据表

学前儿童在思考一个问题时，经常会遇到一组组的数据。如果将这些数据按照儿童容易发现规律的方式排列，他们也许就能找到答案。在一个模式中做一些记号可以将数据组织起来，不仅有利于学前儿童解决问题，也有利于学前儿童发现规律。图表或表格通常是由行和列组成的，里面包含了问题解决的关键因素。

5. 写开放的表达式

这是一个在许多课本中都可以找到的解决问题的传统数学方法。一旦学前儿童能够写开放的表达式，他们就有可能解决问题，但困难的是如何写那些表达式。儿童必须理解信息背后那些给定的和可寻找到的线索之间的关系，这样才能写出表达式。儿童也许会在他们的方程式里用括号或三角形来表示未知的数字，这样的方程式叫作开放的表达式。这些表达式给儿童提供了有效的蓝图。在学前儿童建立自信心以前，计算器的运用可以帮助儿童解决问题。

6. 系统思考

系统思考的方法包括两个步骤：列一个有规律的目录；做一个系统的计算。对那些需要计算和需要考虑所有可能性的问题，系统思考的方法是很有用的。有时候，如果尝试所有可能的解决方法，解决问题会比较容易一些。

7. 逆向思维

有些题目最后一步的条件是给出的，因此需要解决前面的步骤。问题解决者知道结果，但是需要知道开始的条件。如果是数学运算，那要做的就是逆向进行这些运算。有些题目列出了在某个条件下的一系列未知事件，那么这时的任务就是将这些事件排序。守恒过程涉及逆向思维。

图 9-4 液体守恒的实验

（说明：哪个杯里的水最多？操作练习可以更快获得守恒概念）

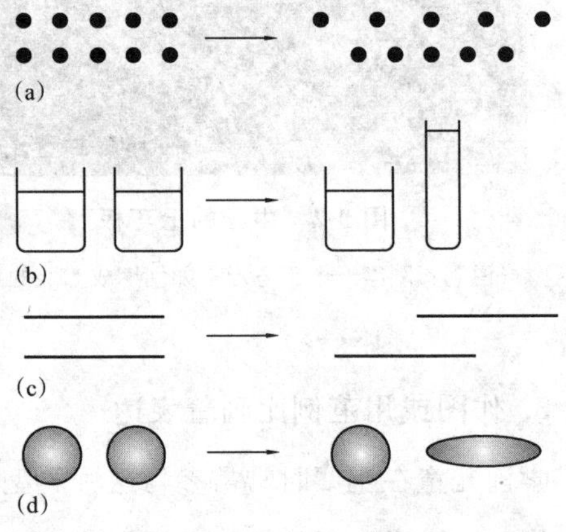

图 9-5 守恒的多样

（说明：以上为数量、液体、长度、体积四类守恒，守恒概念的获得是儿童认知发展可逆性的重要标志）

8. 类比推理的问题解决

有些问题存在大量的数据或一些复杂的规律，内容显得很复杂，答案也不是很清楚。对于这样的问题，使用类此推理的方法也许能更好地帮助学前儿童找到问题的答案。先解决一个比较简单的问题也许可以帮助儿童找到解决原有问题的方法，或者从一组简单的问题开始，找到能够解决原始问题的规律或方法。

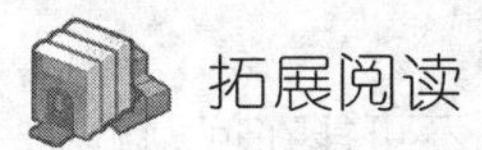

问题解决可以帮助儿童学好数学

来源于儿童生活中的问题包含了重要的数学概念。恰当的问题，能促进儿童数学学习的兴趣，让儿童有机会巩固和加深他们所学的知识。儿童作为有效的问题解决者，不断计划、时时估计，看看过程是否正确。如果问题解决没有进展，他们就会停下来考虑其他的方法，而且毫不犹豫地采用完全不同的方法。研究表明，儿童解题失败通常并不是因为缺少数学知识，而是因为没有很好地利用他们的知识(NCTM，1989)。

9. 问题解决的迁移

学前儿童思考自己如何解决问题的过程，有助于他们将问题解决的过程转移到解决其他问题上。思考的过程有助于个体发展更清晰的策略意识，促使他们更有效地完成任务。教师可以引导儿童学会体会自己思考问题的方法。不管用什么方法，目的只有一个：帮助儿童思考问题，形成看法，考虑每一个解题步骤。思考问题解决的方法有助于让儿童关注解决的过程和方法的运用。当问题的答案看上去不是那么明显时，可以使用一些策略提供解决问题的方案，引导儿童解决问题。

(三)学前儿童数学问题解决的教育指导

1. 创设问题解决和推理的情境

前面我们已经讨论了问题解决的各个因素，那么现在我们就来思考如何创设能够增强问题解决和推理能力的情境。问题解决应该是数学课程关注的焦点。“具有问题解决氛围的教室充满着能够激发思考的问题，充满着推测、研究和探索；在这样一种环境中，教师的初步目标是促进学前儿童学习所有数学内容问题解决的方法”(NCTM，1989)。

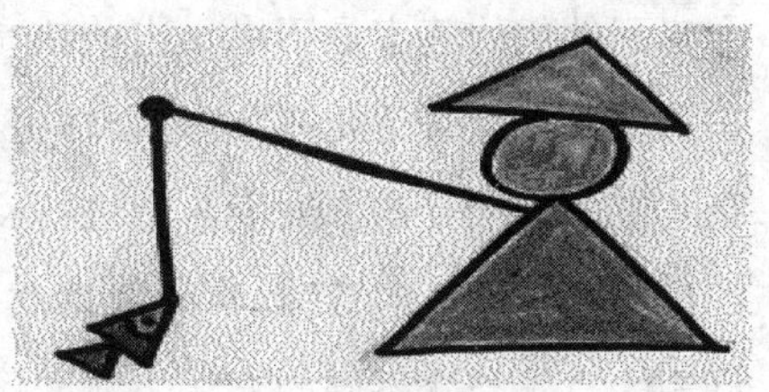

钓鱼翁

小金鱼

图 9-6　三角形和圆的组合

(说明：几何构图体现出简单的艺术美)

如果儿童没有表现出解决问题的意愿和兴趣，教他们问题解决的步骤就比较困难。解决问题的意愿和兴趣，是问题解决过程中的最重要的因素(Van de Walle，1994)。因此数学活动应该创设为儿童喜爱的形式。

2. 制订计划

每个学前儿童和成年人都会做出这样或那样的决定，这些决定和他们的技能、自信水平直接相关。儿童做决定的基础是过去的经验，或者是他们做出决定时所体验到的成功。这种成功是真正的成功而不是虚假的成功，不需要依靠教育者引导就能得出答案。为了让学前儿童取得成功，教育者可以安排基于不同水平的多种多样的问题，可以从儿童能够解决的那个问题开始。问题应该通过儿童自己的努力得到解决。

需要注意的是，所有的学前儿童不可能按照同一个速度前进，也不可能在问题解决的能力上达到同一水平。那些发展缓慢的儿童同样需要成功，而且要比那些较自信的儿童需要的成功更多，因此教师应该将发展缓慢的儿童安排在一个能力强的小组里。儿童需要各种各样的问题，特别是那些可以用一种以上方法解决的问题。

3. 鼓励冒险

成人经常害怕尝试新的方法和观点，当然，学前儿童也不愿意在同伴面前失败。所以应当让儿童知道犯错误也是很正常的，要鼓励他们再进行尝试。儿童受到的鼓励越多，他们为了获得表扬所付出的努力也就越大。当儿童愿意表达，教师应仔细倾听，相信他们的思想并鼓励他们表达自己的思想。如果儿童的想法被拒绝或被忽视，他们就会不愿意说出自己的想法。

没有不能解决的问题。

——韦达(代数学之父)

4. 对儿童做积极的反应

当学前儿童在交流观点时，教育者应当思考一下自己所做出的反应，要使得儿童不会感到他们的答案是不堪一击的或是“一个坏主意”。要称赞儿童思考的过程，不要去攻击那些观点，告诉儿童“这是个好主意”或是“我可以看到你是在真正的思考问题”，这些是儿童乐于接受的。鼓励儿童进行交流，当儿童在谈论如何解决问题时，给予他们积极的反馈。其他还包括“我真的很喜欢你思考的方法，其他人还有想法吗?”“这是解决这个问题的真正与众不同的方法，你准备怎么完善这个想法呢?”等类似的话。

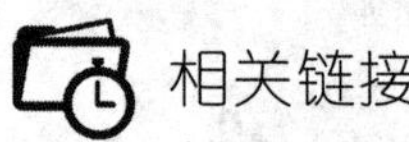

发现规律

在我们的生活中，存在很多有规律的现象和事物。找出它们的规律，可以让学前儿童体验到思维技能的乐趣。例如，让儿童在串珠子时有节奏拍手或在两个、五个、十个一组的数数的过程中发现某些规律。

5. 小组式合作工作

当学前儿童一起参与活动时，他们问题解决的实践能力往往会提高。交流想法也会帮助儿童思考新的解决方法，并使他们在一个轻松愉悦的氛围中分析这些方法。合作性学习能提高儿童解决问题的能力。这种教学方法减少了数学焦虑感，因为他们不是孤立无援的，他们是通过合作解决问题、得出答案的。儿童分享意见，也会产生些新的想法。儿童能基于别人的反应去思维。合作性学习还可以通过让儿童朝着一个共同目标一起努力从而培养他们的社会性。

教师应参与儿童问题解决的过程(NCTM, 1991)，鼓励儿童去尝试不同的解题方法并让儿童解释他们的想法。数学教学应像推理一样在教室中平常化，需要儿童不断参与到那些注重推理的数学讨论中去。

教师要用每天的活动来教儿童解决问题，帮助儿童将问题和日常生活相结合，意识到运用数学的重要性。通常教师可基于儿童的经验构建数学课的内容，选择任务的时候，要考虑挖掘儿童数学推理和问题解决的潜力。

二、学前儿童数学问题解决中的应用意识及教育指导

(一)学前儿童数学应用意识的含义及价值

数学应用意识是主体主动从数学的角度，用数学的语言、知识、思想方法来描述、理解和解决各种问题的心理倾向性。数学教学中儿童的应用意识主要体现在以下三个方面。第一，面对实际问题，能主动尝试从数学的角度运用所学知识和方法寻求解决问题的策略。主要表现在两点：一是有在实际情境中发现问题和提出问题的意识；二是主动应用数学知识解决问题的意识。第二，面对新的数学知识时，能主动寻找其实际背景，并探索其应用价值。第三，认识到现实生活中蕴含着大量的数学信息，数学在现实世界中有着广泛的应用。

学前儿童数学教育要重视数学应用意识的培养。数学教学生活化是国际数学教育的发展趋势，“现实数学”的思想充分说明：数学来源于现实，也必须扎根于现实，应用于现实，数学教育如果脱离了那些丰富多彩的现实，就将成为“无源之水，无本之木”。因此对学前儿童进行数学应用意识的培养，有利于激发儿童学习数学的兴趣，有利于增强儿童的应用意识，有利于扩展儿童的视野。但更重要的是能够使学前儿童认识到数学与我有关，与生活相关，数学是有用的，我要用数学，我能用数学。这种意识将成为儿童终身受用的财富。

(二)学前儿童数学应用意识的培养教育指导

1. 强化教师自身的数学应用意识和应用能力

教师要提高自身的数学应用意识和应用能力，提高自身数学专业水平和素养，在平时有意识地学习有关数学应用意识和应用能力的相关知识。

2. 精心设计活动，注重数学知识的来龙去脉

学前儿童的许多数学知识，如数概念、计算、几何形体的特征等，无不渗透着数学在现代生产、生活中的应用。让儿童寻找生活中的数学，使儿童真切地感受到数学就在自己的身边，认清数学知识的现实性和实用性。

3. 开阔学前儿童的视野，了解数学的应用价值

教师应该充分利用学前儿童已有的生活经验，引导儿童把所学的数学知识应用到现

实中去，体会数学在现实生活中的应用价值。因此，在数学生活化的学习过程中，教师要注重引导儿童领悟数学“源于生活，又用于生活”的道理。

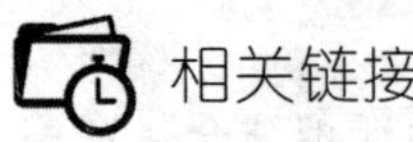

包装盒子

教师可以引导学前儿童到超市参观各种商品的包装，如餐巾纸盒子（餐巾纸的包装最接近教材内容）等。把各种包装盒子带到课堂上来，作为课堂教学的教具。在教学中，让儿童体会包装，并在上面画画，体会立体与平面的不同及其关系，提高学前儿童解决问题的能力，使其感受数学的应用价值。

第二课　专论一：学前儿童学习自编和解答应用题

一、学前儿童学习自编和解答应用题的价值

应用题作为数学问题，具有一定的情境，情境中又有一个要达到的目标，通往目标的路线被阻塞，于是就产生了问题(Kilpartrick，1985)。① 儿童自编应用题是一种创造性的发现活动，儿童学习自编应用题可以激发其思维。儿童用自己的语言，就自己所熟悉的生活事物、配合一定的学习经验，进而达到建构数学概念的目的。教师将提供给儿童的真实物体(如小黑板、粉笔或实物模型)和思维物品(如数字、符号或文字)作为中介，让儿童进行编题、解题活动。机械式的数学练习是枯燥的、乏味的，如果成年人能完全信任儿童，让儿童按照自己的意愿和能力自编应用题，并负责解题，这会使儿童感到做题充满乐趣和成就感，能够开拓儿童的思维空间，培养其创造能力。

早晨醒来，想的第一件事就是数学。我的生活就是数学；终生不倦地追求就是数学，数十年如一日，从没有懈怠过，现在依然如此。

——陈省身

学前儿童学习自编和解答应用题有以下价值。②

第一，自编应用题所涉及的实际问题比较简单，带有一定情境性，比较适合于学前儿童具体形象性、直观性的思维特点。自编应用题是学前儿童以学会加减运算为基础，是对数量关系的实际运用，是在解决实际问题(解决问题是一种重要的思维形式)。自编

---

① 林文生，等. 数学教育的艺术与实务[M]. 台北：心理出版社，1999：184.

② 朱智贤，林崇德. 思维发展心理学[M]. 北京：北京师范大学出版社，1986.

应用题会极大地促进学前儿童思维的发展。

第二，自编应用题需要学前儿童对应用题的两个条件和一个问题以及数量关系有一个清楚的认识和理解，设想某种情境结构，成功编出应用题。可以说，学前儿童能否熟练地、灵活地掌握自编应用题，是学前儿童数学能力发展的重要指标。

第三，自编应用题有助于发展学前儿童的独创性，因为它具有以下几个特点：一是独立性。学前儿童能独立地操纵应用题的条件和问题及其关系、找出问题解决的途径和策略。另外，可根据自己的水平、不依赖于教师和同伴、编写出自己认为重要的和有趣的应用题，可以提高儿童的学习兴趣。二是发散性。应用题不是一解，而是多解。学前儿童可以沿着不同思路去思考，其结果不是唯一的，而是发散式的。模拟一个问题和两个条件，无限变换情境结构及伴随的数量关系，可以极大地发展学前儿童思维的发散性。三是新颖性。学前儿童可以不拘泥于传统的常用方法，通过对现有信息的加工，形成能体现出旧信息思想的新的数学智力问题。

可以说，自编应用题应该是学前儿童创造性思维品质的一种表现。自编应用题的数量、深度和广度，在一定意义上体现了学前儿童在运算过程中发现、探索和创造问题的程度。

二、学前儿童解答应用题的认知特点及教育指导

(一)简单加减运算应用题包含三种结构

第一，数量关系结构，指加减法，可以有四种形式：

$m=B+A$ （5＝3＋2）；

$m=A+B$ （5＝2＋3）；

$A=m-B$ （2＝5－3）；

$B=m-A$ （3＝5－2）。

第二，框架结构，指条件和问题，包括三个变量，即两个条件和一个问题。

第三，情境结构，对数量关系作情境性表征，即指各种不同的题材。

学前儿童编应用题中所涉及的对问题情境的表征或者说对问题的理解，对于解题起着关键作用。

(二)语义图式的种类及学前儿童的理解

1. 语义图式的种类

学前儿童对语义图式的加工活动直接影响其方法的选择，同时反映了儿童对有关数学概念的掌握程度。学前儿童的加减法应用题涉及三种语义图式。

表 9-1 应用题涉及三种语义图式

变化图式	小明有 3 个苹果，小丽又给了他 2 个，现在小明有几个？(结果集未知) 小明有 5 个橘子，给了小丽 2 个，小明现在有几个橘子？(结果集未知)
合并图式	小明有 3 块糖，小丽有 2 块，他们一共有几块糖？(超集未知) 小明、小丽合起来有 5 块糖，有 3 块是小明的，小丽有几块？(子集未知)
比较图式	小明有 5 个橘子，小丽有 3 个，小明比小丽多几个？(差集未知) 小明有 3 个苹果，小丽比小明多了 3 个，小丽有几个苹果？(比较集未知)

每个问题至少有三个句子分别表达条件和问题信息，这三个句子有特定语义相依关系和应用题必须满足的逻辑关系。

2. 学前儿童对不同语义图式的理解

学前儿童对于不同类型题目的语义图式的错误理解如下。

对变化题，相依关系的词多为动词“有……给……”，若儿童缺乏对这种逻辑的认识则会犯错误。他们往往以自然的情境去猜测每个句子的意思。

对合并题，学前儿童未能掌握总体与部分的关系。他不能根据句子中的语义信息去推断两个集合之间的关系，而是把超集和子集表征为两组互不相关的客体。另外，学前儿童还会曲解“一共”这个词，而对“合起来”的表达方式更容易接受。

对比较题，学前儿童的错误表征是把一个关系命题解释为一个陈述命题造成的。如把“小丽比小明多”理解为“小丽有了 3 个”，对“比……多”不理解。学前儿童还缺乏一个完整的较概括的比较图式。

(三)学前儿童解答应用题的教育指导

合并题和比较题上的错误可以归因于他们缺乏理解题中数量关系所必需的语义图式。变化题的错误则是因为学前儿童并不具备理解基本的数量关系所需的语义图式。变化题的错误并非是由于学前儿童不具备最基本的数量关系知识，而是儿童缺乏应用题的逻辑结构知识，即应用题表征图式。比起语义图式，应用题图式包括了有关应用的更一般的知识，即问题解决者对应用题的结构特征、作用及意义的理解。当然语义结构简单的算术应用题有极强的语词成分。此外，阅读能力在问题解决中起着不可忽视的作用。

教学中可以让学前儿童对三种类型的算术应用题进行反复练习，从而正确把握问题的逻辑结构、数量关系和语义图式，迅速地解决问题。

三、学前儿童自编应用题的认知特点及教育指导

(一)学前儿童编题的认知特点——编题经常犯的错误①

1. 学前儿童容易对应用题的情节产生泛化

学前儿童在自编应用题时，往往被应用题中的情节内容所吸引而产生一系列的联想，

① 金浩，等．学前儿童数学教育概论[M]．上海：华东师范大学出版社，2000：205～206.

转移了编题的思路。例如，给学前儿童看小猴的图片，让儿童根据树上小猴与地上小猴的数量编加法题，儿童会说树上有 2 只小猴，它们真好玩，跑得可快了……结果忘了编题的任务。再如，当一个儿童编了舅舅打老虎的情节时，会说老虎越打越多，以表示本领大，这种泛化性的特点，年龄越小越明显。

2. 学前儿童不能完整地理解应用题的结构

应用题由情节、数量关系两部分构成，数量关系中又包括已知条件和未知条件。学前儿童在自编应用题时，根据应用题的结构，运用“一件事，两个数，一个问题”的模式进行编题，但在刚学编题时对这种结构模式还不能完整地运用，主要表现在以下方面。

一是缺少已知条件中的一个数。例如，“河里原来有 2 条小鱼，现在一共有几条小鱼?”

二是不会提出问题。学前儿童在自编应用题时，有时没有问题，例如：“树上原来有 2 只小鸟，后来又飞来 1 只小鸟”，编题就这样结束了。有时讲了已知条件后接着出现的是运算结果。例如：“我有 2 只红气球，又有 1 只蓝气球，我现在一共有 3 只气球。”这种情况在减法的编题中更为突出。

3. 所编应用题的内容脱离生活实际

学前儿童由于受知识和生活经验的限制，编出的题目常常违反了生活逻辑和自然规律。例如：“爸爸买来 1 部汽车，妈妈又买来 2 部，我家里现在有几部汽车?”再如：“我家的钟先敲了 3 下，一会儿又敲了 2 下，一共敲了几下?”类似于这些情况，脱离生活实际，缺乏科学性。

(二)学前儿童自编应用题的教育指导

1. 教师在教育指导中应注意的问题

(1)学前儿童应具有一定的加减运算基础，即对数量关系能够较熟练地掌握，否则，编题就成了无本之木。

(2)使学前儿童明确两个已知数和一个未知数，即两个条件和一个问题，这三者缺一不可。

(3)编题使用的语言要简练、清楚、明确，不同于讲故事、谜语，同时，设计的问题情境要符合生活实际，不能违反生活逻辑。

(4)编题的形式，可多种多样，如可根据日常活动内容编、看图编题、给出算术题以及无条件编题。或者让学前儿童完全凭借自己的兴趣和能力，脱离教具、凭自己想象去编题，充分发挥其创造性。

2. 鼓励学前儿童参加多样性的编题、解题活动

学前儿童可根据自己的能力、偏好，采用自己能掌握的方式和策略来编题和解题。要鼓励儿童把解题的过程记录下来，让同伴分享解题记录中的智慧。①

---

① 林泳海．中国幼儿数学教育课程的反思与构建[J]．陕西师范大学学报，2004(1)．

3. 鼓励学前儿童合作解题

学前儿童在互动中，可以学会从不同角度看问题、解问题，同时也可以提高自我反省的能力。要出题给同伴做，就必须具备检验解题过程及结果是否合理的能力，即察觉别人不同的思考路线，以此拓展自己的学习经验，获得新的知识。学前儿童需要运用解决问题的方法去探究和理解数学方面的内容(Krogh，1995)。虽然学前儿童可能不会像成人那样有意识地思考，但是他们仍然可以通过不断地尝试，从失败、错误中积累经验，为他们以后解决问题或者是运用逻辑思维奠定基础。儿童可以从日常数学情境中归纳出要解决的问题。人们最初用来学习数学的那种方法，决定他们是否愿意使用这种方法理解周围的世界和解决身边的问题(Willougby，1990)。

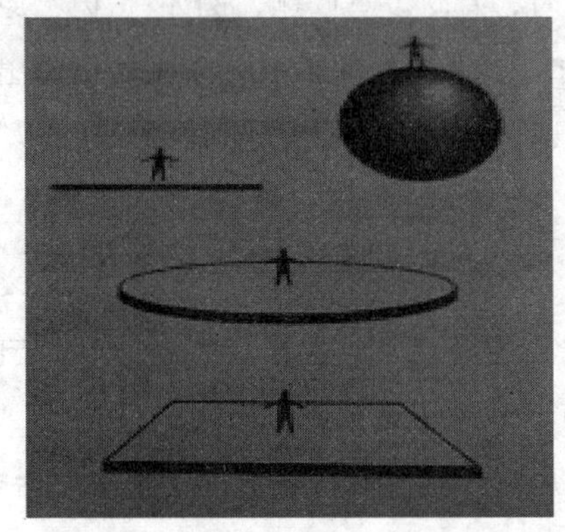

图 9-7　地球的认识(1)

(说明：地球是方的，还是圆的，或是双地球?)

9-8　地球的认识(2)

(说明：地球是空的，还是实的；是圆的，还是扁的?)

第三课　专论二：学前儿童钱币认知的发展特点与教育

一、钱币认知对于学前儿童数学学习的意义

数学教学活动的任务是帮助学前儿童发展数学思维，并使其能尽快掌握该年龄阶段所应当掌握的数学概念和与之相关的解决问题的能力。但是，在实际的教学中，教师往往非常重视学前儿童对数概念、运算等抽象概念的学习，而完全忽视了这样一个事实，那就是许多抽象的概念并非独立存在的，而是蕴藏在生活的每一个角落中，并借助许多具体的事物表现出来，金钱系统(Money System)就是一个很好的例证。游戏是提高学前儿童数学问题解决能力的重要途径。买卖游戏情境的设置不仅包括简单的计算、分类、排序等，还包含着问题解决。而且买卖关系在生活中随处可见，不仅可以引起儿童解决问题的兴趣，也可以使儿童在情境化、生活化的游戏中提高问题解决的能力。钱币是买卖关系中的交换媒介，因此学前儿童对钱币的认知就显得尤为重要。

图 9-9　钱币——人民币

（说明：3～4 岁，尝试认识常用的硬币和纸币，有初步的概念。4～5 岁，在认识钱币的基础上，尝试数数自己小钱包中的钱。5～6 岁，在实际情境中，尝试使用钱币，会简单地换算）

发展心理学关于钱币认知的研究非常少，尤其在国内。但在教学实践中，金钱系统是美国早期儿童数学教育中的一个重要内容。美国学者认为，一旦学前儿童形成了“需要多少钱去买一样东西”的概念时，钱币认知的内容就应当成为学前儿童数学教育中的一部分。当儿童在角色游戏中用到钱币时，教师可以为儿童制作玩耍用的钱；如果儿童被许可攒钱买某样东西的话，他们就需要获得更多有关钱币的知识，教师应当开设相应的教学活动来帮助儿童学习有关钱币的知识。

金钱系统作为一个完整的体系，蕴含着许多简单的数量关系，其中有相当一部分是学前儿童所能够掌握的。一方面，儿童对钱币的认知，建立在其数概念发展的基础上；另一方面，通过观察儿童对钱币的运算与操作，可以检验儿童对所涉及的数量关系是否已真正掌握。因而，开展钱币认知的教学，能够帮助儿童更快地掌握一些简单的数量关系。设置买卖关系的游戏情境对提高学前儿童问题解决能力具有重要的意义，钱币的认知是进行买卖关系的前提，因此进行买卖关系的问题设置首先要让儿童掌握钱币的认知。

拓展阅读

美国的金钱教育

美国的金钱教育内容以儿童比较容易理解且经常接触到的基本概念和原理为主。儿童从 3 岁就开始接受理财教育，人们把理财教育称为“从 3 岁开始实施的幸福人生计划”，让儿童学会赚钱、花钱、用钱、与人分享钱。3～7 岁孩子的理财教育目标如下。

- 3 岁能辨认硬币和纸币。
- 4 岁知道每枚硬币是多少美分，认识到无法把商品买光，因此必须做出选择。
- 5 岁知道硬币的等价物，知道钱是怎么来的。
- 6 岁能找数目不大的钱，能数大量硬币。
- 7 岁能看价格标签。

二、学前儿童钱币认知的活动及表现

(一)钱币的辨认

学前儿童各年龄阶段的共同特点是对硬币的 1 元和纸币的 10 元、50 元、100 元辨识率较高，而对硬币、纸币的 1 角辨识率较低。学前儿童对钱币知识的获得与其生活经验是分不开的。对于儿童来说，他们生活中最常用到的钱币，就是 1 元硬币，几乎所有的儿童都会自己投掷 1 元硬币来启动电动玩具，所以他们对 1 元硬币最熟悉。另外，10 元、50 元、100 元的纸币票面较大，比起小票面的纸币更能引起儿童注意。

表 9-2　钱币辨认 1～10 题(阿拉伯数字代表硬币，下表同理)

1. 1 角	6. 一元
2. 5 角	7. 五元
3. 1 元	8. 十元
4. 一角	9. 五十元
5. 五角	10. 新版一百元

(二)钱币面值的比较

由于 3～5 岁学前儿童对钱币基本认识不全，还不能进行全面的比较，但对于尺寸相差较大的钱币一般能够进行大小比较，如 5 元与 50 元的比较。稍微大些的儿童对数概念的掌握和钱币面值的认识能力有所提高，钱币的比较能力也会随之提高。因此当学前儿童认识钱币后可以对其进行比较。

表 9-3　钱币面值大小比较 11～19 题

11. 1 角与 1 元	16. 1 元与一元
12. 1 角与 5 角	17. 一元与五元
13. 5 角与 1 元	18. 五元与十元
14. 1 角与一角	19. 十元与五十元
15. 5 角与五角	

(三)计算

虽然钱币的计算较为抽象，但是与具体实物相联系可以促进学前儿童的理解和掌握。当儿童计算比较熟练的时候，计算可以慢慢地与实物脱离。钱币的计算与数概念的掌握相联系。大班儿童可以进行例如“5 角＋5 角＝?”等由角到元的转换的计算，但应建立在学前儿童对数概念和钱币掌握的基础上。

表 9-4 钱币计算 21～31 题(28～31 题可配有其他具体的实物，这里使用的是圆点图片)

20. 五角＋五角＝？(元)	24. 5＋5＝？	28. 5 点＋5 点＝？
21. 一元＋五元＝？	25. 1＋5＝？	29. 1 点＋5 点＝？
22. 五元＋十元＝？	26. 5＋10＝？	30. 5 点＋10 点＝？
23. 十元－二元＝？	27. 10－2＝？	31. 10 点－2 点＝？

(四)钱币的兑换

钱币的兑换涉及逆向计算形式表达，学前儿童掌握和理解还比较困难，但较大的学前儿童可以适当让其试着计算，但不宜太多。

此项测试活动中得分率较低，因为这里所涉及的逆向计算，必须建立在已较为熟练地掌握了正向计算的基础上，而其中得分率相对较高的是“5 角＝？个 1 角”，主要由于此题属于直接的逆向思维，易于被学前儿童理解与掌握。其中，得分率最低的是“2 元＝？个 5 角”和“10 元＝？个 2 元”，因为它们涉及了除法知识，又是以逆向计算形式表达，较难被学前儿童理解、掌握。

表 9-5 钱币的兑换 32～39 题

32. 5 角＝？1 角	36. 十元＝？二元
33. 一元＝？5 角	37. 五十元＝？十元
34. 二元＝？5 角	38. 一百元＝？五十元
35. 十元＝？五元	39. 一百元＝？十元

三、学前儿童钱币认知的发展特点

学前儿童对钱币的认知大致可以分为三个阶段。

3～4 岁，发生在前运算阶段的初期。儿童开始认识金钱，能够将纸币和硬币与其他的实物区分开。虽然他们可能没有意识到，硬币和纸币各不相同，并且将它们视为玩具，而不是交换媒介。

4～5 岁，儿童正处于前运算阶段的后期。他们明白金钱的总体概念，但不能对钱进行提名也不能说出它的交易值。随后，儿童开始认识到一些硬币或纸币，能对其进行分类，知道哪些具有较高的价值，哪些价值很低。

5～6 岁，处理运算阶段前期。儿童对钱币的识别和比较已经有了较完整的把握，能够进行基本的计算，也能更好地理解金钱作为交易的手段，这与他们数学能力的增长是紧密联系的。①

① Agata G., Tomasz Z., Sandra W.. Would you do something for me? The effects of money activation on social preferences and social behavior in young children[J]. Journal of Economic Psychology, 2012(33): 603～608.

总体来说，3～6 岁的儿童对金钱的认识、比较、简单的计算已经有了基本的掌握，但在年龄上存在显著差异，儿童的总体表现随着年龄的增长不断提高。

四、学前儿童钱币认知的教育指导

3～4 岁的相关教育活动，可以围绕钱币的辨认与比较展开，旨在帮助学前儿童准确辨认常用的人民币，并能通过自己的操作过程去猜测钱币面值的大小。这里要注意的是，面值比较最好不要涉及同面值钱币之间的比较，因为要 3～4 岁儿童通过自己的思维去理解守恒概念，是不容易办到的。

4～5 岁的教育活动，可以围绕钱币的比较和各种不同类型的计算来展开。到了 4～5 岁，不仅要要求儿童依据一定的数学概念去猜测钱币面值的大小，而且要他们懂得其中的道理，这对于计算的掌握也是有帮助的。在 4～5 岁，教师可以开展各种各样的守恒实验，其中也应当包括同面值钱币的比较，从而全面地发展学前儿童的守恒概念。

5～6 岁的教育活动，可以围绕十进位制的单位转换和钱币的简单兑换来展开。教师可以让学前儿童自己动手，对一些实物进行十进位的操作，从具体的东西逐步抽象到单位间的十进位制；同样，教师也可以让学前儿童对实物进行正向、逆向的计算，从而帮助他们运用实物去理解兑换。

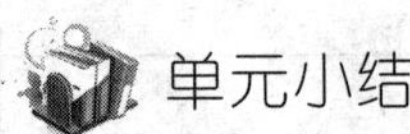

单元小结

本单元讨论了学前儿童数学问题解决的基本过程和应用意识，这是时代对学前儿童数学教育的新要求；讨论了自编和解答应用题的认知特点以及教育指导，金钱教育对促进儿童运算能力的发展或在现实中培养儿童学会使用金钱购物，具有深刻的现实意义。

思考与练习

1. 学前儿童数学问题解决的活动有哪些？
2. 如何提高学前儿童数学问题解决的能力？
3. 学前儿童自编应用题的特点是什么？
4. 学前儿童在解应用题时受哪些语义图式的影响？
5. 金钱认知在学前儿童数学学习中的应用有哪些？

延伸训练

4～5 人组成一个小组，到附近的一个幼儿园大班里，跟班上的儿童讨论有关金钱的问题。让儿童说说，是不是认识所有面额的钱币？观察面额大小与钱币的大小是否有关系。

观察人民币上面的数字符号有哪些？接着，用纸条，让儿童写上不同面额当纸币，每位小朋友都有不同面额的钱币。再在游戏区的物品上，写上不同的价格，让儿童模拟购物活动，体验钱币的换算、找零，在游戏中学会运用钱币。通过讨论，也让儿童体会使用钱币的正确观念在现实生活中的意义。

补充资源

本单元教学目标与数学活动设计举例如下。

年龄	数学问题解决与应用学习与发展的具体目标
3～4 岁	将物品对应、分类应用于生活实际，寻找事物的内在关联性。 将长短比较应用于生活实际情境中。
4～5 岁	学习路线图，感知地图中的东南西北方位。 通过解决生活中量的多少问题，训练逻辑思维能力。 通过实际情境，开发学前儿童智力。
5～6 岁	利用已学的数、空间、逻辑知识综合解决实际问题。 认识不同面值的货币，懂得不同面值货币的换算。 熟练掌握“凑十法”，并应用于实际。

活动方案 9-1　小猫钓鱼——比较(3～4 岁)

活动目标

1. 引导学前儿童学会用目测的方法进行长短比较。

2. 引导学前儿童利用工具间接进行长短比较。

活动准备

小猫钓鱼卡片、鱼竿卡片、小鱼模型若干。

活动过程

(一)创设故事情境

小猫钓鱼，教师扮演猫妈妈，儿童扮演小猫和小鱼。猫妈妈家有三只小猫，三只小猫都很懒，每天只知道吃小鱼，不知道帮妈妈去捕鱼。一天，猫妈妈发现一条河里有很多条小鱼，它跑过去开心地吃呀吃，吃完之后想着，应该多钓一些存着以后吃。于是它叫来了它的三个孩子，大家一起钓了很多鱼，有的是大鱼，有的是小鱼。

它们把这些小鱼晒在绳子上变成鱼干，小猫们对妈妈说：“好多小鱼呀，我想吃一条。”猫妈妈说：“这些鱼干不准移动，你们看看哪条最长，你们谁能说出来，就让谁吃最长的鱼。”

(二)解决问题

这可急坏了三只小猫，它们看看这个长的，看看那个短的，把长短差别很大的都排除掉了，还有一些差别很小，看不出来了。你能帮助它们辨别一下吗？

这会儿一只猫看着自己手里的鱼竿，想到了一个好办法，它跑到比较长的那几个鱼干前面。聪明的小猫用手中的鱼竿比画了一下，并且在鱼竿上标上了记号，将每一个鱼干都在鱼竿上标上记号，这样就知道哪个鱼干最长了。于是这只小猫吃到了最长的那条鱼。

活动延伸

比较是数学概念的逻辑基础。通过比较鱼竿上标记的长短，再与鱼的大小匹配，可训练学前儿童的逻辑推理能力。也可以通过绘画的方式，完成此项任务。儿童这个时候可能还想不到这样的方法，要鼓励儿童开动脑筋。如果有其他方法，也可以鼓励儿童进行尝试。

（设计者：单光耘）

活动方案 9-2　帮小鸭子回家——辨认路线图(4～5 岁)

活动目标

1. 通过训练学前儿童走不同的路线，培养其空间知觉能力。

2. 学习路线图，感知地图中的东南西北方位。

活动准备

1. 装满沙子的正方形沙盘，长宽各为 1 米。

2. 小鸭子玩具 4 个，塑料花草若干。

活动过程

(一)布置沙盘

在沙盘中将小鸭子的家设在沙盘的最中央，分别向四周画一些螺旋的线，并将沙子分开，做成像小河的模样，儿童在沙盘的四周。同时在沙盘里面布置一些塑料花草。

(二)小鸭回家

小鸭子家住着四只小鸭子，它们分别在四个不同的地方玩耍，天黑了，它们要回家了，请儿童按照画好的路线图帮助小鸭子回家。看哪只小鸭子最先回到家。

在帮助小鸭子回家的时候，要求儿童说出小鸭子回家的路线，如先向上游，再往右游，最后向下游等。

活动延伸

儿童在最初可能不按指定的路线，而是直接从原地点到家，应让儿童知道规则，须按照规定路线，并找最近的路径走。日常生活中，引导儿童多留意地图，寻找熟悉的建筑物等标志。

（设计者：孙敏）

活动方案 9-3　火柴棒变魔术——拼图(4～5 岁)

活动目标

1. 愿意参与到用火柴棒进行拼图的活动中，感受增加或减少火柴棒后造型的变化。

2. 通过提示能用火柴棒搭出不同的数字或图形。

活动准备

火柴棒若干、实物投影仪。

活动过程

(一)出示火柴棒

教师告诉儿童:“今天带来一样很神奇的东西——它会变魔术。”引导儿童进行自由猜测。

教师出示火柴棒。

提问:这样东西你们认识吗?它叫什么名字?什么时候你会用到它?

(二)火柴棒变魔术

1. 变数字

教师出示一根火柴棒。

提问:这是数字几?用了几根火柴棒?

教师出示三根火柴棒。

提问:你觉得这次会变出数字几?引导儿童自由猜测。

教师用两根火柴棒搭出“4”的前两个笔画,然后请个别儿童上前搭出完整的“4”。

教师请儿童上前,请他先搭出一个数字的一或两个笔画,然后给大家猜他所搭的数字。

教师提示下面的儿童可以向上来搭数字的儿童进行提问。比如,你用了几根火柴棒?你的第一个笔画是横还是竖?等问题。

2. 变图形

教师请个别儿童上前用火柴棒搭出一个正方形。

提问:变出一个正方形需要几根火柴棒?

教师请个别儿童上前用火柴棒搭出一个长方形。

提问:搭长方形所用的火柴棒的数量和搭正方形所用的火柴棒的数量一样吗?

请儿童上前用火柴棒搭出任意图形,然后请下面的儿童进行猜测。

(三)讨论

教师引导儿童思考:火柴棒还能搭出什么?

活动延伸

教师可以引导儿童用火柴棒搭出任意造型或数字,同时引导他们关注搭出这些造型所用的火柴棒的数量。火柴棒,长短一样,一头一尾,可以变出各种几何图,既能训练儿童的空间表征能力,又能发展思维的创造性。这是儿童喜欢的一个游戏。当儿童完成作品后,可以与同伴交流与讨论,谈谈自己的作品。

(设计者:戴慧丽)

活动方案9-4 票据——钱币运用(5~6岁)

活动目标

认识生活中的各种票据,了解票据代表的含义。

活动准备

火车票、汽车票、发票、邮票、自制火车票、自制各种钱币、自制发票。

活动过程

(一)认识各种票据

师：小朋友们来看一看你们认识这些东西吗？这里有钱币、火车票、汽车票，这些可能是认识的。发票和邮票可能不认识。

你们知道这些是做什么用的吗？有的是乘车回家的、有的是用来买东西的、有的是消费完之后的票据，有的是用来发信件的。

出示PPT，上面分别显示人手拿车票乘车，用钱币买东西，出超市的时候收银员给顾客票据，邮递员在贴邮票。

让儿童讨论一下自己用过这些票据没有？都是什么时候做什么用的？

(二)使用票据

1. 给儿童每人发一张火车票，上面标着从上海到北京，上午6点发车，12点钟到。"现在我们一起来拿着车票去北京旅游啦。"教师和儿童手持车票，上站台，进入车厢，坐好，火车出发。然后教师指导儿童坐好，讲述还有几个小时就到北京了。经过了6个小时，到站，下车。

2. 使用钱币

带领儿童到动物超市，每人手里有一些钱币(写明款额的纸片)。"现在小朋友手里都有钱，我们要去买东西啦。"引导儿童认识不同物品的价格是不同的，不同大小的钱币能买价格不同的东西。出超市的时候，给儿童提供自制的发票。

活动延伸

鼓励儿童在家里收集各种票据，关心上面的数学和文字，使其慢慢懂得每种票据都有其特定的意义。当然，票据都与一定数量的金钱有联系，每个票据的价值大小是不同的。在区角里面提供多种票据，也可以让小朋友们自己去收集，一起讨论票据的作用和含义。

(设计者：单光耘)

活动方案9-5 好玩的球——数学应用与问题解决(4～5岁)

活动目标

1. 初步感知、了解球体的主要特征。

2. 比较、发现球体和圆形的不同，并乐意表述自己的发现。

3. 探索球的运动方向受力大小的影响、受坡度的影响、受阻力的影响。

活动准备

1. 物质准备：玻璃球、飞盘、乒乓球、小皮球、木珠、光盘、圆环、硬币、瓶盖等及其图片，笔和记录表。

2. 环境布置：圆圆世界——摆放玻璃球、小皮球、木珠、乒乓球等各种球体物品及圆环、光盘、飞盘、硬币、瓶盖等。

活动过程

(一)以“圆圆世界”导入活动

教师PPT展示图片，引发儿童探究的兴趣。

师：今天老师要带小朋友进入一个“圆圆世界”，看看这个世界里都有什么东西？它们哪里一样？

(二)在“圆圆世界”里初步感知球体的特征

1. 介绍玩法和记录要求：“老师把它们请到了教室，待会儿小朋友们滚一滚，玩一玩，看一看它们是不是都可以滚，如果可以滚的就在这个图示下面打‘√’，不能滚的就打‘×’。”

2. 儿童选择“圆圆世界”里的物品玩，教师观察、引导他们把玩的结果记下来。

3. 结合记录，交流玩的结果：有哪些东西是可以滚动的？哪些东西是不可以滚动的？

4. 小结：原来“圆圆世界”里的东西都可以滚动。

(三)再次探索、感知球体的特征

1. 师：“圆圆世界”里的东西都可以滚动，但可以随便滚动吗？请小朋友们再去滚动一下，玩一玩这些东西。操作时请按照记录表上的图片指示进行，并且把玩的结果记录下来。

	滚的远	滚的近
受力的作用		
受坡度的影响		
受阻力的影响		

2. 结合记录，交流结果。

3. 小结：从各个方向、滚来滚去都不会倒的这些东西，有一个好听的名字叫球体。

(四)引导儿童找一找生活中的球体

1. 师幼交流：找一找我们的周围有哪些东西是球体(如柜子上的地球仪等)。

2. 教师展示PPT，介绍生活中的球体及其作用。

师：老师也找了一些球体，我们看看都有哪些，它们为什么要做成球体？

活动延伸

回家以后让儿童再去找一找球体的东西，看一看这些东西有什么作用，会帮助我们解决生活中的什么问题。

（设计者：姚继燕）

单元十
学前儿童的数学语言与交流

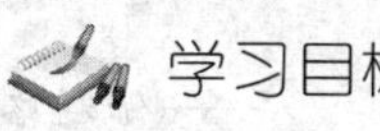

学习目标

- 了解数学语言的含义
- 掌握学前儿童关于数学语言的认知特点
- 理解学前儿童数学语言与交流的各类活动
- 学会学前儿童数学语言与交流的教育指导

情境导入

幼儿园大班的课堂上，王老师告诉小朋友今天有几位动物朋友来做客，并问大家："各位小朋友，想不想认识一下这些动物朋友呢?"小朋友们都做出了热烈的响应。王老师拿出了一张大图画，问小朋友们："大家看一看，都有哪些动物朋友呢?"小朋友回答："猴子和小熊。"接着，王老师请小朋友观察，沙发上有几只小熊，地上有几只，然后让小朋友数数、说说一共有几只小熊，并做出小结：3 加 1 等于 4。王老师又请小朋友观察，床上和地上的猴子各有几只，然后让小朋友说出一共有几只，让儿童体会 3 个再加上 2 个就是 5 个的含义。

问题：哪些语言词汇在儿童数学运算中是非常有意义的?

案例点评：幼儿园教师在数学教学活动中使用的数学语言对儿童数学学习具有重要影响。教师使用的数学语言应是科学准确、规范严谨的，要与儿童理解水平相适应，与数学本身内容相匹配，与教学活动相连接。教师应注重数学语言的数学交流功能，在向儿童输入数学语言的同时，有效地促进儿童数学语言的输出。上述案例中，教师在教学过程中注重"一共""加"等数学语言的使用，并积极引导儿童体会其在数学中的含义。

第一课　数学语言与学前儿童数学语言的认知特点

数学语言与交流涉及数学语言和自然语言。数学语言就是数学符号，数学语言是数学课本的知识系统……那么，究竟什么是数学语言？基于学前儿童数学的抽象性与思维的具体性特点，学前儿童可以理解什么样的数学语言呢？

名言点睛

宇宙是一直对我们的目光开放的，但是我们如果不首先学会它的语言，并学会解释用来书写它的那些符号，就不能了解它。它是用数学语言写成的，它的符号是几何图形。离开这些图形，人类不可能了解语言里的一个单词；没有这些图形，人们就只能在黑暗的迷宫里游荡。

——伽利略

一、数学语言

(一)数学语言与数学符号

数学语言，可以视为一种特殊的语言，它不同于自然语言、日常语言、文学语言。数学语言是世界语言，是世界通用的，不属于任何一个国家或民族所有。众所周知，语言的基础是单个的字、词，而数学语言的基础是数学符号，即数学语言有自己的一套词语、符号，如1，2，3，a，b，c，＋，－，×，÷，∫，∽，∞等。通俗来讲，数学语言是一种第二语言。这门语言有别于母语，即第一语言。如果我们不能自如地运用它，就不能说我们已经掌握了这门语言。这门第二语言又有别于外语，因为外语并没有脱离话语的外在表现形式。数学语言，与其说是一种语言，还不如说是一种思维方法。

符号涉及它自身以外的另一东西，即对象。对象可以是现实事物，也可以是另一个再现符号或另一符号解释。数学符号是数学科学中用来表示所研究对象的概念、性质、运算、关系等符号组成的集合。这里每个数学符号的意义，指的是针对符号形式规定的符号内容以及有关符号结合方式的规定。

数学符号可分为四类：一是标识符。例如，＄(代表美元)、&(代表和)、0～9的符号，还有＝，＋，×，%，某些符号因为时间久远，已具有象征意义，并脱离了符号起源时的图画性质。二是象形符。指几何形象，作为对象本身容易辨别的意象，也可称为诱导性符号。例如，□代表正方形，△代表三角形。三是标点符号。四是字母。在不断学习、接触、使用和感知中，儿童会不断对这四类符号做出辨别，体会符号所传达的信息，并能逐步理解。

从历史上看，数学符号的引进与应用，在推动数学发展中是功不可没的。物理学家波恩关于符号的论述，给了我们很大启示，他说："人们往往表达这样的意见，即符号是一个方便的问题，是一种处理和掌握大量材料所需要的速记法。然而，我仔细考虑了这个问题，并且确信，符号是深入到现实背后的自然实在里去的方法的一个必不可少的部分。"①这充分说明，数学符号不仅具有表述的作用，而且还有创造的作用。

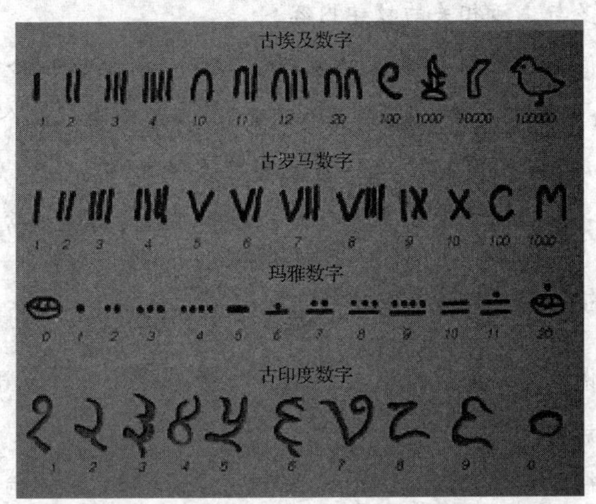

图 10-1　古代的数字符号

（说明：古代不同国度的数字符号之间有相似之处吗）

每个符号都是原始的材料依照一定法则构成各种表达式，进而才能建构成为数学符号体系或数学语言，这类似于自然语言中的词、句。但是，数学语言并不是完全按照自然语言的语法来建构的。它有自己满足的条件：语义处理，把有意义的代表符号分出来，作为表达式，并有其特定的概念；句法处理，把按一定规则构造出来的符号序列分出来，作为表达式。

数学语言作为一种表达科学思想的通用语言，是数学思维的最佳载体，具有准确性、规范性和通用性的特点。数学语言是数学思维和数学交流的工具，贯穿于整个数学活动的始终；掌握数学语言是有效地进行数学教学活动的重要基础之一。很多学前儿童学习数学的困难在于不会准确地用数学语言表达自己的思想。比如，对于应用题，知道用什么知识解答及结果是多少，但不会用精练的数学语言写出解题过程；对于证明题，知道用什么来证明，但不会有逻辑地写出推理证明过程；对于作图题，会作图，但不会有条理地写出作图过程等。究其原因，主要是儿童对数学语言掌握的熟练程度不够高，一方面不会用文字来表达数学思想，另一方面不懂符号的意思或不会用符号来进行数学证明。因而在教学中，从学前儿童入学起就应该重视学前儿童数学语言能力的培养。

① 黄秦安．中国古代数学的社会文化透视[J]．陕西师范大学学报（哲学社会科学版），1998(4)．

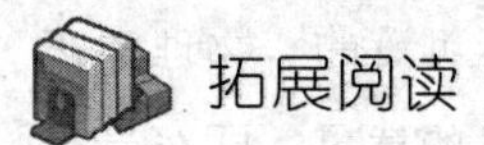

拓展阅读

教师使用数学语言

研究发现，教师数学语言使用的数量与学前儿童在幼儿园所掌握的传统数学知识的增长有显著关系。在日常活动中教师正式或非正式地使用数学语言，可以使得学前儿童在潜移默化中习得许多与生活相关的数学内容。

比如，在餐点时间教师给每位儿童分发饼干时，不断说出分给儿童饼干的数量“一块、两块、三块”，分发苹果时重复说苹果的数量“一个、两个、三个”，分发糖果时重复说糖果的数量“一颗、两颗、三颗”，久而久之，儿童就知道了“一、二、三”的含义。在这个过程中，儿童对于量词也渐渐地熟悉起来，知道了不同的物体需要使用不同的量词。

(二)数学语言的特点

数学符号、数学语言，是人类的一种创造。符号虽然是一种简单的形式，但它有其特定的内涵。数学符号由于其形式化，有利于人类数学思维的发展。当然，学前儿童在学习符号的时候，往往只知道其形式，不知道其内容，在感觉和体验上比较浅显。

与自然语言相比，数学语言具有以下特点。

第一，简捷性。不需要太多高深的数学知识，只要稍有尝试，我们都可以看到，有许多命题如果仅用自然语言讲清楚往往很困难，如果用数学中特有的语言符号来解释，只要听者或读者具备了该语言符号的相关知识，就可以清楚地理解，而所用的数学语言仅仅是几个符号或是几个数字而已。

第二，精确性。使用自然语言、花费大量词汇也只是说个大概内容，而使用数学语言可以说得清楚而精确。例如，“白马非马”这句话，有人说对，有人说错。因为许多马不是白色的马，于是有了歧义。如果用数学语言表示：A 表示白马的集合，B 表示马的集合，那么，用“$A\in B$，$A\neq B$”来表达，就不会有歧义了。

第三，通用性。每个国家，每个民族都有自己不同的语言体系。但是，数学语言在每个国家、每个民族所代表的意义都是一样的，并不会因为在不同的语言国家就对“1”产生不同的理解。

第四，专业性。既然数学语言有它专门的词汇、概念，教师在数学课堂中要有意识地运用这些专门的数学语言。指导学前儿童正确运用数学语言，这有利于儿童养成使用数学语言的好习惯。比如，各种运算中处于不同位置的数字和符号，有专用的名称如和、差等。这些符号，生活中可能不常用，但在数学课堂中要尽量使用；生活中计量单位叫法混乱，但数学课堂中要统一，像除法算式中的“除”与“除以”等，在日常语言中含义是不同的。教师在认识上要重视这方面的问题。

这里的专业性是相对的，因为我国现行数学教科书在内容编排上采用的是螺旋上升的原则，所以在不同的学习阶段，不同的教学内容中“专业性”的含义有所不同。在学前儿童阶段，很多“专业性”的东西，一般来说会以更通俗的方式来表达。

第五，启发性。华罗庚说过：“数学是思维的体操。”①北京特级教师孙维刚也曾经讲过学习数学的目的，是“让不聪明的孩子变聪明，聪明的孩子更聪明”。这揭示出数学的一个重要特点，就是发展儿童的思维能力。思维能力的发展当然不是靠教师不遗余力的灌输，主要的方法是启发。数学语言的启发性能引发儿童的思考。

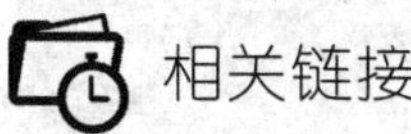

相关链接

数学语言的精确性

学前儿童尝试用日常熟悉的语言表达对数学的理解，可为建立规范的数学语言打下基础。教师帮助儿童意识到日常语言中用到的词语，如“相似”“一共”，在数学中有不同的或更精确的含义。这种细致观察是理解数学定义、概念的基础。让学前儿童感受到数学语言的精确性，是十分重要的。

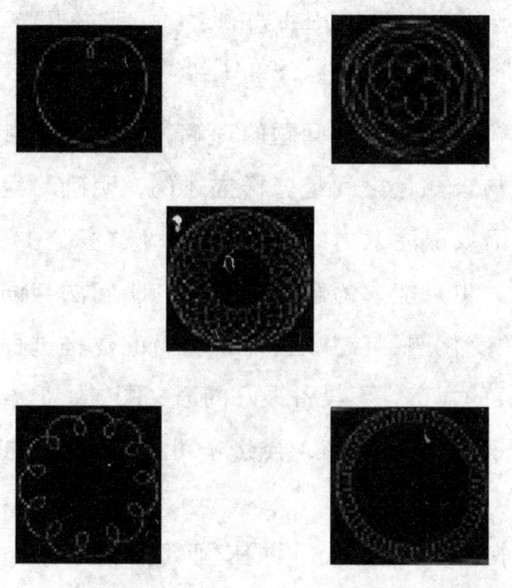

图 10-2　行星不寻常的轨迹

（说明：土星、木星、火星、金星和水星的路线，数学符号的表达）

图 10-3　数字符号

（说明：1，2，3，4，…为正整数，也是自然数，人类最早用来表示数目的个数）

二、学前儿童数学语言的认知特点

数学中所涉及的书写方式，其基础是自然语言和一种不同于自然语言的符号体系。数学中所使用的自然语言在句法和词义上有特殊性。数学中的语言多使用被动语态和抽象名词，以达到简洁和精确。例如，“a 和 b 两条线是垂直的”，是以简洁的风格表达了数学对象之间的某个关系。数学语言的特殊性在于，它是自然语言的浓缩和复合，使用书面表达系统，这与学前儿童通常的语言习惯有很大的差别。

---

① 蒋建华．数学英才教育的责任担当[J]．数学通报，2011(3)．

图 10-4　一个儿童对圆形的图解(Woolfolk，2011)

(说明：儿童给画定的题目从左到右是："德拉库拉(Dracula)""一只眼的怪物""南瓜""呼啦圈""海报""轮椅""地球""月亮""行星""电影的镜头""悲伤的脸""图片""红绿灯""沙滩排球""字母 O""小汽车"和"眼镜")

在数学应用题中，所使用的语义图式影响学前儿童对问题的理解，也影响儿童的解题策略。这里的主要影响因素是：①已知量与未知量之间是怎样描述的，明确的程度如何。②各项信息的次序如何。③表达式或词语吸引注意力的程度如何。像"多""少"等关键词的使用，既可能成为分散注意力的因素，也可能成为解题的线索。④句法与词汇的复杂组合。解题者对题目形式的语义图式(像变化题、合并题和比较题)的建构过程是很重要的(De Corte，et al.，1985)。[①] 缺乏经验的儿童，不具备很好的语义图式，很难找到解题的方法。儿童对文字信息的次序、关键词的误解等，会影响儿童对题意的理解(Mestre，1988)。[②]

学前儿童的具体形象思维限制了数学语言的学习范围。根据皮亚杰的理论，2～7 岁儿童处于前运算阶段，思维无法脱离表象。例如，说到"狗"这个名词，他们只能理解为具体的一只狗，或大狗或小狗或黑狗或花狗，而非这类动物的抽象总称。同样，在数学学习中，"1"这个符号被理解为一个苹果、一支铅笔，并非所有物体单个量的集合。学前儿童所能理解并接受的数学符号，也是有限的，一般局限在比较简单的数字及运算符号等范围之内。学前儿童学习数学运算通常与具体事物相联系。例如"3＋3"解释为"吃了 3 个苹果，又吃了 3 个苹果，一共吃了几个?"直到儿童年龄大一些才开始做纯粹的加减运算题。

---

① De Corte，E.，Verschaffel，L.，De Ven V.. Improving text comprehension strategies in upper primary school children：A design experiment[J]. British Journal of Educational Psychology，2011(71)：531～559.

② Rodney R. Cocking，Jose P. Mestre. Linguistic and cultural influences on learning mathematics[M]. Hillside，NJ：Lawrence Erlbaum，1988：3～16.

第二课　学前儿童数学语言与交流的有关活动与教育

数学教学很大程度上是一项社会活动，它绝不仅是孤立的数学符号操作。教师通常把数学交流看作是“听、说、读和写”，其实数学交流可拓展到别的形式。例如，用绘画表达数学，图画常常能表达字词所不能表达的数学思想。成人记下儿童说的话，或者儿童把小组讨论的情形记画下来，儿童初始的书写能力便能得以扩展。另外，使用操作物、模型、图表等来表达数学，都可以促进儿童数学中的交流。

 名言点睛

用功不是指每天在房里看书，也不是光做习题，而是要经常想数学。一天至少有七八个小时在思考数学。

——陈省身

一、学前儿童数学语言与交流的活动

（一）图片分类

图片分类活动存在很多交流的机会。例如，衣服分类活动。让 3 岁儿童以小组进行活动，每人从目录中剪出或撕下几种衣服图片，描述各人图片中衣服的特征，并以多种标准或方式进行分类。他们会从衣服式样开始分类，如“衬衫、长裤、帽子”。接下来他们可能以“腰部以上、腰部以下”来分。再后又按“颜色”分类。进行多种标准的分类之后，让儿童按某种分类主题将这些图片贴到一张大纸上。对于稍大些的儿童，可按各物品价格来分类，或先按贵的再按便宜的分类，在教师的帮助下最后做出分类的统计图表。儿童在讨论和展示图片时，可以自己决定问同伴哪些问题。

（二）制作自己的数学书

可以让学前儿童成对活动，背靠背坐着。其中一个画一张简单的画或在板上摆上纸条。告诉其同伴一步一步在做什么，同伴则尽力重复去做同样的事情。做完后，他们对结果进行对比，讨论他们的布局不同在哪，为什么会不同，并寻找有用的线索，然后互换角色，再进行作业。

也可以让学前儿童用积木、泥团或面团，制作立体物体。教师可观察儿童活动，记下对儿童的指示语，观察儿童遵循指示语的能力，分析他们交流的有效性。

为增加交流的技能，3～4 岁儿童可以制作自己的数学书，这涉及所有的数学主题，如有关的数字、几何图形或尺寸，儿童自己边叙述边画图，完成一页（Merenda，1995）。

儿童完成很多页后，再做一封面和目录页，并写上自己的名字，最后装订成册，一本小数学书就形成了，如《菲菲的数学》。教师可在班上给大家发一本数学书，然后放在班级图书区域。儿童还可以登记借出这些书以在家里与父母分享。

(三)写画数学日记

5岁儿童可有规律地写日记或写画学习日志。写画过程可以给学前儿童提供一个数学表达、反思的机会，同样教师也可观察儿童的数学思想。写画日记是儿童成长的印证，儿童可“自创”拼写，附以图画和表格进行补充。家人通过儿童的写画简讯来分享儿童正在探索的数学知识和他们所想出的数学问题(Buschman，1995)。在教学活动中，可让儿童从买东西、玩、了解家庭情况等各种生活活动中“找”数学，培养儿童从数学角度去观察生活的意识。可从以下几方面组织学前儿童写画数学日记：在家庭生活中领悟到的数学；在玩中体验到的数学；在学习中感受到的数学。

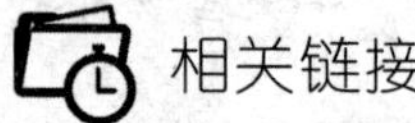

生活中常用的数学语言

幼儿园是学前儿童的家园，学前儿童的吃、穿、住、行大部分都在幼儿园，因此幼儿教师在日常生活中要注重引导儿童看数学、说数学、用数学，在不知不觉中自然地提高儿童数学语言能力。例如，在就餐时，可引导儿童观察并说出同桌有几个小朋友，需要几个碗；也可引导儿童观察桌子上碗的大小，说出有几个大小一样，哪个碗最大等；穿衣服时，教师可引导儿童说出自己的衣服上有几个纽扣；两个小朋友站在一起时可引导儿童说出谁比谁高(矮)；在站队时可引导儿童说出自己站在第几位等。

(四)使用计算机或计算器

计算器可以增进学前儿童之间的数学交流。学前儿童可以按计算器上的数字键来表现一种式样，如12121212，并用其他方式来描述这种式样：用积木(红的、蓝的、红的、蓝的……)，用身体部位(拍手、点头、拍手、点头……)或用字母(ABABAB…)。

一个简单的算式就可代表几乎无穷的数学情形，学前儿童就这些情形进行交流将受益匪浅。儿童和同伴一起想出适合4＋1＝？算式的故事情节，每位儿童都可以画写一个故事情节来匹配这一算式，并在布告栏上展示自己的作品，如画国旗上的五角星，1个大的和4个小的，合起来是5个五角星。

(五)使用图解和地图

5岁以上儿童能把货架的玩具以图解的方式表现出来，并用方位词描述它的位置。让儿童看一下货架上的玩具，转身后再描绘玩具的位置，这样可加强视觉记忆的能力。制作一张教室地图也不失为一个有效的途径。儿童可以从制作地图中解决不少问题：教室地图展示了哪些细节？如何确定教室的比例？需要什么材料？怎样判断地图的精确度？

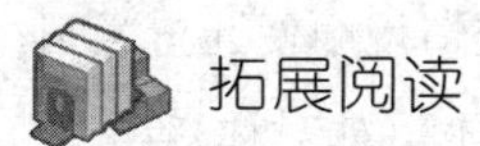

拓展阅读

我们周围的世界

卢老师在给大班儿童准备故事的时候，将数学和语言艺术整合在了一起。故事围绕的主题是“我们周围的世界”。她把今天的故事做成了大幅图表，贴在了墙上，并在图表前的桌子上放置了纸、铅笔和可操作的材料。

给全班儿童讲完故事后，让儿童从故事里找出名词，列了一张名词的表格，鼓励一组儿童把出现的名词的数量写到记录纸上，并准备了一张统计结果的图表。有的儿童用组合立方体代表名词的数量，有的则在1平方厘米的纸上涂色。这种活动使学前儿童体验到了现实中的数学概念。

为实现学前儿童情境数学理念，教师必须抛弃这样一种观念：学前儿童只是狭隘现成知识的消极接受者。应把学前儿童视为数学的主动参与者，儿童能独立提出问题并能使用各种方式交流思想。

(六)使用文学作品

文学作品能为数学教育做贡献。最常用的文学作品类型是计算书、诗歌和儿歌书。有很多优秀的计算书，“书中描写的数学不是符号的海洋，也不是对学前儿童毫无意义的、令人灰心的学习任务，而是学前儿童做决定和解决问题的工具”①(Whitin，1994)。

让学前儿童阅读加、减法的书。儿童看完这些书后，可以表演书中的故事情节，接着列出故事中的数学式子或者由教师示范列出。这些年国内也陆续出现将数学融入文学故事的书籍，如《数学毛毛虫》，这些书有助于学前儿童数学学习与交流。

中文古诗和儿歌有很多都与数字有关。例如，“一望二三里，烟村四五家，亭台六七座，八九十枝花”“伸出两只手，十个手指头”等。

二、学前儿童数学语言与交流的教育指导

(一)教师在数学语言交流中采用情境策略

学前儿童之间的语言交流，也是数学教育的一个热点。教师在数学教学中应该促进学前儿童之间的交流与讨论，引导儿童多做开放式的回答，发展儿童思维的发散性和自主性。学前儿童之间的口头交流和视觉符号交流对解决问题是有帮助的(Bishop，1985)。学前儿童作业的情境、儿童之间的合作状态、认知距离、运用语言的熟练程度，对解题过程有双向的影响。强调数学语言表达的情境是很重要的。真正的交流是一个有两人参与的情境（Brousseau，1986)。情境中的语言功能是“信息定向”，讲话人有了定向目标，

---

① 林泳海，杨赣申．美国早期儿童数学教育简介(四)——数学材料、读写连接与数学评价[J]. 山东教育，2001(36).

希望表达出特殊信息以改变听话人的知识状态(Brown，1982)。在交流情境中使儿童学习数学语言或数学代码。例如，算术表达式、代码图、几何对象、几何词汇(如对称)等。

图 10-5　北京西什库教堂

(说明：哥特式建筑，充满几何、对称等数学元素)

(二)数学语言的选择要联系数学学习的对象和内容

在培养学前儿童的抽象逻辑思维方面，数学教育可谓功不可没。正如培根所说，数学使人思维精细。但是作为教师，如何区分数学语言与自然语言是很重要的。这需要调整学前儿童的认知水平与数学语言之间的差距，并了解学前儿童之间的数学语言方面的个别差异。

在学前儿童数学学习中，自然语言是学习数学的工具与手段，数学语言是数学学习的内容与目标；同时，在接触数学语言的过程中，要扩充儿童自然语言的结构和词汇，使之更趋于丰富。总之，找到自然语言和数学语言的区别与联系，才是学前儿童数学教育中语言问题的关键所在。

(三)交流讨论中注意从一种语言形式转换到另一种形式

算术与代数中自然语言与数学书面语言之间的关系一直是人们所关注的焦点。正如一些研究者发现，学前儿童并不能自发地从一种语言形式转换到另一种语言形式。例如，用“大于”“多于”讲加法和用“小于”“少于”讲减法对于学前儿童来说是困难的，而用书面符号则更容易一些。不同数学对象与表达式之间的不一致性，是学前儿童数学学习中经常遇到的问题。研究表明，学前儿童的表达方式与情境对象联系起来困难较大，教学中应注意利用情境来思考形式表达式的潜在力量(Putnan，et al.，1987)。

表达式的意义是通过学前儿童思维表象和语言构造出来的，自然语言在这个过程中起着很大作用。个人构想和书面表达过程，要联系上下文和内在的数学内容。其实，数学教育面临左右为难的情形：教师需要运用语言向学前儿童介绍新的概念，而语言又可能变成儿童理解的障碍。

图 10-6　视敏度检测

（说明：粗平行线、双点、细平行线、棋盘）

(四)教师的数学语言应符合学前儿童的年龄特点

解释数学语言要注意使用学前儿童所能理解的自然语言，教师的数学语言应符合学前儿童的年龄特点。

数学语言既是学前儿童表达的工具，也是学前儿童学习的对象。因此，学前儿童数学语言教学最关键的就是，通过建立其数学语言与自然语言之间的联系来向儿童传递数学知识。例如，“单数”这个词，是一个单词，只是自然语言。儿童只要念念儿歌，就可以熟能生巧，能说会讲了。但是作为一个数学术语，就需要解释才能理解。当儿童已经在“单数”这个概念和“单数”这个单词之间建立联系以后，教师才可以直接使用“单数”这个词来解释新的、更深入的问题。

图 10-7　骑马者

（说明：图形知觉的部分与整体）

总之，数学语言一直是数学理论家探讨的问题。数学语言既要体现数学知识的逻辑性与理性特征，而且还要体现数学的语言魅力，极富启发性、鼓动性、生动性。一线教师，当从自身做起，为培养学前儿童良好的数学能力打下基础，重视数学语言在数学交流与讨论中的作用。

单元小结

本单元在讨论了数学语言、学前儿童数学语言认知特点的基础上，指导教师在学前儿童数学语言方面开展有效的教学活动。数学教育中强调数学语言的表达与交流，不仅可以进行相应的活动设计，同时也是提升学前儿童数学认知发展的重要途径。

思考与练习

1. 数学语言都有哪些特点？
2. 学前儿童数学语言的认知特点有哪些？
3. 常见的学前儿童数学语言与交流的活动有哪些？

4．学前儿童数学语言与交流的教学过程中需要注意什么？

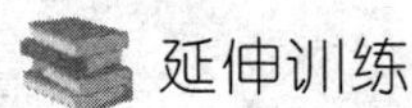

延伸训练

2～3 人组成 7 个小组，就数与运算、空间与几何、逻辑推理、统计与概率、时间、测量、解决问题七个方面的数学内容，找出各个内容相关的词汇，如空间里面各种几何形体的名称、各个方位词、其他表达空间的词汇等。各个小组把自己那个方面的词汇归类列出，并联系生活实际情境和学前儿童可理解的范畴进行思考。最后，7 个小组进行交流与讨论，体会并掌握数学不同方面的词汇对于学前儿童学习数学的意义。

补充资源

本单元教学目标与数学活动设计举例如下。

年龄	数学语言与交流学习与发展的具体目标
3～4 岁	在数比较中，让儿童说“谁与谁一样多”“谁比谁多 1”等。 用数学语言表达“在……前面”“在……后面”“在……上面”。 感知事件发生的先后顺序，并会表达，如“春夏秋冬”。 在“量”的学习中，能说“……比……长”“……比……重”。
4～5 岁	数的组成，会说“几与几合起来是几”“几可分成几和几”等。 会说一些方位词，如“在……旁边”“在……与……之间”等。 初步了解时间，能说出“几点钟”。知道自己生日是“几月几号”等。
5～6 岁	在编题中，尝试用“一共”“合起来”“谁比谁少”“谁比谁多”等。 在按物体的一个属性、两个属性对物体分类时，会说出分类的理由。 在现实里会表达左右概念。 简单描述从幼儿园回家的路线，经过些什么地方。 通过分类、计数、编题等多种方法，将数学知识运用于实际。

活动方案 10-1　动物运动会——数学词汇(3～4 岁)

活动目标

帮助学前儿童理解和接受正确的数学语言，如“最大和最小”“几和第几”“多一些”“少一些”“同样多”等。

活动准备

多媒体设备、情境图片。

活动过程

(一)创设情境

教学时导入情境：“小朋友们，你们知道 2008 年的奥运会在哪里举行吗?”(北京)

(二)尝试构建

森林里的小动物为了发扬奥运精神，也举行了体育运动比赛，(出示情境图)你能说一说分别有哪些小动物？各有多少吗？……儿童根据教师的问题，仔细地观察情境图，并能根据图上的信息，回答说："小狗、小熊、小猴……"什么动物最多，什么动物最少，多多少？

（三）集中解惑

虽然儿童能说明白图上的信息，但要试着要求他们用较完整的语言表述出来，例如："我从图上看到了小狗、小熊、小猴……"

（四）语言建构

较多儿童能说出"什么比什么多""什么比什么少"的数学语言。

（五）总结评价

教师要及时根据儿童对数量表达的正确与否给予肯定和表扬。

活动延伸

3～4岁儿童对于数概念的理解比较模糊，对相关数学词汇还不能很好地与数目对应起来。教学中通过实际情境，让儿童多接触、多体会，不断加深理解。可以在班级区域墙面上张贴情境图画，供儿童自由活动时进行观察与讨论。

（设计者：单光耘）

活动方案 10-2　摸一摸，啥图形——形体表达（3～4岁）

活动目标

1. 在活动中体验、感知、认识与应用，能用语言表达什么样的是长方体、正方体或球体。

2. 在触摸中让儿童尽情说出自己最真实的感受。

活动准备

教具：长方体、正方体、球体；不透明布袋。

活动过程

（一）情境创设

教师引导语：小朋友们这个布袋里装了神秘的东西，你们想不想知道是什么呢？（想）

（二）活动开始

教师安排儿童3人一组，以小组合作的方式来摸一摸，和同组小朋友说说自己都摸到了什么，摸到的东西都有什么特点。

（三）师生互动

师：小朋友们愿意和你摸到的东西交朋友吗？请小朋友们仔细看看这些朋友，摸一摸，再玩一玩，然后在组内说一说它们的样子？摸起来有什么感觉？玩起来又有什么发现？快行动吧！（儿童小组内活动，教师巡视指导）

（摘录不同组内小朋友的不同感受）

儿童1：长方体，有六个面，摸起来的感觉平平的

儿童2：正方体，有六个面，六个面一样大，摸起来平平的，也有扎手的地方。

儿童3：球，圆溜溜，圆乎乎的，没有平面，会滚动。(请儿童表演一下球滚动)

活动延伸

学前儿童最早接触的是立体，进一步强化儿童对立体的感知是很重要的。看过的容易忘记，听过的不一定就明白，做过的理解很深的则记得很牢。通过对长方体、正方体和球仔细地看一看、摸一摸、玩一玩，儿童的语言表达能力得以发展。在学前儿童玩的过程中教师不要做过多的解释和说明，让儿童尽情地说出自己最真实的感受。语言就在无意间得到了升华。每位儿童的智慧也在他们的手指尖上迸发出火花。现实中，可让小朋友找一找，我们生活中都有什么形状是长方体、正方体和球体。

(设计者：姚继燕)

活动方案10-3　小闹钟——时间描述(4～5岁)

活动目标

尝试说出时间点，并与相应的日常活动相联系。

活动准备

闹钟。

活动过程

(一)情境创设

在课的开始就用猜谜语的情境直接导入，让儿童猜出谜底，并说说“闹钟”在我们的生活中有什么用途。

(二)进入情境

此时，儿童的表达欲望非常强烈，因为闹钟是他们熟悉的生活用品，每位儿童家里都有各不相同的时钟。在回答这个问题时，儿童都能联系自己的生活实际，有条理地说出闹钟在自己生活中的一些用途。

(三)引导发言

为了保持儿童的高涨情绪，教师要为他们设计一些实践操作的机会：“拨一个自己喜欢的时间，和同桌交流一下。”要求语言要表述完整。“我晚上8时开始睡觉”“我早上7时背着书包去上幼儿园”“晚上6时我在家看动画片”等。儿童拨出各自喜欢的时间，并能用完整的语言表述喜欢该时间的原因。在这样的语言交流情境中，儿童的语言表达能力再一次得到了提高。

活动延伸

每天24小时，但钟表上的数字只有1到12。以中午为介，12点之前是上午，之后是下午，一般以午饭为界。我国东西跨度比较长，对于像乌鲁木齐市来说，与北京时差为2个小时。由于学前儿童每天经历，只要有意关注钟表时间并与日常事件相联系，就会比较容易理解。教学中要联系实际，让学前儿童多观察，多表达甚至鼓励儿童用画画的方式记录生活事件，这样效果更佳。小班儿童对时间理解比较模糊，建议在中大班进一步开展这类活动。鼓励儿童把某个时间点与日常的事情相联系，引导他们对较简单的问题进行表述。在儿童认识时间点的过程中要鼓励他们大声说，培养其对时间的感觉，但不要求儿童说的一定是正确的。

（设计者：单燕）

活动方案 10-4　冲饮料——函数关系理解(4～5 岁)

活动目标

通过简单的调配、比较等活动，发现简单的函数关系，进行数学内容的交流。

活动准备

有刻度的透明杯子或其他容器、果珍粉、勺子、小水壶、抹布。

活动过程

(一)观察与计划

观察桌面上准备的材料，讲讲怎么样可以冲调出自己想喝的饮料。让儿童描述冲泡的过程。

与儿童一起讨论，并制作一张冲饮料的说明书。和儿童一起确定怎样做，要提供哪些重要信息及按什么顺序进行操作。例如，先在杯子里放一定数量的果珍粉(如几勺)，然后倒入一定量的水(100 毫升，150 毫升，200 毫升，250 毫升)搅拌等。

(二)品尝与讨论

每位儿童自己冲一杯饮料。引导儿童相互观察、品尝饮料。讨论：为什么有的饮料颜色浅？有的饮料颜色深？(都用 100 毫升，如果放 3 勺果珍粉，颜色就显得深，如果放一勺，颜色就显得浅)？一样多的水，为什么味道不一样？怎样可以改变味道？(如同样是 100 毫升的水，果珍粉放多了，味道就甜，放少了，味道就淡)

活动延伸

在配制饮料时，果珍粉的多少和加水多少是一种函数关系，即水一定，果珍粉越多味道就越浓；果珍粉一定，加水越多味道就越淡。让儿童关注果珍粉是几勺，也关注杯子里水的量是多少，以此为准，品尝味道的浓淡，锻炼儿童的科学观察能力和数学意识。活动中，与儿童讨论，是不是饮料的味道越淡越好？自己冲调饮料的时候，放多少比较合适。

（设计者：戴慧丽）

活动方案 10-5　有趣的大嘴巴——大于号、小于号(5～6 岁)

活动目标

能正确判断 10 以内数量的多少，并用“<”“=”“>”表示其关系。

活动准备

数字卡 1～9，符号卡(“<”“=”“>”)，操作材料若干。

活动过程

(一)玩拍手游戏

拍手计数游戏(1～20 跳数)。玩法：一个一个接龙数(1，2，3，…，20)，2 个 2 个数(2，4，6，…，20)。

序数游戏(1～20 的接数)。玩法：教师任意出示一张数字卡，要求接着往下数。

根据数字卡上点子的数目做相应的动作。玩法：点子数为“2”，学前儿童可拍 2 次手，或跳 2 下等。

(二)介绍大嘴巴游戏

1. 出示“＜”“＝”“＞”，知道其符号名称，并知道大嘴巴一直朝着多的一边。

2. 介绍新游戏玩法。

根据点子数，说出应该用数字几表示。再根据比较的点子数的大小，知道用“＜”“＞”还是“＝”，并把符号放在两个数字之间。

3. 请个别儿童再次尝试。

(三)学前儿童自行游戏

1. 教师介绍游戏玩法。

今天我们有两组新游戏，第一组中的“＜”“＝”“＞”是直接摆放的，第二组中的“＜”“＝”“＞”是需要用水彩笔写的。

2. 鼓励儿童去尝试玩新游戏。建议让玩得快的儿童，尝试高难度的第二组新游戏。

交流分享各自玩过的游戏，说说和日常不同的玩法。

(四)循环游戏

教师重点观察儿童参与新游戏的情况，有针对性地指导儿童，对个别有困难的儿童通过启发性的提问，帮助他们完成游戏，掌握方法。

小结：帮助儿童巩固对“大嘴巴”的整体应用。知道嘴巴张大一边的数大，另一边的数小。

活动延伸

数学符号比较抽象，但平时学多了，符号熟悉了，自然也就容易掌握了。大于号或小于号，口子朝哪边，哪边的数就大，相反，就小。用符号表达数学关系，方便简单。但对于初学的学前儿童，不必急着要求他们掌握。让儿童在区角活动中进行练习，巩固所学知识。

(设计者：孙志怡)

活动方案 10-6　宝贝档案——数据表达(5～6 岁)

活动目标

在自己调查的基础上收集数据，进行统计，让学前儿童在生活实践中获得感知。

材料准备

《宝贝档案》记录纸、笔(与儿童人数相等)、自制挂图。

活动过程

(一)呈现《宝贝档案》

把《宝贝档案》小调查放在区角里。在区域活动时间里进入该区域的儿童可以拿着调查表，在园内进行调查。

（二）讨论、比较

在区域讲评时让儿童对调查的结果进行分享、讨论、互动。“我的班级”部分让参与调查的儿童比较一下，哪些调查结果是一样的。

（三）得出结果

“我的小秘密”“我的家”部分，可以让儿童进行统计。例如，有多少人的生日是同月的；有多少人是住同一个小区等。

活动延伸

在调查中，对于儿童一时难以确定的调查结果，允许儿童可以有段时间去想办法获得调查结果。关注自己及家庭的情况，并与数学知识相联系。鼓励儿童在家里与父母一起讨论《宝贝档案》里的内容。

（设计者：张瑾）

活动方案 10-7　我要上学啦——分类表达(5～6 岁)

活动目标

1. 了解上学用品的种类，在活动中感知集合的概念。

2. 学会将自己的物品分类，为上学做好准备。

3. 让学前儿童了解上学的意义，引导儿童喜欢并尽快适应学校生活。

活动准备

图片，画有文具类、玩具类、生活用品类的卡片，书包、文具盒、铅笔、橡皮、尺子、大小不同的小学课本、课程表、游戏机、水壶、玩具、毛巾。

活动过程

（一）物品分类

1. 小朋友，看看今天的图片上都有些什么，（出示图片和一套对应的卡片）说说都是用来做什么的。

2. 出示一张卡片，先讲讲卡片上是什么，用来做什么，边给儿童讲解边在黑板上记录。引导儿童了解各种学校用品。并对各种物品按照文具类、玩具类和生活用品类一一进行分类，统计各种物品件数。

3. 师生共同讨论分析，判断哪些是小朋友上学所需要的物品，如铅笔、橡皮等，哪些不是上学所需要的物品，如布娃娃、玩具卡车、奥特曼等。

（二）奇妙的书包

1. 小朋友，你知道小学生的书包里藏有什么秘密吗？我们一起来探个究竟，好吗？

书包里到底放了些什么，都是用来做什么的？小学生的书包哪些东西可以放，哪些东西不能放呢？

2. 引导儿童了解哪些物品上学可以带，哪些物品不可以带，并说明不可以带的原因，如会分散上课的注意力等。

3. 看到课程表，给儿童介绍有什么用处，引导儿童产生使用课程表的意识。

（三）我的书包我整理

1. 夸夸我的书包。

先给儿童说说书包的结构和用途，鼓励儿童仔细观察书包的外形和结构并进行表达。引导儿童拉开拉链，看一看小书包都有些什么，书包有多少个口袋。是不是有很多层？每一层都是一样的吗？都有些什么用途？书包里都应该放些什么？

2. 通过亲自动手整理书包萌发做小学生的意愿。

介绍整理书包的方法。整理书包可是个好习惯，能给我们的学习带来不少方便，引导儿童将大小不同的书本和学习用品放进书包。将书本按照大小分类，大的书放在书包的最下面，稍小的一些本子可以放在大书的上面，要放整齐！

铅笔要放进文具盒里，盖好盒盖，放在最外一层，拿起文具来也很方便。

检查是否有不该放进书包的东西，要记得拿出来，如玩具，游戏机等。

学习整理其他的用品，如水壶、毛巾等，让儿童说说这些物品都是用来做什么的？（如果儿童说对了，要记得多加鼓励和赞赏）

小书包真能干，我们要好好保护我们的小书包啊！

3. 体验上学的自豪感

播放《小儿郎》的音乐，让儿童背着整理的小书包，跟着音乐唱歌跳舞，体验背着书包上学的自豪感。

小朋友们，马上要上小学成为一名光荣的小学生啦，高兴吗？唱儿歌《要上学啦真开心》：

公鸡鸣天亮，太阳起来早；喜羊羊，灰太狼，我呀将要上学啦！

穿好新衣裳，早饭吃得香，铅笔、橡皮和书本，收拾文具上学忙。

三步并两步，书包背肩上，一二三，四五六，育才小学铃声响。

活动延伸

上小学对儿童来说是件大事。如果有小哥哥或小姐姐是小学生，可以进行一些交流，看看哥哥或姐姐的书包里有些什么。让儿童多接触现实实物，使其慢慢体会分门别类的意义。如果能从数学的空间和数量来看这些物品，学习的意义就更大了。鼓励儿童回家与父母讨论，上小学和上幼儿园有什么不一样。

（设计者：单光耘）

第三部分 学前儿童数学教育的教学范畴

学前儿童数学教育有自己的结构体系，从数学教育的目标分析到数学能力、数学素养的叙述，从数学教育的内容、实施途径到利用新技术，从数学教育的环境创设、活动的设计与组织到数学教育的评价，都是学前儿童数学教学过程重要的构成部分。理论讲得很有道理，但在真实教学环境里却会有很大改变。这需要一线教师既要把握住理论的精粹，又要在现实教学中对原理灵活运用。

单元十一
学前儿童数学教育的目标

学习目标

- 理解学前儿童数学教育目标制订的不同依据
- 了解学前儿童数学教育目标的结构和内容
- 掌握学前儿童数学能力的构成
- 学会儿童数学能力的培养方法

情境导入

一位中班幼儿教师为培养儿童数数的能力，在课堂上间断性地组织儿童做“摆筷子”的游戏。教室内有数张方形桌子，“模拟厨房”位置放有一筐筷子，假设有人来做客，需要儿童在模拟用餐之前将筷子摆好。该教师发现不同阶段儿童的反应是不同的：4 岁儿童在做该活动时，如有 4 个人模拟用餐，儿童先到筷框里拿一双筷子，放到盘子上，然后再回到筷框里拿第二双筷子放到第二个盘子上……来回四趟。当儿童 4 岁半时，儿童在做此游戏时，先数好盘子的个数，然后到筷框里一次数好筷子后，把筷子分到每个盘子上。当模拟用餐的人数发生改变时，如增加一个人，儿童会将已经摆好的 4 双筷子都收起来，放回筷框里，然后一次次地去拿，走了 5 次才完成任务。再过一段时间，5 岁儿童在做此游戏时，当模拟用餐人数为 4 人时，会先数好筷子，再分放到盘子里。

问题：儿童数学技能的提高依赖于自身的经验吗？

案例点评：教师在设置活动目标时，将最快、最直接的解决方法交给儿童的效果不一定好。重视儿童的经验和实际操作过程，照顾儿童的发展水平，鼓励儿童大胆尝试，这样的数学学习效果最好。在生活中寻找机会增强儿童的数学经验、锻炼儿童的数学技能，这是一名好教师要做的事。

第一课　学前儿童数学教育目标制订的依据

学前儿童数学教育是学前儿童全面发展教育的一个重要组成部分。学前儿童数学教育的目标，是根据学前儿童教育总目标，结合数学教育的特点而制订的，是学前儿童教育总目标在数学教育中的具体体现。因此，在制订学前儿童数学教育的目标时，不仅要考虑社会对学前儿童的要求，也要考虑儿童发展的一般规律、年龄特点、心理特点以及数学的学科特点。

一、当代社会和教育发展的需要

社会的需要是制订学前儿童数学教育目标的依据之一。随着社会、科学、经济发展的日新月异，为适应 21 世纪对人才的要求，在建构学前儿童数学教育的目标体系时必须思考：第一，如何使数学教育促进儿童的全面发展——数学教育不仅要重视儿童智力的发展，思维的培养，同时还必须重视儿童个性和素质的整体发展；第二，如何体现教育面向未来的思想。学前儿童数学教育应着眼于培养适应和创造未来社会的复合型人才。这种人才不仅要拥有丰富的知识技能，更要具备获取知识、探索发现的能力以及人际交往的能力等。因此，数学教育目标体系中也要更多地体现儿童连续的思维活动、正确的逻辑分析和推理能力，开拓、探索、猜想等独特的数学素养的培养以及合作、宽容等健康心理品质的形成过程。

 名言点睛

数学教育要面向社会现实，必须联系生活实际，注重培养和发展儿童从客观现象发现数学问题的能力；用再创造的方法去进行教学，反对灌输式和死记硬背；提倡讨论式、指导式的教学。

——弗赖登塔尔(荷兰伟大数学家)

二、儿童发展观

一个 3 岁儿童能够说出家中有一个爸爸，一个妈妈，还有一个我，却无法回答家中有几个人的问题。稍大的儿童也会出现类似的问题。例如，一些 5 岁儿童能够回答“5 个苹果添上 2 个是 7 个苹果”的问题，可却不会解答“5＋2 是几”的问题。这说明学前儿童已经开始感知事物数量，但往往还不能从事物的具体特征中摆脱出来，抽象出其中的数量特征。儿童是教育的对象，儿童的身心发展水平、发展需要、发展的可能性和发展的规律性，是教育目标制订的依据之一。因此，要深入思考儿童发展的特点和规律，在了解儿童发展需要的基础上，制订出符合儿童发展规律，能够促进儿童发展的学前儿童数学教育目标。应该树立以下观点。

(一)完整发展观

儿童的发展是一个整体，儿童的发展需要是整体的需要。要把儿童的发展(身体的、社会性的、情感的、认知的等方面)看作一个整体发展的过程。这就决定了学前儿童数学教育必须促进儿童的全面、整体发展。不仅要关注学前儿童的认知发展，也要关注其情感和社会性的发展，要以培养儿童真善美的完善人格为最终目的。因此，在确立学前儿童数学教育目标时，应该提出包括认知经验、方法技能、情感态度以及个性品质等方面的综合性教育目标。

(二)年龄层次观

儿童的发展具有明显的年龄特点，不同年龄儿童的发展水平和发展需要是不同的。这就决定了学前儿童数学教育的目标必须具有年龄的层次性，即对不同年龄的儿童提出不同层次的目标。比如，对小班儿童，只要求探索个别事物的一般属性或明显的、简单的联系，而对中、大班儿童，则要求引导他们探索事物之间的联系或关系。

拓展阅读

数学学习的关键期

蒙台梭利认为3～6岁儿童天生就具备学习文化的能力，这个阶段是儿童学习的敏感期，主张6岁前就可开始读、写、算的练习。

卡茨(Katz)和查德(Chard)指出："随着儿童年龄的增长，才会慢慢有足够的能力从正式的学术化教学中受益。大约从5岁起，儿童就可以接受一些正式教学。"

林崇德认为儿童形成数概念，要经历口头数数、给物说数、按数取物、掌握数概念四个发展阶段。2～3岁、5～6岁是儿童数概念形成和发展的关键年龄段。

(三)个别差异观

儿童的发展具有明显的个体差异，每位儿童的个体需要是不同的。即使在同一年龄儿童的发展水平都会有很大差别，他们的个性倾向性，如兴趣等更是千差万别。比如，有的儿童发展快、有的发展慢、有的反应快、有的反应慢。这就决定了学前儿童数学教育的目标不是千人一面的要求，而应充分考虑儿童的个别差异性。允许儿童在自己原有的水平上获得发展，可以让儿童在不同的时间达到一定的水平，而不要求儿童在同一时间达到同一目标。同时还要注重发展儿童的个性，鼓励儿童与众不同，把培养具有独特个性的儿童作为教育的目标。

三、数学学科特性的要求

对于学前儿童数学教育而言，数学学科本身的知识体系、学科结构、学科学习规律、学科的教育价值等都是数学教育目标制订的主要依据。当代科学与技术、经济与生产的迅猛发展，表明数学已成为现代科学技术的基础和工具。任何科学的探索和发明，都有可能涉及数学方法的运用，反之，成功地运用数学的原理和方法将有可能促使一门科学达到完美的境地。今天，人们对中、小学和幼儿园的数学教育十分重视。在幼儿园中数学教育的价值在于促进儿童的发展，它可使儿童更好地适应生活，理解周围世界，学会表达和交流，可以发展儿童的主动性、责任感和自信心，培养儿童的科学态度和探索创新精神。数学学科的结构和知识体系较为系统、严谨，其逻辑性十分突出，这对儿童智慧的发展有着特殊的价值。总之，数学学科的结构和学科的教育价值，对于学前儿童数学教育目标及内容的制订和选择有着重要的影响。

四、认知与学习理论

(一)认知建构理论

皮亚杰(J. Piaget)的认知建构理论为学前儿童数学教育目标提供了理论依据。他认为认知心理发展受四大因素的影响，即成熟、个人经验、社会经验和平衡因素，其中平衡因素是影响发展的决定性因素。儿童正是通过同化和顺应在不断地寻求平衡模式的过程中，实现自身的发展。儿童的认知发展机制主要是通过平衡实现的，即通过同化和顺应完成的。因此在学前儿童数学教育目标制订与儿童发展之间，教育目标的制订要适合不同发展水平的儿童，以儿童发展规律与实际水平为依据，让学前儿童通过自身的同化和顺应，得到应有的发展。

(二)认知结构发展理论

布鲁纳(J. S. Bruner)发展了认知结构发展理论并将它付诸教育实践。他认为，儿童在发展的每个阶段，都有他观察世界和解释世界的独特方式，教任何特定年龄的儿童某门学科，其目标就是按照这个年龄儿童的思维方式正确地和有效地将这门学科阐述出来。一门学科的课程应该取决于对能达到的那门学科的根本原理的最基本的理解，帮助儿童不断地由具体思维向在概念上更恰当的思维方式前进，即使概念十分粗浅，也不应被动地跟随儿童发展的自然过程，而应向儿童提供具有挑战性的、合适的机会，促进儿童发展。

(三)教学与发展关系的理论

维果茨基(Vygotsky)关于教学与发展关系的理论也为学前儿童数学教育目标提供了理论基础。维果茨基认为：教学必须符合儿童的年龄特征，必须以儿童一定的成熟为基础，但是当试图确定发展过程与教学的可能性的实际关系时，至少要确定儿童的两种发展水平。第一种水平指儿童的现有发展水平，即儿童独立活动时所能达到的解决问题的水平。第二种水平指那些现在处于形成状态的，刚刚发展的水平，即儿童在有指导的情况下借助成人的帮助所能达到的解决问题的水平。这两种水平的差异，就是所谓的最近发展区。

维果茨基指出，教育不应当以儿童发展的昨天，而应当以儿童发展的明天作为方向。只有走在发展前头的教学才是良好的教学。教学要创造最近发展区，并落实于最近发展区，从而使儿童通过学习不断把前人的经验内化为学习主体的经验。把最近发展区转化为现有发展水平，这就要求学前儿童数学教育目标的确立不仅要根据儿童已经达到的发展水平，而且要预见儿童最新的发展水平。

(四)教育目标分类理论

布卢姆的教育目标分类理论，为学前儿童数学教育目标理论模型的建构提供了依据。布卢姆认为应该从认知能力(Cognitional Ability)、情感态度(Emotion Attitude)和动作技能(Oper-ative Skills)三个范畴对教育目标进行分类。认知能力目标指“注重记忆或再现某些可能已经学到的内容的目标以及含有解决某些理智任务的目标”。情感态度目标指“注重情调、情绪或接受与拒绝程度的目标”，这类目标有许多是用兴趣、态度、欣赏价值或情绪倾向这类词语来表示的。动作技能目标指“注重某些肌肉的或运动的技能，对材料客体的某种操作的目标或某些要求神经肌肉运动的目标”。学前儿童数学教育目标的制订，也要依据发展儿童数学认知、数学态度或数学情感、数学技能这三个维度的要求。

拓展阅读

建构主义学前儿童数学教育总目标

(一)形成数学兴趣和具有最初的数学文化素养

1. 满足学前儿童的认知需要，学习数学开拓、探索和竞争的精神。

2. 早期数学启蒙，为以后数学学习和数学能力发展打下基础。

3. 理解学习数学的意义。数学是交流的手段，也是有力的工具。

(二)学习最初步的数学知识、技能，学会操作数学

1. 学习最初步的知识、技能，理解数量关系、时空观念、逻辑关系，感受数学的魅力。

2. 掌握数学技能、数学应用和数学操作方法，喜欢摆弄、操作数学工具。

(三)发展学前儿童最初的数学能力

1. 空间能力，空间理解、空间记忆、空间组合能力。

2. 逻辑能力，独立发现概念的能力、根据逻辑推论的能力。

3. 数概念能力，数概念的形成以及数字、数值解答的能力。

4. 符号能力，理解符号、记忆符号、用符号运算的能力。

5. 数学直觉，灵活性、深刻性、发散性和创造性。

(四)培养学前儿童的数学个性

1. 培养学前儿童最初的数学热情、数学态度、数学价值观。

2. 培养学前儿童对数学的自信心、坚持性和数学的意志，不怕困难、大胆回答问题。

3. 培养学前儿童数学学习的主动性、独立性，数学交往、宽容和合作意识。

4. 培养学前儿童感受数学美，感受数学的抽象美、深刻美、形式美、简洁美，形成对数学的情感。

（五）使学前儿童形成数学表达、运用和解决问题的意识

1. 学会用简单的实物、图形、符号和数学语言表述数学。

2. 喜欢用数量关系来表示物体、用空间思维来观察事物，具有对数学问题的过程和结果的思考意识。

3. 学会用所学数学知识来解决生活中的简单问题。

（资料来源：林泳海．幼儿情景建构数学．北京：接力出版社，2011）

第二课　学前儿童数学教育目标的结构和内容

学前儿童数学教育目标体系是按一定的结构和层次组织起来的，从横向结构看，它具有一定的分类结构，从纵向结构看，则具有一定的层次结构。

一、学前儿童数学教育目标的层次结构

学前儿童数学教育目标是一个有机的整体，它可以分解为数学教育总目标、年龄阶段目标和数学教育活动目标三个不同的层次。学前儿童数学教育总目标是学前儿童数学教育总的任务要求；年龄阶段目标，一般以小、中、大班为界，指一年内的阶段发展目标；而数学教育活动目标既可作为“系列活动”目标，即一组需要连续地逐步达到的目标，也可视作“独立活动”目标，就是指在一次教育活动中所应追求的主要目标。①

 相关链接

教育目标的解释

严格说来数学的教育目的具体有这样一些层次：目的(aims)、目标(goals)、中心目标(targets)、具体目标(objectives)。全美数学教师协会新的标准强调五个基本目标：一是学前儿童应该成为数学问题的解决者；二是学前儿童能够用数学交流；三是学前儿童应学会数学推理；四是应该看重数学的价值；五是学前儿童应对自己的数学能力充满自信。

（一）学前儿童数学教育的总目标

2001 年 7 月，由教育部颁布的《幼儿园教育指导纲要(试行)》明确规定了科学领域的总目标。

① 黄瑾．学前儿童数学教育与活动指导(第 3 版)[M]．上海：华东师范大学出版社，2014.

第一，对周围的事物、现象感兴趣、有好奇心和求知欲；

第二，能运用各种感官，动手动脑，探究问题；

第三，能用适当的方式表达、交流探索的过程和结果；

第四，能从生活和游戏中感受事物的数量关系并体验到数学的重要和有趣；

第五，爱护动植物，关心周围环境，亲近大自然，珍惜自然资源，有初步的环保意识。

数学是科学领域的一个重要部分，其总目标也同样涵盖了儿童发展在数学方面的要求。可以概括为以下几点：

第一，激发儿童认识和探索环境数量、形状等的兴趣，使他们愿意并喜欢参加数学活动。

第二，引导儿童在与环境相互作用的过程中，获得有关数、形、量、时间和空间的感性经验，使儿童逐步形成一些初级的数学概念。

第三，培养学前儿童观察、思考和解决数学问题的初步能力，并学习独立选择数学活动的内容和按照要求检查自己活动的情况、活动的结果。

第四，培养学前儿童正确使用数学活动操作材料的技能和良好的学习习惯。①

2012 年 9 月教育部正式颁布了《3－6 岁儿童学习与发展指南》(以下简称《指南》)，在科学领域的目标阐述中写道：幼儿科学学习的核心是激发探究兴趣，体验探究过程，发展初步的探究能力。成人要善于发现和保护幼儿的好奇心，充分利用自然和实际生活机会，引导幼儿通过观察、比较、操作、实验等方法，学会发现问题、分析问题和解决问题；帮助幼儿不断积累经验，并运用于新的学习活动，形成受益终身的学习态度和能力。同时，《指南》明确将科学领域的学习与发展分为“科学探究”和“数学认知”两个部分。在“数学认知”中，对学前儿童的数学教育提出了三条总目标，即“初步感知生活中数学的有用和有趣”“感知和理解数、量及数量关系”及“感知形状与空间关系”。

(二)学前儿童数学教育的年龄阶段目标

年龄阶段目标是对总目标架构下的具体化、典型化表现的阐述，表述的是对某一特定的年龄阶段进行教育所期望的结果。

(三)数学教育活动目标

数学教育活动(教学活动)目标具有表述具体、操作性强等特点，并尽量用行为化的语言加以描述，使得教师能够在活动中观察到儿童掌握目标的情况，观察、判断儿童的发展状况。在表述数学教育活动目标时，可以从教师角度出发提出教育目标(如培养儿童的数数能力)，也可以从儿童角度出发提出发展目标(如学习 5 以内的数数)，还可以从评

① 张慧和．学前儿童数学教育[M]．重庆：西南师范大学出版社，2001.

价的需要出发提出评价目标(如能手口一致点数 5 以内的实物)。

二、学前儿童数学教育的分类结构

图 11-1　双头人

(说明：通过绘画可了解儿童对外物的空间表征具有独特性)

学前儿童数学教育目标的层次结构从深度上体现了目标体系的有序性，而分类结构则在广度上体现了目标体系的有序性。可以从以下两个不同的角度来对学前儿童数学教育的目标进行分类。

(一)按心理活动的不同领域来分

布卢姆曾经在《教育目标分类》一书中以心理活动的不同领域作为分类的出发点，把教育目标分为三大领域：

1. 认知方面的目标

第一，帮助儿童从生活和游戏中感受事物的数量关系，获得有关物体形状、数量以及时间与空间等方面的感性经验，体验到数学的重要性和趣味性。

第二，培养儿童运用数的相关经验解决问题的能力，发展儿童初步的逻辑思维能力以及用适当的方式交流操作和探索过程及结果的能力。

2. 情感态度方面的目标

第一，培养儿童对周围生活中事物的数、形、量、时间与空间等的兴趣。使其喜欢参与数字活动与游戏，具有好奇心，探究欲。

第二，初步培养儿童形成交流、合作的意识。①

拓展阅读

儿童数学情感的培养

儿童数学学习不仅是数学认知活动，也是数学情感、态度、价值观相伴的过程。研究数学学习中的情感、态度、价值观，对于提高数学学习效果具有深刻地影响。

数学情感反映出主体在数学活动中的精神世界和个性特征。指儿童获得知识并把知识运用于实际的过程之中所产生的情感。培养数学情感可从以下方面来进行。

第一，培养儿童的数学道德感。在数学教学活动中，教师要注重儿童诚实、坚强、谨慎、勇敢和一丝不苟等品质的培养。正如俄国著名数学家格涅坚柯所言："数学内容本身无疑会激起正直与诚实的内在要求……教师本身酷爱课题就会使他积极培养学生类似的感情……这不由得参与到形成学生道德基础的过程中去了。"

---

①　黄瑾．学前儿童数学教育与活动指导(第 3 版)[M]．上海：华东师范大学出版社，2014.

第二，培养儿童的美感。培养学生对数学美感的体验，不仅可以扩大美的范围，而且也丰富了人们的道德情感。真实、简洁、和谐对称、新奇明快，不同的内容表现出不同的美感内涵。

第三，培养儿童的数学实践感。在数学活动中要关注学生对数学活动的全部的丰富多样的情绪反应。

第四，培养儿童的数学创造感。在数学教学中，要训练和培养儿童的创造性思维，进而使数学课充满愉悦的氛围。

数学学习态度是情感的一类表现，一般指有一定强度、适当稳定性的积极或消极的感觉和取向。例如，对数学有没有兴趣，对数学学习重视与否、爱好与否等。在学前儿童数学教学中不仅要注重培养学生知识的掌握，而且要注重使学生养成良好的学习习惯，培养儿童形成交流、合作的意识和能力。

（资料来源：孔凡哲，曾峥．数学学习心理学．北京：北京大学出版社，2009）

（三）操作技能方面的目标

第一，培养儿童正确使用数字活动材料的技能；

第二，培养儿童养成做事认真、仔细等良好的学习习惯。

二、学前儿童数学教育的内容目标

以数学活动的不同内容为分类的出发点，学前儿童数学教育目标包括：分类、排序与对应，数、计数与数的运算，几何图形，量与计量，时间与空间等方面（详细内容在本书第二部分呈现）。从这个角度来组织和表述学前儿童数学教育的目标，有利于教育者选择具体的教育活动材料、教育活动内容、教育活动模式及教育活动的组织、领导方法。

第三课　教育目标专论：学前儿童数学能力及其培养

一、儿童数学能力的构成

数学能力具有特殊性，即儿童智力活动的某些特点可能只在数学活动中表现出来，在用数和字母符号表示的空间和数量关系方面表现出来。①

苏联克鲁捷茨基提出了儿童数学能力的成分假设，这些成分包括：

第一，数学材料形式化，指将形式从内容中分离出来，从具体的数值关系和空间形

① 张奠宙．数学教育研究导引[M]．南京：江苏教育出版社，1998：323～324.

式中抽象出来以及用形式的结构来进行运算的能力。

第二，概括数学材料，从无关的内容中找出最重要的东西以及在形式不同的对象中发现共同点。

第三，用数字和符号来进行运算的能力。

第四，进行连贯而适当分段的逻辑推理能力，这种推理是证明、形式化和演绎所必需的。

第五，缩短推理过程，用简缩的结构来进行思维的能力。

第六，逆心理过程(从顺向的思维系列到逆向的思维系列)的能力。

第七，思维的灵活性，即从一种心理运算到另一种心理运算的能力；从陈规的约束中解脱出来。

第八，数学记忆力，它所具有的特征是从数学科学的特定情境中产生的，是一种对于概括、形式化结构和逻辑模式的记忆力。

第九，形成空间概念的能力，它与数学的分支，如几何学有直接联系。

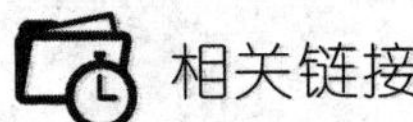

天赋儿童

在数学方面有天赋的儿童表现出以下事实。

• 数学能力很早就形成，而且常常是在不利的条件下形成的(如受到成人的公开反对，因为他们为儿童过早的突出的表现能力而担心)，在开始时缺乏系统的和有目的的指导。

• 对数学研究有浓厚的兴趣和爱好，而且常常出现在早期。

• 在数学方面具有高度的工作潜能，在紧张的学习过程中不感到疲倦。

• 有数学能力的人具有一种数学气质，即有透过数学关系的棱镜来感知许多现象的特殊倾向。

二、数学能力的培养

(一)动机与兴趣的激发有助于数学能力的形成

利用数学学习中成功的喜悦，激励和增强学习动机与学习兴趣。数学具有很强的系统性和连贯性，学习数学要循序渐进、稳步前进，只有在克服大大小小的学习困难中看到自己的力量，增强学习信心，才会达到越学越爱学的境界，从而对数学产生浓厚的兴趣。

积极感受数学美是激发学习兴趣的重要途径。数学家华罗庚说过："认为数学枯燥无味，没有艺术性，这种看法是不正确的。就像人站在花园外说花园里枯燥乏味一样。"①法

① 华罗庚科普著作选集[M]. 上海：上海教育出版社，1984.

国数学家庞加莱也说过："能够有所发现的，是具有感受数学中的秩序、和谐、对称、整齐和神秘美等能力的人，而且只限于这种人。"

数学美可分为形态美和神秘美。数学的形态美，视觉的因素相当强，而数学的神秘美是由内心深处来体验的，即心理因素非常强。例如，从杨辉三角中所感受到的丰姿多彩的简单、整齐、对称、和谐的组合数的性质，确会使人感到美的享受。

千姿百态的几何图形、变幻无穷的数的世界却能被为数极少的几条公理所穷竭，看起来完全不同的对象却有着本质上的一致；无关的事物之间有着深刻的联系；复杂、多变、形态各异的式子、图形，存在着不变的规律和简单结果。例如，多边形的外角总是等于360°。这些使人感到神秘但又合乎科学的结论，会唤起儿童追求数学美的情感，从而强烈地推动着他们去学习数学。

教师应利用数学美去激发儿童的学习动机和兴趣，让他们积极地去感受数学美。在提出数学问题时，揭露它的新颖、奇异或形态的特点，以引起儿童学习的好奇心；在分析和解决问题时使他们感受到思维方式、方法的巧妙、新奇、别致，促使他们自觉地去掌握它；在把知识加以整理的过程中，让他们体验到数学的和谐、统一、简单的美，这样不仅可以减轻记忆的负担，并且可以品尝到数学知识结构的美妙等。

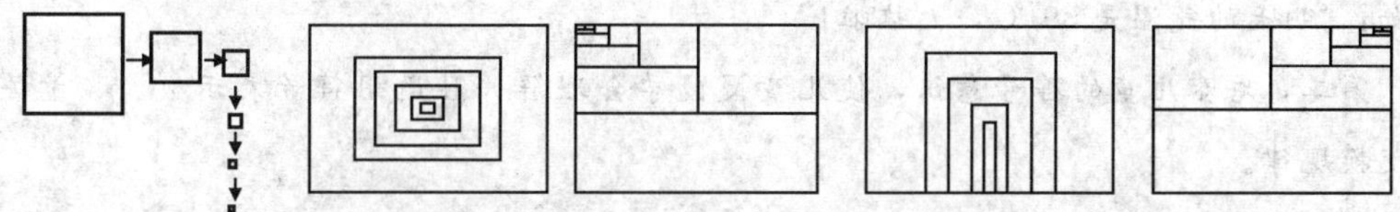

图 11-2　数学的极限美

（说明：正方形逐渐变小，无限次，会得到的是什么图形，是图形还是点呢）

(二)个性促进能力的发展

数学能力与个性密切相关。米西谢夫说过，"爱好与能力在发展中的统一性"是数学能力较强的儿童表现出来的特征，这对于成功地进行数学活动是非常重要的。有天赋的儿童无一例外地对数学有一种强烈的兴趣，有一种专注于数学的倾向，永不知足地努力获得数学知识和解答数学问题。有数学能力的儿童在解答一个数学问题时，会表现出由衷地喜悦：他们面部表情和举止也证实他们享受到了那种美感，即眼睛闪烁着光芒，满意地搓着双手，以此请别人来赞赏他们敏锐的思维。

(三)数学思想方法的学习有助于数学能力的培养

诸多心理学家都十分重视各门学科的基本原理和观念的学习，对数学来说，也就是学习数学的基本思想方法。

从分析数学认知结构与解决数学问题可知，形成数学能力所需要的知识，是那些具有较高概括性和包容性、显示数学特色并贯穿前后的基本概念、原理、观念和方法，即数学的思想方法。儿童一旦掌握了数学的方法，就能触类旁通，促进迁移。因此，学习基本的数学思想方法是形成和发展数学能力的基础。数学思想方法是有层次的，它可以从哲学的高度给予概括(这是最高层次的)，也可以从一般科学思想方法的角度加以抽象，也可以就通常数学范围内的基本概念、原理、观念和方法加以提炼精选，可从若干具体的内容、解题方法出发加以综合(这是最低层次的)。这里所说的数学思想方法指的是第三层次，是由通常数学范围内的基本概念、原理、观念和方法提炼概括形成的。

尽管学前儿童所接触到的数学概念、原理十分简单粗浅，但其包含了一些潜在的数学方法，让学前儿童感受数学的内在逻辑关系和规律，这是促进其数学能力发展的保证。

拓展阅读

学前儿童数学能力的培养

在幼儿园教学过程中要注意激发学生的兴趣和积极性，培养学生的探索精神。要注意使学生理解数学知识的产生过程，培养儿童的数学学习能力，培养学生分析、解决问题的能力和创造能力。

第一，培养儿童的数感，学习将数与实际背景联系起来，用数学的方式思考问题。例如："明天的气温是 39 ℃，太热啦!"

第二，培养儿童的符号意识，使儿童慢慢学会理解并且运用符号表示数、数量关系和变换规律。

第三，注重儿童空间观念的培养，空间观念是指对物体的方向、大小和形状的知觉，是在综合同一事物的多次感知的基础性上形成的，是记忆的重要形式，是想象的必要材料，是形成空间想象力的基础。在教学中，主要通过"图形与几何"部分体现出来。所以，在教学中要通过"图形与几何"的学习来提高儿童的空间观念。

第四，培养儿童的统计观念，所谓统计观念也就是"数据分析观念"是由一组数据所引发的想法、所推测到的可能结果，自觉地想到运用统计的方法解决有关的问题。在教学中鼓励儿童在面对现实生活中的问题时做调查研究、收集数据、通过分析做出判断，进而体验到数据的随机性和规律性。

第五，培养儿童的数学推理能力，数学推理是数学思维的一部分，它包括形成关于各种观念及其关系的概括和得出正确的结论，包括合情推理和演绎推理。合情推理是从已有的事实出发，凭借经验和直觉，通过归纳和类比等推测某些结果，是由特殊到一般的过程。演绎推理是从已有的事实(定义、公理、定理等)出发，运用规定的法则(逻辑和运算)验证结论，是由一般到特殊的过程。在解决问题的过程中，合情推理有助于探索解决问题的思路、发现结论；演绎推理用于检验结论的正确性。所以在教学中不仅要注意培养儿童的归纳、类比等能力，更要注重培养儿童将所学到的定义、公理加以运用的能力。

(资料来源：张春莉．小学数学能力培养[M]．北京：北京师范大学出版社，2014)

单元小结

本单元重点探寻如何在不同社会背景、儿童不同发展阶段、不同理论的前提下，设置学前儿童数学教育目标以及现阶段儿童具体的数学教育目标的结构和分类。数学教育目标的明确与否，对于有效的教学来说是至关重要的。

思考与练习

1. 制订学前儿童数学教育目标需要关注哪些方面?

2. 试述学前儿童数学教育总目标、年龄阶段目标和数学教育活动目标三者之间的关系。

3. 学前儿童数学教育目标从广度上可以分为哪几个部分?

4. 学前儿童数学能力由哪几部分构成?

5. 学前儿童数学能力的培养需要注意哪些方面?

延伸训练

4～5 人组成一个小组，到幼儿园里听一堂数学课，观察并记录，课后可与上课教师交流一下。回来后，对于教育目标、活动目标，不同层次的目标进行讨论，并落实到本节课中，这些目标，特别是具体的目标，都实现了多少。进一步讨论，目标的理解对教学的重要意义是什么。

单元十二
学前儿童数学教育内容与实施途径

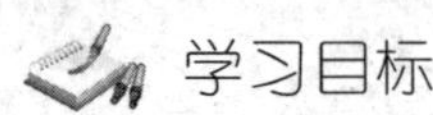

学习目标

- 理解选择学前儿童数学教育内容的依据
- 了解学前儿童数学教育内容范畴
- 掌握学前儿童数学教育的途径
- 理解信息技术与学前儿童课程整合的含义
- 学会信息技术与学前儿童数学课程的整合

情境导入

暑假期间，在一项关于“学前儿童数学教育现状”的调查中，对一位5岁的中班教师进行采访，无意中发现该教师的困惑：“学前儿童学数学不听话，上课的时候小动作不断”“数学课上所教的内容一点没有记住，但是课间活动中和小朋友之间发生的故事却记得很牢”。

问题：难道这些儿童真的是对学习一窍不通吗？

案例点评：3～6岁年龄阶段的儿童具体形象思维占优势。他们缺少对容积守恒的认知，拿两个同等容积但形状不一的杯子，让儿童挑出哪个大哪个小，他们肯定答不出。在做计算时，用苹果来举例子，就容易理解；用数字加减，儿童就反应不过来了。在这个阶段，教师要注意增加儿童的经验，多给儿童提供动手的机会，如在和儿童玩图片分类和比较的游戏时，让儿童从活动中学会数学归纳与抽象。所以在教学中可将数学活动设计成具体的情境，让学前儿童在游戏中学习是非常符合学前儿童特点的，活动的效果也很好。

第一课　学前儿童数学教育的内容体系

内容或模块的理论基础与教育指导的要点细节，在本书第二部分有所阐述。现在从另一角度对内容细节再作进一步介绍。

一、选择学前儿童数学教育内容的依据

(一)符合学前儿童数学教育的目标

《幼儿园工作规程》明确规定了幼儿园保育教育的主要目标，它是根据我国儿童全面发展的教育目的和儿童身心发展的规律而确定的，它为我们确立学前儿童数学教育目标体系提供了带有方向性和指导性的依据。因此，在数学教育目标体系中也要体现对儿童开拓、探索、竞争精神以及合作、宽容等健康心理品质的培养。

(二)遵循数学知识本身的科学性、系统性

学前儿童数学教育的内容应从数学学科的特点出发，考虑、安排相关的知识，内容不仅要涉及粗浅的数概念，还应包括量、空间、时间、图形等方面的简单知识。

(三)结合儿童的认知发展特点和规律

在选择数学教育内容时，不仅应考虑是否符合数学知识本身的科学性、系统性，还应该注意考虑儿童的认知发展特点。儿童的认知发展在某个阶段会出现不同的发展特点，因此在数学概念的初步理解上也要经历一定的发展过程，这一发展过程带有普遍的规律性及年龄差异性。

二、学前儿童数学教育内容范畴

(一)数与运算

1. 计数

计数是非常有用的解决问题的策略。例如，学前儿童计数活动可能涉及：

①数数被拿到室外的设备，并且记录下数目，使每件东西能如数收起来。

②记录游戏的分数。

③数数每天缺席的人数，比较一个月的记录。

④数数班级的一个项目需要多少纸张，用乘法算出两个项目需要多少纸张。

⑤两个一数、五个一数、十个一数。

2. 数字

除计算外还有很多方法能探索数字。学前儿童能够写与他们有关的数字：他们的测量包括“年龄、鞋子尺寸、衣服尺寸、出生日期、牙齿个数”等。学前儿童还能探索怎样在建筑物中运用数字。教师可以请儿童讨论怎样给房间编号，怎样给观众席的座位编号，怎样给大街上的房子编号，然后说说学到了什么。发展数字以及数字间关系的辨别力(数字少于、多于或是其他数字的一部分)是能在整个数字中实施操作的基础(Van de Walle，1988)。在向学前儿童介绍正规的加、减法运算前，就应该为儿童提供探索数字以及数字间相互关系的机会。

1 2 3 4 5 6 7 8 9 10

I II III IV V VI VII VIII IX X

图 12-1 数字的表达

(说明：阿拉伯数字、巴比伦数字、埃及象形字、中国数字、中国筹算数码、罗马数字、玛雅数字)

相关链接

汉语儿童为什么学习数学运算的能力强?

从数字的发音来看，其原因：一是中文的数字全部是单音节的，而英文和其他语言的数字是两个或以上音节的。中国小孩 54 发音为“五四”而不是“五十四”，这样比英文的“fifty four”节省了不少音节。因为音节数目少，中文的处理速度比英文要快。二是，汉语数词发音有节奏感，并且含有位值意义在里面。像乘法口诀表，朗朗上口容易记住。

3. 简单的加减运算

算术是基础，但是它只是解决问题的一种工具。

4. 等分和简单的分数思想

学前儿童的等分，包括二等分、三等分、四等分等。既可以是数量的等分，如 6 可以等分 3 和 3，也可以是几何图形等分。用标准的三角形、正方形、圆进行等分，就比较直观，容易理解。等分过程中，可以让学前儿童体会分数的意义。例如，二等分中的一块，就是二分之一，让儿童体会简单的分数思想。

(二)几何形体和空间观念

让学前儿童掌握一些常见的几何形体，并在操作活动中体会几何图形的特点，发展儿童的空间概念，认识空间的多种关系。下面举例说明。

第一，用木钉在几何板上创建一个图形，接着改变图形，但是要用相同数量的木钉。

第二，要求一个小组的儿童到室外测量自己的影子，每 30 分钟测一次，从上午 9：30 到下午 2：00，把测量结果记录在笔记本上。

第三，将一张纸对折，数数建立了几个部分(2 个)，再对折并再次数有几个部分(4

个)，再次对折、计算有几个部分(8 个)。如果这张纸足够大，再次对折计算。为什么每次折叠会折出更多的部分？

表 12-1　空间概念的应用(位置、方向、组织和式样、建构)

概念	问题	答案
位置	我(他、你)在哪里？	上面下面；里面外面；圈里圈外；顶部底部；前面后面；边上；中间。
方向	哪条路？	向上向下；向前向后；绕过　直走；去—来；从边上走；穿过。
距离	相对位置是什么？	就近—较远。
组织和式样	如何安排可适合这个空间？	安排物品直到看起来满意。
建构	空间是如何构成的？小物品怎样放进空间？	在空间中安排物品直到合适为止；改变空间和形状以做成所需要的样子。

(三)数学的式样与逻辑推理

式样(Pattern)涉及序列，是重复出现的，有规则性的图案、花样、动作、声音或事件等。它可以是视觉上的，如△×√，△×√，△×√…也可以是听觉上的，如掌声—鼓声—哨声，掌声—鼓声—哨声……或者是身体动作，如站—蹲—跳，站—蹲—跳……

式样涉及高度的思考推理能力，发现或创造式样，必须意识到一组事物之间的异同以及能分辨一组事物之间的主要及非主要特征，辨识事物之间的关系。

图 12-2　雪花

(说明：从等边三角形开始，每条边三等分，中段向外做新的等边三角形，不断重复，产生了雪花曲线)

在一些简单的推理活动中，像归纳推理、传递推理、等值转换推理等，可以让学前儿童体会数学推理的乐趣。

(四)时间观念

在具体事物的变化中，让学前儿童知道时间的两个本质特性，即时间的持续性和次序性。在日常生活中让儿童认识时钟，学会看日历。体会时间是与人们生活息息相关的。知道珍惜时间。

图 12-3　人的一生

（说明：左边平线代表过去，中间曲线代表现在，右边线代表未来）

（五）朴素概率和小统计

概率涉及日常事件发生的可能性，一些小游戏也可让儿童体会概率的趣味。现实生活中发生的概率，有很多词汇可以表达，像可能、一定等，可尝试让学前儿童使用。统计是在分类基础上，通过计数而获得一个数量结果，这在现实中很有意义的。让学前儿童体会这些过程，体会数学的意义很重要。举下面例子说明这部分内容。

①11 位学前儿童选择了橘子汁、9 位学前儿童选择了牛奶，那么在 11 个方格内画上橘子汁、9 个方格内画上牛奶。

②观察记录和比较标在日历上的晴天、阴天、下雪天或下雨天的数目。

③为最喜欢的书投票，并用标签记号记录结果。

（六）数学测量活动

测量活动包括自然测量和标准测量，是生活中解决问题的典型活动，涉及空间、质量、温度等物理属性，最后是以数学上的量来表达。学前儿童可能没有完全掌握这方面的技能，但这个过程会使儿童感受到物理、生物世界和数学的关联，可以体会到数学的生活价值。举以下例子说明。

①建立一张图表，比较学前儿童从出生到现在的身高和体重的测量结果。婴儿期时最矮的儿童现在还是最矮吗？

②在年初为学前儿童称体重，接着在一月和五月再给儿童称体重。在每个测量阶段比较体重的变化。

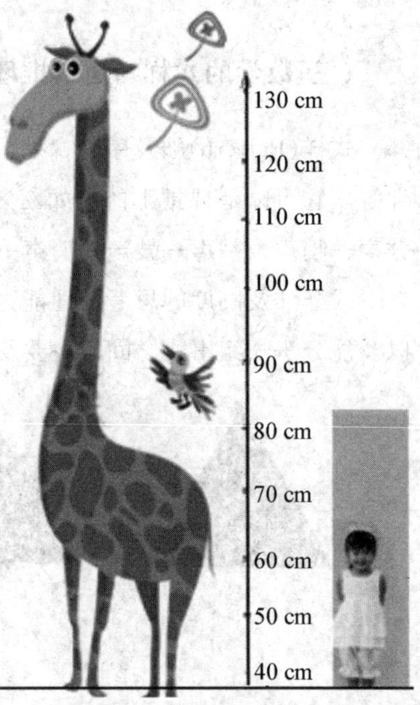

图 12-4　我长高了

3 岁生日____厘米　4 岁生日____厘米

5 岁生日____厘米　6 岁生日____厘米

（说明：可在卧室的墙壁上实际布置，方便学前儿童测量身高）

③在玩沙和玩水区，使用不同尺寸的容器盛沙和水，再把沙或水倒入另一容器，使它装满，进行测量活动。

④用漏沙或漏水、钟表对时间进行测量。

⑤钱的测量。培养学前儿童开始进行有关钱和找零的真实问题的计算。

(七)数学应用与问题解决

把数学的问题解决作为教学的一个重要理念和实际操作过程，包括数学知识在现实生活中的一些应用，如解简单的应用题等。强调对学前儿童数学应用意识的培养。生活中一些几何与空间问题、测量问题、推理问题等，会引起学前儿童的兴趣。教师在实践中，倡导数学应用与问题解决也是一种好的数学教学理念。

(八)数学语言与交流

数学语言、数学符号等，在现实生活中无处不在，像数字、加号、等于号、大于号以及各类几何图形，复杂的统计图表等。在数学课程中，数学语言、数学符号可代表特定的数学意义。这种抽象的知识，是学前儿童数学理解提升的标志。在数学学习中，强调数学符号、数学语言，重视数学语言的交流与表达以及在学习中相互启发、合作学习。这既可作为数学学习的重要组成部分，也是一个重要的教学理念。

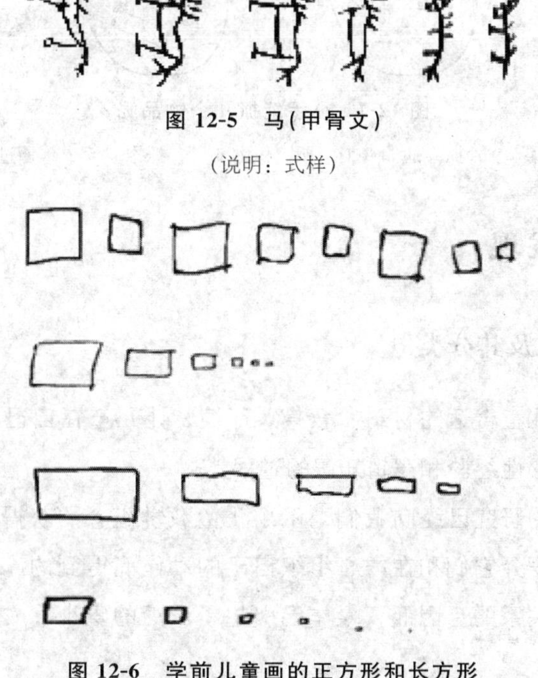

图 12-5　马(甲骨文)

（说明：式样）

图 12-6　学前儿童画的正方形和长方形

（说明：画得越来越小，最后都是点，但一个是“小方点”，另一个是“小长点”）

第二课　学前儿童数学教育的途径

教育途径是教育过程中教师和儿童为实现教育目标和教育任务所采取的行为方式，

是教育目标转化为儿童发展的中介途径和重要媒介。采用科学、合理、有效的教育途径，将有助于教育的最优化、有助于教育理想效应的达成。

教育途径的选择，要考虑教师教的行为，也要考虑儿童学的行为，还要考虑师幼行为活动的顺序。教师和儿童的行为不是割裂、孤立的，两者行为之间存在着一种有机的密切联系，体现出整体的统一。下面具体介绍几种在学前儿童数学教育中常用的基本途径。

图 12-7　小手能抓几个物品呢

（说明：抓玩具马 7 个，抓泰迪熊 6 个，抓小积木 6 个，抓橡皮 5 个，通过画来记录结果）

一、操作与发现

(一)操作的含义及其分类

操作是指提供给儿童合适的材料、教具、环境，让儿童在自己摆弄、实践的过程中进行探索，获得数学感性经验和逻辑知识的过程。

近年来，心理学的研究已经向我们揭示了儿童数学概念的获得，不是从客体本身直接得到的，而是通过摆弄它们和在内心组织自己的动作而得到的，是通过与材料的相互作用发现和建构数学关系的。因而，操作已引起了广泛的重视，成为儿童学习数学的基本途径。

操作行为有多种多样，按其性质可分为示范性操作、验证性操作、探索性操作、发散性操作，按其组织形式又可分为集体操作和个人操作。

操作可与分类、排序、比较、分合、计数、计量等内容有机结合，引导儿童通过摸、画、剪、拼、排、贴、推、拉、投等操作活动，促进大脑积极思考，从而提高儿童学习数学的积极性，发挥每位儿童不同的数学思维水平和潜力。例如，提供给儿童各种材料(纽扣、花片等)进行计数活动；提供各种几何形状的塑片、积木等进行形体的认识、比较、拼搭活动；提供形状、颜色、大小不同的纽扣 8 粒，让儿童进行操作，在摆弄中发现：有两个孔的红色圆纽扣 4 粒，四个孔的白色圆纽扣 3 粒，还有一粒最大的、方形的、没有孔的绿色纽扣，通过一一排放成一行，就能数出纽扣的数目，并且感知纽扣的总数与纽扣排放的位置有无关系。纽扣的排放方法很多，可以排成横行、竖行或呈长方形、圆形等，还可以按大小、形状、颜色等不同规律来排……从中儿童能获得分类、排序、计数、辨数、辨形、数的守恒等数学知识和能力。

操作活动对促进儿童掌握初步数学知识的作用是很明显的。皮亚杰曾经说过："数学的抽象乃是操作性质的，它的发生、发展要经过连续不断的一系列阶段，而其最初的来源是一些十分具体的行动。"可见，数学的抽象依靠的是作用于物体的一系列动作的协调，同时在心理上建立相应的协调联系。因此，儿童只有通过自身的操作活动，才能借助于被操作的物体获得数学感性经验，整理数学表象，主动领会和构建起抽象的初步数概念。

正如苏联著名教育家苏霍姆林斯基所言"智慧之花开在手指尖上"，操作法应该运用到学前儿童数学教育的一切活动中去，它可以和其他各种方法有机结合，互相贯通，从而取得教学方法的最大效益，更好地促进儿童思维的发展。

拓展阅读

学前儿童数学教育的途径之一：讲解与示范

讲解演示法是教师通过语言和运用直观教具把抽象的数、量、形等知识加以说明和解释，具体地呈现出来的一种教学方法。它是讲解与演示相结合的方法，因为抽象的数概念的教学不宜对儿童仅用单纯口头讲解的方法，况且演示本身也离不开成人口头语言的讲解。例如，教师边演示贴绒教具小兔，边讲解："草地上有 3 只小兔，又跑来了 1 只，3 只小兔添上 1 只小兔是 4 只小兔，3 添上 1 就是 4。"在这一过程中儿童直观地感受到所要形成的概念。可见，讲解演示法能通过教师的语言和直观教具的演示，讲清楚基本数学知识，引导儿童分析、抽象、概括。对于儿童在学习一些不易理解的新内容或某个难点内容时，适当的讲解演示，可以帮助儿童克服困难，引导儿童思路，使儿童获得科学的、系统的知识和分析推理的方法。但是，这种方法是以教师为中心的，儿童往往是被动的，所以我们应审慎地加以对待。长期以来，传统儿童数学教育中过多地、不适宜地运用了这一方法，不管教学内容及教育对象的年龄和水平，均以讲解演示为主，灌输知识，使儿童往往停留在机械的模仿和结论的记忆上。这显然是与《幼儿园工作规程》中所倡导的儿童整体的发展及儿童数学教育本身促进思维发展的宗旨不符的。我们应有选择地、有针对性地运用讲解演示法。运用时必须注意以下几点：

第一，必须突出讲解的重点，且语言要简练、准确、形象、通俗。

第二，演示的教具要直观、美观、稍大些，但不宜用太新奇的教具分散儿童的注意力。

第三，讲解演示法可与操作法、发现法等结合使用。

（二）操作的注意点

1. 明确操作目的

凡是要教给儿童的有关数学知识都应尽可能地转化为能对材料进行直接操作的活动。在运用操作法的过程中，教师必须注意运用此方法的顺序：首先让儿童在动手操作中发现问题，初步体验到某概念的内涵或运算规律，其次再让儿童用语言表述动作的结果，启发儿童形成头脑中的形象，最后再由教师引导儿童讨论操作结果，帮助儿童概括出数学语言，使感知到的知识、经验系统化、符号化。虽然不同类型的操作对儿童思维训练的作用是各不相同的，但操作的意义在于激发儿童学习的兴趣及促进思维的发展。因此，教师在运用操作法的过程中，不能仅重视验证性操作，而忽视探索性操作和发散性操作；不能仅重视操作的结果，而忽视操作的过程。

2. 创设操作条件

教师应为儿童的操作活动创设合适的环境、提供必要的条件。其中包括：第一，为每位儿童提供人手一份的操作材料，可以选择、利用自然物或价廉的实物，如小冰棍、瓶盖、纽扣、积木、回形针、废纸盒等，亦可发动儿童自己动手自制一些简单的材料，以便保证每位儿童都有足够的操作材料。第二，给予儿童充分的操作空间和时间。为了使操作达到预期的目的，教师必须为儿童提供可供操作的合适的场地及足够儿童摆弄物体并思考、探索的时间，只有这样才能充分发挥操作及其材料在学习数学及发展儿童初步数学概念方面的作用，才能避免走过场，流于形式。第三，允许儿童和同伴间有交流机会。操作活动中让儿童与同伴间有互相交流、讨论的机会，有助于儿童通过思考而不是通过接受来获得对知识的理解，并且有利于儿童养成自学、互学的良好习惯。

3. 交代操作规则

在数学教育活动中运用操作法，教师可以在儿童动手操作之前，先向儿童说明操作的目的、要求及具体的操作方法。特别是对缺乏操作经验的幼小儿童和儿童在使用新的操作材料或工具时，教师应通过适当的讲解，交代具体的要求和方法，然后再让儿童通过操作来体验，起到巩固和加深体验的作用，以保证儿童的操作具有一定的方向性，减少盲目性、随意性。另外，操作规则中除了说明操作的要求、步骤和方法外，还应注意反映出有关数学概念的属性或运算规律。例如，按某种属性区分集合转为具体的操作规则就是“把形状相同的图片放在一起”。再如，让儿童体验加法交换律，加减互逆性，“用3个数摆出4道题”这条规则就包含了交换和互逆的含义。

4. 评价操作结果

儿童通过操作所获得的知识是粗浅的、零碎的，需要教师的归纳和评价。因此，教师要重视对儿童操作过程的归纳、评价，帮助儿童形成比较完整的、正确的数学概念。此外，教师还必须重视对个别儿童的操作进行评价，对儿童在操作中所表现出来的合理性、新颖性和创造性予以充分的肯定，以激发儿童进一步学习和探索的积极性。

5. 体现年龄差异

不同年龄的班级在运用操作法的过程中应根据儿童的实际水平和年龄特点有所区别。例如，小班儿童不仅应提供人手一份的操作材料，且要求动手、摆弄的操作可以多些；而大班儿童则可提供书面类的操作材料，粘贴、涂色、记录类的操作可多些，且可以安排一个小组一份操作材料，培养儿童的协作能力。

6. 与其他行为有机结合

操作在儿童理解建构数学概念过程中的作用是独特而明显的，但它并不是唯一可行的有效途径，它的优势也要在与其他方法有机的结合、相互的配合下方能显现出来。因此，在强调数学教育中充分发挥操作法的同时，也要考虑它与其他多种行为有效的结合(如讨论等)，使每一种教学行为的长处都得到充分的体现和发挥，共同促进儿童数字概念和数学思维的发展。

(二)数学发现

发现是在教学过程中，教师不把数学的初步知识和概念直接向儿童讲解，而是引导儿童依靠已有的数学知识和经验，启发他们去发现和探索并获得初步数学知识的一种行为。这种行为可以充分调动儿童学习的积极性和主动性，培养儿童数学学习的自主探索精神及独立解决问题的能力。

发现的前提是教师必须为儿童的主动探索和发现创设一个合适的环境，能让儿童在一定的环境中操作、发现、讨论、验证，从而学到概念与技能。让儿童在宽松、自由、有充分的时间、空间的环境中，自信地、主动地尝试发现问题，进而解决问题。一般运用发现法组织教学，可以分为五个阶段：第一，准备阶段。要正式进入发现过程首先应让儿童明确探索的目标、意义、途径、方法，并做好物质和精神的准备。第二，初探阶段。根据教师提出的目标和途径，儿童通过操作或观察，主动概括出原理、概念的定义，探求问题的答案。它是发现过程的主要环节，也是儿童获得知识的基础。第三，交流与再探阶段。引导儿童通过讨论，再次操作探究。第四，总结阶段。把探索中获得的知识、结论加以归纳整理，使知识系统化。第五，运用阶段。通过一系列的口头或书面练习，使儿童初步获得知识迁移的能力。

值得一提的是，作为教师还应充分地相信儿童，放手让儿童去发现、探索、思考，并鼓励儿童克服困难，直到发现解决问题的办法。教师要学会等待、观察，不要急于暗示给儿童答案，而应适时、合理地给予启发，对通过探索、发现找到解决问题办法的儿童，应多给予肯定和鼓励。

二、数学游戏与思维训练

(一)数学游戏

1. 数学游戏的含义

数学游戏是根据儿童好动的天性、具体形象的思维特点，将抽象的数学知识寓于儿童感兴趣的游戏中，让儿童在自由自在、无拘无束的各种游戏活动中学习数学。它是儿童数学学习中的一种十分重要的途径和方法，它更有利于调动儿童的学习积极性。

学前儿童数学教育中的游戏是一种运用于教学中的有规则的游戏，是在教学过程中用以完成一定教学任务的游戏。游戏中有一定的动作和规则，教师可以将要求儿童掌握的初步数学知识和技能渗透到规则和动作中去，在操作游戏的过程中引发儿童观察比较、分析综合、抽象概括以至判断推理等思维活动，从而使游戏成为儿童获得数学知识和发展思维的有效方法。

2. 游戏的种类

(1)操作性数学游戏

这类游戏是指儿童通过操作玩具或实物材料，从而获得数学知识的一种游戏，它也有一定的游戏规则。例如，小班儿童学习分类时做的“图形宝宝找家”的操作游戏，即安排三个动物玩具，分别贴上△、□、○的标记，让儿童把“图形宝宝”送到具有相应特征的玩具动物“家”里去。又如，大班儿童学习组成时的“球盒”操作游戏，学习加减法的“掷骰子”等游戏，都是通过具体的实物操作，通过一定的游戏规则来学习初步的数学知识。

(2)情节性数学游戏

这类游戏具有一定的游戏情节、内容和角色，特别适合于年龄小的儿童。通过游戏情节的安排来体现所要学习的数学知识。例如，为小班儿童学习“1”和“许多”而设计的“猫抓老鼠”游戏，教师、儿童分别扮演“猫妈妈”和“小猫”，“猫妈妈”以游戏口吻要求“小猫”们去抓老鼠，要求每个“小猫”抓一只老鼠，一只、一只老鼠合并成许多老鼠。在这一系列情节中渗透了“1”和“许多”的数学概念。这类游戏一般以一个主题贯穿整个游戏，但教师在设计这类游戏时，应注意情节的安排须有助于儿童更熟练地掌握初步的数学知识，有利于促进儿童观察力、想象力和思维能力的发展。游戏的过程不宜太新奇、规则不宜太复杂，以免分散儿童的注意力。

(3)竞赛性数学游戏

带有竞赛性质的数学游戏更适合于中、大班，不仅能满足儿童的竞赛、好胜心理，而且有助于知识的巩固和发展儿童思维的敏捷性和灵活性。

(4)运动性数学游戏

这类游戏是指寓数学概念或知识于体育活动之中的游戏。例如，大班儿童学习数的组成，通过掷飞镖、投沙包等运动性游戏来记录某一总数中不同的投掷结果(如 5 个飞镖，投中 3 个，未投中 2 个……)根据对投掷结果的归纳来学习数的组成。这类游戏既满足了儿童好动的天性，又渗透了数学的初步概念。

(5)各种感官的数学游戏

这类游戏主要强调通过不同的感官进行数学学习，强调儿童对数、形知识的充分感知。例如，在儿童学习认数的过程中，可以让儿童通过看看、听听、摸摸等活动多方面理解数的实际意义。在学习认识、区别几何图形中，可以"奇妙的口袋"游戏通过让儿童触摸来感知、区别图形的不同特征。

(6)智力游戏

这是一种以运用数学知识促进儿童智力发展为主的游戏。数学智力游戏能极大地调动儿童思维的积极性，培养其思维的灵活性、敏捷性、独创性以及综合运用数学知识解决问题的能力。

(二)数学思维训练

数学的特点是逻辑性强，数学的趣味性通过学前儿童的思维训练可以体现出来。通过思维训练，可使学前儿童的思维品质得到提高，使学前儿童在思维的敏捷性、灵活性、独创性等方面有一个很好的发展。

第一，思维训练可以使学前儿童的注意力高度集中。注意的稳定性是人的心理品质之一，也叫注意的保持性，它是在一定时间内把注意力保持在某对象或活动上的能力。对学前儿童来说，要培养这样的能力是十分不易的一件事。只有在有趣的教学中，突出玩，玩中记，才能达到预期效果。

第二，在数学思维训练中可以培养学前儿童的记忆力。学前儿童的记忆以无意的、形象的记忆为主。但在家长的启发下，随着儿童活动范围的扩展，语言能力的增强，儿童的有意记忆也会逐渐发展。数学在学习中需要有意记忆的参与，在高度趣味化的学习中无意识记忆占有重要成分。

第三，在思维训练中也可以激发学前儿童的学习热情和想象力。通过竞争类的游戏，学前儿童会在竞争中提升自己的竞技状态，在同伴数学知识的交流与表达中，感觉不一样的数学答案，这对于儿童的想象力发展大有帮助。另外，思维训练也可以通过画画来学习数学。世界万物都是由数和形组成的，数学就是研究现实世界数量关系和空间形式的科学，在对事物空间和数量的画画表达中，会帮助学前儿童理解数学和符号等概念的意义，提高儿童数学思维的想象力。

总之，思维训练中，应从儿童学习数学的思维特点及本身年龄的特点出发，避免单一枯燥的灌输，应采用灵活多样、生动活泼、手脑并用、多种感官参与的方式。

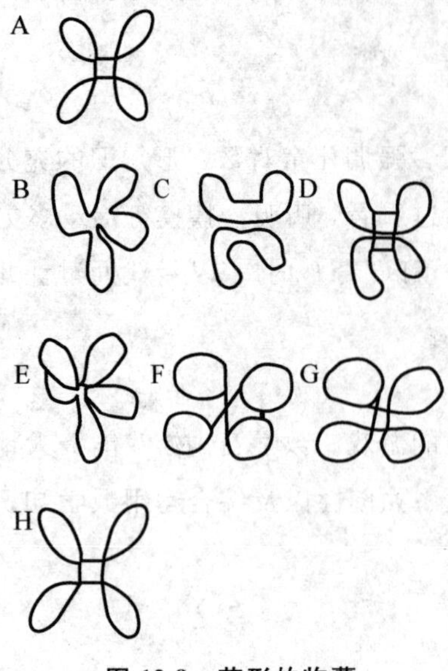

图 12-8　花形的临摹

（说明：数学学习困难的儿童的作品）

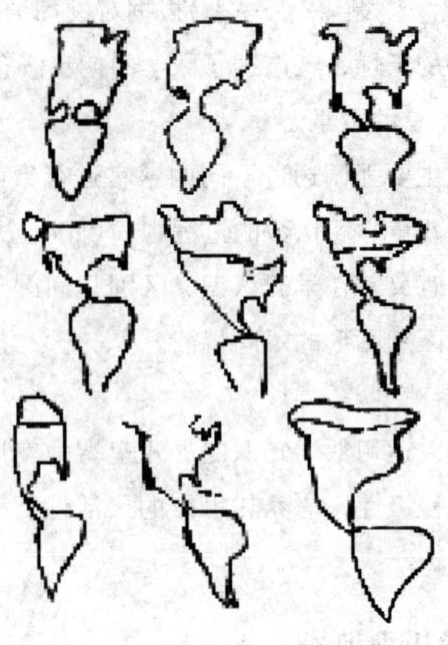

图 12-9　美洲大陆(儿童画)

（说明：地图的空间表征，存在记忆的误差）

第三课　信息技术与学前儿童数学课程整合

一、信息技术与学前儿童课程整合的含义

目前，全国各地都在进行信息技术与课程整合的研究与实践，许多地区已经达到了普及阶段，积累了很多宝贵的经验与成果。2001 年 6 月，我国颁布的《基础教育课程改革纲要(试行)》中明确提出："大力推进信息技术在教学过程中的普遍应用，促进信息技术与学科课程的整合，逐步实现教学内容的呈现方式、学生的学习方式、教师的教学方式和师生互动方式的变革，充分发挥信息技术的优势，为学生的学习和发展提供丰富多彩的教育环境和学习工具。"①幼儿园也应该跟上整个教育改革的步伐。

关于信息技术与课程整合的定义，我国已有众多教育技术专家从不同角度给出了定义。

北京师范大学何克抗教授认为，信息技术与课程整合的定义可以描述为：所谓信息技术与学科课程的整合，就是通过将信息技术有效地融合于各学科的教学过程中来营造一种新型教学环境，实现一种既能发挥教师主导作用又能充分体现儿童主体地位的以"自主、探究、合作"为特征的教与学的方式，从而把儿童的主动性、积极性、创造性较充分

---

① 教育部．基础教育课程改革纲要(试行)[Z]．北京：人民教育出版社，2001.

地发挥出来，使传统的以教师为中心的课堂教学结构发生根本性变革，从而使儿童的创新精神与实践能力的培养真正落到实处。①

华东师范大学祝智庭教授认为，信息技术与课程整合是指把技术以工具的形式与课程融合，以促进对某一知识领域或多学科领域的学习。②

西北师范大学南国农教授认为，信息技术与课程整合是指在课程教学中引入信息技术，并使之与课程教学融为一体，以促进学习；或指将信息技术融入课堂教学系统各要素中，使信息技术融入课程教学的各个领域中，如班级授课、小组学习、自主学习，使其既是学习的手段，又是学习的对象。整合不是简单地将信息技术运用到课程教学中，而一定是伴随着教学思想、教学方式的变革。③

郭素敏认为学前儿童数学教育可以与信息技术整合，在《信息技术与幼儿园数学教育的整合及案例研究》中提出，利用信息技术优化教学情境，激发学前儿童兴趣；应用信息技术扩展学习资源；应用信息技术解决难题；应用信息技术改善学前儿童互动环节，体现交互性等。④

二、信息技术与学前儿童数学课程整合的案例

案例 1：iPad 数学教学举例——《小猪乐乐》(中班排序)⑤

1. 教学目标

(1)按照一定的规律对两种物体进行排序

(2)学会观察并能将排序规律迁移到其他领域

(3)熟练掌握 iPad 操作过程，并能完成学习任务

2. 教学重难点分析

本节课的重点在于通过 iPad 数学课程学习让学前儿童建立基本的数概念认知，加强对数概念的掌握和运用，并能在教师的指导下完成《小猪乐乐》的过关任务，学会对两个或两个以上特征的物体进行排序，把握不同物体之间的差异和规律。难点在于能熟练掌握排序的规律，并在不同物体之间进行迁移。

3. 教学过程

整个课程的实施分为四个部分，包括导入、主体、结束和延伸。

导入：小猪乐乐需要过桥给爸爸买礼物，但是桥中间缺少一部分元素，“桥断了”，因此需要学前儿童发现桥排序的规律并找到缺少部分的元素填图，小猪乐乐才可以成功过桥。

课程开始，教师根据课程内容的需要设置故事情境，通过“小猪乐乐要为爸爸准备礼

---

① 何克抗．信息技术与课程深层次整合的理论与方法[J]．电化教育研究，2005(1)：7～9.

② 祝智庭．现代教育技术——走向信息化教育[M]．北京：教育科学出版社，2002.

③ 南国农．让信息技术有效地推进教学改革[J]．中国电化教育，2007(1)：5～7.

④ 郭素敏．信息技术与幼儿园数学教育的整合及案例研究[D]．长春：东北师范大学，2011.

⑤ 王慧．iPad 移动终端支持下的幼儿园数学课程的设计应用研究[D]．西安：陕西师范大学，2014.

物”展开对礼物内容的讨论，此时先引入电视媒体，吸引学前儿童的注意力，在电视媒体上播放相应的礼物内容，让儿童挑选讨论，以此调动儿童多感官参与教学，开动脑筋，让儿童迅速进入教学情境中。

主体：课程实施主体部分分为三个步骤，分别为一个特征排序、两个特征排序、自主学习和探究。

一个特征排序：儿童在挑选好礼物后，教师通过利用iPad中《小猪乐乐》的人物特征，让儿童自主发现礼物中所隐含的顺序规律，并在教师的演示和指导下了解物体按照一个特征进行排序的规律。当儿童学会按照一个特征排序后，便可以启动《小猪乐乐》关卡模式，帮助乐乐发现断裂桥中缺失部分的规律，选择正确的答案即可成功过桥。例如，可以按照颜色排序“红—黄—红—黄”，也可以按照形状排序“圆形—正方形—圆形—正方形”。

两个特征排序：即在一个特征排序的基础上，增加一个数学元素，识别两种特征的物体，并能对其进行排序，掌握基本规律，如按照“圆形红色—正方形黄色—圆形红色—正方形黄色”的规律进行排序，也可以将两种特征结合互换，即“圆形黄色—正方形红色—圆形黄色—正方形红色”等。

自主学习与探究：课程实施两个步骤完成后，设置相应的自主学习时间让儿童进行探究和发现，教师到儿童中巡视和指导，对进度慢的儿童进行个别教学，完成教学任务。在自主游戏时，儿童出现反复尝试现象，而并非先观察物体排序特征再进行游戏，遇到此类问题，需要教师积极引导儿童，耐心讲解，也可以多次示范，与儿童共同讨论正确的过关方法，真正掌握排序知识。

结束：教师针对整个教学过程进行点评，并对儿童自主学习与探究的部分进行简单总结。随后指导学前儿童使用iPad的上传和保存按钮将本次课程中的教学进度和课程内容进行集体汇总。

延伸：主要是课后，特别是儿童离开幼儿园回家后，与父母的互动安排，让儿童与父母在家中进行相应的排序游戏并能在第二天集体教学时进行全班汇报，巩固教学成果。

案例2：基于Moodle的学前儿童数学《手指游戏》课程教学案例

Moodle(Modular Object-Oriented Dynamic Learning Environment，模块化面向对象的动态学习环境)是一个开源的学习平台，旨在为教育者、管理者和学习者提供一个用强大、安全的综合系统创建的个性化学习环境。Moodle是一个免费的在线学习管理系统，它可以使教育者创建自己的私人网站。它具有动态课程、扩展学习等功能。无论使用者是谁(教师、儿童或管理员)，Moodle都可以满足其需求；版本更新及时，支持中文及多国语言，功能强大，使用者无须花费大量时间就可以开发自己的平台；该平台可以进行二次开发，拥有大量的由其他用户开发的第三方插件。正是由于Moodle具有免费性、开源性、扩展性、操作简单性的特性，一直受广大教育工作者喜爱。

Moodle的功能结构主要分为四部分：用户登录模块；网站管理模块；学习活动模块；

可扩展模块。这几个模块中最关键的是网站管理模块和学习活动模块两部分，而网站管理模块中最关键的是资源管理和课程管理，其中管理是核心。

姜锋霞(2014)设计了基于 Moodle 平台的学前儿童数学《手指游戏》课程，① 从教学分析、教学目标、学习者特征、学习内容、教学策略、学习活动、教学评价七个方面对教学进行了分析。开设这门课程的目的是为了促进学前儿童的手、眼、口的协调能力、创造能力的发展。

图 12-11　学前教育教学互动平台

调查问卷收集的数据显示，通过这次《手指游戏》训练，提高了儿童学习数学的兴趣；锻炼了儿童的手、眼、口的协调能力；同时也增强了儿童的团结协作意识，儿童的整体素质有了大幅度提高。但是也有儿童不想受到学习的束缚，大多只对画面的动作感兴趣，学习的时间不宜过长。

三、信息技术与学前儿童数学课程整合的对策与建议

王济军等(2012)提出了信息技术在学前儿童数学教育应用中的对策与建议。②

(一)更加关注学前儿童学习兴趣的培养

学前儿童数学教育的目的是对学前儿童进行数学的启蒙教育，是在学习粗浅的数学知识和技能中发展其形象思维和初步的逻辑思维。据《Toy Industry》报道，目前，在英国平板电脑在儿童游戏和学习中比较流行，因为这种“电子教具”能提供无限制的游戏关卡、带奖励的任务以及学习记录，孩子们和平板电脑之间的互动能吸引他们学习一些原本他们不感兴趣的科目。③

---

① 姜锋霞．基于 Moodle 的学前教育教学系统及应用研究[D]. 开封：河南大学，2014.

② 王济军，王赫男，曾毅．平板电脑在幼儿数学教育中的应用研究[J]. 中国电化教育，2012(12)：107～110.

③ Tablet for little one prevailing in UK[DB/OL]. http：//www. chinatoytrade. com/magazines. 2014-08-09.

(二)创新教学模式，灵活组织教学

余胜泉教授认为，平板电脑进入课堂主要不是作为传递知识的媒介，而是作为一种认知工具，让儿童利用平板电脑对知识进行转变、加工、表达、探究，利用平板电脑对知识进行协同，而不是简单地把知识数字化。①因此，在教学中，只有把平板电脑用在最需要的时候和最恰当的地方，才能发挥其最大效能。这就需要教师去创新教学模式，如有的课程可以采用启发探索和讲解演示导入；有的课程可以直接采用游戏和操作来进行学习。要结合儿童的认知特点融入多种教学方法，灵活地组织教学，不要一整节课都使用平板电脑进行教学，还可以结合其他的教具进行教学。比如，在一些课堂活动中可以使用积木、玩具、折纸、挂图等配合平板电脑进行演示操作，既能活跃课堂气氛，还能避免儿童长时间使用平板电脑带来的疲倦。

(三)精心选择教学策略，精心设计游戏

信息技术支持的学前儿童数学课程的教学策略要与教学目标和教学内容相符合，要贴近生活，要适应儿童学习数学的心理特点并吸引儿童的注意力，激发儿童兴趣。比如，在运用讲解演示策略讲解几何图形时，在利用平板电脑呈现图形的同时，还可以从日常生活入手，将儿童所熟悉的物体，如黑板、纸箱、桌面、书本等进行演示，可以给儿童提供在平板电脑上用手画图的机会让儿童自己画出图形，不仅可以加深其理解还能有助于其形成认知结构，让儿童在触摸、体验、发现之后，再进行适度讲解，效果会更好。

(四)增强软件的易用性和人性化

学前儿童数学课程软件在设计中要充分考虑操作的简单性和使用的方便性，如页面的操作按钮位置要明显，便于儿童发现和操作。对软件的接口要精心设计，从技术上降低可能出现的认知负荷。课程的选择要简单、快捷和人性化，允许教师任意选择某个课程、某节教学内容甚至某个教学环节。此外，要精心设计软件的交互性，在儿童进行练习和游戏操作的环节，加强交互、提高交互的层次，能够让儿童自己控制内容的进度，让儿童可以自己选择操作的顺序和难度的级别等，这样让不同的儿童有不同的选择，在与教学内容和游戏角色的互动中学习知识和技能，培养数学思考的意识，同时还有利于发展儿童个性，促进儿童思维的发展。

单元小结

本单元以儿童身心发展为宗旨，依据学前儿童数学教育目标、数学学科特点以及儿

① 卢秋红，徐靖程，余胜泉，等．平板电脑进课堂教育规律为主导[J]．中小学信息技术教育，2012(5)：8～10.

童的认知发展特点和规律，结合前人研究，总结了学前儿童数学教育的具体内容以及几种在学前儿童数学教育中常用的基本方法。学前儿童数学课程发展离不开信息技术的支持，数学教育教学如果使用视听交互技术或与数学电子游戏相结合，会达到很好的学习效果，儿童的数学学习会变得轻松、快乐而有趣。

思考与练习

1. 学前儿童数学教育内容选择的依据是什么？
2. 学前儿童数学教育内容包括哪些方面？
3. 如何理解学前儿童数学教育中操作与发现的含义？
4. 为什么说数学游戏与思维训练相结合很重要？
5. 信息技术与学前儿童课程整合的内涵是什么？
6. 如何设计信息技术与学前儿童课程整合的教学案例？

延伸训练

4～5 人组成一个小组，选择某一个活动主题，讨论出活动过程，然后分析整个活动过程涉及哪些数学方面的知识，包括数与运算、空间与几何、逻辑推理等八个方面。进一步讨论，如何实施这样一个教学活动，并联系操作与发现、游戏与思维训练等途径。思考从内容到途径来考虑学前儿童数学教育的特点，这样做是否具有普遍意义。

单元十三
学前儿童数学教育环境的创设

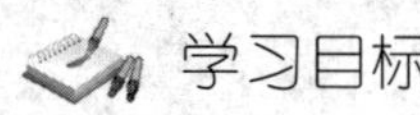

学习目标

- 了解学前儿童数学教育环境的概念及意义
- 理解创设学前儿童数学教育环境的内容
- 掌握学前儿童数学教育环境创设的实施
- 学会运用学前儿童数学教育环境创设的策略

情境导入

王木荣是个幼儿教师，他最近打算给学前儿童讲关于数序、序数和相邻数的知识，他在课堂教学中发现有些儿童对这些知识的理解存在欠缺，而幼儿园一天生活中有很多学习运用这些知识的机会，他决定充分利用起来，让儿童在无意中解决生活中的问题，提高儿童学习数学知识的兴趣和能力。比如，可以在楼梯的台阶上设计数字和箭头，将数序、序数和相邻数等多方面的内容融入其中，让儿童有意无意地去感知，让儿童在上楼下楼的过程中增长与数学相关的知识。

问题：数学源于生活的道理在哪里呢？

案例点评：日常生活的大环境是我们数学教育取之不尽的源泉，这个大环境中的数学影响具有自发性和超大信息量的特点，而学前儿童的发展是由他们不断与周围环境相互作用来实现的，所以，精心设计的数学环境能使儿童受到启迪和教育。教师应该合理地综合运用各种环境的创设来为儿童数学教育服务，如可以借助一些可操作的材料和墙面区角的环境创设，让儿童在日常生活中潜移默化地接受教育。

第一课　学前儿童数学教育环境及其环境创设的内容

我国的著名教育家陈鹤琴先生提出："大自然、大社会都是活教材。"《幼儿园教育指导纲要(试行)》指出，环境是重要的教育资源，应通过环境的创设和利用，有效地促进幼儿的发展。

一、学前儿童数学教育环境的含义及意义

(一)学前儿童数学教育环境的含义

一般来说，学前儿童数学教育的环境有两大类：一是自然环境，即学前儿童生活在其中的客观现实的大环境；二是人文环境，即为达到一定教育目标而设置的学习数学的环境。这两类环境应充分体现数与运算、空间与几何、逻辑推理、时间、统计与概率、测量、数学问题解决与应用、数学语言与表达八大模块知识的渗透，做到数学环境的生活化、趣味化(新奇)、儿童化。

学前儿童时时刻刻处于一定的环境之中，好的环境可以转化为对其进行数学教育的重要因素，从而实现环境的教育价值。如何在学前儿童生活的不同阶段，创设与其发展相应的良好环境，这不仅是学前儿童数学教育面临的问题，而且在整个学前教育阶段，人们也越来越关注环境对儿童发展的重要作用，这也是现代学前教育(学前数学教育)呈现出的一种明显趋向。

(二)良好的数学教育环境创设的意义

儿童一来到这个世界，不仅和周围环境发生着密切的联系，而且自已也会成为环境的一部分。环境不仅是他们必须依赖的生存条件，同时也是影响他们发展方向、接受全部教育活动的基础。因此环境对于学前儿童学习、掌握、运用数学知识技能以及提高思维品质都具有十分重要的意义和价值。

《幼儿园教育指导纲要(试行)》(简称《纲要》)指出：环境是重要的教育资源，应通过环境的创设和利用，有效地促进幼儿的发展。所以学前儿童在数学生活化教育中，教师要创设与儿童相适应的自主环境，提供有意义的操作材料与机会，鼓励儿童去发现与交流，丰富儿童数的感知经验，促进儿童逻辑思维的发展。

1. 有利于学前儿童数学兴趣和能力的形成

"数学是思维的体操。"学前儿童思维总是伴随着活动兴趣的产生、发展变化而同步进行。有人发现：学前儿童的思维能力既可受活动兴趣的激励获得超常发挥，也可因活动

兴趣的丧失而产生失常表现。脑科学家研究表明：左、右脑半球对人的思维和情感产生有着不同的功能，只有在左、右两半球处于协调互补状态时，儿童才能心态健康、思维效率高，思维能力获得充分发挥。大量研究表明：人的数学才能与其对数学的兴趣和对数学的敏感程度是相关的。在《数学教育方法》一书中，有这样一段话，"在数学上应设有这样一个公式：儿童对他们真正有兴趣的东西，会做得最认真也会做得最好。所以，制造和保持兴趣就成了数学教师最重要的工作之一，它也是教师所遭遇到的最困难的问题之一。"

学前儿童进行数理认知的兴趣，主要在于通过操作物进行有趣的活动，并从中提高思维品质。学前儿童数学教育实践，就是通过良好的数学物化环境，在具体的操作活动中，引导儿童欣赏数学美以培养其对数学的兴趣。可以说兴趣是学前儿童数学思维的调控器，教师关注学前儿童的数理认知特点，抓住兴趣这一思维的调控器，将使学前儿童数学教育大放异彩，达到发展儿童思维品质，提高其认知能力的功效。

图 13-1　阴阳八卦

（说明：观察双鱼圆形和四周线段长短和数量的变化）

2. 良好的教育环境有助于调动数学认知兴趣

良好的教育环境是通过创设环境、改善环境、利用环境和优化环境实现的，其目的在于形成有助于儿童身心发展的物质环境和心理环境。

学前儿童发展数理认知的环境，虽然与幼儿园整体的环境与空间的设计和布置有关，但更主要的是为儿童认知活动提供可供选择、操作的活动材料，这是一个微观环境，操作材料的有序性提供、材料的科学性、合理性以及丰富程度是衡量教学环境创设是否成功的重要指标。学前儿童的活动兴趣，大多是由周围生动有趣的操作材料引起的，这是由儿童思维的直接行动性和形象性决定的；同时活动操作材料也是儿童介入环境、了解环境、作用环境的中介，所以要引起儿童学习数学的兴趣，一个有效的方式就是将数学信息通过物化的方式融于操作活动之中，通过一定的活动方式和活动要求，使儿童在操作、摆弄、探索之中积累数理经验，形成数理表象，为后继数学概念水平上的学习奠定基础，因此，创设科学、有序的数理认知环境，不仅可以引起儿童学习数学的兴趣，而且也体现了现代学前教育的一个重要特征——主动学习。

名言点睛

我的意思是指那种比较深奥的美，这种美在于各部分的和谐秩序；并且纯粹的理智能够把握它，正是这种美使物体，也可以说使结构具有使我们感官满意的彩虹般的外表。没有这种支持，这些倏然即逝的梦幻之美其结果就不是完美的，因为它是模糊的、短暂的。相反，理性美可以充分达到其自身。

——庞加莱

二、创设学前儿童数学教育环境的内容

(一)突出数学元素的幼儿园各种场所

在创设数学环境时，不应只着眼于活动室的一面墙、一个角，而是把学前儿童周围的所有环境都充分利用起来，变单一为多种、变平面为立体、变视觉刺激为多种感官的刺激。

1. 活动室里的数学安排

充分利用活动室的墙面和角落。室内墙面有大有小，教师在设计时，根据墙面的大小把材料制成平面与立体相结合的画面，并在下方设置活动材料，供学前儿童操作。例如，在大班活动室的主墙上，布置有组成、加减、时间、空间、分类、守恒、排序等方面的数学内容，下方留一块空间，提供材料让儿童操作验证。在利用活动室角落设计数学角时，应注意：材料和工具要便于儿童取放，每个数学角的内容既要保持相对的稳定性，又要不断更新。

图 13-2　三连环

（说明：摘掉一个环，会如何）

2. 盥洗室增加数学元素

结合学前儿童爱玩水的特点，教师可以把布置活动室剩下的小块儿吹塑纸剪成各种几何图形，供儿童在盥洗室开展“水贴画”游戏。儿童只需将吹塑纸片放入水中湿一下，然后往平滑的瓷砖墙上一贴，图形就牢牢地贴在墙上了。刚开始儿童可能只是无目的地利用各种图形进行简单的拼贴、排列，但是在教师的引导下，他们会开始有目的、有主题地根据图形的特点拼贴、排序、分类、比较大小以及加减运算。儿童在兴致勃勃的“玩”中增长了知识，并且发展了想象力、创造力、思维力及观察力。

3. 厕所里增加数学元素

学前儿童在厕所中相对来说是比较放松的，因此，教师可以创设一定的数学环境，以激发学前儿童的“无意注意”，让学前儿童在自然、轻松的状态中获得知识，发展能力。例如，在平滑的瓷砖上用水将各种几何图形拼贴成一些可变换的图案，让学前儿童观察、操作。

4. 楼梯上增添数学元素

在楼梯上设计各种颜色的数字及与之相对应的圆点，让学前儿童有意无意地去感知数序、序数、相邻数。同时，可以把几何图形方面的知识及按规律排序等多方面的内容也融入其中，让学前儿童在进进出出、上下楼梯的过程中增长知识，培养观察力。

5. 走廊里增加数学元素

阳台与走廊虽然并不开阔，但它是学前儿童经常玩耍的地方，所以，教师也应充分利用这一环境，如在地板上画上“迷宫”“房子”，让儿童自由地“游戏”。

(二)突出数学元素的区角活动

数学区环境的创设只是一个基础，要让学前儿童获得高品质的学习，促进持续的思考和思维的发展，需要成人提供有效的支持和引导。

1. 保证活动时间

有专家曾说过：如果给儿童充分的练习时间，每个人都能成为数学天才。数学区的设立为学前儿童提供了充分练习的机会和空间，同时儿童可以在区域中反复练习，逐渐建构起自己的数学经验。因此，教师在每天的活动中一定要保证儿童有充足的练习时间。

2. 保证学前儿童自由选择

学前儿童一定是根据自己的意愿、能力、水平、学习风格来自由选择活动内容。教师需要尊重儿童的选择，尊重儿童在数学能力方面的差异。教师通过观察儿童的操作过程、与同伴的互动情况提供适宜的帮助和支持。

3. 建立共同规则

在自由探索的空间中大家必须明确各自应遵守的规则、承担的责任。教师和学前儿童一起商讨数学区中材料的操作规则、行为规则、整理收拾规则等，使每一个人都明确并共同遵守，保证自主探索学习时的流畅和有效。

(三)突出数学元素的教学活动

创设适当的数学环境，帮助学前儿童系统地建构数学知识，加强思维的训练。创设生活化的数学教育环境，就是要将数学教育活动渗透在学前儿童的日常生活当中。在开展数学操作学习活动时，还应因地制宜地将现实生活中的环境材料当作数学操作材料。例如，充分利用儿童所喜欢和熟悉的，石子、棋子、玩具、瓶盖、废旧盒子等物品作为操作材料。这些东西儿童熟悉、教师获取便捷，同时又能激发儿童进行数学操作活动的兴趣。教师可以有计划地创设适当的环境，利用这些东西，将数、形、序融入其中，帮助学前儿童学习数学。

 名言点睛

感觉到数学的美，感觉到数与形的协调，感觉到几何的优雅，这是所有真正的数学家都清楚的真实的美的感觉。

——庞加莱

第二课　学前儿童数学教育环境创设的实施与策略

数学是一门系统性、逻辑性很强的学科，有着自身的特点和规律，精心设计的数学环境，能使学前儿童在其中受到启迪和教育。在学前儿童数学教育环境的创设方面，我们抓住了四个突破。

一、学前儿童数学教育环境创设的实施

(一)提供充满数学元素的各类材料

在材料准备方面，要改变过去由教师包办的做法，放手让学前儿童参与，使儿童成为环境建设的主人。准备的材料应具有三个方面的特点。

第一，品种多。材料不限于一幅图、一堆玩具，与学前儿童生活密切相关的各种物品都能成为数学环境的材料，如自然类材料：石子、树叶、沙、水、土等。成品类材料：算式卡片、木珠、计算器、七巧板、扑克、算盘、时钟模型、棋类等。辅助类材料：剪刀、纸、彩笔、橡皮泥、操作板、沙盘等。废旧物品类材料：塑料泡沫、布条、线头、废旧盒子、塑料空瓶、包装盒、小木块、小石子、贝壳、火柴棒等。

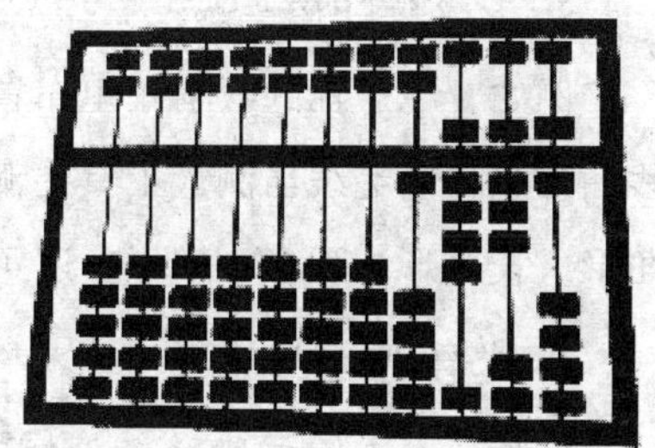

图 13-3　算盘

(说明：中国古老的计算工具，逐步被电子计算器所替代。本算盘上的数字是1986)

第二，数量足。提供的各类材料能满足数人同时操作，这样既有利于学前儿童对环境产生兴趣，又有利于儿童之间的交流和合作。

第三，分层次。提供的材料做到难易结合、繁简结合、单一与多功能结合，使每个学前儿童都能轻松地、创造性地使用材料，真正达到自我发展的目的。例如，在创设的“量的守恒”数学环境中，既有探索长度守恒的材料，又有探索量的守恒、面积体积守恒、液体守恒的材料，学前儿童可根据自己的能力选择一项或多项去探索、体验 。

(二)采用数学环境创设的多种活动方法

在创设数学环境时，应力求以数学内容为主，但也要根据实际情况，渗透社会、自然、品德等多方面的教育内容。例如，“自选商场”中，陈列着大小不同、种类多样的商品，学前儿童在“购物”时，要用到数学知识，同时，又可受到勤俭节约、不乱花钱、小朋友之间相互协作、谦让等教育。再如，“手帕商店”的手帕全是学前儿童自己设计、用

几何图形绘制而成的，这不仅使儿童掌握了几何图形的特点，还发展了儿童手部小肌肉的动作，培养了儿童的审美能力。

把丰富多彩的数学环境利用起来，是环境创设的主要目的，主要可采取以下几种方法。

1. 情景设置法

例如，创设“自选商场”，可供学前儿童学习“3 的加减法”时使用，让儿童扮演顾客，在“商场”里选购 3 种物品，教师扮演收银员向儿童提问，让儿童说出物品的名称以及数量，再根据物品的特点列出加减法算式。

2. 趣味游戏法

例如，让学前儿童每人在数学角取一张小卡片(实物、圆点、数字)，然后各自去找朋友，要求找到的朋友所持卡片上的数字与自己卡片上的数字合起来是 5，朋友找到后互相友好地碰一碰，可以碰碰头、碰碰脚、碰碰手、碰碰屁股、碰碰肩膀等。学前儿童在游戏中不仅获得了数学知识，还获得了最大的快乐和满足。

3. 多变操作法

例如，在走廊的数学角里布置数学内容，旁边有供学前儿童操作用的长短不一的毛线。儿童可拿毛线当测量工具去测物体的长短，也可拿毛线任意绕在几个扣子上形成三角形、长方形、圆形、梯形，还可以用毛线任意摆成数字或组成有规律的图案等。

4. 求异创造法

例如，在走廊的数学角，摆放许多颜色、大小、形状、厚薄各不相同的几何图形。教师有意识地启发学前儿童摆出多种有规律的几何图接龙。有的儿童按大小规律去摆，有的儿童按颜色规律去摆，有的按数量规律去摆。再如，小班走廊的迷宫图，儿童有的按图形规律走，从入口走到出口到花园去，有的按数序规律走，从入口走到出口到动物园，有的按颜色规律走，从入口走到出口到动物园。通过这样的活动，儿童的思维更加灵活、敏捷，更富有创造性。

(三)在日常生活环境中真切地感受数学

环境是我们数学教育取之不尽的源泉，但是这个大环境中的数学影响具有自发的、偶然的性质，它的信息量很大，但学前儿童所得到的经验是零散的、非系统的，完全依靠它来进行教育很有限。因此，无论是教师还是家长，一方面要有意识、有目的地运用这一途径，利用生活素材让学前儿童积累数学感性经验，引导学前儿童在有意、无意间，通过各种感觉通道感受来自生活的种种数学信息，使学前儿童在轻松自然的情况下，获得数学知识，发展思维能力。

例如，让学前儿童数一数家里有多少人，说一说自己的身高、体重、家里的电话号码、门牌号码等与日常生活密切相关的一些数字及其作用；看一看日历，感知日、月的顺序，知道昨天、今天、明天是几月几日……利用起床、上幼儿园、吃饭、游戏、睡觉、离园等生活环节，引导儿童认识时钟，感知相关的数学知识。

(四)精心为学前儿童创设专门的数学教育环境

创设适当的数学环境，帮助学前儿童系统地建构数学知识，加强思维的训练。

图 13-4　数学的思维训练渗透在环境中

1. 创设“趣味化的”数学环境

创设“趣味化的”数学环境，能激发学前儿童主动探索的欲望。教师应该向学前儿童提供有利于激发他们探索兴趣和认知倾向的环境。例如，游戏《小鼓响咚咚》——教师：我的小鼓响咚咚，我说小鼓响三声，儿童：我的小鼓咚！咚！咚！手敲鼓。依次变换次数。通过游戏学前儿童能很快感知到数与声的对应。

2. 注意环境的新奇感

学前儿童的身心发展特点决定了学前儿童具有强烈的好奇心，他们对周围许多的事物，特别是新奇的事物非常感兴趣，总是去看看、去摸摸、去探究。而学前儿童的发展是在与环境的互动中实现的，要使学前儿童在数学活动中能主动与环境互动，就必须注意创设富有“新奇感”的环境，从而最大限度地调动学前儿童主动探索的积极性。

在“长度守恒”的教学活动中，教师可以为学前儿童提供各种的操作材料，如毛线、纸条、小棒等，并用这些材料摆成形状、造型各异的各种图案，并将它们布置在活动室里。然后，教师引导儿童带着问题观赏：这些图案好看吗？它们像什么？它是用什么材料摆成的？它们一样长吗？为什么？儿童会很感兴趣，津津有味地观赏着、讨论着。你们想试一试吗？小朋友们争先恐后地动手摆弄、操作，他们一边操作，一边议论着。儿童经过反复的操作、议论、思考、再操作，最后得出“等长的两种物体，不论你怎样摆，怎样变换形状，改变造型，它们的长度都是不变的”。这些材料便于儿童操作，再加上这些材料摆成的各种造型和教师的诱导式提问，不断地刺激儿童在操作过程中进行观察、比较。比较结果明显，发生的现象易于描述，能大大地激发儿童主动探索的兴趣。这些新奇的物质材料与环境，为学前儿童提供了自由参与的机会，并且又能在活动中提高操作技能，掌握知识。

3. 注意环境的问题性

由于数学本身具有抽象性、逻辑性强的特点，因此在数学教育活动中，必须充分利用这一特点，把学前儿童数学启蒙教育的着眼点放在发展学前儿童的智力上，特别是初步的逻辑萌芽，这样才能使儿童终身受益。

图 13-5 射鸟(岩画)

(说明：看看动物是什么，猎人在哪里？数一数)

4. 注意环境的儿童化

随着学前儿童能力的发展，问题的内容可设计抽象些；另外在练习内容、方法上也应灵活多样，使学前儿童根据变化的情况随时改变自己思考问题的方法和角度，做出相应的回答。这样既培养了他们思维的灵活性；拓宽了他们的思维广度，又激发了学前儿童学习和探索的自主性、积极性。

数学区环境的创设只是一个基础，要让学前儿童获得高品质的学习，促进持续的思考及思维的发展，需要成人提供有效的支持和引导。

二、学前儿童数学教育环境创设的策略

《纲要》中提出，幼儿园的教育环境作为一项重要的教育资源，需要充分利用和创设有效的教育环境，来提升对学前儿童的智力和兴趣引导，实现学前儿童健康、有序的发展。良好的数学教育环境的创设与构建，对于学前儿童的健康发展与学习有着非常重要的作用。在幼儿园里面创设生活化的数学环境，一方面能够提升学前儿童学习与生活的愉悦感，另一方面，能够有效地激发学前儿童的数学兴趣与爱好。

(一)在环境中寻找数学元素

数学产生于人类的社会实践活动，人们在长期的劳动和生活中，在与周围环境不断地相互作用过程中，不仅了解掌握了事物的物理特性，而且也感受并发现了物质中量的关系以及其存在状态的数学特性。数学存在于万物万事之中，世界上每一个事物都是质与量的统一，因此，可以说，每一个具体的事物中都蕴含了大量的数学信息。但是客观

事物本身并不完全等同于数学，数学的实质是存在于物的基础上脱离了具体事物的反思和抽象，这就是数学的概括性，抽象性。

儿童从出生一直到学龄期，一般要经历不同的环境，学前儿童在不同的成长阶段，都有效地、有选择性地吸取了对其成长有利的部分，只有这样儿童才能在与环境相互作用的过程中，保持发展的速度和平衡。但是作为客观存在的环境，其组成因素繁多复杂，不会自然组合成有利于不同年龄段儿童发展的因素，这里就应从学前儿童数学教育的角度，对环境中的教育因素进行思考。

图 13-6 狩猎(岩画)

（说明：哪是猎人，哪是猎物？数数看 ）

(二)在环境中感受数学美

数学中是否包含有关美的因素？大部分学者的回答是肯定的。而怎样以学者的眼光来发现数学中美的因素？古希腊伟大的哲学家亚里士多德早就指出：“认为数学的科学全不涉及美或善是错误的……数学的科学特别体现了秩序、对称和明确性，而这些正是美的主要形成。”英国著名哲学家、数理逻辑学家罗素则把数学的美形容为一种“冷而严肃的美”。他指出：“数学，如果正确地看它，不但拥有真理，而且也具有至高的美。正像雕刻的美，是一种冷而严肃的美，这种美不是投合我们天性的微弱的方面，这种美没有绘画或音乐那些华丽的装饰，它可以纯净到崇高的地步，能够达到严格的只有最伟大的艺术才能显示的那种完美的境地。”①

伟大的科学家庞加莱对数学美(科学美)的性质做了具体地说明：“我在这里所说的美，不是给我们感官以印象的美，也不是质地美和表现美。”这一论述从一个更为深刻的层面揭示了数学美。

数学美的主要因素存在于：数学美与科学工作必然相联系。科学家在工作中总是将他们的工作方法和他们工作结果的雅致联系起来。这里的雅致是指：所有引入秩序的东西，是所有给出的统一、能让我们清楚地观察和一举理解整体和细节的东西。事实上，

---

① 罗素．我的哲学的发展[M]．北京：商务印书馆，1982.

数理研究中，我们越是清楚地、越是一目了然地观察这个集合，我们就越能彻底地观察到它与其他邻近对象的类似性，从而使我们就有更多的机会进行可能的推广。科学的工作就在于通过具体揭示一般，通过物化层面的探索发现内在的一般规律。

在学前儿童数学教育中，儿童在认知过程中的思维提升也常常由于数学中本身的奇异特点，引起儿童困惑并使其进行探究、发现，其中所伴随的喜悦和乐趣，是其他学科领域所不具有的。例如，幼儿园大班儿童在理解量守恒的内容时，最初由于受物体外在形状、排列方式的影响，加上其认知停留于感知判断的水平，始终不能理解量守恒，但经过多次反复、探索比较，当儿童真正理解了量不受形状、排列影响时，伴随儿童喜悦心情的是其思维水平的提高。

学习等分时，将正方形按对角线等分和沿中线等分，等分后的三角形和长方形是否量相等，学前儿童最初都会认为两者不一样大，因为一个是三角形，一个是长方形，只有当其将两者重叠比较后发现：两者在不同的方位各多或缺一个小三角形，只要将其中一个小三角形剪下，填补过来，就可使两个不一样的图形变成一模一样，量的大小是一样的，这样学前儿童就从概念水平认识到：一样大的图形，无论以什么方式二等分，等分后的量是一样大小的，都是原来的一半。抽象美是数学所特有的美，抽象度越高，揭示的规律就越深刻，应用的面就越广泛。

图 13-7　鸟纹

（说明：式样）

(三)突出环境中的隐性数学课程

儿童、教师和环境已构成了现代学前教育的三个基本要素。利用有组织的教育环境对学前儿童进行数学教育，同传统课堂教育的区别在于，是以书本知识作为儿童教育的基础和起点，利用环境作为全部教育的依托和背景，力求把抽象的概念形象化、具体化，复杂的东西简单化，将零乱的信息整合于可依托的物化系统之中，使儿童在与客体相互作用的过程中，获取信息、整理经验、形成技能，产生兴趣发展思维，自我构建起发展的内在认知机制。

数学教育环境的创设可作为一种隐性课程，在幼儿园工作开展的过程中，利用好这一隐性课程，需要不断完善幼儿园数学环境，这样才能够更好地开发学前儿童的智力，促进儿童在园期间的个性发展。数学环境作为系统性较强的环境内容，在创设的过程中，需要在数学环境创设目标的指引下，提升数学教学环境的计划性与系统性，为学前儿童在幼儿园期间的数学人物认识、数学故事接触、数学模型的演示等创造良好的条件。

拓展阅读

数学美

数学美的陶冶，要善于利用周围环境中孕育的数学美，在正确科学的引导下，唤醒学前儿童对数学美的情感。

1. 对称美、和谐美

引导学前儿童欣赏数学美宜从感性可见的对称美入手，在几何图形中可以看到对称美，从生活中的自然物和人们创造的物体中，到处都可以看到对称美。例如，城市中矗立的高楼大厦、公园里的楼台亭角以及桥梁道路等。如果登高远眺，上海市内美丽的建筑，如东方明珠、南浦大桥、凌空飞架的主体高架道路等，这些复杂的对称物，无非都是几何对称图形的组合。花朵、树叶，班级内布置的装饰图案，都包含了大量的数学对称美与和谐美。人体也是对称美。

2. 比例美、简洁美

最典型的就是早已被先辈注意到的黄金分割，其充分反映了比例美。例如，世界上用黄金比例设计的巴特农神庙，外观简洁壮观，整个结构给人以协调、雅致之美。此外，昆虫的形体也显露出了黄金比。

数学的发展遵循着简单的原则，这也符合人们的生活原则：追求简洁美。这对学前儿童数学教育也同样会产生影响。从教具、学具由“实物—形象图片—点卡—数卡”这一逐步抽象的过程，也可看出其中所追求的简洁影响儿童的思维发展。思维抽象的过程也是学前儿童在认识过程中逐步脱离事物外部特征的干扰，从概念水平理解事物内在特征和关系的过程，这也是去繁就简的过程。

3. 抽象美、深刻美

数学世界抽象的数学美，常给人以意外的、新颖的、出奇制胜的、独创性的效果，使人们惊奇与激动。

例如，小班的儿童数学能力尚未得到发展，这就要求教师针对小班儿童数学认知的特点，通过在园内墙面绘画数字、数学符号等方式，提升儿童对数学知识的接触与领悟。同时，所绘画的数字、数学符号等要全面地体现数学知识生活化的效果，可以使用树叶、花朵等实物，提升这些数学符号的直观性和亲切感，让小班儿童对数学知识的了解更加形象、更加直观。

(四)鼓励学前儿童与数学环境的互动

为了更好地提升学前儿童数学教育环境创设的效果，在创设的过程中需要充分发挥环境与人的主体作用，通过科学的引导和鼓励，启发儿童对园内环境中的数学知识等进行了解和学习，同时通过数学环境创设内容、方法、目标的优化，与同事、学前儿童共同创设数学环境，提升环境创设的共同性和人文性。

通过教师、家长等途径进行数学材料的收集，然后在一个统一的时间和教师的指导下，让学前儿童亲自参与数学环境的创设与布置，提升儿童的数学环境认知与构建能力。这样才能够更好地激发学前儿童的数学学习兴趣，从而进一步提高认知能力。例如，在教室的数学角里面，可以通过摆放颜色、尺寸不同的几何图形，引导和启发儿童进行这些几何图形的认知；教师也可以通过让儿童认识和辨别不同图形并说出其名字等途径，来发展儿童的数学认知能力。

(五)提升数学环境创设与数学教学开展的契合度

在学前儿童数学环境创设的过程中，既要以发展学前儿童的数学思维与认知能力为主线，也要把握数学环境与其他教学环境创设的一致性。同时，学前儿童数学环境的创设过程中，不能仅仅考虑学习的效果，而必须将学前儿童的主体性、学习的过程性结合在一起，在充分发挥学前儿童主体作用的基础上，围绕学前儿童数学教育目标做出系统的规划与构建。同时，学前儿童数学环境的创设，力求以数学内容为主线，也可以按照实际的状况，在环境中亲身体验。

(六)创设的数学环境情境有助于学前儿童进行数学游戏

在学前儿童数学教育环境创设与利用的过程中，教师可以充分利用学前儿童好动、喜欢游戏的特征，使用趣味游戏法来激发儿童的数学兴趣和探索能力。例如，在阳台一角设置小型“保龄球馆”，儿童可自由去打保龄球，也可由教师设置一定的游戏规则，如按要求的数量去击打，按颜色去击打，击打后说出总数，按击打结果编应用题，按一定规律排列球等。儿童按规则去游戏，胜利了还可获得一定的奖励。

 拓展阅读

基础数学概念的材料和组织

1. 分类

用做筹码的不同颜色的玩具熊、塑料瓶盖，用于分类的豆子、鸟食、祖母纽扣盒里不同种类的纽扣、各种颜色的石头、散步时找到的材料，分类用的文具盒，将物体分类时用到的相同颜色的塑料碗。

2. 比较或配对

配有盖子的不同尺寸的广口瓶，类别多样的带盖小盒子，制冰盒、纸制蛋托、松饼罐，不同种类的钥匙及画在厚纸板上的每种钥匙的轮廓，不同种类的梳子及画在厚纸板上的每种梳子的轮廓，不同颜色的塑料杯和托盘。

3. 对比

穿有各种衣服的纸制玩偶，其中一些衣服相同，一些则不同；各种大小的软球和直径不同的卡纸卷筒。

4. 排序

一种颜色的油漆片，从颜色非常深到近乎白色；不同大小的把手：选择一种分类，确保每一种都有一个不同尺寸的操作材料；选择一类，确保每种尺寸各有一个。不同长度的稻草和纱线，从牙签盒到谷类食品盒各种空杂物盒，测量杯。

5. 创建集合

不同尺寸和颜色的筹码、干豆、玻璃鱼缸、一次性纸盘。

6. 数感

大小和颜色相同的筹码，一副游戏牌(不含J、Q、K等人头牌)。选择一些学前儿童知道的最大数字，多米诺骨牌，基本组合从0至6，拓展组合为0到9。

单元小结

本单元主要探讨了学前儿童数学教育环境及其环境创设的内容，并在此基础上研究了教育环境创设的实施与策略，以提高学前儿童教师数学教育环境创设的能力。

思考与练习

1. 学前儿童数学教育的环境概念是什么？
2. 创设良好的数学教育环境的意义是什么？
3. 创设数学教育环境的活动方法有哪些？
4. 学前儿童数学教育环境创设的策略有哪些？

延伸训练

4～5人一组组成3个小组，选择某一个幼儿园。3个小组，分别去某一个班、幼儿园的走廊和户外场地，通过拍照和纸笔记录，观察并寻找环境里哪些布置或物品渗透着数学的哪些元素。3个小组分别讨论出环境渗透的数学元素要点，最后3个组在一起交流以后尝试讨论，如果有机会带班上的小朋友，如何利用环境来学习数学。

单元十四 学前儿童数学教育活动的设计与组织

学习目标

- 了解学前儿童数学活动设计的含义、要求和过程
- 理解学前儿童数学教育活动设计的依据和理念
- 掌握学前儿童数学教育活动的组织原则和要求
- 学会学前儿童数学教学活动的组织与管理

情境导入

小孙老师是新入职的幼儿教师，在教大班儿童数学加减运算时，采用算式让儿童计算，说出得数。这班儿童的数学学习在中班和小班时未受到重视，对数的基数和序数理解不熟练，数的组合与分解也几乎没有练习过。小孙老师非常不自在，儿童几乎都不会做。小孙老师就只好让儿童扳起手指头来算，这个办法还好，数目不大时，虽然算得慢，大部分儿童也是能算对。但数稍大些，这个方法就有局限了。小孙老师本来觉得，数学很有意思，孩子会对计算很感兴趣，但结果则很失望，不知如何下手，迫切希望有个好教学思路。

问题： 儿童的数学运算学习有什么好办法吗？

案例点评： 在人们的一贯印象中，数学似乎是枯燥难懂、深奥无趣的。其实数学学习可以是充满乐趣和快乐的。这就涉及我们如何将抽象的数学知识与学前儿童的主客观世界联系起来，让儿童学习到的不仅是知识，更是一种有益于举一反三的思维方式。本

案例中儿童由于基础不好，还不能胜任基本的运算。这需要教师创造多种机会，呈现丰富的学习情境和多样的活动方式让儿童自主探索，通过实物操作和数的分合游戏，引导儿童逐步掌握和运用数学运算的基本规则，儿童就会慢慢对数学产生兴趣。

第一课　学前儿童数学活动的设计

一、学前儿童数学活动设计的含义

学前儿童数学教育活动的设计是教师组织数学教育活动的前提，是在教育理论指导下教师的思维活动与教育实践活动相结合的产物。学前儿童数学活动的组织是学前儿童获取知识的纽带，也是学前儿童主动学习的牵引者。所谓教育活动设计，是指依据一定的教育目标，选择一定的教育内容和形式，对儿童施加教育影响的方案。教育活动设计既是某种教育理论、教育观点和课程设计思想的具体体现，同时也是实施、完成教育目标的重要环节和保证。因此，在组织教育活动之前，设计教育活动是教育工作者必须做的一项重要工作。

优秀的数学教学活动设计不仅能调动学前儿童的学习兴趣，而且能促进儿童对数概念的主动建构，促进其思维发展。

二、学前儿童数学教育活动设计的要求

学前儿童数学教育活动的设计遵循一定的规则与要求，下面将从教育活动目标、活动准备、活动过程、活动延伸四个维度切入，探讨设计的一般要求。①

(一)活动目标

学前儿童数学教育活动目标是幼儿园教育活动方案的“指南针”，目标的制订决定了活动的走向，书写的规范与否在一定程度上体现了设计者、实施者的专业化水平。数学教育活动目标的设计与书写遵循以下几条原则。

1. 一致性原则

数学教育活动目标的表述有两种方式：一种是发展目标，另一种是教育目标。

2. 针对性原则

数学教育活动目标要具有针对性，活动目标具体，所指的是价值标准细化，而不是笼统地表述。对于学前儿童教师而言，数学教育活动目标越具体，越具有可操作性，在

---

① 张淑琼．幼儿园教育活动设计与实施[M]．北京：北京师范大学出版社，2012：15.

活动实施的过程中，更容易以目标为标杆衡量活动过程中儿童的反应，并及时按照目标的要求给儿童适宜的支持；如果目标笼统，教师往往拿捏不准要点，无法较好地把握活动的效果，对学前儿童的指导将不够细致。

3. 系统性原则

美国著名教育心理学家布卢姆在《教育目标分类学》中为教育目标建立了一个较为规范、清晰的划分标准，依次为认知、情感、动作技能三大类。认知包括对知识的理解、掌握、记忆、认知能力的形成过程等。情感包括兴趣、爱好、倾向、态度、习惯养成、价值观等。动作技能包括大小肌肉的协调、模仿、操作、行动、动作等。

(二)活动准备

数学教育活动开展之前，教师为了更有效地教学，需要做相应的情境铺垫、物质材料准备、学前儿童经验梳理的工作。在书写数学教育活动方案的活动准备时，要求以物质准备、经验准备两个维度进行整理。物质准备是指数学教育活动开展需要的教具、材料、场地安排等。经验准备是指学前儿童在学习该数学教育活动之前必备的前期经验。

(三)活动过程

数学教育活动过程包含导入、展开、结束三部分，每个部分的撰写都需要清晰地显示出教师根据学前儿童的心理逻辑而编织的教育思路。

(四)活动延伸

活动延伸是在活动结束后，教师准备通过哪些途径使学前儿童在活动中获得经验的延续和巩固。

三、学前儿童数学教育活动设计的基本过程

研究学前儿童数学教育活动设计的原则及有关理论，其目的是为了更好地指导数学教育活动实践，因此，明确数学教育活动设计的基本程序是十分必要的。

(一)制订数学教育活动的目标

制订数学教育活动的目标，是教育活动设计最重要的一环。长期以来，在数学教育活动的实践操作中，存在着只有内容没有目标及先选内容后订目标的现象，从而使数学教育产生了极大的盲目性。因此，要使数学教育活动能够达到预期的目的，产生良好的效果，就必须在活动设计前先制订好教育活动的目标。

制订数学教育活动目标，首先，必须着眼于儿童的发展，从儿童已有的发展水平出发，最终促进其达到新的发展水平。应根据儿童的年龄特征和发展水平，注意由浅入深、循序渐进地提出目标，体现从具体到抽象、从直接经验到间接经验的过程。其次，目标

的内容应包含认知、情感态度及操作技能三方面，既应涉及知识概念的学习、情感态度的学习和操作技能的学习，也应避免单纯以知识为落脚点的目标和太抽象、笼统的要求。最后，在表述数学教育活动目标时，应尽量运用行为目标的表述方法，即以儿童应习得的行为来表达数学活动的目标(采用可观察的行为化的语言)。例如，能对数量在 10 以内的物体按照颜色或大小特征进行分类。这样表述，既便于教师在活动中准确把握，又便于教师在活动后通过观察儿童的行为来加以评价。

(二)了解、分析儿童的发展水平

拓展阅读

数学课程设计模式(Keitel，1975)

1. 知识观的特点：新教学方法，主要是把纯数学或应用数学的现代数学内容引入课程。

2. 知识观与学习论：行为主义法，根据行为主义理论，从行为对象上分析课程内容，有时利用程序教学。

3. 学习论的特点：结构主义方法，把心理上获得数学结构和过程作为课程的基础，布鲁纳是这种运动方法的代表人物。

4. 形成式的方法：把个人发展的心理结构作为课程的基础。如，皮亚杰理论。

5. 认识论与资源论(无系统的基础)：环境综合法，利用多学科的背景，并利用其作为资源又作为动机因素的环境。

作为教师，在活动设计之前，必须切实地了解、掌握本班每位儿童的发展水平(指儿童表现在数学方面的发展水平)，特别应避免以成人的角度来揣摩儿童，而应与儿童保持最密切的联系，真正掌握大多数儿童在数学知识和技能方面的一般发展水平及一些有特别长处或发展不足的儿童的情况，这样才能在考虑活动设计的目标和选择活动内容、范围时做到有的放矢，体现不同起点发展性的原则。例如，在为大班儿童设计用 3 个数编 4 道题的活动时，可以根据儿童的不同发展水平和起点，在设计活动时提出不同的发展目标、选择不同的活动内容——①提供可以辨认数的操作材料，如圈出 3 个数可以编 4 道题的或找出那些写有 3 个数可以编 4 道题的花；②提供可以补充数的操作材料，如给两个(或 1 个)有数字套环再补 1 个(或 2 个)有数字的套环；③可以提供改变数的操作材料，如将 3 只蝴蝶身上的数字改变 1 个，成为可以编 4 道题的 3 个数；④提供可以选择数的操作材料，如选择写有数字的 3 朵花，把可以编 4 道题的插入花瓶中。因此体现不同难易程度的操作活动设计，才能使不同发展水平的儿童都能在数学活动中真正得到发展。

(三)设计数学教育活动的方案

数学教育活动方案的构成和设计，一般包括如下几个要素：第一，活动名称。活动名称是对活动目标、活动内容的概括性反映。为了引起儿童的活动兴趣，活动名称应简单明了且生动形象，如“踩图形”“小猫捉鱼”“水果娃娃”等。第二，活动目标。数学教育活动的目标是数学教育活动预期达到和将要实现的目标，是儿童在数学概念及思维能力、兴趣习惯等方面所应获得的发展。数学教育活动的目标应具体化、行为化，体现可操作性。第三，活动准备。数学教育活动的准备既包括知识上的准备，也包括环境、材料等物质上的准备。它也是数学教育活动设计中的一个重要方面，与活动的进程及目标的达成有关。第四，活动过程。数学教育活动的过程是指活动进程的顺序和步骤，它是活动设计的重要组成部分。活动过程的设计应从儿童年龄特点和思维发展水平出发，从儿童感知、理解数概念的特点出发，从数学学科本身的规律出发，循序渐进、层层递进地考虑活动进程，同时更多地体现儿童对抽象数学知识的感性操作，让其在反复体验中内化感知，帮助其形成初步的数概念，促进逻辑思维的发展。

四、学前儿童数学教育活动的设计依据和理念

(一)学前儿童数学教育活动的设计依据

教育目标是培养受教育者的总要求，它规定了把受教育者培养成为什么样的人这一根本性问题，它是教育活动设计的出发点和主要依据。学前儿童数学教育的目标是在教育总目标的指导下制订的，根据《纲要》科学领域的目标精神，学前儿童数学教育总目标应包含以下具体内容。①

第一，对周围环境中事物的数量、形状、时间和空间等感兴趣，有好奇心和求知欲，喜欢参加数学活动和游戏。

第二，能从生活和游戏中感受事物的数量关系，获得有关数、形、量、时间和空间等感性经验，体验到数学的重要和有趣。

第三，学习用简单的数学方法，解决生活和游戏中某些简单的问题，能用恰当的方式表达、交流操作和探索问题的过程和结果。

第四，会正确使用数学活动的材料，能按规定进行活动，有良好的学习习惯。

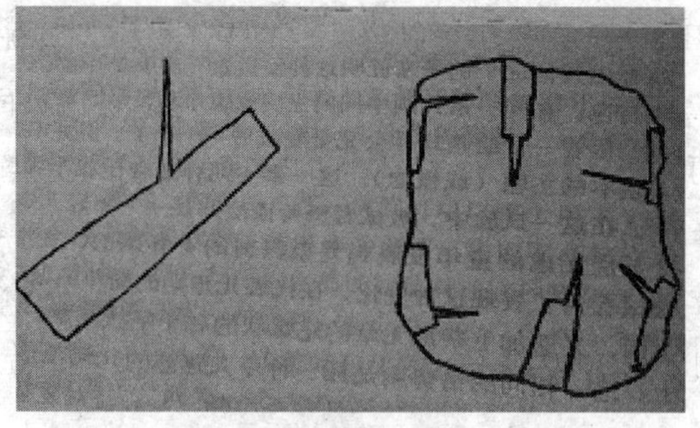

图 14-1　倒刺(艺术作品)

(说明：青春叛逆的表达，圆里满是长方形长角)

---

① 张慧和，张俊．幼儿园数学教育[M]．北京：人民教育出版社，2004：21.

(二)数学教育活动设计的基本理念[①]

1. 对话

对话是一种境界，是不同主体在平等的基础上，以一个话题为核心，开诚布公地表达自己的见解和思想，不断丰富话题，不断激荡智慧的过程，这个过程实际上是一个不断生成的互动过程。

2. 行动

学前儿童数学教育活动的设计，就是学前儿童数学活动机会和过程的设计与创造，就是对学前儿童可能产生的实践性行为的期待。学前儿童的学习是行动的，教师的数学教育教学能力、对儿童实践性行为的期待也需要通过自身的行为不断夯实、内化。

3. 体悟

体悟印证了建构主义学习理论的适切性，教师在理论学习、资讯提供、观摩学习、实战操练后，必然会经历同化、顺应的心理过程，以他们自己的经验为背景，来分析知识的合理性，逐步理解知识、领悟知识、内化知识、转换知识，这一系列的过程必然会推动教师提升数学教育教学的能力。

学前儿童数学教育活动的设计围绕对话、行动、体悟三个关键词，将数学教育活动设计的理论条理化、系统化，在数学教育教学实践中深具实操性、科学性和可行性。

第二课　学前儿童数学教育活动的组织

一、学前儿童数学教育活动的组织原则和要求

(一)学前儿童数学教育活动的组织原则[②]

根据《纲要》的要求，教师组织数学教育活动须遵循以下的原则。

1. 生活性原则

教育是关乎人的学问，学前教育是关乎学前儿童生命成长的学问。学前儿童教育的根本要旨是尊重学前儿童生命的发展逻辑，不断创造条件，促进每个生命的发展，使其更有意义。生命是生活的出发点和归宿，生活是生命的意义，是生命的生动体现。

---

① 张淑琼．幼儿园教育活动设计与实施[M]．北京：北京师范大学出版社，2012：2.

② 张淑琼．幼儿园教育活动设计与实施[M]．北京：北京师范大学出版社，2012：2.

2. 适宜性原则

有效的教育要有一个适宜的课程，要求教育工作者落实到具体的教育目标定位与教育活动内容选取方面。所谓适宜，美国发展适宜性方案的专家学者认为，发展的适宜性包括三个维度的适宜：年龄适宜、个体适宜、文化适宜。

3. 趣味性原则

学前儿童的学习与其他年龄阶段教育对象的学习存在明显不同，学前儿童的思维倾向于具体形象性，善于从直观的感官中学习，因此，教育活动的内容必须遵循趣味性原则。趣味性并不是给枯燥的活动“穿”上漂亮的外衣，以外部的吸引力暂时地牵引着儿童学习，而是活动内容本身对于儿童而言，应具有强烈的魅力与吸引力，儿童在参与、投入的过程中乐在其中，享受着活动内容的挑战与趣味带来的内心的充实、幸福感。

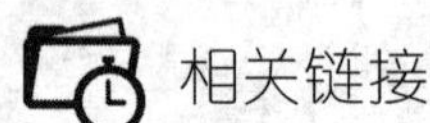

数字歌

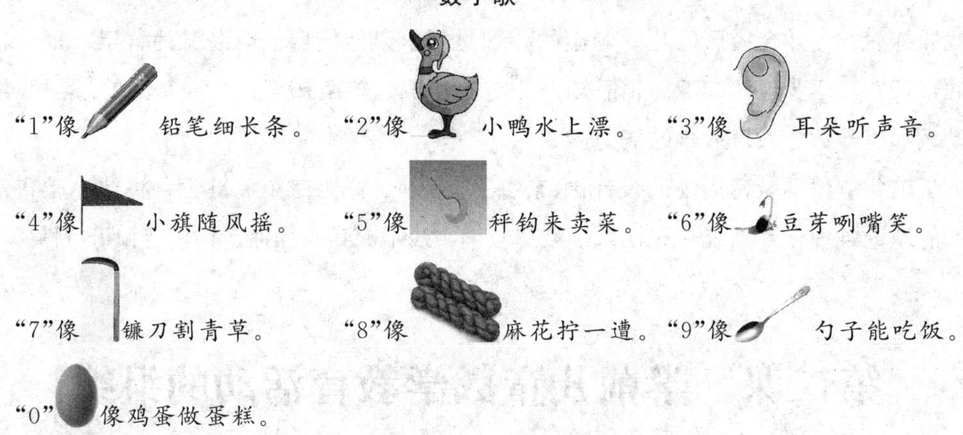

4. 行动性原则

学前儿童在与外在世界相互作用的过程中，不断构建自己的知识场，逐渐明理、学识，他们天生具有行动的气质，乐于“做中学”。因此，数学教育活动内容必须还原为学前儿童的经验，还原为学前儿童成长的过程。换句话说，就是把学前儿童将要学习的内容渗透到学前儿童的探索、实验、操作、体验、表现、表达、游戏、交往、重复等活动中，通过一次次这样的活动深化，形成自己的理解。

名言点睛

多数的数学创造是直觉的结果，对事实多少有点儿直接的知觉或快速的理解，而与任何冗长的或形式的推理过程无关。

——卢卡斯

(二)学前儿童数学教育活动的组织要求

教学行为和组织形式的选择直接影响教学效果。所以要做到以下几点。

1. 教学方法多样化

近年来，广大教师积极改革数学教育方法，探索和总结了许多有效的方法，促进了学前儿童思维的发展。有的教师重视学前儿童的感知、操作，坚持在数学活动中引导儿童分析、比较、归纳、推理、概括形成概念，指导儿童迁移运用数学知识和规律。教师要避免两种极端教学：被迫地接受和教师直接地灌输。可多采用游戏法、实物教学等教学方法，遵循学前儿童思维发展的规律(具体形象思维—表象思维—抽象思维)。

2. 组织形式生活化、情境化

现实生活是学前儿童数学概念的源泉，学前儿童的数学知识和他们的现实生活有着密切联系。教师要善于创设生活情境游戏，让儿童在轻松、愉快的环境中学习，感受到数学作为一种工具在实际生活中的作用和应用。如何创设一个好的数学情境呢?

第一，情境创设要生动有趣，与学习内容密切相关。教师要巧妙地将所要学习的内容融合到具体的生活、游戏情境之中。

第二，情境创设要富有挑战性，能激励学前儿童积极参与。比如，在大班“认识人民币”活动中，可以创设这样的情境：小红的妈妈正准备晚餐，却发现盐罐里没盐了，怎么办，只能让小红去商店买。小红要妈妈给钱，妈妈说盐1元钱一袋，你就从储蓄罐里拿吧！小朋友请你想一想，小红可以怎样拿钱？学前儿童可以通过合作、交流，体验到人民币的兑换知识。

第三，情境创设要富有启发性，能拓宽学前儿童解决问题的思路。比如，大班“认识球体和圆柱体”的活动中，为了让学前儿童能主动构建球体和圆柱体的概念，教师可以设计“圆圆游乐场”的教学情境，在游乐场中布置各种圆的物品，可以是球体、圆柱体、圆形等。在游乐园中，请学前儿童充分感受具有圆特征的物品的异同点，让学前儿童在观察、比较的过程中，区分不同的概念，并分类寻找其他同类的物品。这样的教学情境可以启发学前儿童，使其能敏锐的感知到不同图形、不同形体之间的差异，能够帮助他们打开思路，进行思考和判断。

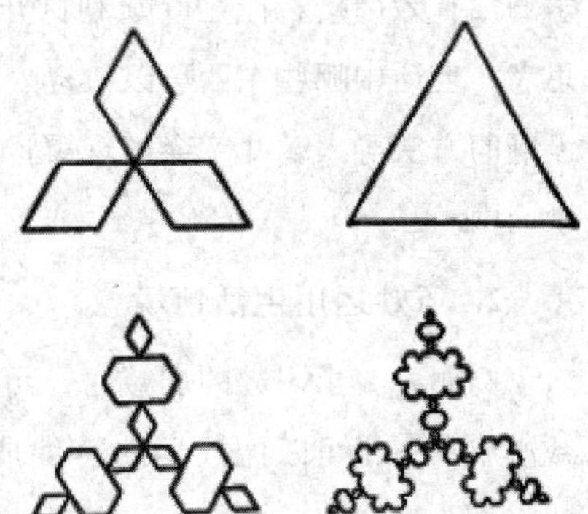

图 14-2 计算机生成的几何图

(说明：分形之美)

3. 教学手段的现代化

现代化的教育手段为学前儿童提供了大量生动的音像素材，符合学前儿童的认知特点，把呆板的数学变得生动活泼而有童趣。

是不是电化教具能创造更好的教育效果，因此可以放弃其他的实物、图片教学？答案是否定的。因为电教是通过人的视觉、听觉来接受信息的，它可代替图片，但物体的立体感是要用触觉来体验的，如“自然测量”“感知容器的容积”等，就不能用课件，而需学前儿童亲身实地地操作、感知、练习，才能有效地完成教学目标。所以教师要积极运用电教手段，但绝不能忽略其他的教学手段，要使它们互补长短，在了解教学任务特点的基础上有的放矢地确定教学手段，全面提高学前儿童感知能力。

二、学前儿童数学教学活动的管理与组织

教学过程一般要教师解决两个行为问题：管理行为和教学行为。课堂的管理行为是为使教学顺利进行，创造条件确保单位时间内教学活动有效进行的行为方式。教学行为有两种：一种是直接指向教学目标和内容可事先准备的，如引导，提问等。另一种是直接指向教学目标和内容无法事先准备的，如不会表达，不会操作等。

(一)运用多种方式导入数学活动

良好的开端是成功的一半，数学活动导入得好，就能很快地激起学前儿童的学习兴趣，使他们注意力集中，调动起学前儿童发现问题、解决问题的强烈愿望。在组织数学活动时，可以有多种不同的导入方式。

1. 从生活经验引发思考

数学知识的系统性很强，因此，要注意数学活动必须建立在学前儿童的认知发展水平和已有的知识经验之上，注意把儿童在日常生活中的生活经验有效地调动起来，使新学旧知有效衔接，让儿童顺利打开思维之门。例如，学习圆柱体和球体时，可以让儿童思考，生活中哪些东西可以滚动？这些可以滚动的东西里究竟藏着什么秘密？采用问题设疑的方法导入，儿童会出现疑问，进而进行积极的思考，使教学顺利过渡到新知识的学习中。

2. 巧妙运用生活情境

例如，在学习数的加减时，可以创设一个商店的情境，吸引学前儿童进入有趣的加减游戏中；也可以把数学内容编成有趣的故事，通过语言的渲染，使儿童愉快地进入情境。

例如，“学习5的加减——小兔的萝卜”教师以小故事导入：小兔从野外采来5个萝卜，被猪小弟看见了，猪小弟想和小兔开个玩笑，就偷偷地藏起了几个萝卜。小兔回家一看，只剩下2个萝卜了，那么小猪藏起几个萝卜呢？有什么办法可以知道呢？又如“学习二等分”，教师讲述《两只笨狗熊》的故事，然后设问：“如果请你帮两只狗熊分面包，你觉得怎样分才公平？”通过创设情境，引发学前儿童思考，能很快激发儿童尝试操作的欲望和兴趣。

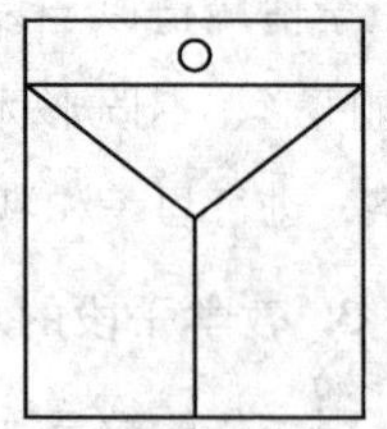

图 14-3 掉进橄榄的酒杯

（说明：漂亮的几何构图）

3. 给予挑战性的任务

比如，在进行5的分合时，可以在活动前给学前儿童提出一个挑战性的任务：用什

么办法可以把 5 的所有分法都记录下来？看看谁能发现这个好办法！这样，儿童带着任务进行探究活动，会更积极认真地进行思考。

4. 积极运用游戏

游戏是学前儿童喜爱的活动形式，根据学前儿童活泼好动、好奇心强的特点，教师可以通过组织儿童做多种新颖有趣的游戏导入学习内容。例如，碰球游戏、拼图游戏、猜想游戏等都是儿童喜欢且乐于积极参与的游戏，有助于集中儿童注意，顺利导入新的学习内容。

总之，导入的方法有很多，但目标却是一致的。通过导入环节，激发学前儿童的学习兴趣，启迪思维，调动学习的积极性，让儿童进入愉快的数学学习活动中。

(二)精心使用教学语言

在数学活动中，教师的教学语言起着十分重要的作用。教师必须事先精心设计教学语言，不能临阵磨枪，更不能凭感觉临时发挥。

1. 讲解

教师的讲解是帮助学前儿童理解数学知识、掌握活动规则所必需的。在设计讲解语时，一般注意以下四个要求。

(1)清楚明确

教师的讲解语应该很明确，让学前儿童一听就知道要做什么，怎么去做。例如，在中班“拼图”游戏活动中，教师的讲解语是这样设计的：今天我们玩拼图游戏，这是底板，底板上有数字 1～5，它们有的是红色的，有的是蓝色的；这是拼图卡，上面有用几何图形拼成的各种图案，有的是红色的，有的是蓝色的。(这几句话是向儿童介绍游戏名称和材料)数一数，这些图案是由几个什么颜色的图形拼成的？在底板上找到和它颜色一样、数量一样的数字，让它们面对面贴在一起。教师在关键的地方放慢语速，配合动作演示，清楚明确，儿童很快就能掌握拼图方法，从而顺利完成任务。

又如，教师为“看数拍手”活动设计的讲解语——下面，我们玩“看数拍手”的游戏。教师拿出的数字是几，你就拍几下手。拍完后就说：几，我拍了几下。这段讲解语只有三句话，第一句介绍游戏名称，第二句交代游戏方法，第三句教学前儿童正确表达自己的操作结果。

(2)要言不烦

在设计讲解语时，教师必须清楚地知道哪些应该先说，哪些应该后说；哪些应该详细地说，哪些应该简略地说。例如，“认识数字 5”这一活动的重点是认识数字 5 及其所代表的量。为此，教师应该首先引导儿童确定数量，再引导儿童仔细辨认字形并理解这一数字所代表的量。至于贴绒板上有哪些小动物，它们有什么不同则无须多说，因为这都不是这一活动的重点。

(3)有条有理

教师应从操作的实际顺序和学前儿童的思维(或者行动)习惯这两者的结合上综合考虑，使语言具有条理性。例如，在“按数串木珠”的活动中，教师应有条不紊地交代：理出同色木珠—认清木棒上标示的数字—把与木棒上数字一样多的木珠串在木棒上。如果教师只是笼统地交代：数字是几，就串几颗木珠，而且所串木珠的颜色要一样。那么，学前儿童很可能只考虑数量的要求，而忽略所串木珠在颜色上的要求。

(4)科学严谨

学前儿童掌握数概念的过程是实物—表象—数词，教师在借助实物、图片让儿童感知抽象数概念时，讲解、提问的措辞要注意尽量一致、准确。例如，5朵花中的量词“朵”不能与“支”或“束”混用，倒数和倒着数不同，量的多少和数的大小不同。再如，“什么颜色的纸长?”“三角形有角，圆形没有角”等，这样的表达是错误的，正确的表达应该是“什么颜色的纸条长?”“三角形有三个尖尖角，圆形是圆溜溜的图形”。

2. 提问

提问的目的是为了帮助学前儿童思考，让他们运用已有的知识、经验去探索新问题，解决新问题。为此，以下三个方面应特别注意。

第一，围绕目标，紧扣主题。

第二，由浅入深，分出层次。

第三，正逆设问，拓展思维广度。

为了上好一堂课，教师应当精心设计并组织好每个环节的教学语言，力求使导入语言生动有新奇性，衔接语言科学有启发性，教学过程语言严谨有逻辑性，结束语言简洁有激励性，评价语言自然有亲和力，肢体语言适度有亲切感。

(三)强化师幼在课堂里互动

营造轻松愉快、和谐的学习氛围，良好地师幼互动，本身也是一种教育。心理学家表明，轻松愉快的气氛，更能使学前儿童产生活跃的思维。

教师以同伴的形式和身份去参加儿童的活动，如“开商店”游戏，教师可扮演其中一个角色，当儿童碰到困难时，教师以“大朋友”的身份作为合作伙伴帮助其解决。

适时适度对一些问题进行指导。例如，有些操作活动，有的学前儿童会有困难，可能产生不愉快的情绪，教师这时应主动关心和指导，帮助他树立自信心。

总之，在活动过程中，教师要始终以积极的心态面对儿童，教师要给儿童更多的时间去操作，去摆弄，从而建构自己新的认知体系。教师要始终保持一种轻松愉快、积极平静、宽容和谐的心态，只有这样，才能使儿童心里产生安全感与自由感，激发儿童的好奇心和创造灵感，使儿童潜心探索、乐于表达、积极分享。

教学活动的设计与组织是复杂综合的工作，教育改革日益推进，新的教育理念也向教师提出了更高的设计要求，教师要不断提高教学观念和理论水平，不断在实践中积累经验，将理论和实践相结合，设计与组织更好的活动，适应新时期素质教育下对新型教师的要求。

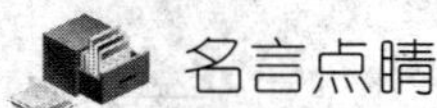

观察只获得试验性质的梗概、猜想，而不是证明。

——波利亚

三、学前儿童数学教育活动的组织形式

除了家庭早期的数学启蒙以外，数学教育活动更担负着主要的教育职能，它是教育者有意识地对儿童进行数学启蒙教育的过程，它承载着数学教育的目标，传递着数学教育的内容，是数学教育目标转化为儿童发展的主要环节。为此，教师应切实理解并灵活运用儿童生活中的各种活动向儿童进行数学教育。

(一)正式的数学教育活动

正式的数学教育活动，是指教师组织或安排专门时间让儿童参加的数学活动。在这种活动中，儿童接触的是以数学为主的材料和环境。

为了更好地促进儿童主体的发展，可以将专门的数学教育活动再具体分为教师预定的数学活动和儿童自主选择的数学活动两类。

1. 教师预定的数学活动

教师预定的数学活动是指教师有目的、有计划地组织全体儿童，通过儿童自身参与活动，使其掌握初步数概念并发展儿童思维的一种专项数学活动。其特点是事先经过缜密的筹划，而不是偶发和随机的；内容是专项指向数学的，而不是综合的；形式一般是集体活动形式，而不是小组或个别的形式。它不仅能使全体儿童接受一定的数学教育，而且是学前儿童数学教育顺序性和系统性的保证。幼儿园进行的数学教育，是向儿童进行数学教育的主要活动形式和途径之一。

由教师预定的数学教育活动，它是面向全体儿童的活动，要求全班儿童都能参与同一内容的数学活动，无论是全班儿童同时参与活动，或是分组的轮流参加同一活动，都要保证每个儿童都能在教师指导下，在自身的探索、操作活动中，充分地感知、发现、操作并与客体相互作用，获得有关的数学经验和初步的逻辑数理知识。在这种数学教育活动中，虽然教师是活动的指导者，但儿童是活动中的主体，儿童能在教师的启发引导下积极参与操作活动。这种活动形式既保持了集体进行的一种特定的学习氛围，使儿童能彼此启发，互相交流，得到共同学习的乐趣和情感体验，有利于形成集体学习的习惯，同时它又是个别独立的感知、操作活动，儿童能在自己原有水平上，充分发挥自己的能力。

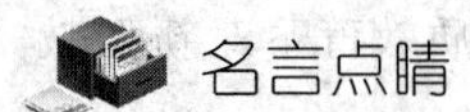名言点睛

数学发明创造的动力不是推理，而是想象力的发挥。

——德摩

2. 儿童自主选择的数学活动

儿童自主选择的数学活动是指由教师为儿童创设一个较为宽松和谐的环境，提供各种数学活动设备和丰富多样的学具、玩具，引发儿童自发、自主、自由进行的数学活动。它可以是专为儿童开设的数学活动室，让儿童自由、自愿地选择材料与活动来操作，感知体验，也可以是在教室里设置的数学角，在里面投放一些供儿童选择的学具、玩具让儿童进行探索。

由于这类数学教育活动给予儿童的自由度较大，随意性较强，它可以为不同发展水平的儿童提供相应的活动内容和材料，因而，能使不同发展水平的儿童在原有基础上获得较好的发展。儿童参与什么数学活动、选择什么材料、运用什么方法进行探索，是个人独立操作还是与同伴共同活动以及在什么情况下终止活动等，都需要进行独立思考，自行选择做出决定。这给予了儿童思维的器官——大脑、进行感知操作活动的双手以及独立的人格极大的锻炼机会。它和前一类数学活动相比，有如下区别(见表 14-1)。①

表 14-1　教师预定的数学活动与儿童自主选择的数学活动的对比

教师预定的数学活动	儿童自主选择的数学活动
(1)有特定的活动要求和需要全体儿童都要达到的活动目标。 (2)有具体、详细的数学活动计划和设计。 (3)由教师规定活动的内容和提供统一的材料。 (4)教师为所有儿童提供同样的材料 (5)全班或几组儿童在同一时间内进行同一种数学操作活动。 (6)教师需为所有儿童的活动提供较大的空间。 (7)教师的直接指导较多，儿童基本上在教师指导下有步骤地开展活动。 (8)组织形式以集体为主。 (9)儿童参与活动的时间基本上由教师掌握。	(1)不一定有特定的活动要求或要求儿童一定要达到的活动目标，它服从于学前儿童数学教育的总目标。 (2)不需要特别具体和详细的活动计划。 (3)儿童可以自己选择活动内容和材料。 (4)教师提供丰富多样的材料。 (5)在同一时间内或在不同时间内，每位儿童可以进行不同的数学活动。 (6)教师为儿童提供的环境和空间根据幼儿园的实际情况，可大可小。 (7)教师以间接指导为主，观察多，干预少，儿童在活动中自由度相对比较大。 (8)没有固定的组织形式，以个别活动为主，或二三个儿童自由组织一起活动。 (9)儿童参与活动的时间由儿童自己决定，教师只作适当的提示。

从上表可以看出，儿童自主选择的数学活动较之教师预定的数学活动而言，更具有自由性和灵活性，能显示其独特的作用。

① 金浩，黄瑾，等．学前儿童数学教育[M]．上海：华东师范大学出版社，2000：70.

(二)非正式的学前儿童数学教育活动

渗透的数学教育活动，指除专门的数学教育活动以外的，渗透于其他教育活动和儿童日常生活中的数学教育活动。渗透的数学教育活动，无论是内容还是组织方式都十分丰富、灵活，很难以统一的标准来进行分类，为便于描述，我们尝试作如下解释。①

对于学前儿童掌握基本数学技能和获得数感来说，日常生活中的很多方面都蕴含了数学概念。这些概念能够融入儿童每天的生活中，并且体现在儿童不断获得的学习机会之中。随着时间的流逝，儿童不断完善自己的数学概念，日常生活也并非静止不变，而是随儿童数学技能的进步而不断发展。下列对每日活动中数学的描述可以视情况做出改变。

1. 记录出勤

通过各种各样的方式记录出勤，儿童可以运用多层次的基本数学技能和数感。在小组活动时间，每位儿童都被分入特定的组，其中一名儿童可以用适合自己的每日出勤表(复印版)，记下其所在组儿童的出勤情况。可以简单地对每个在场儿童的名字上做记号。每组的出勤表都挂在班级公告栏上，然后在大组活动时间，教师可以通过提问让儿童比较各小组的出勤表。例如，哪一组的成员全部出勤了？哪一组出勤的人数最多？哪一组人数最少？哪几组人数相等？通过这种方法，儿童能运用直接经验，对少量儿童(人数)进行比较。

在儿童早晨入园时可以用另一种方式记录出勤。请每位儿童找出打印的自己的手写形式的名片，并力所能及地在一张和名片大小相同的纸上写上自己的名字，然后把写好的卡片放入用于记录每日出勤情况的大幅口袋式图表的一格中。每天选出两名儿童管理图表，他们负责找出哪些儿童已经来园却没有签到。然后，他们用缺席儿童的名片制成一张单独的表，在集体活动时间，向全班报告缺勤的儿童。教师适当地提出问题，以便于全班儿童理解“多”和“少”的问题，并比较缺勤和出勤的儿童人数。通过观察缺勤和出勤儿童的分类，儿童能比较或对比这些图表的差异。随着儿童数能力的提高，他们也就能理解数的区别了。

儿童每天计数会促进其数能力的提高。在计算一组儿童的人数时，计数的儿童需要意识到应将他自己包括在内。在开始计数时，儿童可以只数人数较少的小组。而随着计数技能的提高，要数的人数可以增加至全班儿童再加上成人。

2. 布置桌椅

在选出一名或几名儿童布置桌椅时，他们能运用一些与其能力相符的数学概念来完成任务。一名儿童首先可以为每张桌子配一张出勤表或在每张桌子上放一组名片，或者

---

① 阿林·普拉特·普莱瑞．幼儿园科学探究教学——科学、数学与技术的融合[M]．霍力岩，彭勤璐，吕思培，等，译．北京：教育科学出版社，2009：224～225.

教师也可在桌边摆放一定数量的椅子来代表吃饭的总人数(含教师在内)。请儿童自己想办法使桌上摆放的所有物品与每张桌上就餐的儿童人数相等。儿童可以选择使用某一数学技能对应于计数来完成任务。

为了让儿童获得数学逻辑思维的发展，教师并不需指出其中的错误。如果每个位置上的摆放都符合其需要，那么教师可以对儿童进行询问。如果还缺少一些东西，那么儿童来到桌前开始吃饭时就能够发现，然后可以要求负责布置该餐桌的儿童去取缺少的物品。

3. 准备点心

准备点心的过程中可能包含许多运用数学技能做出的决策。无论儿童是在自选时间内以小组为单位还是全班一起享用点心，他们都可能在构建数学。让两名儿童负责准备点心就是一种建构数学概念的过程。与准备点心的方案相关的问题包括：盛物托盘或小篮能放多少物品？每个儿童会吃多少？准备的物品可以是一片(饼干)或一杯(牛奶)，另一些物品可能在数量上有所变化(葡萄)。

这两名儿童可以使用表征符号制作一张菜单，将每个儿童可能都会选择的点心的数量罗列出来。在开始时，教师可以和儿童一起写菜单。在儿童掌握要领后，教师写词语和数字，儿童则通过画出每种食物的符号表明数量，如 3 块饼干和 1 杯牛奶。在这之后，两名儿童可以自己设计点心菜单。虽然大多数儿童仍会寻求教师或者其他儿童的帮助，但他们还是有能力写出完整的菜单的。

4. 整理活动

对于游戏结束后的教室整理工作而言，教师每天应根据任务量来决定整理特定活动区的儿童的数量，相对于只有少量材料需要整理的活动区而言，在一个整理工作较多的活动区里，应多分配一些儿童参与整理工作。如果凌乱不堪的工作区每天都在改变，儿童们就需要给所有的小组成员分配任务，这是一项挑战。

在活动区内，材料容器上的标签要和架子上的标签一致。标签上的形状轮廓，如娃娃家的单元积木和器皿，要和特定的物品相匹配。这些轮廓有助于儿童通过匹配来判断出材料或摆放材料容器的位置。

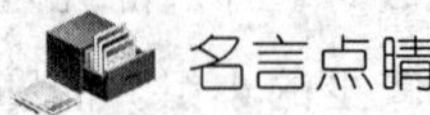

名言点睛

非数学归纳法在数学的研究中，起着不可或缺的作用。

——舒尔

(三)游戏活动中的数学教育渗透

苏联著名教育家克鲁普斯卡娅说过：“游戏对于儿童是学习，是劳动，是重点的教育形式。”儿童的生活离不开游戏，它是儿童最喜爱的活动，是最适合儿童身心发展特点的活动，因而，它也是向儿童进行数学教育的有力手段和途径。结合游戏进行数学教育可使儿童摆脱枯燥抽象的数量概念，在欢愉、轻松有趣的气氛中参与、体验、感受和学习初步的数学知识。所以在教师有目的、有计划安排的数学教育活动中，往往采用游戏的形式来组织活动。此外，在儿童生活中的其他各种游戏活动中也涉及大量有关数量、空间、时间、形状等方面的知识。

例如，建筑游戏。建筑游戏的主要材料——积木，正是现实生活中各种形体的再现，儿童在运用积木搭建各种建筑物和物体的过程中，可以获得并巩固各种数学知识。运用积木进行的建筑游戏涉及的数学知识，包括了空间、几何形体、测量等，而这些方面又与分类、排序、数与数量的比较(相等与不等)相联系。儿童在选择积木、辨认形体、拼搭建筑物的过程中，激活并运用了有关的数学知识，从而起到学习和巩固数学知识的作用。

总之，寓数学教育于游戏活动之中，能使儿童在自由活动和有趣新奇的游戏体验中获得数、形的经验和知识，增强相关的数学能力。

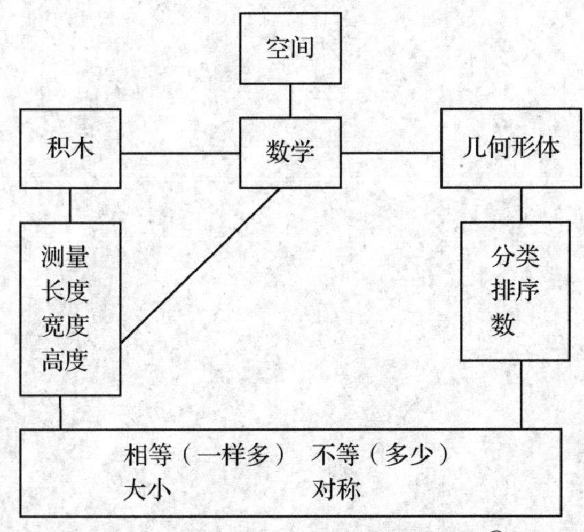

图 14-4 积木活动激活的数学知识①

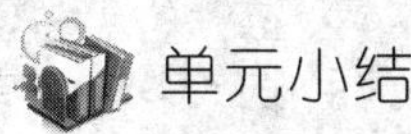

单元小结

学前儿童数学活动的设计，是学前儿童数学有效教学的重要前提，这体现在教师要有一套科学的设计依据和理念，也要学会如何进行科学的设计。学前儿童数学活动的组织是有效教学实施的保证。教师既要管理和组织好教学，也应知道正式与非正式教学的相互补充。学会科学的组织教学设计和教育活动，是对一位教师基本数学教学素养的要求。

思考与练习

1. 学前儿童数学教育活动设计的依据有哪些？

① 林嘉绥，李丹玲．学前儿童数学教育[M]．北京：北京师范大学出版社，1994．

2. 学前儿童数学教育活动设计的基本过程是什么？

3. 正式的学前儿童数学教育活动有哪些？

4. 非正式的学前儿童数学教育活动有哪些？

延伸训练

两个小组分别由3～5人组成，选择某一个幼儿园。一个小组观察班上的非正式数学活动，另一个小组则选择正式活动，观察、记录并对两种不同情境下学前儿童学习的情况进行录像。先小组内交流，再两个小组交流，比较、讨论正式与非正式学习活动的不同特点。

单元十五
学前儿童数学教育的评价

学习目标

- 了解学前儿童数学教育评价的基本概念、类型和发展趋势
- 掌握学前儿童数学教育活动的评价体系和方法
- 理解学前儿童数学认知能力的评价体系
- 学会学前儿童数学认知能力的评价方法

情境导入

力力妈妈满脸兴奋地告诉王老师："王老师，昨晚力力能数到 100 了。"而王老师连眼都没有抬一下，淡淡地说："其他孩子上小班就能数到 100 了！""我看你还是带力力去测测智商吧！"力力妈妈望着儿子，沮丧地走出了活动室。

问题：评价孩子的数学学习应注意什么？

案例点评：学前儿童数学认知能力发展水平的高低不能仅仅依靠"是否在小班就会数到 100"为评价标准。学前儿童数学认知能力的评价内容包括一般意义上的数学认知内容——数与运算、空间与几何、逻辑推理、测量等，同时，还包括更广阔意义上的数学表达和在实际生活中的数学应用。因此，幼儿教师应该熟悉和掌握科学的学前儿童数学认知能力评价标准和幼儿园数学活动评价内容。从科学的活动目标入手，运用丰富多彩的教育方法，引导学前儿童掌握和运用数学知识和技能，从小对数学产生兴趣。

第一课　学前儿童数学教育评价体系

学前儿童数学教育是幼儿园整体教育的有机组成部分，是一种有目的的教育活动。然而，学前儿童数学教育是否满足了人类终身教育的要求，是否体现了现代的教育观和儿童观，是否真正促进了不同阶段学前儿童思维水平的提高，这都需要通过评价来回答。近些年，我国的学前教育正处在重要的变革时期，人们在进行教育改革时都要面临教育评价问题。教育评价是幼儿园教学的指挥棒，常常是“评什么，教什么”“教什么，学什么”。因此，对学前儿童数学教育评价的重新审视显得十分必要且迫切。

一、学前儿童数学教育评价的基本概念

评价指的是有系统有步骤地从数量上测量或从性质上描述学前儿童学习的过程与结果，据此判定是否达到了所期望的教育目标。① 我们可以看出，评价是一种主体进行价值判断的活动，是对客体满足主体需要程度的判断。因此，教育评价是评价主体对教育活动现实的或潜在的价值做出的判断，以期达到教育价值增值的过程。②

学前儿童数学教育评价属于教育评价的一个子系统，我们将学前儿童数学教育评价看作是按照一定的价值标准，对数学教育的目标、内容、过程及教师、学前儿童等做出判断。同时，我们也将数学教育评价看作是一种动态和静态相结合的教学活动的组成部分，它是量化评价和质性描述相结合的过程。

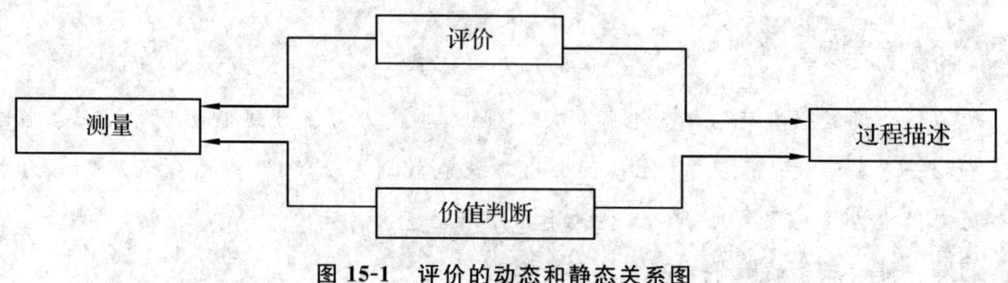

图 15-1　评价的动态和静态关系图

二、学前儿童数学教育评价的主要类型

学前儿童数学教育评价范围非常广泛，常见的分类有以下三种。

① 日本筑波大学教育学研究会．现代教育学基础[M]．上海：上海教育出版社，1986：11～12.
② 陈玉现．教育评价学[M]．北京：人民教育出版社，1999：203.

(一)按评价对象的范围来分

学前儿童数学教育评价蕴含着广泛的内容，它由“课程论”“教学论”和“学习论”组成。因此，学前儿童数学教育评价按照评价对象的范围也可以分为“课程评价”“教学评价”和“学习评价”。

学前儿童数学教育的课程评价是对学前儿童数学教育课程、教材、大纲的评价。

学前儿童数学教育的教学评价是以一般教学评价理论为基础，重点考察学前儿童数学教学评价的地位和作用、学前儿童数学教学评价的一般方法以及对教师与教学工作的评价。

学前儿童数学教育的学习评价是建立在数学教育课程和教学的基础上，对学前儿童学习数学过程的评价。主要包括学前儿童学习数学的兴趣评价、学前儿童学习数学的过程行为专注性评价、学前儿童数学技能水平评价、学前儿童数学思维发展水平评价、学前儿童解决问题能力评价等。

(二)按评价功能和运用时间来分

诊断性评价是一般在数学教育活动之前进行的预测性评价或“事实评价”，目的是要了解评价对象的基本情况，为制订教育教学计划或解决问题做准备。

形成性评价是在数学教育过程中持续进行的评价活动，目的在于及时了解教育动态过程的效果，以便及时地调整教学工作，提高教育活动的质量。

终结性评价是完成某阶段数学教育活动后进行的评价活动，目的是与教育目标相比较，了解该阶段数学教育的成果，对达成目标的程度做出总结性评鉴。

(三)按评价主体的不同来分

外部评价，又称为他人评价，主要是由幼儿园领导或幼教专家对被评价者某方面进行的评价。①

内部评价，亦称自我评价。被评者参照一定标准，对自己的学习状况与成绩做出判断。

拓展阅读

教师自我评价的价值

教师的自我评价是一种教师通过自我认识，自我反思，从而达到提高自我素质的内在机制。表现在以下几个方面：

(1)全面推进素质教育是一种主体性教育思想，其重要目标之一是培养学前儿童积极

① 贾汇亮．试论教育评价的未来发展走向[J]．教育理论与实践，2003(22)．

的自我意识。要想培养具有积极自我意识的学前儿童，首先需要有积极自我意识的教师。强调教师进行自我评价，正是培养教师自我意识的最佳途径。

(2)全面推行的教师自我评价，将有利于教师在评价学前儿童时，同样注重学前儿童的自我评价，从而最终有利于学前儿童自我意识的形成和发展。

(3)经过十多年的发展，以培养学前儿童的创新精神和实践性能力为核心的素质教育已成为广大教育工作者的共识。我们可以说，没有自我评价能力的教师，是不会有创新精神的。因为，创新精神在很大程度上来源于对自身和现实的反思，尤其是来源于对自我的不断否定。因此，自我评价在培养教师的创新精神过程中，有着重要的作用。

三、学前儿童数学教育评价的发展趋势

依据《纲要》和《指南》的教育理念，可以发现学前儿童数学教育评价呈现出下面一些特点和发展趋势。

(一)评价理念：从筛选转向发展

早期学前儿童数学教育评价是“选择适合受教育的儿童”，现在数学教育评价服务于“创造适合于儿童的数学教育”。前者把教育评价的筛选功能提前到学前儿童教育阶段，过早地利用数学教育去甄别学前儿童的认知能力和智力发展。甚至有的教师将达不到教学目标的学前儿童定义为“智商有问题”。而现在学前儿童数学教育评价适应教育平等与民主的需要以及终身教育的需要，全面地、最大可能地促进所有学前儿童发展，力求发现和形成一切可能的有效教育方式，创造良好的教育环境，形成多样化的数学教育。

(二)评价对象：从单一转向全面

传统学前儿童数学教育评价的对象是儿童，只看儿童“学会了多少数学知识或技能”。因为培养的学前儿童的质量是衡量幼儿园办园水平高低的根本标准，也是广大家长的教育诉求。但是，我们反对把学前儿童数学知识或技能的水平作为衡量幼儿教师教学水平的唯一标准，而是将学前儿童数学的评价对象放到更广阔的范围内。因为学前儿童数学认知能力的发展是多种因素共同影响的结果，因此，与学前儿童数学认知能力发展有关的各种因素都应该作为评价的对象，如教育目标、活动方案、教育内容、教育方法、教育工具、家长等都应成为评价的对象。

(三)评价主体：从单一转向多元

实践证明，任何评价如果没有被评价者的积极参与，很难达到预期的效果。传统的学前数学评价忽略了评价主体的多元性和多向性，没有形成学前儿童、教师、家长、管理者、专家等共同参与、交互作用的评价模式。新的数学教育评价强调学前儿童自评、教师自评，期望通过自主评价提升教育质量。

第二课　学前儿童数学教育活动的评价

一、学前儿童数学教育活动的评价体系

《国家中长期教育改革和发展规划纲要(2010－2020)》明确提出今后教育事业发展的重点是“把提高质量作为教育改革发展的核心任务”。其中，科学、合理的学前儿童教学活动评价是提高幼儿园教学质量的重要保障。

(一)学前儿童数学教育活动评价体系的构建

《幼儿园教师专业标准(试行)》中关于幼儿教师教育活动的计划与实施能力分别指向教师的教育活动设计能力、因人施教的能力、运用适宜教育组织方式的能力、引导学前儿童主动学习的能力四个方面。① 但关于学前儿童数学教育活动的具体评价维度和构成并没有具体说明。

《幼儿园教师专业标准(试行)》中幼儿园教师的专业能力

制订阶段性的教育活动计划和具体活动方案；在教育活动中观察学前儿童，根据学前儿童的表现和需要，调整活动，给予适宜的指导；在教育活动的设计和实施中体现趣味性、综合性和生活化，灵活运用各种组织形式和适宜的教育方式；提供更多的操作探索、交流合作、表达表现的机会，支持和促进学前儿童主动学习。

学前儿童数学教育活动是幼儿园五大领域教学活动的有机组成部分，它与其他领域的教育活动评价有相似之处，都需要从活动设计、活动准备、组织实施等方面进行全面评价。但数学教育活动有其自身的特殊性，需要对活动目标、活动内容、活动效果等方面进行评价建构。因此，学前儿童数学教育活动评价主要涉及活动目标、活动设计、活动准备、组织实施、活动效果(见表 15-1)。

---

① 教育部教师工作司．幼儿园教师专业标准(试行)解读[M]．北京：北京师范大学出版社，2013：121～122.

表 15-1 学前儿童数学教育活动评价指标体系

评价指标体系		指标体系说明
一级指标	二级指标	
活动目标	知识与技能	1. 根据学前儿童已有的数学知识发展水平，确立适当的知识目标。 2. 目标能够帮助学前儿童增长知识、扩大视野。
	过程与方法	1. 结合学前儿童已有的数学经验，发展学前儿童思维能力。 2. 运用学前儿童感兴趣的方法，在过程中培养学前儿童对数学的喜爱。
	情感态度	1. 根据不同阶段学前儿童的情感特点，设立相应的情感目标。 2. 促进学前儿童非智力因素和良好社会性的发展。
活动设计	活动内容	1. 初步感知数学与日常生活之间的关系。 2. 活动内容符合学前儿童年龄特征，容量适当。 3. 教育内容科学。
	活动形式	1. 尊重学前儿童在活动中的主体地位。 2. 教学方法灵活多样，与数学教育内容紧密结合。
活动准备	环境场地	1. 结合环境特点完善数学教育活动设计。 2. 场地宽敞、整洁，无安全隐患。
	教具学具	1. 根据教学内容提供恰当的操作材料。 2. 利用现代技术完成教具和学具的设计。 3. 能根据活动需要，充分利用废旧材料。
	知识经验	根据教学内容，丰富有关的数学知识经验。
组织实施	活动过程	1. 合理分配各环节的教学时间，符合教学规范和教学的一般程序。 2. 活动过程合理，具有层次性、选择性，完成教学活动基本内容。
	活动时间	1. 符合每个年龄段的基本活动时间。 2. 每个活动环节之间衔接自然、密度适当。
	教具利用	教具和学具使用合理，恰当融入信息技术，使教学活动丰富、充实。
	学前儿童参与度	保证一定的学前儿童活动时间量，每位学前儿童都能不同程度地参与，及时给予学前儿童反馈和引导。
	教师素养	1. 面向全体，尊重差异。 2. 具有通识性数学知识。 3. 发挥教育机智，巧妙处理突发事件。 4. 教态自然，情绪饱满，语言规范、精练。
活动效果	目标达成度	1. 完成三维活动目标。 2. 学前儿童在数学认知、能力、情感上得到了发展。
	学习习惯	养成良好的学习习惯和思考问题的习惯。
	非智力因素	1. 对数学活动感兴趣，注意力集中，思维活跃。 2. 师幼感情融洽，配合默契。

(二)学前儿童数学教育活动评价体系的应用

学前儿童数学教育活动评价体系分为三级，分别是一级、二级以及考评标准，每级评价指标分别设置不同的权重，每一项评价指标分别确定四个赋分的等级，每一级分别赋分为 90～100，80～89，60～79，60 以下，分值与考核等级对应如下：90～100 分为优秀，80～89 分为良好，60～79 分为中等，60 分以下为较差。具体见表 15-2。

表 15-2 学前儿童数学教育活动评价标准

评价指标体系			评价标准				评价方式
一级指标	二级指标	权重	优	良	中	差	
			90～100	80～89	60～79	60 以下	
活动目标（10 分）	知识与技能	3					记录教师活动设计方案
	过程与方法	4					
	情感态度	3					
活动设计（15 分）	活动内容	8					记录教师活动设计方案
	活动形式	7					
活动准备（10 分）	环境场地	4					实地参观活动场地
	教具学具	4					
	知识经验	2					
组织实施（45 分）	活动过程	15					观课、详细记录
	活动时间	3					
	教具利用	2					
	学前儿童参与度	15					
	教师素养	10					
活动效果（20 分）	目标达成度	10					与学前儿童谈话、对学前儿童观察、测查
	学习习惯	6					
	非智力因素	4					

二、学前儿童数学教育活动评价的方法

以往学前儿童数学教育活动评价的主体是幼儿园领导或幼教专家，评价主体单一化，而真正的参与主体——学前儿童和教师几乎排斥在外，严重制约了儿童数学教育活动的质量。因此，我们特别将学前儿童和教师自评作为学前儿童数学教育活动评价的重要依据，促进学前儿童和教师全过程、全方位地参与评价过程，使学前儿童数学教育活动评价成为提高数学教育质量的重要保障。

学前儿童数学教育活动评价结果应由幼儿园领导或幼教专家评价、教师自评、其他

教师(同行)评价和学前儿童评价，按不同的权重进行相加来确定。这四种评估各自所占的权重见表 15-3。

表 15-3　四种评估所占的不同权重

评价人员	教师自评	同行他评	专家评价	学前儿童评价
权重	0.3	0.3	0.3	0.1

因为指标体系中每个指标的评估结果都是按等级法设计的，因此，在计算学前儿童数学教育活动评分时，可参照一般习惯取值。在本指标体系中，规定优 90 以上，良 80～89，中 60～79，差 60 以下。

例如，李老师组织实施了大班数学活动“4 的相邻数”。李老师自评分数为 88 分，观课同行教师(3 人)的平均评价分数为 86 分即(教师甲的分数＋教师乙的分数＋教师丙的分数)/3，专家给出的分数是 86.5 分，随机抽取听 5 名听课儿童给出的平均分数为 90 分。因此，按照教师自评(0.3)∶同行他评(0.3)∶专家评价(0.3)∶学前儿童评价(0.1)的比例，李老师此次组织活动的最后得分为 88×0.3＋86×0.3＋86.5×0.3＋90×0.1＝26.4＋25.8＋25.95＋9≈87.2 分(良好)。

图 15-2　图形与背景，正方形与圆

(说明：圆缺口的角度大和小，得到的正方形的知觉结果不同)

第三课　学前儿童数学认知能力的评价

学前儿童数学教育活动的最终结果是为了促进学前儿童数学认知能力的发展，因此，学前儿童数学认知能力是学前儿童数学教育评价的又一重要内容。

一、学前儿童数学认知能力的评价体系

《指南》将科学领域分为科学探究和数学认知两个子领域。其中，数学认知子领域又包括：初步感知生活中数学的有用和有趣，感知和理解数、量关系及数量关系，感知形状与空间关系。有的学者将学前儿童数学认知能力分为数、计算、空间与几何、测量和模式的认知能力。[①] 因此，我们将《指南》和已有分类进行整合，将数与计算、空间与几何、逻辑推理、时间、测量、统计与概率、数学应用和数学表达能力作为学前儿童最主

① 李季湄，冯晓霞.《3－6 岁儿童学习与发展指南》解读[M]. 北京：人民教育出版社，2013：129.

要的数学认知能力，在一定程度上代表着儿童早期数学认知能力的发展(见表 15-4)。

表 15-4　不同年龄阶段学前儿童数学认知能力的评价指标

一级指标	二级指标	各年龄段标准		
		3～4 岁	4～5 岁	5～6 岁
数与运算	感知数量关系	1. 知道生活中 1～10 的形象。 2. 通过情境区分“1”和“许多”。 3. 知道相邻数的关系，通过多种感官计数。 4. 认识 1～10 的圆点操作卡和数字操作卡，学会手口一致的点数。	1. 学会按数取物或按物取数。 2. 学会顺数 1～10，理解数与数的顺序关系。 3. 掌握基数和序数的含义。 4.10 以内的数量守恒。 5. 理解个体量词的含义。 6. 掌握 10 以内的单双数。 7. 初步理解 0 的含义。	1. 学会 1～10 的中文数词书写。 2. 比较数量大小，运用“＞”“＝”“＜”。 3. 学会以 2 个、5 个及 10 个为单位按群计数。
	数的运算	能快速估计物品大概的数目。	学会 5 以内数的组成和分解，会简单的加减法。	1. 学会进位加法和借位减法，连加连减运算。 2. 理解合并题、变化题、比较题的不同。 3. 学会数的等分与估算。
空间与几何	几何形体	1. 认识基本图形，看到图形能说出名称，并找出相应的图形。 2. 能辨认正方形、圆形、三角形及椭圆，了解其组合。	1. 会用平面图形组合拼接。 2. 认识球体、长方体、正方体和圆柱体，看到各种体能说出名称。 3. 知道物体的长度、面积和体积守恒。 4. 理解平面图形的等分和对称关系。 5. 认识中国地图。	1. 会用几何图形拼接组合。 2. 知道图形的等分和极限 3. 在生活情境中了解拓扑关系和极限。 4. 在生活情境中了解几何射影。
	空间方位	感知上下、前后空间方位的不同。	感知客体和自身的左右，并会简单运用。	1. 知道空间旋转和镜面。 2. 了解大自然的地形地貌及星球等大空间概念。
逻辑推理	逻辑推理	1. 能够按照事物的特征一一对应。 2. 能将具有相似特征的元素集合在一起，并能找出特征最突出和最不突出的那个。	1. 知道整体与部分的关系。 2. 能根据图形的排列规律，进行简单的推理。	1. 能在多种情境下进行简单的传递推理和数值推理。 2. 学会等值换算，能进行简单的符号传递推理。
	分类排序	1. 能按照物品的一维特征进行粗略的分类(颜色、形状、大小等)。 2. 会用比较进行简单地排序。 3. 知道事物的排列规律和式样的含义。	1. 能按多维度对物体进行上下层级分类。 2. 能联系实际，根据事物的抽象特征进行分类。	1. 掌握不同式样的特点，能创造不同的式样。 2. 观察事物的多维特征，进行分类和推理。

续表

一级指标	二级指标	各年龄段标准		
		3～4岁	4～5岁	5～6岁
时间	时间顺序	1. 知道白天黑夜的不同。 2. 能理解事件的时间顺序。 3. 知道时间的延续性，能对时距进行判断。 4. 知道一周时间顺序。	1. 认识日历，能与生活事件联系起来。 2. 知道星期、月份，并与实际生活相联系。 3. 对时距进行判断，能按照时距进行排序。 4. 知道时钟和一天的时间点。	1. 认识钟表，理解时针和分针的含义。 2. 理解整点和半点。
	年份季节	初步认识不同季节的特征和规律，区分四季。	了解春夏秋冬不同季节里的生活事件。	1. 知道年、月、日的含义，并会比较年龄大小。 2. 了解年、月、日之间的换算关系。
测量	非直接测量	1. 能区分事物的大小和长短。 2. 能区分事物的厚薄。 3. 通过目测感知远近。	1. 能区分事物的粗细轻重。 2. 能区分面积的大小、物体的宽窄、液体体积。 3. 理解冷热与温度高低的关系。	
	直接测量		能采用简单的方法进行长度比较。	1. 了解多种测量工具及其用途。 2. 正确使用测量工具进行长度测量和体温的测量。 3. 了解体积的测量。
统计与概率	统计与概率	1. 按照不同特征分类，并计数。 2. 按照二维特征给物体分类，并计数。	1. 理解可能、肯定等生活词汇的含义。 2. 根据事物特征分类、统计。	1. 知道事件发生的偶然性与必然性的含义。 2. 通过游戏了解多种情况下事件发生的概率。 3. 能将同一事物按某一特征进行归类和统计，掌握多种统计方法。 4. 学会绘制简单统计表。
数学解决问题与应用	生活中的数学	将物品对应、分类应用于生活实际，寻找事物的内在关联性。	会用路线图，辨别地图中的东南西北方位。	认识不同面值的货币，懂得不同面值货币的换算。
	问题解决	将长短比较应用于生活实际情境。	通过解决生活中量的多少问题，训练逻辑思维能力。	1. 利用已学的数、空间、逻辑知识综合解决实际问题。 2. 熟练掌握“凑十法”，并应用于实际。

续表

一级指标	二级指标	各年龄段标准		
		3～4 岁	4～5 岁	5～6 岁
数学语言与交流	数学表达	1. 在数比较中，会说“谁与谁一样多”“谁比谁多 1”等。 2. 用数学语言表达“在……前面”“在……后面”“在……上面”。 3. 理解事件发生的先后顺序，并会表达，如，“春夏秋冬”。 4. 在“量”的教学中，能说“……比……长”“……比……重”。	1. 在数的组成中，会说“几与几合起来是几”“几可分成几和几”等。 2. 会说一些方位词。如“在……旁边”“在……与……之间”。 3. 了解时间，能说出“几点钟”。 4. 知道自己生日是“几月几号”等。	1. 在编题中，能用“一共”“合起来”“谁比谁少”“谁比谁多”。 2. 在按物体属性分类时，会说出分类的理由。 3. 在现实里会表达左右概念。 4. 会简单描述从幼儿园回家的路线，经过些什么地方。

二、学前儿童数学认知能力的评价方法

(一)观察评价法

1. 观察评价法的概念

教育观察法是在自然的教育情境中有目的、有计划地运用多种感官对学前儿童进行仔细查看、记录、分析的一种方法。①

2. 观察评价法的操作

(1)选取观察记录对象

按照时间和事件两个维度选取观察对象，可以将选取观察对象的方法分为时间取样和事件取样。

时间取样，是指在预先设定的时间范围里观察目标行为，并记录学前儿童目标行为的出现次数，以了解相关的行为模式。这种方法可以用来观察与记录一名学前儿童或多名学前儿童的数学认知活动。例如，每天 9：00 —10：00 一个小时内，观察时距 1 分钟的时间间隔，观察班上某位学前儿童的表现行为，以期了解该学前儿童在有关数学认知活动中的表现情况。

事件取样，即观察者在特定时间内聚焦于某一种学前儿童数学认知行为，对其进行完整地观察和描述。观察行为需要事先界定清楚，甚至观察与记录的实施步骤也要进行系统规划，以便顺利实施。

(2)观察记录学前儿童行为

观察记录是一个观察者对被观察者和被观察事件组织、管理的过程，也是记录学前儿童数学认知能力发展非常有价值的资料。应注意一些基本的问题：

---

① 蔡春美，等．幼儿行为观察与记录[M]．上海：华东师范大学出版社，2013：5～6.

第一，观察中的记录表格可以按照自己的习惯进行设计，以便日后查找、整理，见表15-5。

表 15-5　学前儿童数学认知能力发展观察记录表

观察者		时间		地点	
被观察者姓名		被观察者基本情况(年龄、班级)			
事件时间	观察记录			评价与分析	
事件发生的具体时间	以文字、符号、图片、照片、语音、录像等形式记录学前儿童数学认知活动或行为。			在客观观察记录的基础上，对学前儿童数学认知活动进行评价和分析，促进学前儿童发展。	

第二，观察记录要保持真实、客观、及时，不应在观察记录时加入观察者先入为主的理解。否则，什么是观察者看到的事件，什么是观察者主观解释的内容是很难区分的，这将严重影响后续判断和评价工作。如果对观察到的事件持有怀疑不定的态度，可以先把这部分内容放入评价与分析部分。

第三，在观察记录时，除了用传统的纸、笔做记录外，还可以借助先进的仪器设备(录音笔、摄像机)对学前儿童数学认知活动进行实时记录，为后期弥补遗漏或遗忘的内容做补充。

(3)评价分析学前儿童发展状况

观察记录的最终目的是为了评价学前儿童的数学认知发展水平。观察记录学前儿童的个案活动后，应该及时判断、分析学前儿童数学认知发展水平，以便对学前儿童的数学教育活动做好进一步规划。

下面，我们以益智区的观察记录为例，对学前儿童豆豆的数学认知发展水平进行评价分析：

在这一过程中，发现豆豆从单一的排列规律发展到从两种特征维度对事物进行排列，这说明，豆豆已经达到《指南》中对大班学前儿童“式样”基本技能的要求：“能发现事物简单的排列规律，并尝试创造新的排列规律。”能发现和体会到按一定规律排列的物体比较整齐、美观。

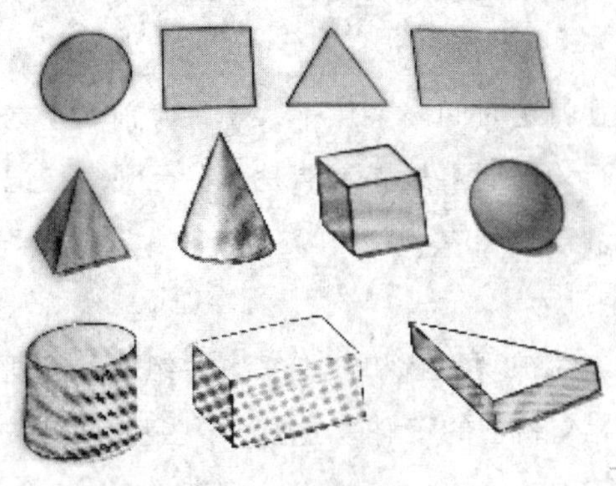

图 15-3　平面和立体几何

(说明：二维与三维图之间有何关系呢)

(二)等级量表评价法

1. 等级量表评价法的概念

学前儿童数学认知能力等级量表评价法是按照学前儿童数学认知能力发展评估表评定每位学前儿童数学认知能力发展水平与等级的一种方法。其目的是获得学前儿童数学认知能力发展的数据信息与等级信息，并为学前儿童的下一步发展做出分析和规划。

2. 等级量表评价法的操作

(1)制订等级量表

等级量表评价法是一种比较易于操作的评价方法。在制订等级量表时要明确地界定目标行为，详细列举出目标行为的内容，同时，还要根据观察目的选择相应的记录方式，一般采取在等级量表上画钩等简便方式。

例如，评价大班学前儿童 10 以内加减法运算能力发展情况，首先要明确三个等级目标行为的具体指标。

“尚未掌握”：在借助手指、实物等外物情况下，仍不能完成 10 以内加减法运算题目，或错误率在 40%以上。

“发展中”：在借助手指、实物等外物情况下，完成 10 以内不进位加减法运算题目。

“熟练掌握”：在不借助外物情况下，直接完成 10 以内不进位加减法运算题目(见表 15-6)。

表 15-6　大一班学前儿童 10 以内加减法运算能力等级量表

学前儿童学号	尚未掌握	发展中	熟练掌握
1		√	
2	√		
3		√	
4			√
…			

(2)实际观察记录

当学前儿童数学认知能力等级量表拟定完成后，应让观察者进行预试，在熟悉量表的构成和使用方法后，再进行正式记录。如果是两名教师进行观察记录，应提前相互沟通对观察量表的理解，减少记录误差。

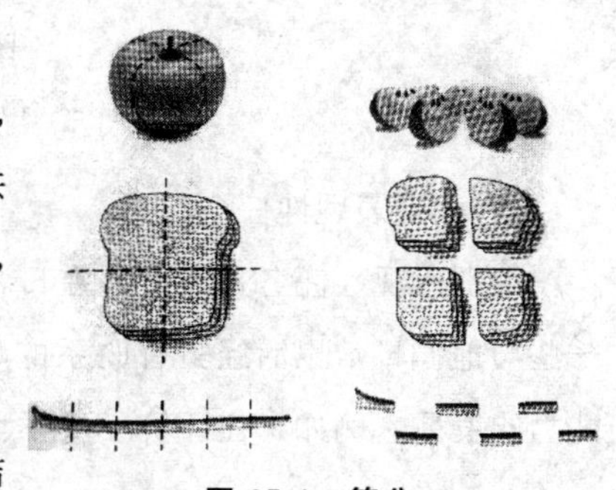

图 15-4　等分

(说明：体会不同物品的等分)

(3)分析记录结果

当记录完成后，观察者应对各项目行为出现的结果进行汇总统计，并针对统计结果进一步分析学前儿童数学认知能力的发展水平。

(三)表现性评价法

1. 表现性评价法的概念

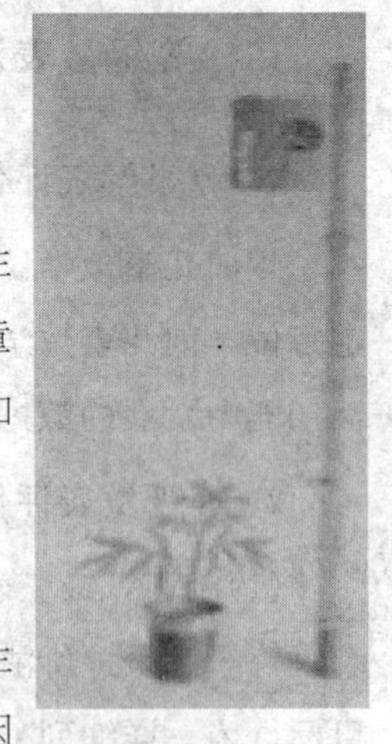

图 15-5　植物的测量

(说明：随时间增长，植物也在相应长高)

根据《指南》思想，要让学前儿童在生活中解决数学问题。表现性评价法要求评价应与学前儿童的数学生活经验相结合，根据学前儿童在真实或有意义的数学学习任务或情境中的表现，评价他们对数学知识的理解与应用。①

2. 表现性评价法的类型

由于3～6岁学前儿童的口头表达能力十分有限，他们虽然对生活中的数学知识已经有了一定了解，但却难以用语言准确表达。因此，表现性评价法非常符合学前儿童的发展特点。

(1)学前儿童数学学习作品取样

学前儿童数学学习作品即学前儿童在参与数学教育活动过程中独立完成的、能表现他们进步的作品或相应的照片。作品取样应以丰富、动态的资料来展现学前儿童在数学教学活动中的真实表现，应该体现出学前儿童数学学习的过程化和情境化。

运用学前儿童数学学习作品来评价儿童数学认知发展能力是现在教师常用的一种评价方法。面对同一件作品，不同的教师或同一教师在不同阶段都会有不同的分析和评价。

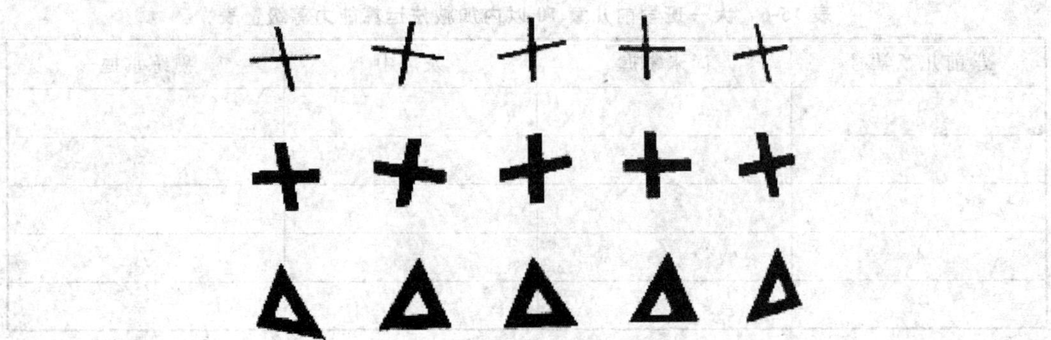

图 15-6　十字与三角形

(说明：开放图形与封闭图形)

(2)个别表现性任务

个别表现性任务是评价者在日常生活中或在课堂上，精心设计并让学前儿童去完成一些与他们日常生活经验有联系的、相对简单的任务，并以此来评价学前儿童数学认知能力的发展。例如，在评价小班学前儿童计数能力发展情况时，教师可以布置具体的任

① Sue Clark Wortham. Assessment in early childhood education[M]. New Jersey: Merrill Prentice Hall, 2001: 13～213.

务或情境：前方摆放5个以内的物品，让儿童按照物品数量拿出对应的数字卡片。

可以看到，不同的学前儿童会用不同的方法完成“按数取物”的任务：有的儿童数完物品的数量后，直接拿出对应总数的数字卡；有的儿童则数一个物品，拿一个数字卡放在相应的位置上。两者在数学认知能力上表现出了不同的发展水平。因此，教师在对学前儿童表现性任务做记录时，可以采用实况详录法(Running Records)详细地记录学前儿童在任务完成过程中的行为、语言、与教师的互动等细节。随后，可以依此做出客观的评价。

单元小结

本单元主要阐释了学前儿童数学教育评价的概念和类型，简要介绍了学前儿童数学教育评价的发展趋势。从活动设计、活动目标、活动准备、组织实施、活动效果等五个维度制订了学前儿童数学教育活动评价标准，为幼儿园教师的数学教学活动指明了方向。另外，从数与运算、空间与几何、逻辑推理、时间、测量、统计与概率、数学解决问题与应用、数学语言与交流八个维度制订了学前儿童数学认知能力发展的评价，扩展了幼儿园教师对学前儿童数学认知能力发展评价的视野，提升了学前儿童数学教育的科学性和全面性。

思考与练习

1. 早期学前儿童数学教育评价的弊端有哪些？新的评价发展趋势是什么？
2. 你认为，在学前儿童数学教育活动评价中，自评、他评、专家评价、学前儿童评价的比例应该各占百分之多少？
3. 学前儿童数学认知能力的基本结构是什么？
4. 可以采用哪些方法对学前儿童数学认知能力进行评价？

延伸训练

两个小组，分别由2～3人组成。一个小组去幼儿园在班上认真记录一次幼儿教师的数学教育活动，并对其活动进行评价，之后，与上课的教师讨论。另一个小组，则按照《幼儿数学认知能力等级量表》的内容，在幼儿园观察并记录一位学前儿童的数学认知能力发展情况。小组内进行交流、讨论，再两个小组进行交流。体会评价对于学前儿童数学教育的意义。

第四部分 全球视野下的学前儿童数学教育

理论之树是长青的。借鉴国外学前儿童数学教育好的理论和资源，是我们推进数学教育改革的捷径。蒙台梭利、皮亚杰的追随者美国凯米和日本数学家横地清的学前数学教育思想，在不同的历史时期都具有很大的影响力。吸收每一种理论中可取的部分，结合本国的实际情况，将有助于创造新的教学思想和教学方法。另外，一线教师教学水平的提升，也离不开教师的专业发展与培训。优质的师资是数学教育教学成功的关键所在，提高学前教师的数学素养，职前培养和职后培训都要做足功课。

单元十六 国外经典的学前数学教育思想与实践

学习目标

- 了解蒙台梭利教学法中的基本学前数学教育观
- 学会蒙台梭利学前数学教育的具体实施方法
- 理解凯米的学前数学教育课程理论基础
- 理解横地清的数学教育思想
- 学会在儿童数学教育实践中运用不同的理论

情境导入

优优在做剪纸的工作，她正要收拾桌上的纸屑，突然吹来一阵风，纸屑都被吹到了地上。优优常常会看见其他小朋友扫地，但她还没有扫过，所以，很想试一试，于是，她走到了扫把旁边。这时，教师走过来，告诉优优："地上有垃圾，我们要把它打扫干净，今天我们来学习如何扫地。"

然后，教师带领优优，示范扫地过程。首先，把需要的工具(小扫把、小簸箕、垃圾桶)都拿过来；其次，教优优如何抓握小扫把，用小扫把将垃圾集中扫在一起，接着用另一只手拿小簸箕，将垃圾扫入簸箕；最后，慢慢将它移到垃圾桶上方，将垃圾倒入桶内。

优优在一旁看得很认真，学得也很快，教师示范完以后，她便将没扫完的垃圾也清扫干净了。

问题： 优优扫地的过程，可以学习到数学哪方面的知识呢？

案例点评： 这是一个打扫活动室环境的例子。教师之所以有这样的自由，原因主要是同伴间能够相互学习。儿童通过与同伴的互动交流学会并掌握了许多知识与技能，有时并不需要教师的再次教授。蒙台梭利班级中的大多数学前儿童会自觉地维护班级的环境，而不会乱扔垃圾或乱放教材教具，大大减轻了教师的工作量。这样一来，教师就能够有选择地进行教学，既有针对性，又能提高效率。

优优学会了扫地，实际上感知到了连续事件的过程。这是一个与时间系列有关的事件。学前儿童在这个清扫活动中可以获得时间概念。

第一课　蒙台梭利的学前数学教育思想

在幼儿园数学教育发展的进程中，不得不提到的一种模式便是玛丽娅·蒙台梭利(1870—1952)的数学教育。蒙台梭利是意大利饮誉全球的医学女博士和儿童教育家，她强调了早期教育的必要性，一生致力于儿童教育的研究与推广，创新了儿童教育与课程。她创立的教育思想和方法，是当代学前儿童教育的里程碑。蒙台梭利曾经三次获得诺贝尔和平奖提名，是20世纪最伟大的教育家之一。

图 16-1　著名儿童教育家蒙台梭利

一、蒙台梭利教学法中的基本学前数学教育观

蒙台梭利教育内容主要包括五大部分：日常生活教育、感官教育、数学教育、语言教育、科学文化教育。其中感官教育和数学教育这两个部分也是蒙台梭利教育中最为闪光和最具特色的部分。蒙台梭利数学教育通过设计巧妙的教具帮助儿童理解枯燥的数学概念。整个课程使多元智能理念贯穿其中，在提高儿童数学逻辑思维的同时，更注重他们综合素质的培养和提升。①

① 陈慧．蒙台梭利教学法在小学数学教学中的应用[D]．上海：华东师范大学，2010．

(一)尊重学前数学发展的阶段性

蒙台梭利把儿童的发展分为0～6岁、6～12岁、12～18岁三个阶段。第一阶段可分为0～3岁和3～6岁两个小阶段，蒙台梭利认为这是儿童个性形成的最重要时期。0～3岁儿童可以毫不费力地从周围环境中吸收知识，3～6岁儿童受自我意识引导进行学习。而教育就是顺着儿童的天性、自然法则去协助儿童发展。

(二)重视学前儿童数学学习的敏感期

受荷兰生物学家弗雷斯(Fugode Vries)的影响，蒙台梭利认为儿童在发展过程中对特殊环境的刺激有一定的敏感期。在教育儿童时，蒙台梭利提出了一个重要的原则，即童年时代的每一个年龄，每一个阶段都有其特殊的需要，如果这些需要不在最突出的时机得到满足，那么儿童某些能力的发展将永远受到抑制。这就是她认为的学前儿童能力的“关键期”。在这一时期，儿童最容易完成各种学习任务。0～6岁是儿童语言、秩序、感觉和良好行为发展的关键期。蒙台梭利针对儿童学习特性设计教具，帮助儿童在有秩序的环境下，在敏感期接受感官训练，学习具体事物中的抽象概念。①

蒙台梭利认为：当我们认为，儿童的愿望不过是拥有一条知识时，我们便重复多次。这是非常错误的。因为，从智力上来说，我们虽然帮助儿童去掌握了这条片段的知识，可是用这种办法，却阻碍了儿童的自我发展。

 名言点睛

幼儿不会因别人可能已经得到的东西而受到干扰。相反，一个胜利会引起人的赞美和高兴，而且还有人满心欢喜地去效仿。幼儿似乎都乐意去干他们能干的事情。

——蒙台梭利

(三)注重早期数学学习中儿童的具体操作

蒙台梭利认为，儿童早期的数学学习是一种典型的感知经验性学习，而不是抽象的、理性的学习。她说：“我们习惯于照顾儿童，这不仅是一个为他们服务的举动，同时也是一个危险的举动，因为它容易阻碍儿童有益的自发活动，而我们应该想一想，不动手去做的儿童是不知道如何去做的。”

因此，她相信，学前数学教育必须以具体化的抽象来引导儿童学习数学。“具体化的抽象”是蒙台梭利数学教育中的一个突出观点。由于学前儿童需要具体的物体来支持思维的探索，但同时，数学又是一种抽象的经验，是在实践上的抽象。所以蒙台梭利创制了蒙氏教育中所特有的蒙台梭利教具，而这种教具正是她这种教育思想的体现。

---

① 周采．比较学前教育[M]．北京：人民教育出版社，2010．

 名言点睛

我听见了，但忘记了；我看见了，就记住了；我动手了，才理解了。

——蒙台梭利

(四)强调"有准备的环境"对学前儿童数学能力发展的重要性

蒙台梭利认为儿童生下来是一片空白，需要不断地吸收外界的刺激才能不断成长。所有儿童天生具有"吸收"文化的心理，他们可以自已教自己，但这种能力只有通过活动，通过生活经验才能变为意识。教师的任务在于为儿童创设一种特殊的环境。①

蒙台梭利非常重视给儿童提供大量的数学学习材料，这是蒙台梭利认为的必须设立的"有准备"的学习环境，这是为儿童可能获得数概念的真正经验和熟悉数量而提供的。在传统的教育中，教育就是包括教师和儿童这两个因素，教师教，儿童学。但蒙台梭利认为，"有准备的环境"应包括教师、儿童和环境这三个要素，而且，她把环境列为教育的第一要素。

"有准备的环境"是蒙台梭利教学观的核心。它主要由两部分构成：一是物质环境，指蒙台梭利教具、各种符合儿童尺寸的室内设施以及教师自制的各种教学材料；二是人文环境，主要指各种有价值的人类文化遗产。环境的设置必须提供适合儿童自由操作的各种活动材料，这些活动材料是真实、可操作的，并且符合儿童发展的节奏和步调，随着儿童的发展不断更换。环境必须是有秩序的、美的、对儿童有吸引力的，同时也必须是能保护儿童、能体现与成人世界的联系。②

二、蒙台梭利学前数学教育思想的教育启示

(一)数学教育以感官教育为基础

感觉是精神的入口，一切的认识都会先由感觉获得，对外界的精神认识的基础就是感觉认识。蒙台梭利学前数学教育注重教育过程中系统的数学感知经验的积累。遵循由具体到抽象、由简单到复杂、由低级到高级的认知发展规律，③ 正如蒙台梭利所认为的，数字是抽象的符号，数学是抽象的科学，要使儿童学好数学必须首先使其具备相当丰富的感觉经验以培养其逻辑思考能力。儿童在操作感官教具时，会不断地积累感觉经验，并在感觉经验的基础上，将数值化的量，也就是数量，从具体事物中抽象出来，逐步形成数概念。感觉教育中的"配对""序列""分类"这三种基本操作是数学教育的预备课程，通过这些基本练习可以培养儿童明确事物或现象结构的能力。④

---

① 周采．比较学前教育[M]．北京：人民教育出版社，2010．

② 周采．比较学前教育[M]．北京：人民教育出版社，2010．

③ 钱继芳．蒙台梭利幼儿数学教育[M]．上海：第二军医大学出版社，2004(9)．

④ 李鹏．蒙台梭利数学学具操作与幼儿数学加减运算能力发展研究[D]．西安：陕西师范大学，2009.

蒙台梭利非常重视通过感知活动积累的数学经验对儿童所产生的影响，并且，她认为早期数学感知经验教育，还应为儿童将来学习更复杂、更抽象的数学概念储备感觉经验。因此，在她设计的数学教具中，不仅有帮助儿童形成初步的数概念和初级计算能力的简单教具，还有帮助儿童学习较高级计算方法的复杂教具。

名言点睛

许多学前儿童一学数学就紧张，总是处于被动应付的状态。融入主题的数学学习摆脱了教师讲学前儿童听、教师教学前儿童记的传授方式，让学前儿童在生活情境中动手动脑，获得直接的生活体验，这如同拆除了学前儿童与数学之间的围墙，拉近了学前儿童与数学的心理距离。

——徐苗郎

蒙台梭利重视儿童通过感知活动积累的经验对数学学习的重要作用，并不是表现在让儿童进行机械训练上，而是指导儿童在感知过程中，把具体事物的数量抽象出来，以帮助儿童形成数概念。例如，以三阶段教学法帮助儿童在操作数棒、纺锤棒箱、筹码中学习数概念。当儿童在点数实物，并能记住总数时，数字卡片便同步出现在实物旁，使实物、数量、数字三者结合起来，最终形成数概念。①

(二)数学教育原理与具体操作方法相结合

蒙台梭利让儿童在数学活动中，通过操作教具获得数学经验，并以此激发儿童学习数学的兴趣与欲望。蒙台梭利设计的教具都含有一定数学原理并体现了数字概念。

蒙台梭利所设计的各种数学活动，并不要求儿童一定形成相应的抽象的数学概念及掌握相关的计算技能，而是以满足儿童学习数学的愿望、使其获得具体的数学感知经验为主要目的，是为了给儿童将来学习与此相关的抽象的数学概念做好具体的经验准备。

(三)教具具有“错误订正”的功能

蒙台梭利认为“错误订正”是使蒙台梭利教具的操作趋于完美的科学原则之一。② 相比于订正错误本身而言，更重要的是要让每位儿童能够认识到自己的错误，而且有检验错误的方法。蒙台梭利发现，儿童的天性倾向于得到正确的结果。而且，获取正确结果的方法能引起他们极大的兴趣。因此她为儿童设计的每一个教具都具有严格的错误订正标准，以便在操作过程中让儿童对照标准自己发现并自动纠正错误，从而提高儿童学习数学的自主性，培养细心、耐心、认真的学习习惯，同时提高其学习的自觉性和独立思考能力。

---

① 李鹏．蒙台梭利数学学具操作与幼儿数学加减运算能力发展研究[D]．西安：陕西师范大学，2009.

② 钱继芳．蒙台梭利幼儿数学教育[M]．上海：第二军医大学出版社，2004(9)：4.

蒙台梭利数学教育中的教具操作为儿童的数数技能的发展提供了很好的观察和教育的载体。① 现有的研究多集中在对儿童数数结果的解释和分析上，但是很少有针对儿童在获得结果的过程中具体操作行为的分析。通过蒙台梭利的教具操作来观察儿童的数学教具操作行为，并考察儿童在数学教具操作行为中的个体差异，有助于更深层次地解释儿童在数学教具操作行为中，数学学习获得的程序性和应用性能力。

第二课　凯米的学前数学教育思想

皮亚杰的发生认识论极大地推动了儿童心理学的发展，深刻地揭示了人类认识的发生及发展规律，对全世界的教育教学变革产生了重大影响。而凯米学前数学教育课程就是以皮亚杰理论为指导发展的一套早期教育课程。

 名言点睛

对教育目标来说，教育应该致力于人类个性的充分发展。

——皮亚杰

凯米(Constance Kamii)是美国阿拉巴马伯明翰大学的早期教育教授，在日内瓦大学时，师从皮亚杰十多年。她发展了一套早期教育课程，尤其在科学、数学领域颇有建树，并且根据自身理论开发了初级数学教育的方案。凯米的主要作品有《重新建构孩子的数学能力》《第一级：幼稚园——小一》《幼儿数的教育》等，其中《第一级：幼稚园——小一》体现了她关于学前数学教育的主要思想。

一、凯米的学前数学教育课程理论基础

凯米等人深受皮亚杰认知发展理论的影响，最大限度地发掘出其中的教育内涵，吸收延伸了皮亚杰的理论，构成了她数学教育课程的主要理论基础，并设计出了一套以皮亚杰理论为指导的学前教育课程——凯米学前数学教育课程(Kamii's mathematics curriculum for young children)。虽然与其他皮亚杰课程相比，凯米的课程定型较晚，但被认为是较纯粹的皮亚杰课程。

(一)儿童数概念的获得

凯米吸收和发展了皮亚杰关于儿童知识获得的建构主义思想，认为儿童数学概念的获得是在儿童与环境相互作用的过程中，由儿童自身内部建构出来的。其中儿童自身的

① 霍力岩．蒙台梭利教育法与幼儿教育改革——借鉴蒙氏教育法的两个基本思路[J]．比较教育研究，1999(5)．

反思、加工和建构尤其重要。

(二)数理逻辑知识的本质

皮亚杰理论认为儿童的知识包括物理性知识、数理逻辑知识以及社会性知识，这三类知识在课程中占有重要地位是凯米课程的特点之一。她指出皮亚杰确认了知识的内部来源与外部来源，对于个体而言，物理性知识及社会性知识的来源有部分是外部的，而数理逻辑知识的来源则是内部的，是由个体内部建构的关系所组成的。

(三)数学活动中的表征

凯米指出皮亚杰有关表征的理论与传统经验主义者在数学教育基础上的假设是不同的。传统数学教材中有许多图片，而这些图片的产生是基于如下假设：儿童数学能力的发展过程是从具体的(物体)到半具体的(图片)最后到抽象的(书写数字)，其中半具体的图片就是表征。

然而根据皮亚杰理论我们可以了解到，这些假设是错误的。儿童数学能力的发展，不是从具体的到半具体的再到抽象概念发展的层级关系。儿童在数学学习过程中不需要任何图片，他们更多是通过操作物体，在感知的基础上，逐渐由外部动作内化为内部的心理活动，在头脑中建构物体之间的数量关系。因此，表征与抽象化不同，表征是儿童在头脑内部建构的关于客观事物的形象以及数量关系，而不是抽象化。

(四)社会交往(互动)对儿童建构数学能力的重要性

凯米等人批驳了那些认为皮亚杰理论忽视儿童发展过程中社会性因素的观点，指出皮亚杰也非常重视社会交往对儿童发展的重要作用，如皮亚杰曾说："与别人交换思想对儿童逻辑的发展以及科学家建构科学概念都是不可或缺的。"因此，在凯米的数学教育思想中，也吸收了皮亚杰的这一观点，充分重视社会交往对儿童数理逻辑知识发展的重要性。

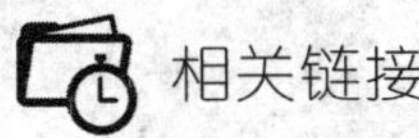
相关链接

美术教育涉及数学过程

学前儿童的美术教育，包括绘画活动、手工活动，这些都是以儿童空间知觉和空间表征能力为基础的。在某种意义上来说，这些活动都是数学活动。"各种类型的美术作品都体现为具体可视的、占有空间形式的实体。"柯普兰认为，"数学同儿童艺术活动的密切关系是显而易见的，教师在观看儿童艺术作品时能够从中确定这些儿童的拓扑能力。"例如，学前儿童在画人时，总能体现出身体各部分之间的靠近关系、次序关系和包含关系等。

（资料来源：R. W. 柯普兰．儿童怎样学习数学——皮亚杰研究的教育含义[M]．李其维，康清镳，译．上海：上海教育出版社，1985：258）

二、凯米学前数学课程框架及教育启示

(一)教育目标

凯米以及皮亚杰主张的教育目标——自律为基础，探讨如何在数学教育过程中促进儿童自律的发展。

凯米认为，现今大部分学校的教育目标只实现了一部分的自律目标，而大部分实现的目标是他律，也即学校大多是用强加的奖赏、惩罚以及已有的规定来教育儿童的。儿童在学校获得的知识大部分是在考试之后就会忘记的——他律的知识，而仅有少部分是不会忘记的——自律的知识。因此，当我们把道德自律和智能自律作为我们的教育目标时，学校教育必须努力通过相互尊重的讨论以及儿童的去自我中心化，促进儿童从内在心理出发，控制自己的学习和行为，增强儿童的道德自律和智能自律。

皮亚杰把自律作为教育的目标。凯米以此为基础，认为数学教育的目标也应该是培养儿童的自律，即通过儿童之间的交流、讨论，使儿童逐渐学会自己做出决定，找到问题解决的方法，发展数理逻辑推理能力。

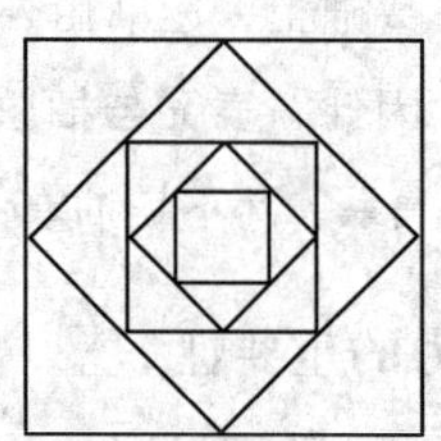
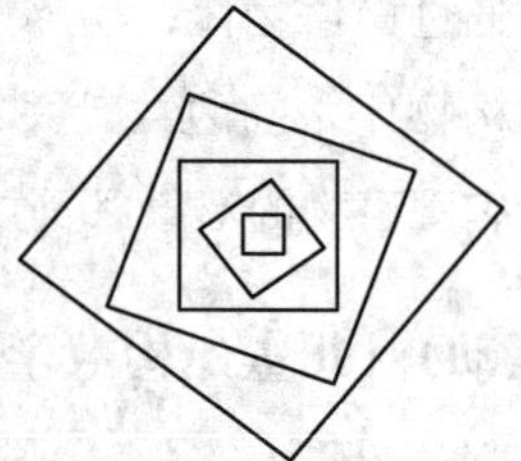

图 16-2 正方形的内接与悬空

（说明：越来越小的正方形，视线上会有深远的感觉）

(二)课程内容

课程内容主要包括三个方面。

1. 生活情境中的数学学习

凯米认为数学是由儿童在情境中将其真实的经验数理逻辑化而获得的，因此应该利用数学课之外的情境来丰富儿童的数学经验。她指出，日常生活中每日发生的许多事情都会涉及时间、数字等数学概念，可以自然地增开与数学有关的讨论，这些讨论一般不用花费太多时间，同时又能使儿童很容易地在日常的情境中觉察和认识数学。

比如，将书分类、按数量分配物品、分割物体、累计物品等，都会提供进行数学推理的良好机会；另外，处理与金钱有关的事情也可以让儿童从中理解钱的用途、钱的多少以及理解和获得用钱买东西、买多少东西等概念和经验。

2. 文字运算题

主要目的是让儿童将真实世界的经验数理逻辑化。凯米指出："正如我们的祖先是在真实的日常生活需要的基础上创造出数学一样，今天我们的孩子也应该被鼓励在他们的真实生活中进行各种运算。"

3. 专门设计的游戏活动

一些儿童在日常生活情境以及文字题中没能充分发展自身的数学能力，为此，凯米设计专门的数学游戏活动，包括逻辑推理、时空推理、小的数字、数值游戏以及各种加减法的游戏，以帮助这些儿童更加充分地发展他们的数学能力。

(三)教学原则

凯米指出，要实现自律的教育目的，必须要让儿童在讨论相关因素的过程中逐渐学会自己做出决定，这就要求"必须尽可能降低成人的权威作用，让儿童之间彼此交换意见"，学会自己做出决定。而要让儿童之间很容易地交换意见，就要有能够互相体谅和尊重的班级氛围，同时让儿童自己尝试解决问题。

凯米指出："对于数学课上的自律发展而言，最主要的是教师应首先利用儿童的内在动机来促进学习。"教师不要教儿童如何解决问题，而是要先给儿童问题，让他们用自己已知的知识去寻求新的解决问题的方法。为此，教师应该提问题而不是告诉儿童该怎样做，应提出有一定难易差异的问题，并能适当调整问题的难易程度，让每一位儿童都用自己不同的方法解决问题，了解是不是所有的儿童都能够真正自己发现问题的答案和解决的方法。不要告诉儿童问题答案的正确与否，只要每一位儿童都认同一个答案，那么这个答案就是有意义的，因为它是儿童内心建构的数理逻辑关系。那么，会不会出现全班儿童都认同一个不正确的答案呢？此时教师应该怎么办？凯米的回答是："这样的情况不会发生，即使它真的发生了，教师们也应该了解这个问题对儿童来说一定是太难了。"让儿童在生活情境和文字题中掌握数学知识、学会数学计算。明确游戏中的练习活动优于单纯的练习作业。

除了数学教育的一般原理之外，凯米还特别强调了儿童游戏时的教学原则。她认为，儿童进行数学游戏时，教师如果总是纠正儿童的错误或是控制儿童的一切活动，那么儿童就无法发展自信及主动。为此，凯米针对教师们经常提出的问题，提出了游戏时教师应该掌握的一些教学原则。

例如，班级秩序失去控制时教师应该让儿童在讨论过程中自己寻求解决问题的办法；选择游戏时应该根据一定的目标顺序，同时考虑儿童的年龄发展阶段以及每位儿童的数学能力及兴趣；让儿童自己选择想要玩的游戏以及和谁玩；让儿童自己规定游戏规则；儿童游戏时教师最好和每一位儿童或一小组成员一起玩游戏。

凯米认为，由于自己的数学教育目标与以往的传统教法不一样，那么，评价的方式也应该与传统的学业成就测验不同。传统的学业成就测验中，更多地将关注点集中在如何尽快得到正确答案上，而我们的评价应该是评价儿童的数理逻辑推理能力以及他们对以自己的能力去寻找答案的自信。

(四)课程的组织实施

凯米课程的教学活动形式主要包括：独自操作的活动；群体讨论，讨论目的在于培养儿童与组内其他儿童的“共同感”；小组规则游戏，这种活动的主要作用是培养儿童的规则意识，理解并且自觉遵守规则；实验，凯米课程的实验实际上是一种有特定目的的物质操作活动或“工作”。①

(五)教师的作用

凯米认为，教师作为课程的组织者和实施者，应当知道如何具体管理课程和如何提供活动。教师的主要作用有：创造有利于学习的环境和气氛；提供材料，对儿童提出活动建议，并明了儿童应该继续学习的内容；提供不同类别的知识，采取不同的方法，指导儿童学习；协助儿童扩展自己的见解。②

第三课　横地清的学前数学教育思想

横地清是日本著名的数学史学家与数学教育家，他曾任日本数学教育学会会长。曾任和光大学、山梨大学和东海大学教授。1995 年，横地清从日本大学离职之后，在我国北京师范大学、东北师范大学、内蒙古师范大学担任客座教授。

横地清的研究范围涉猎了从幼儿园到大学的数学教育研究，从日本到美国、英国和德国的比较教育学研究，从认识论到教学论的研究，从 18 世纪的日本和世界的数学教育史的研究扩展到世界“数学文化史”的研究。横地清的数学教育思想主要包括以下几个方面。③

一、数学教育目标和原则

横地清针对日本数学教育提出了两个特别关心的问题，即教育的普及当真给儿童带来了所期望的幸福吗？教育的普及当真为包括文化和文明在内的社会发展带来了所期冀的反响和贡献吗？他认为客观现实远远不是面对这些问题能够响亮地回答一个“是”的状态。横地清强调无论数学教育的内容还是教师的意识都已落后于社会发展，必须扭转这个落后状

① 罗嘉君．认知课程模式之凯米课程[J]．学前课程研究，2007(1)．

② 罗嘉君．认知课程模式之凯米课程[J]．学前课程研究，2007(1)．

③ 林志伟．小仓金之助数学教育思想对我国的影响[D]．呼和浩特：内蒙古师范大学，2009.

态。他提出了在数学教育改革和研究的过程中必须遵循的数学教育原则及明确的目标。①

(一)数学教育要从零岁儿童开始

横地清认为0岁～10个月的儿童从梳妆台抽屉中一个一个地取出化妆品的过程，就是他们认识整数的过程。他还观察到满2岁的儿童可以数同种类物品集合的数目。所以，横地清强调数学教育不是从6岁，而应是从0岁开始。

(二)数学教育应超越学校范围

数学教育不应该是只限于学校内的教育，还应该扩展到社会中去。现在一般公民，都需要学习较高水平的数学知识。

例如，储蓄问题、信用贷款问题、住宅用地问题、高建筑物的日斜阴影问题、计算机的使用方法、地图及设计图的识图方法等，这些都涉及数学的解释或计算。数学教育工作者必须经常深入到普通人当中，来解答他们的问题。

横地清曾在东京都目黑区创立了叫作“巢箱”的母亲数学学习会，该学习会每月开展一次会议。他还为《周间读卖》周刊撰写了标题为“成年人的算术教室”的文章，连载了十个月。这个周刊是一般人在上班的电车上、在公共汽车中阅读的杂志。

(三)儿童的认识是很合乎辩证法的

从儿童的立场来说，由于各个人的年龄不同，在认识问题上有相应的质的不同。但他们的认识都是从低级的认识阶段转入高级的认识阶段的。横地清认为数学教育必须充分了解这一点来进行工作。他特别指出数学教育不能是形式的、一般化的工作。

例如，在幼儿园和小学低年级教授面积时，主要教水坑的面积、树叶的面积、橘子皮的面积、煎蛋的面积等，主要使儿童了解形成面积的有实际内容的水面、绿色的叶子、黄色的橘皮。而不是使儿童理解面积周界的形状。所以，这时学习面积的结果，要使儿童学到“面积不是由形状确定的(是内容确定的)”法则。而另一方面，在四、五年级教长方形、三角形、圆的面积时，则要着重讲周界的形状。所以，这时要儿童理解“面积(不着重内容)是由形状确定的”法则。乍一看好像是与一、二年级儿童所学的法则是矛盾的。这是因为一、二年级的学生与四、五年级的学生对面积和面积的认识在本质上是不同的。

图16-3　洛伦兹吸引子——一种艺术的表现

(说明：吸引子无限变化，无尽打圈，但决不重复)

---

① 横地清．目前数学教育改革之方向[J]．数学通报，1981(10)．

(四)数学教育要与生活相结合

数学教育应与儿童的现实生活密切结合起来进行，还必须更进一步地扩展他们的生活。横地清举了一些例子，如在教学过程中可借给儿童能量 4 米的皮尺、卷尺，测容器，秤，温度表，跑表等工具。年龄大一点的儿童，可使其自由地使用袖珍计算器。横地清说："数学教育要让儿童知道教室的外面也有数学，儿童们需要在教室外边的活动中，渐渐地能应用数学。特别是能把自己的生活加进数学的判断。从而考虑如何使自己生活得更好。"①

 名言点睛

数学来源于现实，存在于现实并且应用于现实。

——弗赖登塔尔

(五)学校所教的数学应是有分量的

在学校中所教的数学内容，应该是继承传统且继续提高的，不应该是低水平的。例如，5 岁左右的儿童喜欢用纸浆做各种动物以及做天狗和鬼的面具之类的游戏。横地清认为做这些东西时，儿童很注意其表面的凸凹曲向(或曲率)，教师可以趁机介绍与曲率有关的知识。他强调教师还可以利用太阳光线照射的原理讲一些仿射几何学。

(六)学校所教的知识应是系统的

对儿童来说数学课的内容，不应是每学期只教一部分。有时可以教一些系统的更完整的东西。系统地、较完整地讲授数学专题的结果，可使儿童了解到"数学是这样有系统的美的科学"。横地清强调："并不是所教的数学内容都要有完整的体系，至少每年以这种形式讲一两个题目就很好。特别对那些数学成绩优异的儿童，适时地使他们学到系统的数学知识是必要的。"②

(七)数学教育应重视体验

数学教学不应只教数学的理论，更应关注他们在体验、实验中是否学到了数学知识。横地清说："过去的数学教学方法，总是注意以下的方法，即讲些道理，再就黑板上的图形加以说明，给儿童看一些教具或令儿童实际操作。但是，只有这些是不够的，体验与实验更为重要。"③

---

① 横地清，马忠林．数学教育的原则[J]．数学通报，1980(2).

② 横地清，马忠林．数学教育的原则[J]．数学通报，1980(2).

③ 横地清，马忠林．数学教育的原则[J]．数学通报，1980(2).

(八)数学教育应着眼于未来

横地清认为数学教育改革的过程中，它的目标及内容需明确以下六点：第一，数学教育并不单纯是为将来的数学做准备的教育。第二，数学教育必须与儿童的现实生活相结合并共同发展。第三，数学教育应当赋予儿童将来在生活中能够强健地生存的实力。第四，数学教育应着眼于未来社会的发展，并成为这个发展的基础。第五，数学教育不单单是体系、逻辑知识的教育，也是与人类生存方式相关的教育。数学教育和文字一样，是人类教育的一个环节。第六，在上述的前提之下，不管怎样，数学教育总是教“数学”的教育。不过“数学”的含义与前不同了。横地清还就数学内容的扩展和指导等问题提出了自己的见解。总之，横地清主张数学教育必须发挥人的实践作用，而且实践性数学教育的对象不单单是学校的儿童，学前儿童和成人同样需要。他强调：“从 0 岁开始就要通过实物培养儿童的数感；数学教育不能只教数学的理论，更应关注儿童的体验与实践；数学教育工作者必须直接深入到普通人当中，帮助他们解答实际问题。”①

二、横地清的思想对学前数学教育的启示

(一)重视早期学前数学教育

近年来，无论在国内或国外，由于社会生产和科学技术的迅速发展，需要加速培养人才，人们都越来越重视儿童的早期数学教育。幼儿期是儿童心理发展的一个阶段，这是儿童进入幼儿园的时期，又称学龄前期，这个时期是个体智能发展中一个很重要的时期。在这个时期，父母如能科学地对儿童进行适当的数学启蒙教育，则有助于他们在学校里学好数学。横地清强调，数学教育要从 0 岁儿童开始。

(二)重视学前数学的体验性教育

横地清指出，数学教学不应只教数学的理论，更应关注他们在体验、实验中是否学到了数学知识。学前儿童在现实世界中生活、成长、学习，进行一系列的生存活动。现实世界是儿童赖以生存的环境，学习任何一门科学或知识都要了解其背景及用途，学习数学也是如此，学习数学知识就是让儿童更好地将其应用到所在的客观世界中，用于了解和改造客观世界。每位儿童看待世界的眼光和角度不同，所处的现实世界不同，对数学的理解也不同，所以每位儿童都有不同的数学体验。

学前儿童学习数学时与其所在的现实世界联系在一起，将现实问题与数学问题相互转换，便有了不同的理解模式。只有将数学与学前儿童的现实体验紧密地联系在一起，在这个大背景下，儿童才能理解并应用数学，才能很好地将数学知识纳入自己的知识结构中。

---

① 横地清，马忠林．数学教育的原则[J]．数学通报，1980(2)．

例如，在让4岁半的儿童自己动手制作“渐变册”之前，必须预先告诉他们什么是“渐变册”，怎样制作“渐变册”。

首先，教师把教学用的“渐变册”拿给儿童看，并告诉他们老师制作“渐变册”时是怎么想，怎么设计的。并做出规定，自己想出的“渐变册”内容，不能跟教师的一样。要求明确以后，便发纸张，让他们用彩色铅笔独立创作“渐变册”。

于是，发现儿童的作品中有这样设计的：

太阳在图纸的左上方。

太阳升到正中央了。

太阳偏到右上方来了。

太阳落了。

天黑了。

通过这种活动，能使儿童认识事物发展的过程及事物变化的状态。①

作为一名数学家，横地清先生对于学前儿童数学教育所做的工作是令人尊敬的。

单元小结

本单元介绍了几个国外经典的学前数学教育思想及其对学前数学教育的启发。充实了学前儿童教师的理论基础，并为学前儿童教师数学教学活动的设计提供了借鉴。

思考与练习

1. 简述蒙台梭利学前数学教学法中的基本教育思想及其对学前数学教育的启示。
2. 凯米的学前数学教育课程理论基础是什么？
3. 简述凯米学前数学课程框架及其启示。
4. 横地清的学前数学教育思想中的数学教育目标和原则是什么？

延伸训练

4～5人一组组成3个小组，分别对本单元三位理论家的相关著述进行查阅，分析并讨论其理论精粹。由于三位理论家的背景不同，蒙台梭利是医生，凯米是儿童心理学家，而横地清是数学家，在数学教育实践中教育的侧重点有所不同，这种比较会开阔学前儿童数学教育的思路。

---

① 横地清，苏真．应该重视幼儿教育[J]．外国教育动态，1982(1).

单元十七
教育改革背景下学前数学教师的专业发展与培训

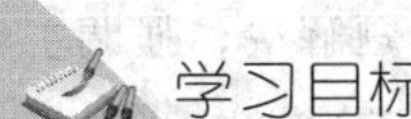

学习目标

- 了解学前数学教师专业发展的教育改革动态
- 理解学前数学教师专业发展的含义及发展现状
- 掌握学前数学教师专业发展对数学素养的要求
- 学会学前教师数学素养的职前培养和职后培训的具体方法

情境导入

张老师是刚大学毕业的学前教师。今天她要给中班的孩子们上“数量对应”主题课，这令她非常头疼，因为前几次的数学主题课，光看教案书上的教案来组织活动，实际操作很不顺利。刚接受完省培计划的王老师给张老师支招：在教室里利用椅子玩“抢椅子”的游戏，椅子数量永远比人的数量少1，让孩子们在游戏过程中充分感受人数和椅子多少的对应关系。

问题：上好数学课的关键点是什么？

案例点评：中班的儿童年龄小，处于具体形象思维阶段，数学活动设计应联系具体的情境，在游戏中学习非常符合学前儿童的思维水平，活动效果也很好。在数学活动中，怎样发挥学前儿童的主观能动性，怎样把数学教学融入幼儿园各科教学活动中？作为青年教师，接受新的教育观念快，但在用教育观念指导教育实践的过程中往往缺乏深入的思考，需要有经验的老教师帮带。数学为一切科学的基础，儿童一出生，就生活在具有数量、形状、大小以及空间位置等的客观世界里。教师教学就要利用环境中可以利用的材料，既要激发学前儿童数学学习的好奇心，也要通过儿童操作数学教具，满足儿童的动手能力，以激发儿童主动学习和探索的精神，建构数学心智。这就要求学前儿童数学教师要不断地提高自身的数学素养。

第一课　学前数学教育改革与教师专业发展

一、学前数学教师专业发展的教育改革动态

(一)国外学前数学教育改革的动态

当前，世界各国的学前数学教育都在经历一场深刻的变革。数学教育要紧密联系学前儿童周围生活，要从学前儿童的现有认知水平出发进行教学；强调问题解决，强调主体活动，要让学前儿童通过活动来建构对数学意义的理解；数学教学要满足学前儿童的个人兴趣爱好，要根据学前儿童的个性特点进行教学等，这些已经成为数学教育改革的一种世界潮流。① 世界上一些发达国家，如英国、澳大利亚、日本及新加坡等国都加大了对数学课程改革的力度，并相继制订了新的数学课程标准和数学学习与发展的指南。随着学前数学教育的改革，对教师数学专业化发展也提出了一些要求。提高早期教育的质量，提升学前儿童入学准备，制订并推广早期学习标准，是 21 世纪以来以美国和英国为主的发达国家早期教育的趋势之一，在此过程中要求学前教师不断提高数学专业化水平。

名言点睛

感觉到数学的美，感觉到数与形的协调，感觉到几何的优雅，这是所有真正的数学家都清楚的真实的美的感觉。

——庞加莱

美国的《渴望学习》(*Eager to Learn*)指出儿童能掌握的、富有挑战性的学习经验有助于其发展。《良好开端》(*Starting Right*)指出高质量的早期教育对儿童的认知和社会性发展具有持久的积极影响，所有的 3～4 岁儿童都应该接受高质量的早期教育。1989 年美国国家数学教师协会经过众人数年的努力完成了“数学课程与评价标准”，提出了将以概念为取向的课程论作为幼儿园、小学到高中数学教育的方向。另外也出版了一份有关数学教育的报告，建议未来应以强调建构数学知识的教学替代“教师教、学生听”，要求教师

① 章建跃．对数学教育改革的一些认识[J]．数学教育学报，2003(3)．

“智慧地工作”比“更努力地工作”还要重要，特别强调的是培养儿童思考与解决问题的能力。①

全美幼教协会(National Association for the Education of Young Children，NAEYC)与全美数学教师协会于 2002 年联合发表了《幼儿数学：良好开端》。全美幼教协会，开始对早期儿童数学教育课程的质量进行调查，为早期儿童数学教师制订了合理的数学教学实践的标准，即 NAEYC 文件。美国学前教育专家丽莲 · 凯兹把学前教师成长分为四个阶段：求生阶段(第一年)，强化阶段(第二年)，求新阶段(第三、四年)，成熟阶段(第五年左右)，并根据这四个阶段的教师发展特点，提出了相应的培训内容。②

英国兰布尔特报告《从质量开始》(*Start with Quality*)以及皇家艺术协会《良好开端》都强调了早期教育的重要性。1988 年的英国《教育改革法案》规定，对小学阶段即 5 岁以上的儿童实施国家课程。为了提高英国学前教育的质量，英国规范了 0～5 岁儿童的学习与发展目标，政府开始制订统一的国家课程，为幼儿园的发展提供指导。

拓展阅读

美国对学前儿童数学教育的重视

由于担心过于强调学前儿童阅读识字计划，而忽略了数学技能发展的重要性，全美幼教协会与全美数学教师协会合作，联合起草了一份策略声明。这份声明是集学前儿童教育人员和专家，集思广益对数学教育提出建言的一次合作。

1998 年，美国科学促进会(American Association for the Advancement of Science)曾为年幼儿童数学及科学教育举办了一次会议，2000 年纽约州立大学教授道格拉斯 · 克莱门茨(Douglas H. Clements)在国家科学基金会(NSF)赞助下，举办过一次关于学前学校(preschool)及幼儿园数学教学标准的会议，完成了一份名为“强化幼儿数学”(Engaging Young Children in Mathematics)的报告，主要分为两部分：第一部分包括何为优质学前儿童数学教育及教师可用来发展学前儿童数字及几何图形概念的教材及活动；第二部分包含对教师加强数学教学技巧的建议。可见美国早在 10 多年前就重视对学前儿童数学教育的工作。

2000 年，英国教育与就业部和资格与课程局联合发布《基础阶段课程指南》，把 3～5 岁确定为“基础阶段”，提出并描述了基础阶段儿童在每个领域的“发展石”(每个学习领域的早期学习目标)、“儿童的实际表现”(不同年龄儿童的发展过程)和“实践工作者的工作”。英国教育标准办公室从 2001 年开始定期评估托幼机构，向政府、家长及公众说明接受政府资助的托幼机构在多大程度上促进了早期学习目标的实现(刘炎，潘月娟，赵静，2005)。《基础阶段课程指南》指出英国幼儿园的课程目标是：“为全体儿童提供能发挥他们最大潜能的环境，培养儿童的语言能力、独立性及社会技能，发展儿童聆听、观

① 林泳海．学前儿童数学教育的发展趋向(Ⅰ)[J]．山东教育，2001(33)．

② 丽莲 · 凯兹．与幼儿教师对话——迈向专业成长之路[M]．南京：南京师范大学出版社，2004：206.

察、讨论、实验的能力，为儿童提供广泛的、平衡的、连贯的和相关的课程，以促进每位儿童的发展。"①

(二)我国学前数学教育改革的动态

我国的学前数学教育需要改革，唯有不断改革才能有学前数学教育的持续健康发展，这是社会的共识，也是学前数学教育界的共识。实际上，我国的学前数学教育改革的步伐从来就没有停止过。

20 世纪 50 年代我国颁发了《幼儿园暂行教学纲要(草案)》，并形成了《幼儿园计算教学纲要》，有明确的目标、教材大纲、教学要点以及设备要点。到了 80 年代初期颁布了《幼儿园教育纲要(试行草案)》，在计算方面就小、中、大班分别介绍了教育内容与要求。2001 年 7 月，我国教育部颁布了《幼儿园教育指导纲要(试行)》，学前数学教育经历了大胆的尝试与改革，包括从教师的"教"到儿童"学"的转变，从数学内容的选择到活动过程的优化。2012 年 10 月，教育部颁布了《3—6 岁儿童学习与发展指南》，旨在深入贯彻落实《国家中长期教育改革和发展规划纲要(2010—2020 年)》和《国务院关于当前发展学前教育的若干意见》，帮助广大学前教师和家长了解 3～6 岁儿童学习与发展的基本规律和特点，全面提高科学保教水平。在《指南》科学部分有专门的"数学认知"部分，介绍了3～6岁幼儿数学教育的目标及教学建议。从"教"到"学"的转变，足可见作为一名幼儿园数学教师必须要具备一定的数学教师专业发展能力和数学素养，并不断地加强和提升自身的数学素养。

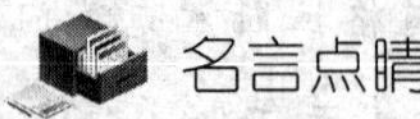

名言点睛

数学的本质在于它的自由。

——康托尔

二、学前数学教师专业发展的含义及促进建议

(一)学前数学教师专业发展的含义

数学教师专业发展是指，数学教师在整个数学教育教学生涯中，通过数学教育专业训练，逐步提高自身从教素养，成为一名良好的数学教育工作者的专业发展过程，从一个"普通人"变成"数学教师"的专业发展过程。②

学前数学教师的专业发展主要包括三个方面：数学专业素养(数学专业知识、教育理论知识、数学学科教学知识和常识基础知识)，专业能力(数学教学能力、数学认知能力、数学课堂控制能力)、专业精神与态度(不断追求发展的专业精神、崇高的职业道德)。数

① 季晓英．英国学前教育见闻[J]．幼儿教育，2003(4)．

② 王子兴．论数学教师专业化的内涵[J]．数学教育学报，2002(4)：63～67．

学教师的专业知识是数学教师专业发展的基础，专业能力使教师便于将数学学科知识合理、恰当地传授给在校生，更好地驾驭课堂，专业精神与态度能帮助教师处理好儿童、家长、同事间的关系，是数学教师专业发展的动力源泉。(见表 17-1)

表 17-1　关于教师专业发展的几个观点

作者	对教师专业发展的认识
(海伊)Helye	教师专业发展是指在教学职业生涯的每一阶段教师掌握良好专业实践所必备的知识和技能的过程。①
(古斯基)Guskey	教师专业发展是一个有目的的、连续性的、有系统的过程，是增进教育者专业知识、技能和态度的过程和活动。②
(休斯)Hughes	教师发展是教师自己决定他们需要学什么，可以制订自己的学习计划。
(格拉特霍恩)Galtthorm	教师由于经验增加和对其教学系统审视而获得的专业发展。

(二)学前数学教师专业发展的促进建议

寻求促进学前数学教师专业发展的途径和策略，对学前数学教师走向成熟有着直接的影响，为了缩短数学教师专业成熟的周期，帮助学前数学教师更快更好地达到教育要求，提出以下四个方面的建议。

1. 促进学前数学教师专业发展的政策调整

我国的经济模式是沿海城市带动内陆城市，也意味着目前我国社会经济发展不均衡，沿海地区较为发达，能较早接触新鲜事物，接受能力强，内陆地区接触事物滞后，接受能力弱。相应地，反映到教育领域也具有如此特性，经济发达地区教师数量充足，还有富余；中西部地区、边远穷苦地区教师紧缺，因此国家的教育政策不能只采用整齐统一的政策目标，应统分结合刚柔并济。在健全的法律法规下补充地方性指导文件是我国教育均衡发展的必然措施，只有出台适应本地区的教育法规和政策，才能从根本上为广大学校执行政策留有空间，发挥学校和教师的积极主动性，这样从国家、地方和学校三个层次上联手，共同承担促使教师专业发展的责任。

2. 促进学前数学教师专业发展的幼儿园支持

学前儿童的学习，教师的教学都与幼儿园这一场所密切相关，学前儿童的培养、教师的专业发展都无法脱离幼儿园机构，幼儿园是教师成长的摇篮，理应为教师的自我实现和专业发展提供平台，幼儿园行政领导必须树立教师专业发展的观念，幼儿园政策应向教师专业发展靠近，幼儿园的管理也应尊重教师的专业地位。加强园本培训、海外培训、网络培训，促进学前数学教师专业发展；建立学前数学教师成长档案袋，促进学前

---

① 教育部师范教育司. 教师专业化的理论与实践[M]. 北京：人民教育出版社，2003：46.

② Thomas R. Guskey. 教师专业发展评价[M]. 北京：中国轻工业出版社，2005：2.

数学教师专业发展。

3. 促进学前数学教师专业发展的同事互助

同事互助是教师之间相互交流、相互学习、相互合作、共同进步、共同分享得以进步的一种基本教研形态，也是学前数学教师自我发展中不可缺少的外部力量之一。一些学前数学教师接触儿童教育工作的时间不长，会产生一些问题或者疑惑，对数学教学实践还不能很好把握，同伴的帮助和指导，可以给教师提供问题的相应诊断和策略，为学前数学教师专业发展提供空间。常见的方式有：师徒结对，教学观摩，名家讲座，学术沙龙，博客等。

4. 以成为反思型教师为努力方向

我国学者叶澜说过："一个教师写一辈子教案不一定成为名师，但如果一个教师写三年反思可能成为名师。"可见，"反思"是促进教师专业发展的重要途径。学前数学教师应该在教育教学中学会创设反思情境，运用反思理论知识，采用探索的反思方法，有意识地进行反思教学，将实践经验升华到理论层面，再自觉地在教学中运用反思的成果。

反思型学前教师是后现代主义教育者倡导的新型学前教师形象，相对于传统学前教师而言，他们不仅在教师角色上发生了根本的转变，在自身专业素质方面也有很大的不同。他们除了具备一般教师必备的专业素质外，还必须具备先进的教育理念、综合的教育能力、广博而精深的知识结构和良好的人文素养。其中反思型学前教师的教育能力主要包括观察了解学前儿童的能力、与学前儿童交流沟通的能力、教育反思能力和教育机智。① 作为一名具有良好数学素养的学前教师更要努力成为一名反思型教师。

在反思型学前数学教师教育中，因为教师教育者的出发点不同，观点也不尽相同，由此导致了教师教育的方法也是形形色色，多种多样的。但是，他们的目标都是为了促进教师反思性思维能力的发展，促使教师发展成为反思型教师。总的来说，这些方法对于教师反思型思维能力的发展和提高都起着或多或少的作用。这些方法包括：行动研究法，反思日记法，案例研究法和课堂辅导法。

拓展阅读

课堂辅导法之观察录像

请您根据您所观看的录像回答下面的问题。

您可以观看录像任意次数。

您可以在回答问题时使用专业术语，只要您觉得可以最确切的表达您的观点。

您有充足的时间阅读问卷题目和思考如何回答。

1. 这个活动想教给儿童哪些重要的数学概念(知识点)?

2. 在这个活动中还体现了哪些其他的数学概念(知识点)?

---

① 解希静．论反思型幼儿教师的专业素质[J]．牡丹江师范学院学报，2005(1).

3. 儿童如果要参与这个活动，需具备哪些数学预备知识？

4. 基于您看到的录像，您认为儿童是否明白这个活动所涉及的数学知识？请指出能支持您观点的儿童行为。

5. 如果是您在教这些儿童，同是这些概念(知识点)，下一步您会如何教？为什么？

6. 学习这些关键概念(知识点)时，儿童容易出现哪些错误理解？

7. 教师有哪些行为和语言，来帮助儿童提高对数学知识的理解？(您可以从材料、环境布置、课堂设计、教师语言、互动等方面描述)这些与教学相关的选择有效吗？请说明理由。

8. 教师可以如何调整这一活动以适应数学能力较差的儿童的需求？(参考：材料、环境布置、课堂设计、教师语言、互动等)请说明理由。

9. 教师可以如何调整这一活动以适应数学能力较强的儿童的需求？(参考：材料、环境布置、课堂设计、教师语言、互动等)请说明理由。

第二课　学前教师数学素养的职前培养和职后培训

一、专业发展对学前教师数学素养的要求

(一)教师数学素养的含义

教师的数学素养是数学教师专业发展的基础，是数学教师专业发展的一个最关键的因素。从数学教育发展史上看，数学素养的概念最早是在20世纪80年代著名的科克罗夫特(Cockroft W. H.)的报告中提出。

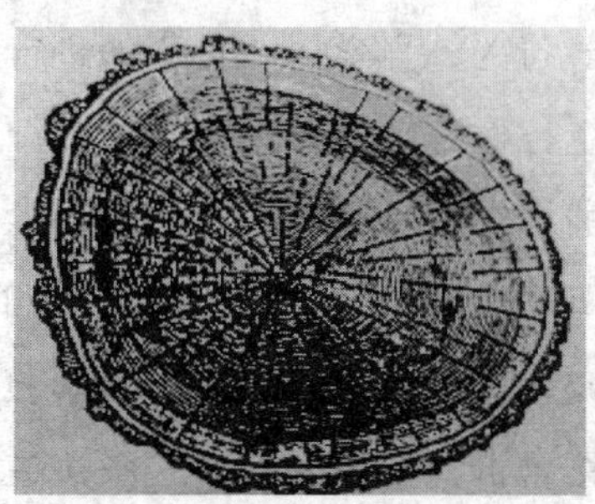
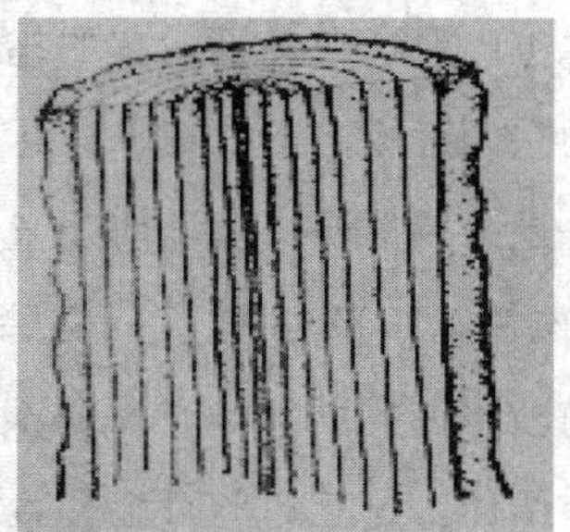

图 17-1　树的年轮

(说明：树每年增加一圈，堪称大自然奇迹。年轮显示出同心圆，一年一圈；竖切下作为树干的柱体，会发现很多平行线)

PISA(The Programme for International Student Assessment)是世界经济合作和发展组织的一项国际学生评价项目，数学素养领域是PISA评估的三大板块(科学、阅读和数学)

之一。最近 PISA 尤其重视对儿童数学素养的测试和评价，也为我国学者深入研究数学素养提供了一定的参考。PISA 把数学素养定义为："能识别、理解和从事数学工作，能对数学的角色做出充分判断，是目前和将来的个人生活、职业生活、与同伴和亲戚的社会生活以及作为建设性的、有爱心的及反思性的公民的需要。"①

总之，数学素养是指人们通过数学教育以及个体自身的实践活动和认识活动，所获得的数学知识和数学能力、建立的数学情感、形成的数学观念和意识的综合。

 名言点睛

数学是知识的工具，亦是其他知识工具的泉源。所有研究顺序和度量的科学均和数学有关。

——笛卡儿

(二)专业发展所要求的学前教师数学素养

学前教师数学素养就是学前教师在积累数学经验的基础上，生成并外显出的可用于指导学前儿童进行数学游戏活动的一种整体性行为和思想特征。美国数学督导委员会(NCSM)在《面向 21 世纪的基础数学》报告中指出："数学素养在美国将是除性别、种族以外影响公民就业和收入的又一重要因素。"数学素养的优劣将直接影响到人的全面发展，也决定着学前教师综合素质水平的提高。

促进我国学前数学教师的专业发展应该要加强数学教师的职前培养和职后培训。随着我国学前教育事业快速发展，学前教育质量成为各级政府和教育工作者乃至全社会共同关注的问题。为进一步提高学前教育质量，我国对学前教育事业进行了一系列的改革。在当前学前数学教育的实践中，许多教师在制订学前儿童教育目标和计划时，数学教育的位置越来越少(刘占兰，2000)。大部分学前教师害怕开展数学教育，所以在每天的活动中不愿开展数学教育活动，在观摩研讨活动中不敢组织教学教育活动。而且，教师在数学教育活动中也出现了许多不适宜的指导行为，当学前儿童不能进行某些概括时，教师只是把抽象的东西直接告诉儿童，让儿童记住；当学前儿童的探究行为与常规发生矛盾时，教师首先是维持常规；当学前儿童的探究行为带有一定的破坏性时，教师基本上是严厉制止(刘占兰，2000)。这些问题除了与学前教师的数学知识水平较低有关以外，更体现出了学前教师在数学素养方面的不足。纵观我国的幼儿园数学教育，可以发现很多问题，如在介绍什么是三角形时教师直接告诉儿童三角形有三条边三个角，对儿童的问题敷衍了事。在一定程度上学前教师缺乏必要的数学知识，对数学教育知识的作用重视程度不够。提高学前教师的数学素养水平是一个长期的过程，教师的职前培养和职后培训都是最基本的途径。当前，无论是职前还是职后，教师的数学素养都有不足(见表 17-2)。

---

① 刘晨艳．提升幼师学生数学素养的研究[D]．上海：上海师范大学，2009.

表 17-2 学前教师应具备的数学素养列表

素养项目	具体要求
数学知识	具有从事学前儿童教育工作和进一步学习所必要的数学基础知识(初等数学中的概念、性质、法则、公式、公理、定理)以及一些数学史知识。
数学能力	具有一定的计算能力、空间想象能力、逻辑思维能力、抽象概括能力、动手能力、语言交流能力、解决问题的能力、活动设计以及应用能力等数学能力。
数学思想	了解一定的化归思想、数形结合思想、统筹最优化思想以及模型化思想等基本数学思想。
数学品质	具有严谨、认真的数学态度、实事求是的精神以及对数学的良好兴趣和情感。
数学应用	遇到实际问题时自然地先找数学帮忙，并且用这种意识潜移默化地影响学前儿童。
数学创新	从不同角度、不同层面激发学前儿童参与数学的兴趣，开发其数学方面的潜能。
数学审美	以数学的态度和气质去待人处世、去学习工作，继而从事创造性的劳动。

二、学前教师数学素养的职前培养

学前教师队伍本身数学素养的高低直接影响到学前儿童数学知识的习得及数学素养的养成与提高，甚至会对初等教育、中等教育、高等教育产生影响。因此，如何在入职前提高学前教师整体的数学素养成为急需解决的问题。

(一)关于学前教师数学素养职前培养的研究

1. 国外关于学前教师数学素养职前培养的研究

国外涉及学前教师数学素养职前培养的问题研究主要以美国、英国为代表的。

由于美国的数学教育状况一直不令人满意，儿童的数学素养并不高，因此在一轮又一轮的教育改革中美国先后颁布了《人人算数》《学校数学课程和评价标准》《学校数学教育的原则和标准(讨论稿)》等纲领性文件，这些纲领性文件大大推动了美国数学教育的发展，使美国的教育非常重视对数学素养的培养。通过多年的教育改革，美国儿童的数学素养在逐步提高。[①] 1991 年全美幼教协会联合美国师范教育者协会制订了《美国 0～8 岁儿童教师的任职资格标准》，对美国学前教师的职业特征、应掌握的知识和能力做了详尽的解释和明确的规定。在美国，学前教师需要资格认证，人们重视学前教师的职前培养。

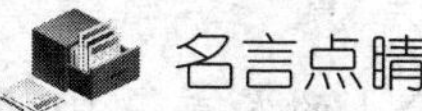
名言点睛

为了创造一种健康的哲学，你应该抛弃形而上学，但要成为一个好数学家。

——伯特兰·罗素

在英国，教师资格同样需要资格认证。1982 年英国国家教学委员会发表了题为《数学算数》的报告，这也是英国数学教学改革的纲领性文件。英国教育部于 1985 年发布了

① 刘晨艳. 提升幼师学生数学素养的研究[D]. 上海：上海师范大学，2009.

《新教师培养课程批准准则》，对全英国教师职前培养具有统领性作用。对职前培养过程中在校生的实习时间、类型、内容、高校实习导师和中小学校的指导教师的作用做了具体规定。[①] 要求只有教育教学实习合格、有能力进行有效的课堂教学和学生管理的毕业生才能获得学位和教师资格证书。

2. 国内关于学前教师数学素养职前培养的研究

我国目前对于数学素养的研究主要是针对中小学，如王荣，罗铁山在《略论数学素养的培养》中认为在教学中培养和提高在校生的数学素养要注意以下几个方面：第一，提高教师素质是提高在校生数学素养的关键；第二，数学教育工作者要树立正确的数学观教育观；第三，在数学教学中要突出基本的数学思想和数学方法；第四，在数学教学中要重视数学语言的运用，从而达到用好数学的目的。

我国关于学前教师职前培养的研究也颇多，如张婷婷通过研究，发现我国学前教师职前培养中存在四大问题：培养模式单一、课程体系僵化、课程结构失调和课程内容庞杂。[②] 而专门针对学前教师数学素养培养以及学前教师专业化发展的研究仍相对较少。

 拓展阅读

孩子是小数学家

• 孩子是小画家。毕加索说过：画家要向孩子学习画画。

• 孩子是小生物家。皮亚杰童年时就迷恋收集动植物方面的信息。

• 孩子是小科学家。总想知道这个世界的奥秘。

• 孩子是语言学家。出生后的孩子在不同语言环境里，就会获得相应的语言，而且人生最初的几年里就能获得基本的语法和口语，词汇获得是爆炸性增长的。这是机器语言学习所不能解释的。

• 孩子是心理学家。因为在他很小时，就能推测第三者在想什么。这是所谓的心态理论或心理理论。

• 孩子是小教育家。他在 2 岁托儿所时，就会对着一个布娃娃上课，可以上半小时以上。他还会教育妈妈和爸爸，该做什么，不该做什么，很有主见。

• 孩子是数学家。对数字敏感，对几何图形有独特视角。1 根黄瓜与 6 只蘑菇哪个多？3 岁的孩子也许会说，一根黄瓜多，因为一根黄瓜可以切成许多薄片。

（资料来源：贵州省学前教育改革研讨会上的发言，2014）

（二）我国目前关于学前教师数学素养的职前培养的研究

我国的学前教师培养方式多为学校教学，因此学前教师学习期间可以称为幼师学生。

① 温忠麟，李玉辉．英国师范教育课程的职业有效性审定[J]．比较教育研究，1998(1).

② 张婷婷．幼儿园教师职前培养存在的问题及改进建议[J]．山东英才学院学报，2011(3).

提高人才培养质量，关键是提升幼师学生的综合素质。自《指南》发布以来，学前教育呈蓬勃发展之势。但各类培养幼师学生的本科学前教育专业、各类高职高专学前教育专业办学条件、课程设置、培养标准等均不统一，幼师培养质量良莠不齐。其中，由于幼儿园教育活动按五大板块划分，将数学活动归入科学教育这一块后，仿佛总体对数学的要求降低了，因为多数时候大家不再称其为数学活动，改称为科学活动。这就造成了大家对学前数学教育认识不够，忽视对幼师学生数学素养的培养，同时学前教育专业数学课程设置也存在严重不足。纵观各幼儿师专及本科院校学前教育专业的课程方案，都没有开设高等数学课程。基本上是通过“幼儿园活动设计与指导”“学前游戏论”“学前儿童数学教育”等基本课程来培养幼师学生职前的数学素养。也就是说，专科、本科学前教育专业学生其数学知识结构仅停留在高中数学的层次上。

学前数学教育并不是只认几个数字，会做几道加减题。通过观察，发现一些教师在教学活动中明显地存在着一些值得研究的问题：教学活动目标单一，教学目标不明确，忽视学前儿童的思维特点，数学概念模糊甚至错误，教师的语言不严谨，数学游戏活动设计不合理等。而这些问题的出现往往是因为不重视对学前教师数学素养的职前培养造成的。

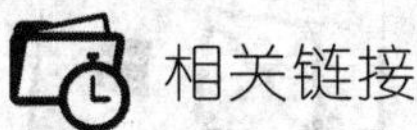

学前儿童与成人的数学理解不同

“一根黄瓜与三只蘑菇哪个多呢?”3岁的学前儿童也许会说，一根黄瓜多，因为一根黄瓜可以切成许多薄片。

“两排扣子各有5个，一排扣子拉长，一排扣子堆在一起，哪排多呢?”学前儿童也许会说，拉长的一排扣子多。

三角形、圆形和正方形对学前儿童是等价的，都是封闭图形。很小的学前儿童来画这三个图形，画出的三个图形，边角不明显或形状上没有什么区别。学前儿童早期对于平面几何图形的认识具有拓扑性。

(三)学前教师数学素养的职前培养对策

充分考虑数学学科的特点，结合幼儿师范学校学生的心理特点和现有水平，运用多种教学方法和手段，引导幼师学生积极主动的学习，掌握数学的基础知识，发展数学的应用意识，使其对数学有较为全面地认识，形成积极的数学情感，以确保学前教师职前数学素养得到提升。针对学前教师数学素养要求提出了一些培养方式和对策。

1. 巩固基础知识，培养积极的数学情感

重视理论知识，重点要在意识上提高对理论的重视。培养目标不能仅仅停留在成为一般的学前教师上，要求应更高一些，不仅应重视理论知识，更应该强化理论，培养的应是研究型的人才。

当幼师学生面临的数学学习情境变化时，情境的新异性会使幼师学生本能地产生好奇心和求知欲，而这正是数学学习发生必不可少的构成要素，构建一些让幼师学生似懂非懂，似会非会的情境(知识处在学生认知的“最近发展区”内)，以趣味的情境有效的刺激幼师学生的学习兴趣，使幼师学生能对数学学习保持长久的兴趣和探索欲望。

2. 动手操作，培养数学能力

根据杜威的“做中学”理论，儿童所有的学习都涉及“做”。只有当学生通过“做”的过程，对数学问题有了真正的感知，才能产生学习的自觉性，提高思维的积极性，获得的才是真正的知识。建构主义学习观认为，学生学习不是对教师传授知识的简单被动地接受，而是一个以其已有知识和经验(原有观念)为基础的主动建构，形成个体知识意义的过程。数学学习的过程，是学生主动选择、积极加工、自主地建构自己的数学知识意义的过程。

3. 联系生活，培养数学应用能力

数学与现实生活都有着密不可分的联系。因此，在数学教学中，应引导幼师学生应用数学知识解决实际问题，经历探索、解决问题的过程，体会数学的应用价值。帮助幼师学生认识到：数学来自于我们身边的实际生活，数学是认识和解决我们生活和工作中问题的有力武器。突出实践，强化实践，自身具备的突出技能要向专业化纵深发展。

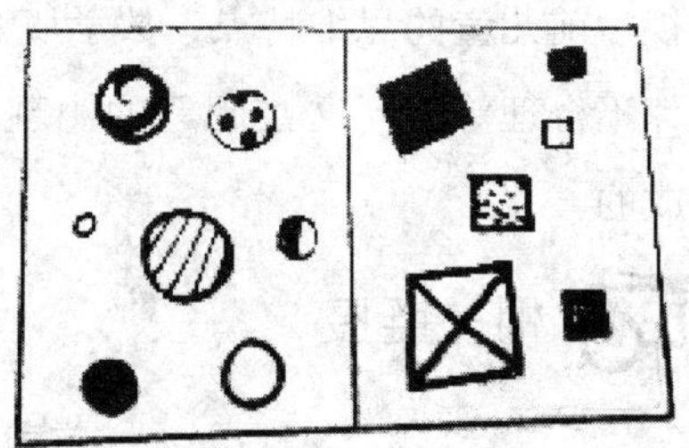

图 17-2　圆与方

(说明：按形状分类)

4. 教学过程与学习过程中渗透数学思想方法

数学思想是指人们在研究数学过程中对其内容、方法、结构思维方式及其意义的基本看法和本质的认识，是人们对数学观念系统的认识。数学思想方法是以数学为工具进行科学研究的方法。数学思想方法是以数学知识为载体，以隐蔽的形式蕴含于课本的具体内容之中。不论是在教还是学的过程中都应时刻渗透着数学思想。

5. 探寻数学发展的历史轨迹，提高文化素养和数学品质

数学史是学习数学、认识数学的工具，要弄清数学概念、数学思想和方法的发展过程，有必要让幼师学生了解一些相关的数学史。学习一点数学史，知道一点数学家的事迹，了解一点现代数学知识，有利于提高幼师学生的数学素养。素质教育要求幼师学生不仅要学习知识，还要求幼师学生学会学习，学会思考。数学史的发展过程和数学家的思维过程，有很强的示范性、启迪性，向幼师学生展现这些东西可以使幼师学生得到很好的启示。

6. 感受数学的美妙，提升数学审美素养

数学以严格的论证证明了在千变万化的现象中，存在着万古不变的规律，并将它们整理成定理、法则的形式。因此，无论从它的发展上来看，还是从它的内容上看，都有可欣赏的特性，而数学的这种欣赏特性主要是以数学美的形式来体现的。

7. 培养应变能力和数学创新意识

任何情况下都要学会举一反三，遇到问题时能迅速地想到用数学方法来解决，提高应变能力和创新意识。

 拓展阅读

学科教学知识(PCK)

1986 年，舒尔曼(Shulman)提出学科教学知识(PCK)这一概念。PCK 是 Pedagogical Content Knowledge 的英文缩写，是内容和教学的融合，理解如何把某一个特定的课题、问题或议题进行组织、表征并适应具有多样兴趣和不同能力的学习者，并对其进行指导。基本上中小学乃至大学教师把它定位为“学科教学知识”，但是因为学前阶段教育的特殊性，幼儿园并不强调儿童对系统学科知识的学习，而是从儿童生活经验角度出发，把幼儿园课程分为五大领域。

PCK 的影响因素：

第一，教师的影响因素。教师教学结构(TPC)是在经验中发展的，主要来源于教学的计划过程，同时也来源于教学中及教学后的阶段。

第二，教师的反思。

第三，教师教育和培训。不同知识类别之间的关系以及通过各种知识的结合促进教学的方法都有助于教师 PCK 的发展。

第四，儿童或者同事的影响。

第五，教师的情感或信念。

三、学前教师数学素养的职后培训

(一)我国目前学前教师数学素养的职后培训现状

我国目前学前教师职后培训存在一些问题，如培训方式单一，培训对象不加区别、不分层次，园本培训缺乏专家引领，教师的个人理论经验积累的质量有待提高，具体表现如下。

第一，数学学科知识薄弱。由于历史原因，我国整个学前教师队伍的自身素养参差不齐。很多教师职前并未接受过专业的学科知识教育，学前数学教学停留在经验教学阶段，无法站在学科发生发展的视角对学前儿童的数学学习进行科学的指导。

第二，数学思想欠缺。根据调研发现，学前教师对基本的数学解题思想略知一二，即知道我是怎么解决某个数学问题的，但是为什么要用这种方式解决并不知晓。

第三，对学前儿童数学认知心理缺乏科学认知。教师对于学前儿童认知心理的了解对于改进自己的教学至关重要，这也是提升教学效益的奥秘。比如，当我们提出学前儿

童计数的手口不一致现象时，学前教师能同自己的教学经验对应，但是当我们继续追问针对学前儿童的这种认知现象应该在教学中采取何种应对措施时，教师就不能给出科学的教学策略了。

第四，学前儿童数学教学活动小学化倾向严重。有些类同于小学低段的数学教学内容如认识数字1，2，3，…和10以内加减法教学等，采用的也是小学低段的教学方式，附带设计少量游戏，仍然相当于在做数学题。

第五，教师治学态度不严谨，网上资源不加修改地直接使用。在互联网已进入千万家的今天，网上的教育资源很丰富，但却良莠不齐，能发现很多问题。例如，“宝宝吧网站”上的资源的确丰富，但设置的数学游戏其实更多的仍然是让儿童做数学练习。

第六，学前数学教师存在一系列的关于参加培训的问题，如职后教育意识不强；参加培训积极性不高；培训内容单一，不具有普遍性；部分园长和相关教育机构没有高度重视关于学前教师数学素养的培训。

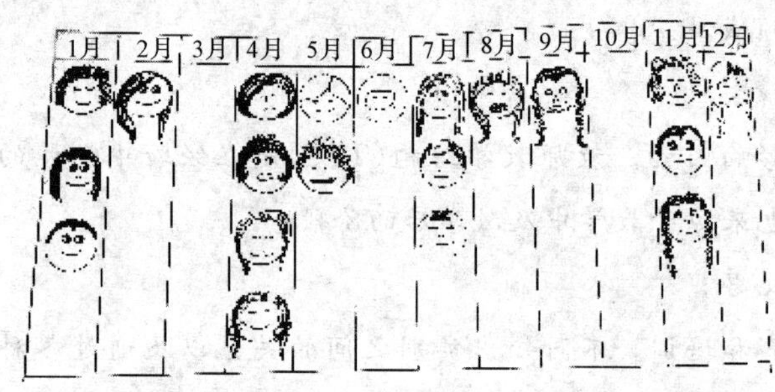

图 17-3　生日统计

（说明：不同月份生日的图像人数）

（二）学前教师数学素养的职后培训对策

1. 转变数学教育观念，加强现代数学知识的学习

过去的“老师讲，学生听”的数学教育观念已经落伍，应该坚定地摒弃这种观念，尊重学前儿童发展的个体差异性，重视每位学前儿童关于数学的认识。加强对现代数学知识的学习，坚持与时俱进，坚持“走出去，引进来”，吸取国外和国内同行的优秀经验。

2. 注重数学思想方法的渗透，重视数学语言交流能力的培养

古人云：“授人以鱼，不如授之以渔。”这句至理名言道出了思想方法的重要性。我们的数学素养，通常表现在利用数学思想方法去观察、分析、处理现实中的数学问题。每当我们叹服一个人思维敏锐、逻辑严谨、谈理透彻的时候，往往可以追溯到他们在幼儿园所受的数学教育，特别是数学思想方法的熏陶。

3. 注重现代教育技术的应用，重视数学意识的培养

充分利用先进的现代教育技术，使课堂变的活泼生动、丰富多彩，更具有吸引力。在培训过程中还可以有计划的制订一些研究专题或给予一些实际的教学事件、案例，指

导教师去阅读相关书籍，让教师相互观察，在行动中反思，提高教师的数学元认知能力，相互学习，取长补短。

4. 建立创新多样的培训模式，立足实践

采用参与式培训方式为主的培训方法，以学前教师的知识经验为新知识的生长点，让学前教师进行角色互换，并结合“生本教育”的授课方式，让学前教师在培训过程中亲身体验“生本教育”的实质，更有诸如“菜单式”培训、“梯队式”培训等模式。在培训时，要积极发掘参训的学前教师中的佼佼者，使其作为教师积极学习的榜样。积极创设实践机会，让参训的学前教师参与到实际的教学情境中去进行行动研究。

5. 重视培训评价的作用，健全园本培训制度

对学员的评价不仅可以实时了解参训学员的经验习得和固化的效果，还可以及时发现培训的不足，以便下一步继续改进培训框架。针对学员的评价，主要分为形成性评价、总结性评价、跟踪评价。评价的目的在于促进。毕竟有一些教师自我学习的自觉性不高，需要加以督促。

 拓展阅读

形式多样的职后培训

1.“菜单式”培训

走进教师的内心世界。当我们走进一间饭店时，他们会给我们一本菜单。菜单的本意是我们可以分析其特点：提供菜谱、提供选择、以客人为中心、客人按喜好选择。根据客人的习惯和爱好制订感兴趣的菜谱，然后端上货真价实的产品。对于客人来说，吃什么？吃多少？完全由自己决定，那么对于教师的培训我们不妨模仿此流程。

2.“梯队式”培训

提升研究群体的整体素质。一是园长培训。应该把园长定位于教师的教师。办专业化的幼儿园，幼儿园作为一个教育机构，其管理的核心自然就是教育问题，园长水平的高低决定着幼儿园的办园水平，他们既要有先进的教育理念为指导，也需要有过硬的技术来支撑。二是教师培训。首先新教师培训，为使每位新教师高起点地踏上工作岗位，开展新教师的培训；其次跟踪好骨干教师，开展好骨干教师的培训；最后打造名师，全方位锤炼其综合素质，将优秀者聘为兼职研训员，承担任务，积淀经验。

3. 参与式培训

提高培训的实效性。参与式培训通常包括分组讨论、案例分析、观看录像带、角色扮演、模拟、填表、画图、访谈、座谈、观察、辩论、排序、打分、小讲座以及其他根据培训内容而设计的各种游戏和练习等。能有效调动成人的学习兴趣，引导他们在活动、表现和体验中反思自己的经验与观念，在交流和分享中学习他人的长处。

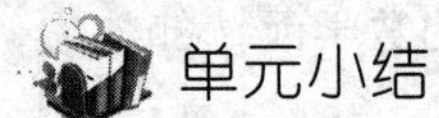

单元小结

提高学前儿童数学教育的质量，教师的专业化水平是关键。本单元介绍了国内外学前儿童数学教育的改革动态，探寻了提高学前儿童数学教师专业发展的途径，为学前数学教师的专业发展提供了丰富的学习资源。特别明确了学前教师专业发展对数学素养的要求，提出了职前培养和职后培训的具体做法，这些为提高学前教师的数学业务水平是有参考价值的。

思考与练习

1. 提高学前数学教师专业发展的途径有哪些？
2. 什么叫数学素养？什么是学前教师的数学素养？
3. 学前数学教师应该掌握的数学素养包括哪些方面？
4. 学前教师数学素养的职前培养手段有哪些？
5. 学前教师数学素养的职后培训手段有哪些？

延伸训练

4～5 人组成一个小组，每组设计 1～2 个数学活动，并一起讨论教学方案。教学方案确定后，去幼儿园相应的班级，进行课堂教学。对学前儿童学习情况和教师上课情况进行全程录像。回到学校，讨论教学的得失以及需要改进之处。

附录

附录 1　建构主义学前儿童数学 123 知识点

一、数与计算
(一)集合数
1. 多样 1 和许多
2. 相对 1 和许多
3. 基数 10
4. 数量守恒(10 以内)
5. 能按数取物或按物取数
6. 集体量(对、双、群、堆、队、班等)
7. 目测数群
(二)计数
8. 触觉、动觉、听觉计数
9. 正数：顺数 1～20，1～100
10. 倒数：任意数开始倒数(100 以内)
11. 单数、双数
12. 认读：1～9
13. 认识“0”
14. 序数：“第几”
15. 相邻数、多 1 少 1
(三)分解和组成
16. 实物的、图片的和数字的分合操作
17. 分解与组成的可逆性
18. 连续分并分到底
19. 分解中的函数思想(递增递减)
20. 数的等分和不相等分

续表

21. 判断数式之间的大小
(四)计算
22. 10 以内加法减法
23. 20 以内加法减法
24. 算式运算
25. 位值
26. 20 以内的进位加法、减法
27. 连加连减
28. 心算和估算
二、几何与空间
(五)几何形体
29. 平面图形(三角形、长方形、正方形、圆形、半圆形、椭圆形、梯形、菱形和平行四边形、多边形)
30. 牙签摆平面图形
31. 认识球体、立方体、长方体、圆柱体、圆锥体
32. 现实中标准平面图形
33. 现实中标准几何体
34. 画平面和立体图形
35. 平面图形、几何体组合拼搭
36. 点、线、平面的关系
37. 平面和立体的关系
(六)空间表征
38. 二维三维转换(立方体、长方体和圆柱体展开)
39. 心理旋转(图形、汉字、字母 R)
40. 包含 1000 个小块的立方体
41. 图形二、三、四等分
42. 拓扑几何：封闭与开放关系
43. 拓扑几何：位置相邻、相离、相交关系
44. 长度守恒、面积守恒、体积守恒、液体守恒、数量守恒
45. 射影几何：视点、视角、距离以及投影
46. 画自家房型图
47. 画从幼儿园到家的路线、标志
(七)空间方位
48. 看地图：家、幼儿园在地图上的位置

49. 自家地址(省市县街镇村门号)
50. 上下、里外、前后、左右
51. 运动方向：向上、向下、向前、向后、向里、向外、向左、向右
52. 坐标系：东西南北中
53. 大空间
54. 地形和地貌感知(地球、高山、大海、平原等)
55. 星空(宇宙)
三、逻辑推理
(八)分类
56. 按层级特征分类构成枝形图
57. 按两个特征分类构成矩形图
58. 功用特征分类
59. 按量的关系特征分类
(九)排序
60. 顺向、逆向排序
61. 递增、递减排序
62. 空间位移排序
63. 数形结合排序
(十)式样
64. 延伸式样(重复式、滋长式、变异式)
65. 填补式样
66. 创造式样
(十一)对应比较
67. 重叠式、并放式对应比较
68. 物物连线对应比较
69. 几何形体与实物对应比较
70. 数与式的对应比较
(十二)集合
71. 集合包含关系
72. 交集、并集、差集
(十三)推理
73. 特征或数式直接(可逆)推理
74. 等值转换传递推理
75. 简单归纳推理

续表

76. 简单类比推理
77. 简单演绎推理
四、时间
(十四)日常时间
78. 昨天、今天和明天
79. 白天、晚上、早晨、中午和下午
80. 一周有 7 天：星期一、二、三、四、五、六、日
81. 一年有 12 个月
82. 日历
83. 节日
84. 春夏秋冬
85. 各类计时工具
86. 整点和半点：时分
(十五)时间判断
87. 时间次序性判断
88. 时距判断
89. 时间词汇(现在、过去、将来；立即、马上、刚才、经常、很快、先后)
90. 出生年、月、日
91. 家庭成员年龄排队
五、统计与概率
(十六)统计
92. 小统计：分类与计数
93. 画简单统计图表：一周或一月的天气
(十七)概率
94. 可能性事件
95. 概率：投硬币
96. 概率：投骰子
六、测量
(十八)测量要素
97. 测量单位
98. 测量属性(大小、长短、粗细、厚薄、高矮、轻重、远近、宽窄、深浅、容积、颜色)
99. 测量工具
(十九)测量活动
100. 自然测量(以小棍、书本、杯子等为工具)
101. 测量体重和身高并排队

续表

102. 测量温度
103. 面积、体积、容积测量
104. 目测颜色(红橙黄绿青蓝紫黑白)
105. 用颜色混合涂画
七、数学问题解决与应用
(二十)钱币使用
106. 钱币换算
107. 钱币购物
(二十一)数与形结合美
108. 七巧板
109. 隐藏图形
110. 搭建积木
111. 多种形状涂格子(特定数目)
112. 极限概念：线段与点表示
113. 极限概念：图形分割
114. 画想象的几何世界
(二十二)解答和自编加减应用题
115. 变化题、合并题和比较题
116. 按图或算式自编应用题
117. 数学词汇(飞来、走来、买来、添上、一共、合起来、增加、送走、拿走、去掉、减少、剩下、原有、还有、比什么少几、比什么多几)
八、数学语言与交流
(二十三)数学语言
118. 数学符号：<、>、+、-、=等
119. 数字、符号书写
120. 数学的语言、绘画表达
121. 数学的动作(手指)表达
(二十四)数学交流
122. 收集各种票据：数字及意义
123. 认识数学家

附录2　学前儿童数学游戏案例

游戏1　动物晚会——比较大小

材料

图片：画有大小不同的衣服4件，高低不同的小动物4种。

玩法

1. 教师先请儿童认认比比，看看哪件衣服大，哪件小。

2. 同样的方法请儿童比比动物的大小。

3. 今天，森林里的小动物们要开晚会，小动物们都来参加了，请你帮助它们挑选一下自己的衣服好吗？让儿童用连线的方式将衣服和小动物进行配对。

提示

1. 通过比较不同动物和衣服的大小，培养学前儿童目测进行比较大小的能力。

2. 教师根据学前儿童的能力和前期经验灵活调整难度，如要是学前儿童能力较差可以选择3种动物进行配对练习。

3. 活动中教师要多鼓励和启发学前儿童。学前儿童如果选错了要引导他再进行选择，不要批评，让学前儿童保持较高的学习兴趣。

游戏2　我的手指会唱歌——计数

材料

数字卡。

玩法

1. 教师问"小朋友你有几只手啊？"等学前儿童回答后，告诉他们："我们有一只左手，一只右手……""一共几个手指头呢？"请学前儿童数数，等学前儿童回答完后，请他们跟老师一起说："我们都有两只手，一共十个手指头。"

2. 学习古诗《山村》："一望两三里，烟村四五家。亭台六七座，八九十枝花。"边念诗边做手势，反复几遍。

3. 学前儿童举起一只手，根据教师出示的数字卡做出相应的手势，看看谁反应快。

提示

1. 通过数字歌里的诗情画意，引起学前儿童的好奇心，活跃课堂气氛。

2. 展示速度要慢，让学前儿童深刻体会数字意义的乐趣。

游戏 3　凑 10 法——数组成的问题解决

材料

若干彩色条形格子卡，红色 1 格、黄色 2 格、蓝色 5 格、绿色 10 格，记录纸。

玩法

1. 请学前儿童观察条形格子卡，数数各种颜色卡片上分别有多少格子。找出最长的和最短的条形格子卡，数数分别是几个格子。

2. 玩凑 10 游戏，学前儿童结伴或者个人取各种条形格子卡若干，想办法将各种条形格子卡拼接起来，凑成 10，并用加法的方式记录下来。

3. 展示所有学前儿童的记录，找一找共有多少种凑 10 的方法。

提示

当学前儿童熟练掌握 10 的加减运算之后可以进行其他以凑 10 为基础的进退位加减法的练习，让学前儿童理解 10 的各种分合方法并会巧妙进行计算。

游戏 4　搬新家——估算

材料

课件(小猴的家、小动物以及相应的食物)，儿童操作用的玩具卡片。

玩法

1. 教师向儿童呈现一幢新房子。

引导儿童观察，提问：这是谁的家？你从哪里看出是小猴的家？(小猴家门上有小猴的照片)，今天小猴住进新房子里，邀请它的朋友来家做客，猜猜，小猴会请哪些小动物来新房子做客？

2. 教师出示小动物带的礼物。

让儿童观察比较小兔、小猫、小狗的礼物，谁带的比较多？谁带的比较少？估算一下蘑菇有几只？肉骨头有几根？有几条小鱼？

小动物都围坐在桌子旁等待吃饭，一起看看，有几只小动物坐在桌旁？(8 个)观察桌上小猴准备的蛋糕、水果，请儿童估算一下桌子上摆放的蛋糕、水果各有几多少？(有 10 块蛋糕、4 个水果)

提示

可以让儿童估算自己抓一把花生有几粒，然后用数数的方法，算出总数。然后再抓一把栗子，估算是不是会和花生一样多呢？可以用一一对应的方法进行比较或通过计数对估算结果进行验证。

游戏5　抓糖果——估算

材料

大小不同两种糖果各一盘。

玩法

1. 教师和儿童一起玩抓糖果的游戏。教师抓起一把大的糖，请儿童猜猜手里有多少颗糖。儿童猜好后，请儿童数数是多少颗糖，自己猜测的数量和实际数量有无差距。游戏反复进行。

2. 教师用左手抓一把大糖果，右手抓一把小糖果，请儿童猜猜左手有多少颗，右手有多少颗？然后再请儿童数数左手有多少颗，右手有多少颗？比较左右手的糖果多与少，并引导儿童思考两个手里的糖果为什么差那么多？游戏反复进行。

3. 教师和儿童用手各抓一把大糖果，请儿童猜猜老师手里有多少颗糖，再猜猜自己手里有多少颗糖？然后再数数各自的糖，比较多少。

提示

游戏中教师引导学前儿童在猜猜和数数之间进行关联性思考，有利于增强学前儿童的比较能力和估算能力。

游戏6　小鸭子找家——分类

材料

鸭子图片、操作材料、分类标记。

玩法

1. 出示鸭子：教师出示鸭子图片。提问：这些鸭子长得一样吗？哪里不一样？出示两座房子，教师请儿童把这些鸭子按照某一特征进行分类。在个别儿童在展示板上进行分类的同时，教师在展示板上贴上相应的分类标记。

2. 儿童操作：儿童按照某一维度对操作材料中的鸭子进行分类，同时贴上分类标记。请儿童把操作材料按照展示板上的分类标记放在相应的位置。

3. 思考：同一事物的多维度分类。

(1)教师在展示板上呈现两组鸭子。提问：这些鸭子是按照什么特征进行分类的？

(2)儿童操作，请儿童按照教师的摆放方法在自己的操作材料上进行相同地摆放，然后选择适合的分类标记贴在操作材料的下方。

(3)师幼交流，教师引导儿童发现两组鸭子的分类结果用3个分类标记都能表示。

(4)请儿童把3个分类标记都陈列在两组鸭子的下方。

提示

在平时空闲时，教师可以随机地引导学前儿童把身边的事物进行不同角度的分类，然后再让儿童找找分类依据，从而帮助学前儿童巩固和强化分类意识。

游戏7　蒙氏听觉筒——分类

材料

蒙氏听觉筒12支。

玩法

1. 将听觉筒取出，放在儿童面前的桌子上，请儿童摇晃并仔细聆听声音，辨别异同。把发出相同声音的听筒放在一起，配成一组。

2. 将所有的筒子用这种方法分成6组。

3. 当儿童学会这种活动以后，再让他们自己配对成组。

4. 最后直到他们把各组的听觉筒按声音从大到小进行排序。

提示

教师在教学过程中要多鼓励学前儿童说出分类理由。也可尝试嗅觉分类活动、味觉分类活动等，尽量让学前儿童用五官参与。

游戏8　我学你样——式样

材料

音乐设备。

玩法

先让三分之二的儿童面对墙站立(或闭上眼睛)，直到音乐停止才能回头(睁眼)。

其他三分之一儿童在教师指导下建立几个肢体动作样式并围成弧形。例如：站—坐—蹲，站—坐—蹲；或叉腰—踏步—拍手，叉腰—踏步—拍手；或手指放头上—交叉胸前，手放头上—交叉胸前。

音乐停，让面对墙的儿童走过来，按已有的肢体动作样式，加入已围成的弧形中，将其延伸成一个圆圈。

注意：可以将动作式样改成声音式样，即让儿童发出各种声音，例如"啊—喔—咦，啊—喔—咦"或用乐器代替或声音与动作配合。

动作或声音样式可在排队等候时进行，增加对样式关系练习的机会。

提示

可适当提高式样学习的难度，如动作同时发出声音。

游戏9　美丽的链子——式样

材料

用不同颜色(3～4种颜色)饮料吸管制成的塑管珠子；学具串若干。

过程

1. 让儿童一起把不同颜色的吸管剪成长短不同的珠子。

2. 让儿童一起选择不同颜色穿珠子，要求儿童把颜色排列成有序的规律。

3. 让儿童把做好的链子送给爸爸妈妈或爷爷奶奶等，并为他们带上。

提示

排序的规律可以有很多种，可鼓励学前儿童大胆创造。儿童可以根据学具串的颜色和上面标示物品的创造规则进行排列。通过穿链子发展学前儿童按规律排序和大胆创造的能力，在游戏中感受排序规律的美。

游戏 10　欢乐的假日——时间次序认知

材料

有时间顺序的照片若干张，小相册一本。

玩法

休息日带儿童去他想去的地方玩，成人要有意识地用相机拍下儿童的多个活动，如进公园大门，喂鸽子，乘船，吃冰淇淋，乘公交车等。把能代表实践性的照片冲印出来。

和儿童一起看照片，讲讲发生的事情。请儿童把最先和最后进行的活动找出来，讲讲是什么时间发生的。

请儿童把其他的照片按照活动的顺序排列出来。为了降低难度，可以先排出儿童最有印象的照片，然后在成人的提示下，排列其他的照片。

把排好顺序的照片依次插入小相册里，和儿童一起看着照片讲讲“愉快的星期六”。

要注意引导儿童用恰当的语言和词汇进行描述。例如，一大早，我们……过了一会儿……中午的时候……然后……最后我们……请儿童把过程讲给家里的人听。

提示

照片需要尽快冲洗，否则时间过长，学前儿童可能忘记曾经发生的事。

游戏 11　估算时间——认识钟表

材料

有秒针的手表或钟。

玩法

找一个有秒针的手表或时钟。让儿童闭上眼睛开始数：“一只河马，两只河马”等。告诉儿童“一个河马”的时间大约是 1 秒钟。看儿童能否用默数的方法估计 10 秒的时间(到 10 秒呼唤教师)。

让儿童观察秒针转一圈要花多久，告诉儿童秒针转一圈是 1 分钟，转两圈就是 2 分钟。让儿童估计 2 分钟的时间(时间到了呼唤教师)。把钟或手表拿走，让儿童猜猜 1 分钟大约有多久。

提示

学前儿童可能对于1分钟是60秒不是很理解，但可以体会秒针走1圈，意味着跳60次，跳1次是1秒。

游戏12 小鸡和小鸭——简单统计

材料

鸡妈妈和鸭妈妈带宝宝回家的图片。

玩法

1. 出示图片，请儿童看看说说图片里有什么，它们在做什么。

2. 向宝宝讲，太阳落山了，鸡妈妈和鸭妈妈领着自己的宝宝要回家了，请儿童数数它们分别有几个宝宝。

3. 它们有没有掉队的宝宝呢？有几个？

提示

判断掉队的宝宝是谁，就先看清楚鸡妈妈和鸭妈妈是往哪边走的，然后看看是谁掉队了，再把它们数出来。

游戏13 我最喜欢的礼物——简单统计

材料

卡片：娃娃、赛车、图书。糖果：棒棒糖、巧克力。

玩法

1. 挑选糖果

(1)教师：今天是“六一儿童节”，猜猜老师会请你们吃什么？出示棒棒糖和巧克力，这两样东西，小朋友更喜欢哪个？

儿童每人选一样(棒棒糖或巧克力)，教师引导儿童说出到底是选巧克力的人多还是选棒棒糖的人多。有什么办法？引导儿童运用数数、比较的方法。

(2)让儿童分两排，巧克力的站在一起，棒棒糖的站在一起。最后用数数的方法或是用一一对应的方法得出结果。

2. 礼物

(1)娃娃、赛车、图书。这是小朋友“六一儿童节”的礼物。提问：在这些礼物中，哪样礼物是最受小朋友喜欢的？

有什么办法可以知道？(可以用数数、一个对着一个的比较方法)现在有3种礼物，有没有更好的方法？

(2)教师出示一张统计图，引导儿童观察这张统计图上面的内容。

交代任务：等会儿每人挑选一张你喜欢的玩具卡片，把它贴在统计图上。将自己挑选的礼物卡片贴在相应的位置上。

(3)统计图上的数字，统计出哪个玩具是最受小朋友喜欢的。

提示

提供一张蔬菜统计图，让学前儿童统计哪种蔬菜是最喜欢吃的。同时教育学前儿童不挑食。

游戏 14　玩具店进货——简单统计

材料

货物卡、统计卡、兔子图片。

玩法

1. 玩具店进货

(1)教师告诉儿童我们要进一批玩具，同时出示一张兔子玩具的清单。提问：我们这次要进什么玩具？需要进多少个？

(2)教师请个别儿童上前数一数。提问：一共要进多少个？你是怎么数的？引导儿童说出数数的方法。

2. 玩具分类

教师出示两个“货架”请儿童进行分类。提问：怎么把这些小兔子放在两个货架上？为什么这样放？

3. 儿童操作

人手一份操作材料，请儿童先把这些小兔子任选一个维度进行分类，并摆放在规定的两个区域中。分别记录分类后两组兔子玩具的数量，完成统计表。可以用点子表示，也可以用数字表示。教师和儿童可以将学具串 4，7，13 进行混合，然后按照不同的标准进行二级分类，并统计不同类别的个数。

提示

教师在日常生活中可以与学前儿童一起统计每天来园的人数以及男孩和女孩的人数。起初，可以让学前儿童寻找相应的数字卡片，一段时间后，可以让学前儿童每天轮流来书写这些数字。

游戏 15　雨后——概率

材料

“闪电”“雨过天晴的彩虹”“人们撑伞走路”“雨点从空中飘落”的 4 张图片、1～4 数字卡片。

过程

1. 教师出示材料中的 4 张图片，并引导儿童联系实际。

(1)哪张图片，是你在下雨的时候从来没有看到过的现象？

引导儿童用手指比画出该图片的数字。

(2)教师与儿童一起统计，点数选择各张图片上的人数，并进行记录。

(3)哪张图片，是你在下雨的时候看到过的现象？

(4)哪张图片，是一下雨肯定会出现的现象？

请儿童用语言回答，师幼共同统计结果。

2. 教师引导儿童观察统计结果，并进行讨论：在闪电之后，剩下的这3张图片，哪张最有可能出现？哪张最没有可能出现？

提示

教师可以给学前儿童观看有关下雨整个过程的视频，请学前儿童用完整的语言来描述“雨前—雨中—雨后”这整个过程。

游戏16　摸袋——概率

材料

一个摸袋(10个橙色的乒乓球，1个白色的乒乓球)，两枚一元硬币。

过程

1. 抛一枚硬币，猜猜正面向上的可能性有多大。你能不能抛3次，每次都是正面向上或是反面向上呢？再试试一起抛两枚硬币，有什么变化呢？

2. 教师：小朋友，你们之前玩过抽奖吗，是怎么玩的呢？咱们现在也来玩一下好吗？

现在我手上有个魔术袋，抽到白球是中奖了，谁抽到它将会得到一份精美礼品。

3. 让儿童每人在魔术袋里抽奖品，并一一做好记录。适当的时候问儿童：

为什么小朋友这么多人抽了奖，却总是很少中奖呢？这是为什么？

提示

由于概率本身的抽象性，不必对学前儿童掌握程度有较高要求，只是让学前儿童体会概率游戏的快乐。

游戏17　比高矮——测量

材料

可用来量身高的直尺(有刻度厘米)。

玩法

1. 比高矮

(1)教师请出两名儿童背靠背进行比高矮。

(2)请小朋友自己找两个好朋友，然后相互比较。

(3)比较后相互交流：我和某某比高矮了，谁最高，谁最矮。

2. 量身高

(1)儿童对着长颈鹿进行比较，并让其他儿童在其身高处画出标记。

(2)儿童阅读标记处的刻度单位(厘米)。

(3)能尝试进行记录。

(4)用自己的身高刻度与同伴进行比较，说出谁高谁矮。

提示

1. 能与一个对象进行比较，掌握简单的比较方法，并能说清楚比较的结果。

2. 知道刻度及其意义；能进行简单的刻度记录；掌握正确的测量方法。

3. 对学前儿童来说，只要掌握两个物体比较的方法，并能说清比较结果就可以了。可以在自由游戏中进行。

4. 此游戏活动可以在学前儿童一天活动中的任意一个时间段开展。开展活动前，应有相应的知识经验的积累，学习数字、单位(刻度：厘米)。

游戏设计 18　黄牛耕地——面积测量

材料

儿童操作材料纸(上面画有20个连续的、同样大小的正方形)人手一张、小黄牛的头饰人手一个、笔。

玩法

1. 游戏：黄牛耕地

(1)教师介绍游戏玩法。

儿童两人一组，玩石头剪刀布，赢的一方先在操作纸上用笔在一块正方形上涂上颜色，意味耕种了一块地。在规定时间内，看哪一方的操作纸上涂的色块最多，为胜利者。即该小黄牛耕地耕得多。

(2)展示各组游戏记录纸，比较出哪头“小黄牛”耕种的地最多，为最终的胜利者。

2. 数一数

(1)儿童将各自涂好颜色的地用剪刀剪下，看看自己和谁的形状是一样的。再数数自己和谁的数量是一样的。

(2)教师引导儿童比较发现：是不是相同数量的地，形状也是一样的？为什么？

提示

1. 通过游戏操作，初步感知面积的大小。

2. 教师可以在学前儿童对活动熟练之后，引导学前儿童用同样大小的物体去测量教室里的小桌子、小椅子、卧室里的小床、盥洗室里的小镜子等物体的面积。

游戏 19　温度计——测量

材料

1. 一张温度计示意图。

2. 每组一支气温计，其他温度计(如体温计)或模型若干。

3. 温度记录表若干。

玩法

1. 教儿童认识温度计

利用温度计示意图引导儿童认识温度计，知道红柱子指到的数字就是温度，初步掌握温度计的使用方法。

2. 教儿童学习怎样测量气温

可通过测量室内和室外温度，让儿童继续学习测量，观察温度计的变化。

3. 介绍其他的温度计

出示体温计，水温计。体温计用于测量人的体温，看他有没有发烧；水温计用于测量水的温度，了解热水瓶是否保暖，用在实验室测量水的温度等，鼓励儿童表达、交流。

提示

1. 引导学前儿童关心周围的温度，初步认识温度计，培养学前儿童对测量温度的兴趣。

2. 教学前儿童学习观察、测量温度的简单技能。

3. 结合天气变化，体会温度，学会观察温度计。

游戏20　冲饮料——函数关系的问题解决

材料

有刻度的透明杯子或其他容器、果珍粉勺子、小水壶、抹布。

玩法

1. 观察桌面上准备材料，讲讲怎么样可以冲调出自己想喝的饮料。让儿童描述冲泡的过程。

与儿童一起讨论，并制作一张冲饮料的说明书。和儿童一起确定怎样做，要提供哪些重要信息及按什么顺序进行操作。例如，先在杯子里放一定数量的果珍粉(如几勺)，然后倒入一定量的水(100毫升、150毫升、200毫升、250毫升)搅拌等。

2. 每位儿童自己冲一杯饮料。引导儿童相互观察和品尝饮料。讨论：为什么有的饮料颜色淡？有的饮料颜色深？例如，都用100毫升，如果放3勺果珍粉，颜色就显得深；如果放一勺果珍粉，颜色就显得淡。一样多的水，为什么味道不一样？怎样可以改变味道？例如，同样是100毫升的水，果珍粉放多了，味道就甜，果珍粉放少了，味就淡了。

提示

通过简单的调配、比较等活动，发现简单的函数关系，进行数学内容的交流。和学前儿童讨论，是不是饮料的味道越淡越好？自己冲调饮料的时候，放多少比较合适。

游戏21　1和2——数字的语言表达

材料

自制储蓄罐(每人一个)及硬币若干。

玩法

1. 引导、示范

请儿童说说我们身上有哪些是一个的，哪些是两个的并指出来；然后教师指着一个身体部位，如眼睛，请儿童用手指表示眼睛的数量。两个儿童轮换玩，一个指一个说或用手势表示。

2. 自由活动：储蓄

先出示真实的钱币给儿童认识和教师准备给儿童玩的纸币，将自制纸币呈现给儿童认识，指导他们认识一元的纸币。给儿童呈现一堆纸币和贴有 1 元、2 元的若干存钱罐。最后请儿童开始储蓄，将相应面值的纸币投入相应面值的储蓄罐里。看看哪个小组把钱都存对了。

提示

理解 1 与 2 的意义，能熟练地用手指、语言等形式表达 1 与 2。

（资料来源：林泳海．幼儿情景建构数学[M]．北京：接力出版社，2011）

参考文献

1. Charlesworth R.，Radeloff D.. Experiences in math for young children. New York：Delmar Publishers，1991.

2. Del Grande J.. Spatial sense，Arithmetic Teacher. 1990，37(6).

3. Gelman S. A.，Markman E. M.. Categories and induction in young children. Cognition，1986(23).

4. Michael Siegal. 儿童认知发展研究——一种新皮亚杰学派观．张新立，译．成都：四川教育出版社，1999.

5. Temple C.，Natyan R.，Burres N.，Temple F.. The beginning of writing. Newton，MA：Allyn and Bacon，1988.

6. 约翰·D. 布兰思福特，等．人是如何学习的．程可拉，等，译．上海：华东师范大学出版社，2002.

7. David Whitebread. 小学教学心理学．赵萍，王薇，译．北京：中国轻工业出版社，2002.

8. 安子介．解开汉字之谜．香港：香港瑞福有限公司，1991.

9. 董奇，陶沙．动作与心理发展．北京：北京师范大学出版社，2004.

10. 杜玫．幼儿美术与创造性思维发展．北京：北京科学技术出版社，2006.

11. 方富熹，方格．学前儿童分类能力的初步实验研究．心理学报，1986(2).

12. 高爱民，林泳海．美术教学促进幼儿创造力发展．上海托幼，2002(11).

13. 何平，林泳海，朱海青．早期儿童钱币认知的发展研究．渝州大学学报，2002(3).

14. 何平，王妙怡，林泳海．儿童绘画中空间认知能力的研究评述．西南民族大学学报(人文社科版)，2004(10).

15. R. W. 柯普兰．儿童怎样学习数学——皮亚杰研究的教育含义．李其维，康清镳，译．上海：上海教育出版社，1985.

16. 兰本达，等．小学科学教育的“探究—研讨”教学法．陈德彰，张泰金，译．北京：人民教育出版社，1983.

17. A. M. 列乌申娜．学前儿童初步数概念的形成．曹筱宁，等，译．北京：人民教育出版社，1982.

18. 林泳海，张茜．任培晓．5.5～7.5 岁儿童概率认知发展的实验研究．鲁东大学学报(哲学社会科学版)，2011(3).

19. 林泳海，凌琳，康晓霞．幼儿汉字写画方式的差异性研究//识字教育科学化论文集粹．北京：中国轻工业出版社，2006.

20. 林泳海，金莉．MD 儿童与正常儿童早期数学认知差异的研究．心理学探新，2006(3).

21. 林泳海，王一伊．5～11 岁儿童三角形变式认知的实验研究．鲁东大学学报(哲学社会科学版)，2010(1).

22. 林泳海，翟惠敏．5～9 岁儿童极限概念认知发展的实验研究．心理科学，2006(1).

23. 林泳海，周葱葱．3.5～6.5 岁儿童式样认知发展的实验研究．心理学探新，2003(1).

24. 林泳海，崔同花，沈毅敏．3.5～6.5 岁儿童名字书写的发展研究//崔同花．幼儿全语言教学理论与实践．北京：科学出版社，2002.

25. 林泳海．4.5～7.5 岁儿童时间持续认知发展的实验研究．心理发展与教育，1996(3).

26. 林泳海，马丽莉．3.5～5.5 岁学前儿童年龄认知发展的研究．心理学探新，2001(4).

27. 林泳海，姚炳辉，周燕云．国际象棋幼儿优势心理特点研究．早期教育(教科研版)，2014(3).

28. 林泳海，王勇，刘雍．壮族双语儿童数学加工的壮语优势．广西师范大学学报，2010(1).

29. 林泳海．中国幼儿数学教育课程的反思与构建．陕西师范大学学报，2004(1).

30. 林泳海．幼儿学习自编、解答应用题的特点及教学．山东教育，2003(3).

31. 林泳海．学前儿童对欧氏几何图形的认知特点及教育含义．山东教育，2001(6).

32. 林泳海．杨赣申．美国早期儿童教学教育研究——一个新的数学教育的连锁串模式(Ⅱ)．山东教育，2001，33.

33. 林泳海．学前班数学教学实验研究报告//继往开来，共创辉煌．北京：北京师范大学出版社，1996.

34. 林泳海．评中央教科所幼儿数学教学实验的几个特点．幼儿教育，1990(1).

35. 林泳海．幼儿计数活动和初步数概念的形成．学前教育，1987(8).

36. 让·皮亚杰．教育科学与儿童心理学．傅统先，译．北京：文化教育出版社，1981.

37. 郑毓信，梁贯成．认知科学建构主义与数学教育．上海：上海教育出版社，1998.

38. 周淑惠．幼儿数学新论——教材教法．台北：心理出版社，1996.